개념기반 수업 설계의 이해와 실천

성취기준 분석 · 탐구기법 활용 · 깊이있는 학습

조호제 · 김대연 · 김정숙 · 김택신 · 김혜숙
노선임 · 박은하 · 배난희 · 채은경 · 한진호

에듀브릿지컨설팅 박영story

머리말

교육과정의 개정은 교육학 이론의 동향뿐만 아니라 사회적인 변화의 요구에 부응하는 측면에서도 이루어진다. "교육현장에 지나친 혁신과 전략들이 왔다 갔다 한다고 느낀다."는 어떤 이의 발언은 새겨볼 만하다. 과거와는 달리 사회에서 지식과 정보의 생성 속도가 빨라지고 유효 기간이 짧아지면서 어떤 내용을 담아야 할지, 어느 정도의 넓이와 깊이로 담아야 할지는 교육과정 개정의 최대 화두이다. 최근 사회의 변화를 고려할 때 우리나라 교육과정은 이 흐름에 적절히 대응하고 있는 것처럼 보인다. 2022 개정 교육과정은 '깊이 있는 학습'이 필요함을 강조하며 교과 지식을 더 많이 학습한다거나 어려운 수준까지 학습하는 것이 아닌 핵심 개념과 원리를 올바르게 이해하고 내면화하여 실생활과 연계하여 적용하는 역량을 구비한 사람을 제시하고 있다. 단일 교과만의 학문 전문가가 아니라 사실과 개념들을 서로의 관계 속에서 구조화하며 의미를 생성하는 과정을 학습할 것을 강조하고 있다. 또한 이런 학습 과정을 통해 학습자는 좀 더 높은 수준으로 지식을 적용, 확장, 실천해 나갈 수 있다.

이같이 개념, 일반화, 법칙과의 관계를 찾아 이를 실생활 및 고차원적 수준으로 전이시킬 수 있도록 교수·학습을 정교하게 설계하는 것이 개념기반 수업이다. 개념기반 수업 방법은 다양한 연구와 매체, 전 세계 IB 학교들에서의 실천을 통해 그 효과가 입증되고 있으며 간혹 수업의 난이도나 우리나라 교육과정을 바탕으로 재구성을 해야 하는 등 그 진입 장벽이 높음에도 불구하고 국내 학교들이 개념기반 수업 방법을 기반으로 하는 IB 교육 도입에 관심을 보이고 있다.

최근 들어서는 특별히 IB 프로그램을 도입하지는 않지만, IB 프로그램의 기반이 되는 개념기반 수업 등을 국가교육과정을 바탕으로 재구성하여 수업에서 실현해 보려는 많은 움직임이 있으며 이와 관련된 외서도 번역되어 소개되거나 번역팀과 함께 연구한 내용 등이 출판되어 교사들의 관심을 받고 있다.

그러나 현장에서 교육과정 문서를 구현하거나 실천해야 하는 교사들은 학생들에게 교육과정 총론에서 제시하는 '깊이 있는 학습'을 어떻게 구현해 내야 할지 많은 고민에 빠져 있다. 단편적 지식의 암기를 지양하고 각 교과목의 핵심 아이디어를 중심으로 지식·이해, 과정·기능, 가치·태도의 내용 요소를 유기적으로 연계하여 학생의 발달 단계에 따라 학습 경험의 폭과 깊이를 확장할 수 있도록 수업을 설계한다고 되어 있지만 언제나 그렇듯 구체적인 '어떻게?'에 대해서는 현장 교사들의 역량에 전적으로 의존해 있는 상태이다. 많은 교사들은 수업에 대한 열정을 바탕으로 이론서로 소개되어 개념기반 수업을 적용해 보고자 노력하지만 교실 적용에서는 어려움을 느끼곤 한다.

본 집필진은 개념기반 교육과정 이론의 핵심인 '지식의 구조'와 '과정의 구조'를 우리나라 교육과정 성취기준을 이용하여 분석하고 재구성하는 과정에 많은 어려움을 느끼고 있음을 파악하게 되었고 이에 좀 더 쉽게 개념기반 교육과정의 이론부터 2022 개정 교육과정을 기반으로 단원을 설계하는 방법까지 안내하는 교재를 집필하게 되었다. 저자들은 현장에서 교사들이 느끼는 개념기반 교육과정 적용의 어려움의 근본적인 이유를 파악하여 좀 더 쉽게 접근할 수 있도록 이론부터 실제까지 실제적인 가이드가 될 수 있도록 심혈을 기울여 집필하였다.

1장에서는 개념기반 교육과정의 이론적 배경 및 주요 개념에 대해서 소개하고 있다. 개념기반 수업이 시대의 흐름에 부합하는 인재를 육성하는 데 적합한 학습 방법이라는 것을 독자들은 전통적인 학습 모델인 2차원적 학습과 깊이 있는 학습을 추구하는 3차원적 모델과의 비교를 통해 확실히 이해하게 될 것이며, 교수·학습의 경제성 측면에서도 개념적 렌즈(매크로 개념) 등을 통해 학습에 깊이가 생기고 이해의 전이가 촉진된다는 점에서 개념기반 수업에 매력을 느끼게 될 것이다.

2장에서는 지식의 구조와 과정의 구조에 대해서 다양한 예시를 통해 이해할 수 있다. 개념기반 수업의 설계 측면에서 볼 때 교사가 단원 내에서 지식의 구조와 과정의 구조를 분석해 낼 수 있는 능력은 핵심적이라 할 수 있다. 독자들은 지식의 구조에 의한 개념기반 수업 설계 방법을 교육과정 단원 사례를 중심으로 교과 단일형과 교과 통합형으로 살펴보게 될 것이다. 또한 과정의 구조에 의한 설계 방법과 이후 지식과 과정의 구조 혼합형은 어떻게 구현될 수 있는지 사례를 통해서 살펴볼 수 있다.

3장부터 5장에서는 학년군별로 각각 2022 개정 교육과정의 교과 성취기준 분석을 바탕으로 실제 설계된 다양한 예시를 제시하였다. 개념기반 교육과정에서는 교과의 특성상 지식의 구조와 과정의 구조에 조금 더 특화되어 있는 교과를 제시하고 있으며, 그 가능성을 확대해 보고자 다양한 교과들을 대상으로 단원 및 성취기준을 분석하여 지식의 구조와 과정의 구조에 따른 수업 설계 사례를 제시하였다. 교과 단일형과 교과 통합형 사례 및 평가설계, 탐구학습 과정을 제시하였다.

6장에서는 개념기반 수업에서 활용될 수 있는 다양한 수업 적용 기법을 소개하였다. 개념기반 수업에서 활용될 수 있는 수업 기법을 다양한 사례와 함께 제시하여 독자들로 하여금 적용 기법의 실천에 대한 이해를 돕고자 하였다.

7장에서는 2022 개정 교육과정 성취기준 전체를 대상으로 개념 분석 로드맵을 제시하여 우리나라 초등학교 전체 교육과정을 개념기반 교육과정 구성의 틀에서 거시적인 관점과 계열성을 파악할 수 있도록 하였다. 1부에서는 IB PYP 초학문적 주제를 중심으로 성취기준을 분석하였다. IB PYP의 명시된 개념을 매크로 개념으로, 각 교과의 성취기준에 제시된 개념을 마이크로 개념으로 도출하여 일반화 사례와 같이 제시하였다. 2부는 개념기반 수업 설계를 위해 2022 개정 교육과정 총론을 기반으로 대안적으로 제시한 프레임워크에 따라 핵심 가치와 핵심 개념을 어떻게 분석할 수 있는지 1~2학년군의 성취기준을 분석하여 제시하였다. 이러한 우리나라의 자체 프레임워크의 내용을 기반으로 개념 중심 학습을 설계한 사례도 함께 소개하였다. 세상과 인간에 대한 이해로 인간다운 인간으로 성장할 수 있도록 개념기반 수업을 적용하고 수업을 설계하는 전문성을 갖추기 원하는 모든 교사에게 로드맵의 역할을 할 수 있을 것이다.

개념기반 교육과정을 적용한 수업을 실천하기에 앞서 교사들의 개념기반 수업에 대한 이해도가 선행되어야 하며, 우리나라 교육과정을 바탕으로 적용하려는 시도가 지속적으로 이루어져야 할 것이다. 저자들이 집필의 과정에서 느낀 개념기반 수업의 매력과 가능성에 대해서 독자들도 저자들이 제안하는 사례를 참고로 수업의 대전환에 공감하고 실천에 대한 관심을 갖게 되기를 기대한다. 이 책이 또한 그러한 지속적인 시도 속에서 쓸모있는 가이드가 되어 독자 각자의 교육 전문성 신장에도 도움이 되길 기원한다.

다양한 욕구들이 충돌하는 교육 환경에서도 본연의 목적을 잊지 않고 새로운 교육 방법에 관심을 가지고 실천해 보기 위해 이 책에 관심을 보여주신 독자들에게 감사의 말씀을 드리며, 본서를 출판하기 위해 애써 주신 박영스토리 관계자 여러분께도 감사의 말씀을 드린다.

목차

6 CHAPTER

탐구 기법

7 CHAPTER

2022 개정 교육과정 성취기준 개념 분석 로드맵

CHAPTER 1

개념기반 교육과정의 이해

1. 수업 변화의 필요성

가 교실수업에서의 암기, 사고력

사회과 수업을 하는 두 가지 사례가 있다.

한 수업에서는 교사가 조선 시대 문화의 발달 모습에 대해서 학습할 것이라고 안내한 이후 다양한 서민 문화의 종류에 대해서 개별 사실을 학습하게 한다. 이후 교사는 개별 사실의 이해 정도를 알아보기 위해 형성 평가를 통해 학생들의 '암기' 정도를 파악하며 모든 역사적 사실에 대해 정확하게 답한 학생을 학습 목표에 도달한 것으로 평가한다.

다른 한 교실에서는 교사가 '조선 시대의 문화는 오늘날의 문화에 어떤 영향을 주었다고 생각하는가?'라는 질문을 던진 후 다양한 교재나 인터넷 박물관, 신문 기사 등을 참고해서 조선 시대의 문화의 특징에 대해서 조사하게 하고 오늘날에 끼친 영향을 설명하는 서술문을 작성해 보라는 과제를 준다. 학생들은 다양한 탐구 방법으로 조선 시대의 문화재 등을 탐색하고 오늘날의 문화에 끼친 영향에 대해서 서술문을 작성한다. 이후 평가는 학생들이 제출한 서술문이 과거와 현재의 문화의 특징을 적절히 서술했는지를 평가 준거를 활용하여 평가한다.

두 가지 수업 방식 중 어느 것이 학생의 사고력을 함양하는 데 적절하다고 생각하는가?

많은 교육가와 교사들은 학습에서 '사고력(thinking skills)'의 중요성에 대해서 인정을 하면서도 수업의 과정이 사고력의 함양과 관련이 있는지는 염두에 두지 않고 수업을 계획하고 학생을 가르치려 한다. 앞선 수업 방식에서도 학생들이 조선 시대의 개별적인 문화적 현상에 대한 암기에서 끝나고 평가가 암기 정도에 대한 파악으로 종료될 때 학생들의 사고(thinking)과정은 그 지점에서 멈추게 된다. 이와 달리 후자의 수업에서 조선 시대 문화의 특징에 대해서 스스로 탐구하는 방법의 수업은 귀납적인 개별 문화적 사실들에 대한 특성 파악을 통해 조선 시대 문화 전체의 특징에 대한 개념적 이해로 귀결되어야 하므로 학생들의

‘적극적인 탐구’와 ‘사고력’을 필요로 하게 된다.

문제는 여기에서 그치지 않는다. 전자에서 조선 시대의 서민문화의 개별적인 사실들을 ‘암기’한 수준에서 머물렀던 학생들은 고려시대나 삼국시대의 문화적인 사실들에 대해서도 같은 방식으로 단절적으로 학습하게 된다. 그러나 후자에서 조선 시대의 문화의 특징에 대해서 탐구를 하고 문화적인 사실간의 관계에 대해 해당 시대의 정치적 상황은 문화의 형성에 큰 영향을 끼친다는 다른 상황에서 활용 가능한 ‘개념적 이해’를 형성한 학생들은 **‘전이’**를 통해 다른 시대의 문화에 대해서도 쉽게 이해를 할 수 있게 된다.

나 전통적인 사회와 지식 혁명 사회에서의 교육

전통적인 학교 교육은 주어진 교육 기간 내에 사회에 필요한 인재를 육성하여 배출하는 데 그 의의가 있었다. 사회가 요구하는 내용은 교육과정의 주요 내용으로 편성되었으며 이를 제대로 습득했는지 평가하고 선발하는 기능은 교육기관의 주요한 역할이었다. 이 때의 교육의 내용이라는 것은 사회 변동이 적고 문화 간의 교류가 빈번하지 않으며 오늘 내가 배운 지식이 내 자손이 성장한 이후에도 그대로 쓰일 수 있는 정적인 사회에서 생산되고 소모되는 지식을 말한다. 학생 또한 지식을 단편적으로 습득하고 평가 또한 그러한 단편적인 지식을 제대로 머릿속에 넣고 있는지 평가하는 데 머물렀던 것은 어쩌면 당연한 교육의 방법이었을 것이다.

그러나 혁명적이라 할 수 있는 정보 폭발의 시대는 당장 오늘 사용한 지식이 내일의 쓸모에 대해 회의적인 사회 분위기를 만들어 내고 있으며 심지어 오늘날 인간은 지식을 생성하는 AI와도 함께하며 생성형 인공지능의 지식이나 처리에 크게 영향을 받는다. 지식의 홍수, 더 나아가 가짜 사실과 사실 앞에서도 구분 역량을 키워 달라는 사회의 요구에 한계를 느낀다. 수많은 정보 중에서도 가치 있는 지식, 여러 정보에 대한 이해를 포괄할 수 있는 정보나 지식, 효용성과 가성비를 따져야 하는 시대에 직면한 것이다. 이런 사회적인 변화와 요구는 지식의 구조(structure of knowledge)와 교수-학습의 효용성을 뼈대로 하는 개념기반 교육과정(CBCI: concept based curriculum & instruction)이 대두될 수밖에 없는 당연한 귀결인지도 모른다.

이런 필요성에도 불구하고 우리 교실의 모습은 어느 지점인지 살펴보아야 할 것이다. 그저 진도 나가기에 급급한 수업 방식이거나, 사실적 지식이나 낮은 수준의 지식을 바탕으로 한 평가를 실시하거나 입시 교육에 중점을 둔 것이 일반적인 실태였을 것이다. 단시간에 학생에게 많은 지식을 주입하거나 학생들이 찾아낸 지식이나 개념이 아닌 교사가 정리하여 전달해 주는 짧은 속성코스에 의존하게 하여 결국 학생들의 사고력과 창의력을 육성할 기회를 박탈해 왔던 것이다.

최근에 발표된 뇌과학 분야의 연구 결과의 축적도 우리가 눈여겨 보아야 할 지점이다. 이 연구는 뇌가 한꺼번에 처리할 수 있는 일의 양인 작업 용량이 7가지에서 5가지로 줄어들고 있다고 발표한 것이다. 이 연구 결과에 비추어 보자면 지식 폭발적인 사회에서 우리의 뇌가 처한 현실은 가히 비극적이라 할 수 있을 것이다. 이런 추세 속에서 우리의 뇌가 학습한 내용을 효과적으로 기억하도록 할 수 있는 방법이나 이와 관련하여 교육과정 설계상에서 구현되어야 할 점들에 대한 연구들이 진행되고 있다. 특히나 뇌연구에 있어서 데이비드 A. 소사(David A. Sousa)의 언급은 우리가 나아가야 할 방향에 대해서 중요한 시사점을 준다.

> *"교사는 매 수업 학생들에게 더 적은 내용을 제시하여 학생들이 그에 대해 더 깊이 토론해 보고 기억할 수 있도록 해야 한다."*
>
> 데이비드 A. 소사

교육내용과 교육과정 구성이 어떤 지식이 쓸모가 있는 것인가, 어떤 지식을 바탕으로 교육과정을 구성하는 것인가로 귀결된다면 결론적으로 우리는 이곳에서 배운 내용을 다른 곳에 적용할 수 있는 보편적인 내용이 중요하다고 말할 수 있을 것이다. 학교에서 배운 내용들이 사회에 진출한 이후에 유용하려면 그 지식이 사회 생활에서 적용될 수 있는, 다시 말해서 **다른 상황에서 활용될 수**

있는 지식이어야 할 것이다. 학교교육에서 단편적인 사실보다는 이 **사실 간의 구조나 일반화**를 학습하는 것이 사고력이나 전이력 면에서 사회에서 더 유용할 것이다. 뇌를 통한 인간의 학습을 고려했을 때도 단순한 개별 사실로 습득될 때보다는 **개념들 간의 구조**를 통해 형성될 때 좀 더 다양한 상황에서 적용될 수 있다는 것이다. 특히나 이런 개념들 간의 관계는 단순 사실을 많이 학습하는 것이 아니라, 이들 개념들 간의 관계를 학생 스스로 **'깊이 있는 학습'**을 통해서 파악할수록 학생들은 전이 가능한 이해 수준으로 습득하여 활용할 수 있다.

지식의 양적 팽창에 따른 여러 가지의 사회적 변화는 교육계에서도 변화에 적응하기 위한 다양한 시도를 불러왔으며 개념기반 교육과정 및 IB 프로그램처럼 선진국에서 교육과정 설계와 운영에서 새로운 접근이 시도되어 왔다. 우리나라에서도 이 추세를 반영하여 교육부에서 2015 개정 교육과정부터 각 교과의 '핵심개념'을 중심으로 교육내용을 적정화하는 것을 지침으로 삼아 교육과정을 개발하여 왔다. 2022 개정 교육과정에서는 '깊이 있는 학습'이 가능하도록 '핵심 아이디어'를 기반으로 각 교과별 학습 내용을 선정하였으며 교과 고유의 사고와 탐구 과정을 설계 원리로 교육과정을 설계하였다.

다 전이의 놀라운 비밀

A 학생의 사례를 통해 전이가 얼마나 중요한지 알 수 있다. A 학생은 남동생과 잘 놀아주는 평범한 아이이다. 다른 아이들과 다른 점이 있다면 책읽기를 무척 좋아한다는 것이다. 특히, 마음에 드는 책은 몇 번이고 읽고 또 읽는다.

A 학생이 우리집에 놀러올 때마다 학교에서 학교에서 만든 작품들을 가져오곤 한다. 교사인 나에게 칭찬을 듣는 것이 무척 즐겁고 자랑스러운 모양이다. 한번은 미니북 두 개를 들고 왔다. 하나는 독서의 필요성을 강조하는 내용이었고, 다른 하나는 환경 보호의 필요성과 해야 할 일에 대한 내용으로 일종의 주장하는 글쓰기였다.

저학년 학생이 어떻게 이런 논증을 펼칠 수 있는지 깜짝 놀랐다. 글에 담긴 개념들에 대한 깊이 있는 통찰이 엿보였다. 그 것은 바로 '전이(transfer)'였다.

같은 책을 여러 번 읽으면서 내용은 물론이고 낱낱의 개념을 깊이 있게 이해하고, 글의 구조를 스스로 깨우친 것이다.

전이(transfer)는 학습의 결과가 다른 학습에 영향을 주거나 배운 것을 나중에 실제 생활에 적용하는 것을 말한다. 전이 가능성이 높다는 말은 다른 학습이나 실제 생활에 활용될 가능성이 높다는 말이다. 뇌는 주입되는 여러 정보 중에서도 이런 전이 가능성이 높은 개념적 수준의 지식을 장기 기억하는 특성이 있는데 이는 **충분한 시간과 깊이 있는 학습** 등을 통해 단단해질 수 있다고 한다. 학습을 통한 이런 배움이 가까운 상황(가까운 전이)이나 심층적인 사고 과정을 요하는 비교적 먼 상황(먼 전이)에 적용될 때 우리는 비로서 진정한 배움의 전이가 일어났다고 말할 수 있으며 이것이야말로 교사들이 가장 희열을 느끼는 순간이라고 할 수 있다.

A 학생이 그런 통찰력이 담긴 글을 쓸 수 있었던 것은 글 속에서 말한 독서라는 학습 행위가 큰 역할을 했을 것이다. 독서라는 자기 주도적인 학습 행위를 통해 부지불식간에 부단히 자신만의 스키마(schema)를 축적하였고 그 스키마를 통해 A 학생은 글쓰기라는 것과 독서가 주는 장점, 타인을 설득하는 방법이라는 과정의 구조에 대한 개념을 자신만의 언어로 표현할 수 있었을 것이다(개념기반 교육과정의 수업 단계에서 글쓰기 등은 전이의 한 형태로 간주 된다). 물론 학교에서 받았던 다양한 교육과정 내의 활동도 A 학생의 학업성취에 큰 기여를 했으리라는데 의심의 여지가 없다.

2. 개념기반 교육과정의 개관

가 개념기반 교육과정과 개념, 일반화

모든 사실적인 지식을 가르치는 것이 아니라 전이력이 높은 개념을 가르치는 것이 효과적이라면 개념기반 교육과정에서 말하는 개념을 우리는 어떻게 교육과정에서 이해하고 수업 설계에서 활용해야 할 것인가?

개념은 다양한 학자들에 의해 정의가 되었는데 Erikson과 Lanning(2014)은 개념을 '추상적이고 시대 초월적이며 보편적인 정신적 구성체'로 보았으며 더 나아가 '우리가 세상을 이해하는 데 사용되는 정신구조로서, 새로운 상황이나 맥락으로 전환되는 주제 또는 과정에서 도출되는 정신적 구성'이라고 보았다. Whitehead(1929)는 '전이 가능한, 추상적이고 시대 초월적이며 보편적인 정신적 구조'로 보았고 임유나(2022)는 '어떠한 대상에 대한 공통적인 속성으로 구성된 조직적 생각'으로 보았다. 이들이 제시하는 개념의 정의에 비추어 볼 때 개념의 속성은 추상적이며, 시대 초월적이고, 전이 가능한 속성을 가지고 있다고 볼 수 있다. 또한 Whitehead는 어떤 아이디어가 개념인지의 여부는 그 아이디어를 떠올렸을 때 수년 전뿐만 아니라 여러 상황 맥락으로 옮겨 적용해도 일관되게 유효해야 한다고 정의하고 있다.

다음 예시를 통해 개념의 의미와 특성을 파악해 보자. 이슬람 문명, 인더스 문명, 황화 문명 등 세계 여러 문명이나 영어, 중국어, 한국어, 일본어 등의 세계의 언어라는 내용은 주제나 사실에 해당한다. 이들의 개별적 요소들을 아우르면서 좀 더 상층부에 위치하는 초월적이며 다양한 형태를 포함하는 보편성을 띄는 '문화적 현상', '문화적 변화'를 개념으로 볼 수 있을 것이다. 다양한 전래동화 등의 개별적인 학습을 통해 권선징악이나 갈등, 사랑 등의 개념을 습득하고 인간은 이야기를 통해 다양한 감정을 다룬다는 일반적인 아이디어를 실생활에서 다른 맥락에 전이해 볼 수 있을 것이다.

개념의 이런 특성을 고려하여 교육과정상에 포함되기에 적합한 개념의 특징을 Giddens(2019) 등은 다음과 같이 정리하였다.

표 1 교육과정으로 포함되기에 적합한 개념의 특징

- 실세계의 중요한 상태나 상황을 나타내는 개념
- 교육과정 내의 여러 교과목과 맥락에 적용될 수 있는 개념
- 학습자의 학습과 경험에 해당 개념을 명확하게 적용할 수 있는 유용한 개념
- 모든 교사가 논리적이고 일관되게 사용할 수 있는 개념
- 몇 년 동안은 계속적으로 사용할 수 있는 지속가능한 개념

출처: Giddens(2019) 등

그러나 개념기반 교육과정에서는 나열된 다양한 개념의 목록 자체를 지식의 형태로 학습자가 학습할 것을 강요하지 않는다. 개념기반 교육과정에서 핵심은 개념들간의 관계인 일반화된 진술을 학생들이 다양한 귀납적 탐구 방법을 통해 스스로 진술해 보도록 하는 데 있다고 할 수 있다.

이를 위해서는 교사들이 개념의 목록이나 개념들간의 관계에 대한 진술인 일반화를 작성해 보는 연습을 충분히 전문적으로 해 보는 과정이 선행되어야 할 것이다. 단원 수업 설계속에 정교하게 반영된 개념과 일반화에 대한 교사의 이해로 학생들은 깊이 있는 학습을 통해 고차원적 이해와 통찰력을 보이게 될 것이다.

개념에 대한 이해를 바탕으로 하는 개념기반 교육과정과 수업은 단편적인 사실에 대한 이해에서 벗어나서 교육과정에서의 개념적 접근을 기반으로 하는 교육과정과 수업 설계 모델이다. Erickson(2017) 등은 이를 교과의 사실과 기능, 학문적 개념과 일반화로 구성된 3차원적 설계 모델로 개념적 이해를 필수 학습 목표로 포함하여 주제, 사실, 하위 수준을 분절적으로 다루는 전통적인 2차원적 모델과는 차별을 둔다고 강조하고 있다. 다시 말해 여러 교과에 걸쳐 있는 개념과 빅아이디어, 핵심 아이디어 등을 바탕으로 개념적 이해를 더 큰 상황과 맥락으로 전이가 일어날 수 있게 하는 것을 목적으로 한다는 것이다. 사실 등에 대한 단편적인 이해가 아니라 개념 수준에서의 통합적인 이해는 문제를 창의적으로, 비판적으로 해결하는 것을 모두 포함하는 것으로 OECD의 DeSeco와 Education2030에 따른 역량으로 설명될 수 있다. 이 때의 역량은 지식과 기능뿐 아니라 가치 · 태도를 포함하는 총체적인 능력으로 실제적인 삶의 문제를 해결할 수 있는 능력을 의미한다.

나 2차원과 3차원 교육과정 수업 모델

그렇다면 개념기반 교육과정에서는 개념적 접근을 어떻게 구현할 수 있을까? 다시 앞부분에서 살펴본 사회과 수업 사례로 돌아가 보자. 기존의 수업이라면 조선 시대의 다양한 문화의 특성을 파악하는 수업에서 목표의 진술은 다음과 같을 수 있다.

- 조선시대의 다양한 양반 문화의 특징을 이해한다.
- 조선시대의 양반 문화와 서민문화의 특징을 비교하여 설명할 수 있다.

에릭슨(2017) 등에 의하면 ***2차원적 수업모델***에서는 위와 같이 내용 소재와 기능에 해당하는 동사가 합쳐진 형태로 수업의 목표가 제시되었다. 이러한 목표에 달성되었는지를 확인하는 것이 교육과정 설계이자 평가의 목표였으나 이런 수업을 통해서는 학생들은 단편적인 지식 습득 학습에 갇혀 비판적 사고력이나, 창의력 등을 함양하는 데 어려움이 있다. 이런 단편적인 지식 학습 방법으로 인해 특히나 학년이 올라갈수록 학습의 양이 많아지는 교과에서는 학습에 대한 부담으로 학생이 학습에 흥미를 잃는 경우가 많이 생기게 된다. "외울 게 너무 많아서 이 교과는 싫어요.", "암기하는 게 어려워요." 이런 이야기를 많이 들었음에도 불구하고 왜 우리는 지속적으로 특정 지식의 (암기)이해 여부만을 평가하는지 교사로서 다시금 교육의 방법에 대해서 생각해 보아야 할 것이다. 교사의 수업이 일반적인 지식의 전달은 아니었는지, 학생들의 참여나 탐구를 격려하는 수업이었는지 고민해 보아야 할 것이다.

다음과 같은 수업 설계는 어떤 차이점이 있을지 생각해 보자.

- 문화는 그 시대의 다양한 계층의 특성을 반영한다는 것을 **이해하기 위해서** 조선시대의 다양한 양반 문화의 특징을 파악한다.
- 문화는 해당 시대의 정치, 경제와 밀접한 관련이 있음을 **이해하기 위해서** 조선시대의 양반 문화와 서민문화의 특징을 조사하여 설명할 수 있다.

이 수업 목표에서는 개념적 사실 파악이 수업의 목적이 아니라 개념 간의 관계 파악을 통한 일반화 진술이 최종 목표임을 알 수 있다. 전술된 2차원적 수업 방법과 비교하여 어떤 것이 학생들의 사고력 함양에 도움이 되겠는가? 각각의 진술 중 전이 가능한 이해로 시간이 지나도 보편적으로 적용될 수 있는 진술은 두 번째 진술일 것이다. 이를 ***3차원 수업모델***이라고 볼 수 있다. 3차원적 모델에서는 개별 사실에 대한 이해보다는 사실들의 관계를 규정하는 일반화를 학생들이 탐구, 발견하여 이를 전이할 수 있도록 격려한다. 단순 사실들의 암기, 열거에 집중하지 않고 개념적 렌즈를 활용해 이들 간의 관계를 파악하여 일반화를 학생들이 진술해 볼 수 있도록 하여 이해의 폭을 넓힐 수 있도록 하는 것이다.

에릭슨(2017) 등이 제시한 2차원 수업모델과 3차원 수업모델은 다음과 같다.

그림 1 **2차원 수업모델 vs 3차원 수업모델**

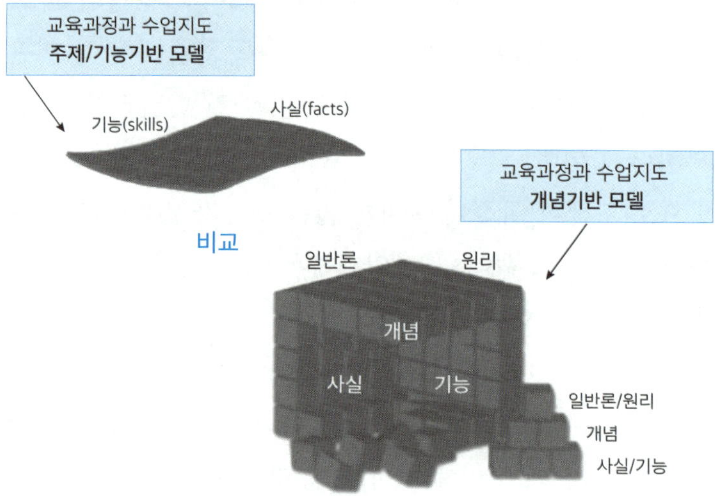

출처: Erickson(2017) 등

여기서 중요한 것은 개념기반 수업에서 개념을 가르치거나 개념 간의 관계를 진술한 일반화를 직접 교수법 등을 통해 가르치는 것이 아니라는 것이다. 개념 목록을 가르치거나 일반화를 일방적으로 암기하도록 가르치는 경우 학생들은 또 다른 암기식 수업으로 인해 사고력 함양을 위한 학습으로부터 유리될 수 있다. 그렇다고 해서 단순한 사실에 대한 학습을 소홀히 해도 된다는 말은 아니다. 개별 사실들에 대한 학습이 탄탄하게 이루어져야 학생들은 이를 통해 개념을 형성하고 스스로 개념들간의 일반화를 형성할 수 있게 되면 새로운 사실들이나 더 큰 개념에 학습한 일반화를 적용하여 확장할 수 있게 될 것이다.

다 시너지를 내는 사고

앞서 살펴본 2차원 수업모델이 학생들의 수업에서 전혀 교육적 효과가 없다는 것은 아니다. 지식의 기반을 다지는 것은 학습에서 여전히 중요하다. 그러나 지식 기능습득의 수업은 대부분 저차원(low-level)의 인지적 수행이 되고 만다. 이런 저차원의 인지적 수행으로는 더 정교하고 복잡한 사고를 할 수 없다. 에릭슨(2017) 등은 복잡한 사고를 하려면 단순한 정보를 처리하는 기관과 복잡한 처리를 담당하는 기관 사이의 시너지를 만들어 내는 것이 중요하다고 강조하고 있다. 이런 상호작용에 의한 시너지는 기능단계와 개념적 단계 사이에서 만들어 질 수 있다는 것이다. 교육과정이 이 저차원적 사고와 고차원적 사고 간의 상호작용을 위해 의도적으로 설계될 때 학생들의 지적 능력은 발달될 수 있다고 본다.

개념 간의 관계를 탐구하는 학습과정은 단순한 암기를 필요로 하는 수업과 비교하여 학생에게 깊이 있는 학습을 가능하게 한다. 이 과정에서 학생은 다양한 지적 과정을 거치게 되면서 사고하고 배운 것을 오래 기억하게 되는 것이다. 단순 지식, 기능을 습득하는 저차원적 사고와 개념간의 관계를 파악하는 고차원적 사고 간의 상호작용의 시너지로 학생들의 배움은 전이 가능한 이해에 도달하게 될 것이고 이는 교사의 개념기반설계에 따른 구체적인 수업 계획으로 실현될 수 있다.

라 수업 설계에서 개념적 렌즈의 역할

많은 학습 내용을 학생들이 심층적으로 이해할 수 있도록 하기 위해서는 어떻게 접근해야 할까? 아마 정보를 체계화하고 우선순위를 정하여 학생들의 학습 과정을 설계하는 것이 가장 효과적일 것이다. 무작정 암기보다 체계를 세워서, 혹은 큰 틀에 넣어 암기하는 것이 오랜 시간이 지난 이후에도 잘 기억이 나는 이유와 비슷하다. 마찬가지로 학생들도 새로운 학습 내용을 알맞은 새로운 틀을 활용하여 학습할 때 비구조화된 학생의 두뇌는 구조화의 과정을 겪게 될 것이다. 이 학습의 틀로 여겨지는 것이 개념적 렌즈이다. 개념적 렌즈는 학습의 방향과 초점을 제시하고 깊이를 더해 주기도 하며 이를 통해 이해의 전이가 촉진된다. 구체적인 예를 통해서 살펴보자.

우리가 중학생을 대상으로 지역 간의 다양한 분쟁 등에 대해 가르칠 때 '사회 갈등'이라는 개념적 렌즈(매크로 개념)을 활용해 좀 더 깊이 생각해 보고 이 개별 사안들이 갈등 차원에서 어떻게 진술될 수 있는지 서술해 보도록 한다면 학생들은 단순히 지역간의 분쟁을 암기하는 것에서 나아가 이것이 사회 갈등과 어떻게 관련이 있는지 생각해야 하므로 깊이 있는 학습으로 이어진다. 사실이나 현상을 넘어서 개념 차원에서 생각하는 틀이 되어주는 개념적 렌즈는 이처럼 광범위하면서도 때로는 구체적인 개념이 사용되기도 한다.

마 개념기반 수업의 특징

개념기반 수업을 설계하고 교실 상황에서 적용하기 위해서 개념기반 교육과정에 대한 교사의 전문적인 이해가 선행되어야 함은 자명한 사실이다. 그러나 교육과정에 대한 개념적 이해와 분석, 수업 설계, 일반화 작성 등에 연습 등도 중요하지만 개념기반 수업이 전개되는 교실도 기존의 전통적인 교실과는 다른 특성을 가져야 한다. 에릭슨(2017) 등은 개념기반 수업이 활성화되는 교실의 특징을 다음과 같이 제시하고 있다.

개념기반 수업 교실의 특징	개념기반 학습을 촉진하기 위한 교사의 전략
이해를 위한 지도	사실과 기능을 기초로 학생들이 개념적 이해에 이르도록 돕고 개념적 이해가 시공간, 문화, 상황을 초월해 전이될 수 있도록 지도한다.
분명한 학습 목표	수업을 계획할 때 '알다(사실적 지식의 습득), '할 수 있다(과제의 수행)', '이해하다(개념의 이해)'의 각각에 대해 단원의 학습 목표를 분명하게 설정한다.
귀납적 수업 지도	학생들에게 필요한 시간과 자원을 제공하고 구체적인 예들로부터 추상적이고 일반적인 지식으로 나아가게 한다. 이 때 더 의미있는 학습이 이루어진다. 학생들 스스로 이해를 구축하고 명료하게 표현하기 때문이다.

질문을 통해 낮은 수준의 사고에서 높은 수준의 사고로 나아갈 수 있도록 안내하기	사실을 묻는 질문과 개념을 묻는 질문을 균형있게 제시하여 학생들이 사고력 발휘를 통해 목표로 하는 일반화된 개념적 지식을 도출할 수 있도록 안내한다. 또한 논쟁이 가능한 질문도 포함시켜서 학생들이 스스로 개인적인 입장을 취하거나 방어할 수 있도록 한다.
개별화된 수업	내용, 과정, 결과물 그리고 정의적/학습 환경을 모둠 단위로 개별화함으로써 모든 학생들이 동일한 개념적 이해에 이를 수 있도록 지원한다.
지식, 기능, 이해의 평가	구체적인 지식, 기능, 이해를 평가하도록 형성평가, 총괄평가를 설계하되 학습의 과정과 결과 모두에 초점을 둔다. 교사는 서술적인 피드백을 제공하여 학생들의 사고를 확장시키고 학습 목표에 계속 초점을 맞출 수 있도록 한다.
학습의 전이	학생들이 개념적으로 이해한 것을 다른 상황이나 보다 복잡한 맥락에서 적용할(전이할)수 있도록 한다. 교사는 학생들이 이러한 연결을 시도할 때 이를 경청하고 반응을 보인다.

출처: Erickson(2017) 등의 내용을 발췌함

이런 개념기반 탐구 수업이 실현되는 교실에서 무엇보다 중요한 것은 개념간의 관계(일반화)를 학생이 스스로 탐구를 통해 발견하게 한다는 것이다. 교사는 교육과정 분석을 통해 개념을 미리 추출하고 학생이 학습을 통해 심층적으로 이해해야 할 일반화를 미리 작성해 보지만 학생에게 직접 개념을 제시하지는 않는다.

학생이 개념기반 학습의 단계를 통해 개별 사실 등에 대한 학습으로 일반화를 완성하는 귀납적 방식으로 탐구과정을 밟게 된다.

탐구과정의 속성을 생각해 볼 때 우리가 스스로 무엇인가 알아보고자 하는 욕구는 언제 생기는가? 바로 학습자에게 질문이 생기는 순간이다. "조선 시대에는 왜 양반들이 시문학을 좋아하게 되었을까?", 조선 시대에 서민들은 왜 탈춤 등을 즐기게 되었을까?", "조선 시대 탈춤의 내용은 조선 사회와 어떤 관련이 있을까?" 등이다. 성취기준 내에서 개념기반의 탐구 수업을 설계할 경우 개방적인 환경에서 학생은 스스로 질문하기도 하지만 교사의 구조화된 질문 등을 통해서 탐구 학습으로 개념간의 일반화를 완성해낼 수 있을 것이다. 이 때 교사는 이 과정이 잘 이루어질 수 있도록 정교하게 설계하는 것이 중요하다. 특히 개념기반 학습에서 수업을 이끌어 주는 이런 안내 질문은 학생 주도적으로 사실들 간의 관계를 탐색해 보고 일반화를 도출하는데 안내자 같은 역할을 한다.

위의 표에서 살펴보았듯이 개념기반 탐구 수업이 실현되는 교실에서 **질문**은 개념기반 수업에서 핵심적인 부분이며 귀납적 접근법을 통해 학생들이 전이 가능한 이해에 도달하게 해 주는 중요한 도구이다. 질문은 학생들이 단원의 중요한 부분에 집중할 수 있도록 해주어 학생들이 학습에 대한 호기심을 유지하면서 학습이 가능하도록 이끌어 준다. 이런 과정에서 활용되는 질문은 사실적 질문, 개념적 질문, 논쟁적 질문 등이 있을 수 있다.

사실적 질문은 대부분 단원의 학습 내용과 관련한 것으로 사실의 진위 여부나 연구사례 등을 대한 질문이며 이런 질문들은 다른 상황이라 맥락에 전이될 수 없고 시간, 맥락 등이 한정되어 있다. 앞의 예로 들었던 조선 시대 후기의 문화의 특징에 대한 단원의 수업에서 사실적 질문을 살펴보자.

- 조선시대의 다양한 탈춤 등에는 어떤 공통점이 존재하는가?
- 조선시대 김홍도와 정선의 회화는 어떤 특징을 갖는가?
- 조선시대 유교는 조선시대 문화에 어떤 영향을 주었는가?

개념적 질문은 전이가 가능하다. 주로 개념적 질문을 통해 학생들은 단원 일반화에 도달하게 된다. 개념적 질문은 전이가 가능해야 하므로 3인칭 및 현재 시제로 진술된다.

- 문화는 당대 시민들의 생활에 어떤 영향을 주는가?
- 당대 사회 구조는 미술 작품에 어떤 영향을 주는가?
- 회화 장르는 종교와 경제 여건을 어떻게 반영하는가?

논쟁적 질문은 비판적 사고와 대화를 촉진하는 질문이다. 학생들은 주로 입장을 취하고 증거를 사용하여 자신의 의견을 정당화한다. 개념적 이해의 전이를 확인하기 위해 논쟁적 질문을 활용할 수 있다.

- 조선시대 유교보다 불교가 활성화가 되었다면 조선시대의 문화는 어떤 특성을 갖게 되었을까?
- 종교가 문화를 지배하는 것이 타당한가?
- 식민지배국과의 관계 개선을 위해 '식민 시대 역사 교육 축소'는 정당화될 수 있는가?

바 학년에 따른 개념적 이해

앞서 살펴보았던 개념적 렌즈는 학습의 방향성과 깊이를 제공하는 데 중요한 키가 된다고 언급하였다. 일반적으로 학년이 올라갈수록 학습의 깊이가 더해져야 하는 학교 교육 환경을 고려할 때 개념기반 교육과정에서도 개념적 이해의 심화는 다양한 방법으로 나타날 수 있으며 이런 방법을 교사들이 정교하게 교육과정 설계에서 반영해야 학생의 사고력이 함께 심화 될 수 있을 것이다.

개념은 그 개념이 포괄하는 정도에 따라 구체적인 것부터 광범위한 것까지 있다. 체제, 변화, 규칙과 같은 개념들은 여러 사례와 학문 분야에 걸쳐서 적용되기 때문에 매크로 개념이라고 할 수 있다. 변화라는 개념은 사회 과학분야, 예술분야 등에서 광범위하게 적용될 수 있기 때문에 매크로 개념이라고 할 수 있다. 매크로 개념을 바탕으로 한 일반화는 이해의 전이를 가능하게 하므로 광범위하고 추상적으로 진술되곤 한다. 이에 비해 마이크로 개념은 이해의 깊이를 제공하며, 특정 학문 분야와 관련을 갖는다. 시스템이라는 매크로 개념에 대해서 학문 분야별로 식물의 구조, 전기, 정치 체제, 음계 등의 마이크로 개념을 생각해 볼 수 있을 것이다. 보통 초등학교에서의 단원설계에서 일반화는 마이크로 개념을 활용하여 진술되곤 한다. 마이크로 개념이 학문의 폭보다는 깊이를 제공하므로 학년의 올라갈수록 마이크로 개념이 좀 더 세분화 되어야 학생들이 그 교과의 지식을 발달시킬 수 있을 것이다. 이런 개념간의 일반화를 학년에 따라 점진적으로 정교화시켜 나가고 학습자가 이를 심층적으로 전이 가능한 수준으로 이해하게 될 때 우리는 개념기반 교육과정이 효율적이면서도 효과적으로 학생의 사고력을 성장시킬 수 있음을 경험할 수 있게 될 것이다. 여기서 중요한 것은 개념의 범위와 수준이 고정된 것이 아니라 시간과 맥락에 따라서 달라질 수 있다는 것이다.

다음의 표에서는 개념적 이해가 학년에 따라 심화되는 것을 확인할 수 있다. 학생들은 더 깊고 구체적인 일반화에 도달하게 된다. 초등학교 저학년부터 깊이 있는 학습의 경험이 누적될수록 보다 구체적인 개념을 통해 정교한 일반화에 이르게 된다. 교사들은 학생들이 도움을 받아 일반화하는 수준에서 학생 스스로 일반화를 서술하는 수준으로 성장하는 것을 경험하게 될 때 개념기반 교육과정 수업 설계가 값진 여정이었고 보람찬 일이었음을 이해하게 될 것이다.

표 2 단원 일반화(개념적 이해)

	2학년	4학년	8학년	11학년
사회	지역 사회 구성원들은 필요와 요구를 만족하기 위해 협력한다.	사람들은 변화하는 필요와 요구를 만족시키기 위해 환경에 적응하거나 환경을 바꾼다.	사람들은 변화하는 필요와 요구를 보다 효과적이고 효율적으로 다루기 위해서 도구와 과학기술을 개발하고 발전시킨다.	사회가 교통 및 무역망을 발전시킴에 따라 다른 지역과의 사회·경제적·정치적 상호작용은 협력적이고 경쟁적인 사회·경제·정치적 관계로 이어진다.
과학	생물은 환경과 상호작용한다.	유기체는 변화하는 외부환경에 적응한다.	유기체는 서식지에서 특정 생태적 지위를 차지한다.	한 종의 개체군은 적응할 수 있는 서식지를 채우기 위해 자랄 것이다.
수학	숫자는 물건이나 사건을 순서화한다.	숫자는 역관계를 나타낼 수 있다.	분수, 소수 또는 백분율은 전체의 부분을 나타낸다.	지수와 로그는 역함수로 나타낸다.
시각 예술	선으로 감정이나 기분을 표현할 수 있다.	선의 반복은 질감이나 패턴을 암시할 수 있다.	수렴선은 깊이감을 만든다.	예술가는 선을 사용하여 섬세함이나 힘을 보여줄 수 있다.

주제	관점은 행동을 형성한다.	어려운 상황에서 용기를 보여주는 실재와 허구의 인물은 자신의 역경을 다룸으로써 다른 사람에게 영감을 줄 수 있다.	사회적 불의에 직면한 사람들은 복종 또는 반란을 선택할 수 있다.	극심한 스트레스는 소외와 외로움의 감정으로 이어질 수 있다.
구조	글쓴이는 처음, 가운데 끝으로 이야기를 조직한다.	전기 및 역사 소설은 시간순서대로 조직되어 독자에게 일련의 사건을 안내한다.	표시어(signal words)는 텍스트가 구성된 패턴을 드러낸다.	텍스트 구조를 나타내는 도구(그래픽 조직자 등)는 텍스트의 기억과 이해를 향상시킨다.

출처: 생각하는 교실을 위한 개념기반 교육과정 및 수업.

2022 개정 교육과정은 <표 3>에서 보듯이 영역별로 핵심 아이디어가 공통 교육과정에 해당하는 초등학교에서 중학교까지 전체적으로 제시가 되어 있다. 이를 개념기반 교육과정과 수업으로 설계하기 위해서는 교사가 <표 2>의 단원 일반화의 예시처럼 핵심 아이디어를 활용하여 학년에 따른 개념적 이해를 재구성해 낼 수 있어야 한다.

표 3 2022개정 교육과정 과학과 내용체계표 일부 발췌(2022, 교육부)

가. 내용 체계

(1) 운동과 에너지

핵심 아이디어		· 자연과 일상생활 속의 여러 가지 힘은 물체의 속력과 운동 방향을 변화시키고, 물체의 힘과 에너지를 통해 예측할 수 있으며, 이는 안전한 일상생활의 토대가 된다. · 전하와 전류는 다양한 전기와 자기 현상을 일으키고, 전기와 자기에 대한 성질은 전구, 등 여러 가지 전기 기구의 작동 원리로 유용하게 활용된다. · 열은 온도가 높은 곳에서 낮은 곳으로 이동하며, 일상생활에서는 단열 등 다양한 분야에 열적 성질이나 열의 이동 방식이 이용된다. · 빛과 소리는 반사, 굴절, 진동 등 파동의 특성을 가지며, 그 특성은 거울, 렌즈, 악기, 색 등 편리하고 심미적인 삶에 도움이 된다.		
범주 \ 구분		학년(군)별 내용 요소		
		초등학교		중학교
		3~4학년군	5~6학년군	1~3학년
지식 · 이해	힘과 에너지	· 밀기와 당기기 · 무게 · 수평잡기 · 도구의 이용	· 위치의 변화 · 속력 · 속력과 안전	· 힘 · 중력 · 마찰력 · 탄성력 · 부력 · 부력 · 등속 운동 · 자유 낙하 운동 · 일과 에너지 · 중력에 의한 위치 에너지 · 운동 에너지 · 역학적 에너지 보존
	전기와 자기	· 자석과 물체 사이의 힘 · 자석과 자석 사이의 힘	· 전기 회로 · 전지의 직렬연결 · 전자석	· 전기력 · 대전 · 정전기 유도 · 전압 · 전류 · 옴의 법칙

1장에서는 개념기반 교육과정과 수업이 대두된 배경과 장점, 개념, 개념적 이해(일반화), 전이, 2차원 수업모델, 3차원 수업 모델, 시너지적 사고, 개념적 렌즈 등 개념기반 교육과정과 관련된 내용을 이해하기 위한 용어 중심으로 내용을 살펴보았다. 2장의 내용부터는 교육과정과 성취기준을 활용하여 개념기반 교육과정과 수업 설계를 위해 지식과 과정의 구조를 어떻게 이해해야 하는지, 국가 수준의 교육과정 문서를 통해 어떻게 개념과 개념적 이해를 구성해 내고 단원과 수업을 설계하는지 단계별로 설명할 것이다.

1장의 내용에서 소개되었듯이 개념적 이해를 형성하는 과정은 단순한 체험 활동이나 흥미 중심의 교수·학습 설계와는 차원이 다르다. 그러나 학생들이 누리게 될 지적 체험과 깊이 있는 학습의 결과를 생각했을 때 교사들이 준비해야 할 것들은 단연코 값지다고 할 수 있을 것이다. 그 과정에 배움의 열망이 가득한 독자들도 함께 할 수 있기를 기원해 본다.

CHAPTER 2

개념기반 교육과정 수업 설계의 이해

1. 핵심 아이디어의 이해

학교에서 가르치는 내용의 발원지는 학문이다. 학문은 구조화되어 있으며 가장 기본적인 구조의 출발점은 사실이다. 사실은 경험적으로 실증된 것을 말하는 것으로 이는 변하지 않는 것이다. 여기서 사실이라고 하지만 실제로 사실뿐만 아니라 상황이나 경험 등에 의한 것도 포함될 수 있다. 사실이나 상황, 경험 등은 개념의 필수 조건이다. 개념은 다시 원리나 법칙으로 연결되며 같은 계통의 법칙과 원리 등이 모여 하나의 구조체를 이루는 것이 이론이다. 우리가 흔히 어떤 분야의 학문이라고 말할 수 있는 것은 해당 분야의 사실, 개념, 원리, 법칙 등이 모여 이론 체계로 이루어진 것이라고 할 수 있다. 우리는 이것을 지식의 구조(structure of knowledge)라고도 표현한다. 개념기반 교육과정(CBCI)에서 말하는 지식의 구조는 곧 학문 체계를 이루는 어떤 이론이 갖는 지식의 구조와 같다. 최상층부에 있는 일반화는 곧 핵심 아이디어가 된다.

그렇다고 해서 개념기반 교육과정에서 말하는 핵심 아이디어와 학문체계를 이루는 이론적인 핵심 아이디어가 갖는 범위와 내용이 같은 것은 아니다. 개념기반 교육과정에서 의미하는 핵심 아이디어는 학문체계가 갖는 이론에서 발원하지만 내용의 범위나 수준은 당연히 다를 수밖에 없다. 흔히 교과 내용은 모학문에서 비롯된다고 할 때 해당 모학문의 한 줄기가 범위와 수준을 달리하여 교육과정 내용으로 전환되는 것이다. 그것도 초·중·고별 학교급의 수준에 맞게 내용이 다를 수밖에 없다. 그러나 학교급이 높아질수록 모학문에 접근된 내용을 학습하게 되고 고교를 지나 대학, 대학원에 가게 되면 새로운 학문을 창출하기 위해 마치 새싹을 틔우듯 공식적 논의를 글로 남기기도 한다. 그것이 학위논문이다. 결국 핵심 아이디어는 작게 보면 해당 학교급 내에서 이루는 내용의 구조체이지만 크게 보면 초·중·고, 대학과 대학원을 망라하는 커다란 지식의 구조체를 이루는 한 줄기라고 할 수 있다. 그러나 이렇게 커다란 구조체를 학습의 대상으로 삼지 않는다. 그것은 학습 설계는 물론이고 학습 자체가 불가능하기 때문이다. 그래서 작은 한 줄기에 해당되는 핵심 아이디어를 학습의 범위로 설정하여 수업을 하게 된다. 그 작은 줄기가 단원(unit)에 해당된다. 단원은 지식의 구조로 이루어져 있으며 이는 다른 말로 하나의 網(net)을 이루고 있다고 할 수 있다. 다시 말해, 망들이 모이면 이론 체계가 될 수 있다.

본 장에서 위와 같은 내용을 먼저 서술하는 것은 개념기반 교육과정에 대한 이해의 관점을 정확하게 하기 위함이다. 학생들이 탐구하는 단원의 지식의 구조는 이미 다 밝혀진 것이지만 학생들에게는 미지의 세계에 대한 학습이다. 여기서 탐구하는 방법, 학습하는 방법을 익혀 그 이치를 스스로 깨닫게 하는 학습 방법을 적용하는 것이다. 이치에 다다르는 것을 우리는 '일반화'라고 표현한다. 이는 2022 개정 교육과정에서는 핵심 아이디어로 제시되어 있다. 학생이 지식의 구조를 이해하고 일반화에 도달하도록 안내하는 역할은 교사가 한다. 그래서 학생은 '연구자'가 되고 '탐구자'가 되어야 한다는 것이다. 마치 교수나 대학원생이 자기 전공 분야를 연구하고 탐구하여 새로운 일반화(generalization)를 도출하듯이 학습이 이루어져야 한다는 것을 의미한다.

우리는 2장에서 지식의 구조와 과정의 구조가 갖는 각각의 단계별 특징과 용어를 독자가 한번 읽으면 더 고민 없이 지나갈 수 있도록 기술할 것이다. 2장은 이러한 측면에서 1장과 차별성을 갖는다.

2. 개념기반 교육과정의 주요 용어의 이해와 관련성

가 지식의 구조

우리가 그 동안 눈여겨 보지 않았을 뿐 교과를 이루는 지식은 모두 구조를 이루고 있다. 마치 세상에 존재하는 모든 사물과 자연물이 구조체를 이루고 있는 것과 같다고 할 수 있다. 식물도 뿌리, 줄기, 잎, 꽃으로 이루어져 있으며 동물도 팔, 다리, 몸통 등으로 구조를 이루고 있다. 우리가 입는 옷 또한 각 부위별 이음새를 통하여 하나의 옷을 이루고 있다. 모두가 구조체이다. 지식도 마찬가지이다. 더욱이 교과를 이루는 지식도 구조화된 것이고 필요시 교수자에 의해 지식의 구조를 변화시킬 수도 있다. 다음에서 제시하는 지식의 구조 [그림 2]를 살펴볼 필요가 있다.

지식의 구조 그림은 학습 소재인 사실로부터 도출된 개념, 그리고 둘 이상의 개념이 결합하여 형성되는 일반화의 원리 사이의 관계를 보여준다. 이러한 구조는 시간과 문화, 상황을 초월하여 전이될 수 있는 깊은 이해에 도달하게 한다. 그리고 이론은 대체로 고등교육에서 가르친다.

[그림 2]는 지식의 구조 그림에 나타나 있는 사례를 살펴보면서 주제와 개념의 차이 그리고 사실과 일반화의 차이를 파악할 수 있어야 한다.

그림 2 초등학교 5~6학년군 지식의 구조 사회과 사례

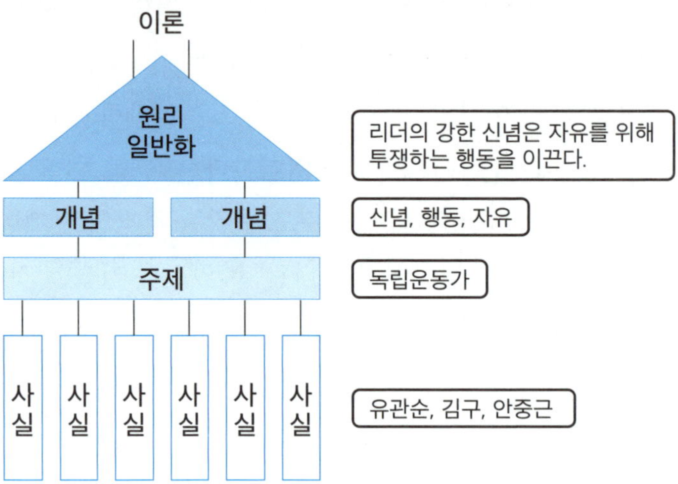

그렇다면 이 모든 지식의 구조의 공통점은 무엇인가? 비록 내용은 다르지만, 각각의 학문은 동일한 구조를 따른다. 주제와 사실들로부터 개념으로 그리고 일반화와 원리, 이론으로 나아간다. 지식의 구조를 구성하는 요소들을 이해할 수 있도록 각 요소의 정의와 사례를 보다 자세히 살펴보자.

구조는 하층이 튼튼해야 한다. 하층이 부실하면 구조가 이루어지지 않는다. 가장 밑의 하층은 사실로 이루어져 있다. 이는 지식을 이루는 가장 기본이 사실이라는 의미이다. 그러나 사실만 해당되는 것은 아니고 어떤 상황이나 경험 등도 포함될 수 있다. 이와 같은 사실, 상황, 경험 등은 바로 위층의 개념을 이해하기 위한 기본 조건이 된다. 그래서 개념기반 교육과정에서 '사실(facts)'에 대하여 탐구를 통하여 이해하는 것은 중요한 의미를 갖는다. 여기서는 '사실'이라는 용어를 설명하기로 한다. 우리가 알고 있는 사실은 무엇인가? 사전적 의미로는 '실제로 발생했던 일이나 현재에 있는 일'이다. 그러나 사전적 의미로만 이해하는 오류를 범할 수 있다. 그것은 현재를 벗어나 과거도 포함하고 있기 때문이다. 아마 대부분은 시제로 볼 때 과거에 발생했던 일로 보는 것이 타당할 것이다. 사실에 기반하여 개념을 이해하거나 도출할 수 있기 때문에 이는 보다 구체적으로 다루어보기로 한다.

1) 사실(fact)은 무엇인가?

사실(fact)은 인물, 장소, 상황 혹은 물건의 구체적인 예이다. 사실은 원리와 일반화를 뒷받침한다. 사실은 전이되지 않으며 시간, 장소, 상황에 대해 한정적이다.

또한 사실(fact)은 경험적으로 실증된 것이다. 여기에는 대상이나 현상, 장소 등이 포함된다. 가령 대상이라고 한다면 '소금은 짜다'. 현상은 '임진왜란은 조선시대에 일어났다'. 장소는 '대한민국의 수도는 서울이다'. 등이다. 앞서 밝힌 바와 같이 사실을 경험적으로 실증된 진술이라고 한다면 사실을 진술할 때는 본질적인 속성을 진술해야 한다. 속성(attribute)은 사물의 대표적인 특징이나 성질을 의미한다. '설탕은 하얗다'와 '소금도 하얗다'는 대표적인 속성이 아니다. '하얗다'라는 특징은 다른 것과 구별하는 성질에 해당하지 않는다. 따라서 설탕과 소금의 특징을 대표할 수 없다. '소금은 짜다' '설탕은 달다'라고 표현해야 한다. 그 속성을 진술하고 나면 이는 더 소금이나 설탕의 특징은 더 이상 분리되지 않는다. 사실은 인간의 오감을 통해 관찰한 것의 특징을 언어로 진술한 문장이기도 하다.

예 교과서에 나오는 사실의 사례

교과	사실의 예시
국어	주어와 서술어는 호응관계를 이룬다.
수학	2+3=5, 4+2=6

사회	백범 김구는 일제강점기에 활동한 위인이다. 대한민국의 정부는 민주주의이다. 도시에는 인구문제, 주택문제, 교통문제가 있다.
과학	식초는 시큼한 맛이 난다. 수박씨는 검은빛을 띤다. 순수한 물의 경우 끓는점은 1기압에서 섭씨 100도 또는 화씨 212도다.
음악	각 지역마다 전래민요의 분위기가 다르다. 팔분음포는 온음표의 1/8이고 사분음표의 반이다.
미술	색에는 따뜻한 느낌, 차가운 느낌이 있다.
체육	물 속에 들어가기 전에는 심장에서 먼 곳부터 물을 적신다.
도덕	비슷한 상황에서 선택은 사람마다 다르다.

2) 주제(topic)란 무엇인가?

주제(topic)는 구체적인 인물, 장소, 상황 혹은 물건과 관련된 일련의 사실에 틀을 제공한다. 주제는 단원을 학습할 때 맥락을 제공한다. 주제는 전이되지 않으며, 구체적인 사실적 사례들을 관련짓는다.

예 *수학에서 식과 방정식
*사회에서 한반도 기후 변화(장소)
*과학에서 21세기 기계의 발전(시간, 상황)
*미술에서 고흐의 예술과 영향(시간, 장소)
*1920년대 일제강점기 독립운동(시간, 장소, 상황)

3) 개념(concept)은 무엇인가?

개념은 사건이나, 상황, 사실들의 집합이다. 여러 가지 나열된 사실들을 묶어 어떤 이름을 붙이고 단순화시킨 것이다. 여기서 어떤 이름이라고 하는 것은 개념을 의미하는 것으로 사실은 구체적이지만 개념은 추상적이다. 왜냐하면 여러 가지 구체적인 것들로부터 공통점을 추려낸 것이기에 실재가 아닌 가상의 용어를 붙이기 때문이다. 그러므로 개념은 추상적이다. 개념은 하나의 단어나 어구로 표현된다. '사람'이라는 개념은 은주, 영민, 우리 선생님, 저기 가는 분 등을 지칭하는 말이 아니다. 추상적 용어로 은주부터 저기 가는 분까지 모두를 묶어서 표현한 용어이며 이는 곧 개념이 된다. 여기서 개념이 무엇인지 이해를 위해 주의할 점은 구체적인 것, 사실에서 필요한 것을 추려서 이를 추상화된 용어로 제시한 것이 개념이다. 은주, 영민은 그들을 묶어서 '사람'으로 개념화시킨 사실들이지 그들의 생김새나 키, 몸무게 등 다른 속성을 대상으로 하지 않는다는 것이다.

개념은 사실들을 관찰하고 분류하여 범주화 한 다음 단어나 어구로 명명한다. 이때 개념의 사례 즉, 사실의 속성 파악이 중요하다. 전술한 바와 같이 결정적 속성을 끄집어내야 하며 이렇지 못할 경우 학생들은 오개념(misconception)이 형성된다. 가령 남자와 여자를 구분할 때 키나 몸무게로 구분한다면 누가 남자인지 여자인지 구분하기 어렵다. 그러나 생산 능력으로 구분한다면 여자와 남자의 속성을 쉽게 파악할 수 있다.

요컨대 개념(concept)은 주제(topic)로부터 도출된 한두 단어 혹은 짧은 구이며 ① 시간에 제한받지 않고(timeless) ② 보편적이고(universal) ③ 추상적(abstract)이며 ④ 전이된다. 개념은 매크로하거나 마이크로할 수 있다. 예를 들어 '시스템', '변화', '규칙'이란 용어는 대표적인 매크로한 개념이고, '미생물', '기울기', '명도' 등은 마이크로한 개념이다. 사실은 특정한 시기와 상황에만 적용되는 내용이며, 개념은 시대와 상황의 제약 없이 적용할 수 있는 내용이다. 그리고 사실은 '구체적'이고 개념은 '일반적 · 추상적'이라는 것을 알 수 있다.

가령 언어 과목(English Language Arts)에 나오는 내용에 포함된 개념과 사실을 표로 만들어 본다면 다음과 같은 식이 된다(Julie Stern et al., 2018).

사실	개념
후크 선장	악당
피터팬	영웅
팅커벨	인물
잠자는 숲속의 미녀	줄거리
백마 탄 왕자님	운명

교과서에 나오는 개념들의 사례를 살펴보면 다음과 같다.

교과	개념의 예시
국어	이야기, 동화, 소설, 시, 인물, 묘사, 작가, 대화, 어조, 음성, 구조, 글쓰기 과정, 문법
수학	수, 측정, 통계, 규칙, 덧셈, 뺄셈, 곱셈, 나눗셈, 도형, 그래프, 시간, 선, 각도 ,분수, 소수, 자연수, 연산
사회	정치사상, 기술, 영향, 문화, 자유, 경쟁, 문화, 평등 시스템, 구조, 경제, 수요, 공급
과학	경사, 속력, 힘, 일, 도르래, 생태계, 생물, 환경, 발견, 구조, 상호작용, 동물의 특성, 식물의 특성
음악	규칙, 음조, 빠르기, 감상, 음악가
미술	명도, 채도, 색, 변화, 선, 감정, 기분, 질감, 구성, 공간, 초점
체육	민첩성, 순발력, 경쟁, 안전, 건강, 규칙, 게임, 움직임, 이동, 드리블
도덕	관점, 행동, 용기, 사회적 불의, 감정, 가치, 판단, 책임, 성실, 리더십
영어	작가, 감정, 단어, 독자, 글쓰기의 목적, 도구, 텍스트, 기억, 이해, 구조, 글쓰기 과정, 대문자 쓰기

위의 교과서에 등장하는 구조라는 개념에 대한 이해는 국어 교과에서 이야기속에 나타난 구조, 사회 교과에서 가족의 형태에 따른 구조, 그리고 과학 교과에서 세포의 구조에 대한 이해로 전이될 수 있다. 반면에 세포구조의 하나인 엽록체와 같은 마이크로 개념은 특정한 교과에서의 개념적 지식을 나타낸다. 이러한 개념은 교과의 전문성을 길러주고 개념적 깊이를 더해준다. 개념기반 탐구에서 우리는 학생들이 매크로 개념과 마이크로 개념에 대한 이해를 모두 발전시켜 나가도록 해야 한다.

4) 일반화(generalization)란 무엇인가?

일반화(generalization)는 하나의 문장으로 한 두 개의 개념 간의 관계를 진술한다. 일반화는 맥락과 상황 간에 전이된다.

다음은 일반화의 예이다.

예 *소수는 자연수 사이에 존재하는 수량을 나타낸다.
*유기체는 생존하기 위해서 변화하는 환경에 적응한다.
*행동, 어조, 단어는 우리의 감정과 생각을 표현한다.
*협력은 우리를 함께 일하게 하고 갈등을 해결하게 돕는다.
*사람들은 그들이 원하는 모든 것을 가질 수 없기 때문에 선택을 한다.
*기업은 근로자를 이용하여 소비자의 요구를 충족하고 경제적 이득을 얻을 수 있다.
*새마을운동(산업화)은 사람들이 일하고 생활하는 방식을 변화시켜 새로운 기회와 도전으로 이어진다.

개념기반 수업의 최종 목표는 개념적 이해(=일반화, 영속적 이해, 핵심 아이디어, 빅 아이디어)에 이르는 것이다. 이를 위해서는 위의 지식의 구조와 과정의 구조를 이해할 필요가 있다.

먼저 좌측의 지식의 구조를 보자. 주제와 사실들에서 두 가지 이상의 개념을 도출하고 이들 개념을 관계 설명의 힘이 큰 동사(strong verb)로 결합하여 일반화된 진술문(이하 '일반화')이나 원리를 도출한다.

일반화 = 개념1 + 관계 설명의 힘이 큰 동사(strong verb) + 개념2 + …

'지식의 구조'에서의 일반화가 어떻게 도출되는지 예를 들면 아래와 같다.

그림 3 초등학교 1~2학년군 지식의 구조 국어과 사례

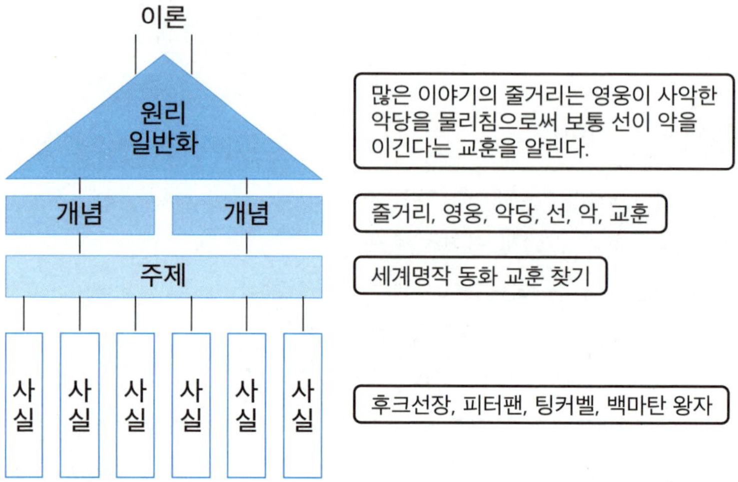

그런데 일반화는 단순하게 작성할 수도 있고 다소 복잡하게 작성할 수도 있다. 깊이 있는 학습을 위해서는 복잡성이 적절할 필요가 있다. 아래의 3가지 일반화 중에서 마지막 것이 가장 짜임새가 있고 쓰임이 큰 것이라 할 수 있다.

악당과 영웅은 이야기에서 두 가지 중요한 개념이다.

- 영웅은 일반적으로 악당을 물리친다.
- 많은 이야기의 줄거리는 영웅이 마침내 사악한 악당을 물리침으로써 자신의 전생(前生)의 약속을 지키는 것과 유사한 전개를 따르며 보통 선이 악을 이긴다는 교훈을 알린다(Julie Stern et al., 2018, p.51).

교사가 수업을 설계할 때 원칙적으로 일반화는 수업 전에 작성하되 학생들에게 먼저 제시하거나 가르쳐서는 안 된다. 먼저 일반화를 보여주는 것은 학생들로 하여금 스스로 일반화를 도출하도록 하기 위한 기회를 빼앗는 것이기 때문이다.

따라서 이런 상황에서는 즉, 개념기반 수업의 초기 단계에서는 일반화를 교

사가 먼저 제시하되 빈칸을 만들어 이를 학생들로 하여금 완성하게 하는 수업을 생각해 볼 수 있을 것이다. 예를 들면 아래와 같은 식이다.

규칙적인 운동은 신체적, 정신적 __________에 필수적이다.

- 운동은 심혈관 질환의 위험을 낮추어준다.
- 운동은 체중을 조절하는 데 도움을 준다.
- 운동은 일반적인 질병의 예방에 도움이 된다.
- 운동은 스트레스를 감소시키고, 우울증이나 불안증상을 완화한다.

답: 건강의 유지

일반화를 도출하는 또 다른 예로, 개념적 이해(일반화)를 빈칸을 채우는 완성형 형태로 제시하고 그 아래 안내 질문을 제공하는 수업 활동도 생각해 볼 수 있다.

※ 다음 주어진 안내 질문에 대한 답을 짝과 함께 생각해보고 개념적 이해(일반화) 문장의 빈칸을 채우시오.

기후 (　　)는 상호 의존적인 동식물종 간의 생태학적 (　　)을 파괴하고 생존에 필요한 생태학적 (　　)을 감소시킨다.

Q1. 지구의 온도 변화는 생태계에 어떠한 영향을 미치는가?
Q2. 생태계 내, 생태계 간 변화는 식물과 동물의 생존에 어떠한 영향을 미치는가?
Q3. 이산화탄소(CO_2)의 변화는 생태계 내 동식물 종에 어떠한 영향을 미치는가?
Q4. 세계 해양의 변화(예: 해수면, pH, 온도)는 지구의 생명체에 어떠한 영향을 미치는가?
Q5. 기후 변화는 어떻게 질병 확산의 원인이 되는가?

(Julie Stern et al., 2018, p.34)

5) 원리와 법칙은 무엇인가?

한편 '원리(principle)'는 일반화된 진술(generalization) 중 근본적인 규칙 혹은 진리로 간주되는 것을 말한다. 원리는 원초적인 법칙이나 교과 안에서의 진리이다.

지식의 구조나 과정의 구조에 나오는 원리(principle)는 수학에서의 정리나 과학에서의 법칙 같은 것을 말한다. 원리는 문장에 한정어(종종, ~할 수 있다, ~일 수 있다)를 사용하지 않는다. 이 역시 차원 높은 개념적 이해나 빅아이디어라고 할 수 있다. 언어나 외국어 과목이라면 규범 문법이 원리에 해당된다고 할 수 있다.

6) 이론(theory)이란 무엇인가?

이론은 최상의 근거를 기반으로 한 특정현상에 대한 설명이다. 가끔 우리가 학생들에게 토론에 도움을 주기위해 이론을 예로 들어 주지만, 개념기반학습에서 중점을 두는 것은 전이 가능한 일반화이다. 즉, 이론은 해당 분야에서 일반화의 집합으로 이루어진 것이다.

다음은 이론의 예이다.

예 * 상대성이론
* 대륙이동설
* 빅뱅이론

나 과정의 구조

국어 수업 지도 후에 6학년 학생들이 '잘못 뽑은 반장'이라는 책을 읽으면서 읽은 책을 시각화하는 기능을 연습하고 있다. 어떻게 하면 학생들이 시각화의 목적을 이해하고 다른 책을 읽을 때 이 시각화의 기능을 효과적으로 사용할 수 있도록 할 수 있을까? 학생들이 언제 어떻게 이러한 기능을 적용해야 하는지에 대한 이해 없이는 학생들이 온전히 탐구하는 학생이 되었다고 할 수 없다.

다음은 국어 교과나 영어 교과에서 '과정의 구조'에서의 일반화가 어떻게 도출되는지에 대한 예이다.

그림 4 초등학교 5~6학년군 과정의 구조 국어과 사례

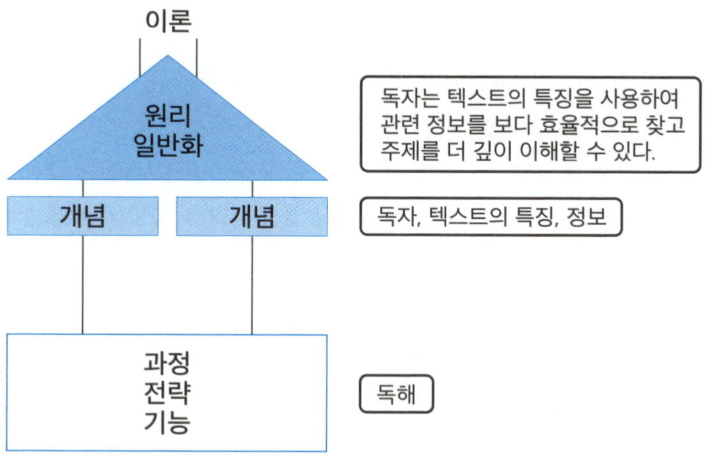

과정의 구조에서는 복잡한 기능, 예를 들면 관련 정보를 찾아내는 것과 같은 하나의 기능에서 일반화를 이끌어낼 수 있다. 이러한 이유로 과정의 구조에서는 과정, 전략, 기능들은 한 단계에 묶여 있고, 개념과 일반화가 이 세 단계 중 어디에서나 도출될 수 있다.

과정의 구조에 나오는 용어를 간단히 설명하면 아래와 같다.

▶ 과정(process): 학습자가 수행하고 결과를 만들어 내기를 바라는 연속적이고 단계적인 행동이다. 예를 들면 글쓰기 과정, 읽기 과정, 문제 해결 과정 등을 말한다. 과정의 수행에는 전략과 기능이 필요하다.

▶ 전략(strategy): 학습자가 자신의 학습 수행의 질을 높이기 위해 의식적으로 적용하거나 점검하는 체계적인 계획이다(Harris & Hodges, 1995). 예를 들면 자기 조절, 항목별로 분류하기 등을 말한다.

▶ 기능(skill): 충분한 수의 전략이 축적되고 전략의 사용이 자동화되었을 때 나타나는 작은 행동이나 조작들이다(Cash, 2017). 예를 들면 "논픽션 작품을 이해하기 위해 텍스트 특징을 사용한다.", "좌표 평면상의 점들을 그래프로 나타낸다." 등이다.

다음은 국어, 영어 교과 '과정의 구조'에서의 일반화가 어떻게 도출되는지에 대한 예이다.

예1
- 과정(전략, 기능): 독해(reading comprehension)
- 개념: 독자, 텍스트의 특징, 관련 정보
- 일반화: 독자는 논픽션 텍스트의 특징(차트, 도표, 지도, 그래프, 캡션, 제목, 굵은 글씨체 등)을 사용하여 관련 정보를 보다 효율적으로 찾고 주제를 더 깊이 이해할 수 있다.

예2
- 과정: 구두 및 문자에 의한 의사소통(oral and written communication)
- 개념: 동사, 활용, 주절, 종속절
- 단원 당 5~6개의 일반화: 단원 전체 내용에 대한 일반화 1~2개, 하부 영역에 대한 일반화를 3~5개 작성할 수 있다. 하나의 일반화만으로 전체 내용을 요약한다면 그 내용은 너무 개괄적이어서 학문적 깊이가 결여될 수 있다. 따라서 하나의 단원에서 여러 개의 일반화를 도출할 때 구체적이고 깊이 있는 것이 만들어질 수 있다.
- 일반화: 주절의 동사에 따라 종속절의 동사가 결정된다.

그리고 지식의 구조나 과정의 구조에 나오는 원리(principle)는 수학에서의 정리나 과학에서의 법칙 같은 것을 말한다. 이 역시 차원 높은 개념적 이해나 빅 아이디어라고 할 수 있다. 국어나 영어 교과라면 규범 문법이 원리에 해당된다고 할 수 있다. 한편 도표 최상단의 이론(theory)은 증거에 의해 뒷받침되는 개념적 아이디어의 집합 혹은 가설이다(예: 우주의 근원에 대한 빅뱅 이론).

우리는 교과들을 지식 기반 또는 과정 기반으로 설명한다. 모든 교과들은 이 두 가지 모델에서 비롯되었다. 예를 들어 과정기반 교과인 미술은 창의적인 과정에 중점을 두지만(과정의 구조), 동시에 예술적 전통과 역사를 이해하는 것(지식의 구조)을 포함하고 있다. 지식기반과 과정 기반 이해가 동시에 이루어질 때, 학생들은 적극적인 학습자가 되기 위해 지식과 과정의 중요성을 인지하면서 그 교과에 몰입할 수 있다.

다 지식+과정의 구조

개념기반 탐구 단원은 보통 5~6개 정도의 일반화를 담고 있고, 지식 기반 이해와 과정 기반 이해의 결합을 포함하고 있다. 개념기반 학습의 목적은 학생들이 교과 내 또는 교과 간에 개념적 관계를 인식하면서 단원 안에서 일반화할 수 있는 다양한 기회를 제공하는 것이다.

지식기반과 과정기반 이해가 함께 결합될 때, 학생들은 적극적인 학습자가 되기 위해 지식과 과정의 중요성을 인지하면서 교과에 몰입할 수 있다.

다음은 1~2학년군 수학교과에서 지식+과정의 구조에서의 일반화가 어떻게 도출되는지에 대한 예이다.

그림 5 초등학교 1~2학년군 지식+과정의 구조 수학과 사례

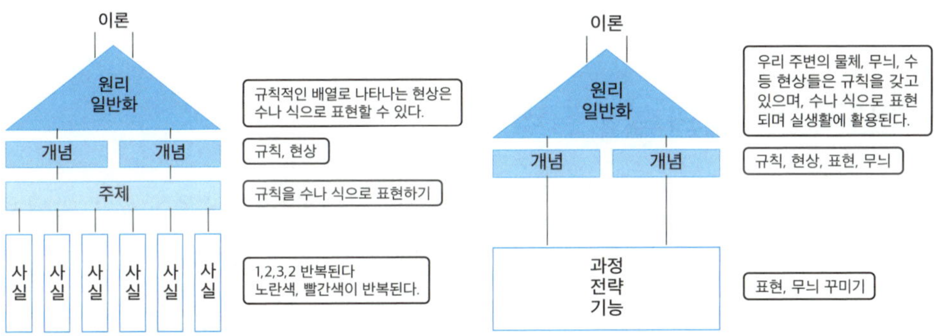

수학 사례(그림 5)를 보면 과정의 구조에서 두 개의 스트랜드(표현과 무늬) 그리고 지식의 구조에서 두 개의 스트랜드(규칙과 현상)를 식별하여 각각에 부합하는 마이크로 개념을 입력한 것이 보인다. 단원의 길이나 시간 배정에 따라 스트랜드의 수는 줄이거나 늘일 수 있다.

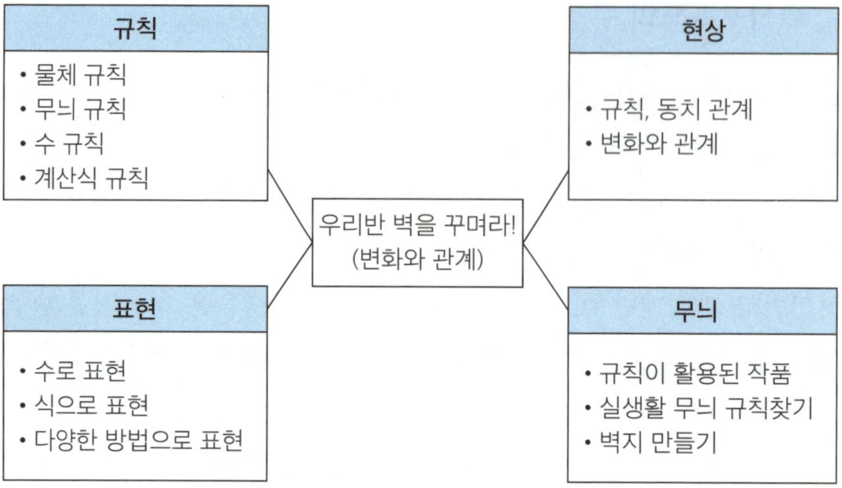

이런 개념기반의 수업 계획은 학습자가 2차원인 지식과 기술을 바탕으로 개념적 이해에 도달하는 동안 수준 높은 추상적인 사고 과정을 거치게 되고, 이 개념적 이해를 통해 3차원인 배움이 일어나도록 지원한다.

3. 개념기반 학습의 설계 방법

개념을 이해하고 심층적인 개념기반 학습이 효과적으로 이루어지기 위해서는 학생들이 문제를 명확히 이해하고, 탐구과정에서 지적 호기심을 유발하면서 문제에 집중하도록 해야 한다. 학생들의 학습의 폭과 깊이를 확장시킬 수 있는 개념기반 학습 설계의 절차는 다음과 같다.

가 1단계: 2022 개정 교육과정에 제시된 핵심 아이디어와 성취기준 확인

핵심 질문을 만들기 위해서는 먼저 교육과정에 제시된 핵심 아이디어와 성취기준을 파악해야 한다. 2022 개정 교육과정에서 핵심 아이디어란 영역을 아우르면서 해당 영역의 학습을 통해 일반화할 수 있는 내용을 핵심적으로 진술한 것이라고 제시하고 있다. 핵심 아이디어는 해당 영역 학습의 초점을 부여하며 깊이 있는 학습을 가능하게 하는 토대가 된다(교육부, 2023). 2022 개정 교육과정은 영역마다 핵심 아이디어를 제시하고 있다.

예 초등학교 5~6학년군 사회과 정치영역 내용체계

핵심 아이디어	• 민주주의의 이념과 원리를 실현하기 위해서는 제도와 의식의 개선이 필요하다. • 다양한 정치 주체가 정치과정에 참여하며, 민주주의는 여러 제도와 시민 참여를 통해 실현된다. • 국제 사회에는 여러 행위 주체가 활동하며, 우리나라를 비롯한 국제 사회의 행위 주체는 다양한 국제 문제 해결을 위해 노력한다.

나 2단계: 핵심 아이디어와 성취기준에서 핵심 개념 추출

핵심 아이디어와 성취기준에서 학생들이 배워야 할 핵심 개념을 추출할 수 있다.

학년	5학년	교과	사회	단원명	민주시민으로서 나의 역할
성취기준 *(2~5개)*	[6사08-01] 민주주의에서 선거의 의미와 역할을 파악하고, 시민의 주권 행사를 위해 선거에 참여하는 태도를 기른다. [6사08-02] 민주 국가에서 국회, 행정부, 법원이 하는 일에 대해 이해하고, 각 국가기관의 권력을 분립하는 이유를 탐색한다. [6사08-03] 민주주의에서 미디어의 의미와 역할을 이해하고, 여러 가지 미디어의 내용을 비판적으로 분석하여 올바르게 이용하는 태도를 기른다.				

↓

핵심개념(마이크로 개념)

민주주의, 선거의 의미와 역할, 시민의 주권 행사, 국가기관, 권력 분립, 미디어, 비판적 분석

다 3단계: 일반화 작성

> 국가기관의 권력 분립과 시민 참여 의식은 민주주의 발전을 이끈다.
>
> - 다양한 정치 주체가 정치과정에 참여하며, 민주주의는 여러 제도와 시민 참여를 통해 실현된다.
> - 민주주의에서 주권행사를 위해 올바른 태도로 선거 참여를 강조한다.
> - 민주주의는 국가기관의 권력의 균형을 이끈다.
> - 시민은 민주주의 발전을 위한 미디어의 자질을 구현하도록 비판적인 태도를 구현한다.

수업의 방향을 제시하는 것은 '학습 목표'이다. 어쨌든 이제껏 학습 목표를 제시할 때 '~~을 …할 수 있다.'의 형태를 갖춰왔다.

이때 '~~'에는 사실적 지식, '…'에는 '설명할 수 있다' 등의 행동 동사가 와야 한다고 배웠다. 이를 사실과 기능으로 구성된 2차원이라 본다면 개념기반 교육과정과 수업에서 수행 지표는 3차원이여야 한다.

2차원에서 3차원으로 가기 위해 필요한 요소가 바로 개념적 이해이다.

> ***을/를 이해하기 위해 ~~을 …한다.

이 때 ***에는 사실에 의해 뒷받침되며 세월이 흘러도 변하지 않는 아이디어, 즉 개념이 들어가야 한다.

사실적 지식을 알고 기능을 수행함으로써 학생들이 단순한 사실과 기능을 넘어 궁극적으로 이해해야 할 빅 아이디어가 바로 '개념'인 것이다. 이러한 수행 지표에 도달하게 되면 머릿속에 사실과 기능을 기반으로 한 개념적 공간이 형성될 것이다.

수업에 개념적 이해라는 요소를 설계하기 위해 우리가 활용할 수 있는 것이 개념적 렌즈이다.

개념적 렌즈는 어떤 아이디어나 개념(일반적으로 큰 개념)으로서 학습에 초점을 제시하고 깊이와 방향을 더해주는 역할을 한다. 또한 학습 단원에서 학습자가 자신의 지적 능력을 쏟게 하는 매크로 개념이며, 개념적 렌즈의 예로는 다음과 같은 것들이 있다.

개념적 렌즈(매크로 개념)

갈등, 신념/가치, 상호의존성, 자유, 정체성, 관계, 변화, 관점, 권력, 시스템, 구조/기능, 설계, 영웅, 힘, 복잡성, 역설, 상호작용, 변환, 규칙성, 기원, 혁명, 개혁, 영향, 균형, 혁신, 천재, 유용성, 창의력, 책임, 의도, 움직임, 형태, 연결성, 인과관계, 원인, 형태, 인식, 표현

개념적 렌즈를 수업에 적용하면 학생들이 단순히 사실적 지식을 암기하는 것을 넘어, 개념을 깊이 이해하고 탐구하도록 돕는다.

사회 교과 민주주의 단원에 적용해보면, '민주주의 국가에서는 시민의 주권 행사를 위해 선거의 의미와 역할을 알고, 선거에 참여한다.'라는 사실에 '영향' 이라는 개념적 렌즈를 도입하여 '민주주의 국가의 발전은 시민의식에 영향을 받는다는 것을 이해하기 위해 올바른 선거의 의미와 역할을 알고, 선거 활동에 참여한다.'는 개념을 이해하도록 할 수 있다.

라 4단계: 개념망(스트랜드) 작성하기

스트랜드는 그 단원이 걸친 교과 영역, 주요 제목이 되어서 학습할 단원을 다루는 부분을 말한다. 개념망과 스트랜드는 같은 의미로 사용된다. 여기서는 단원의 내용과 개념을 개괄적으로 보여준다.

그림 6 수학 분수 단원 스트랜드 예시

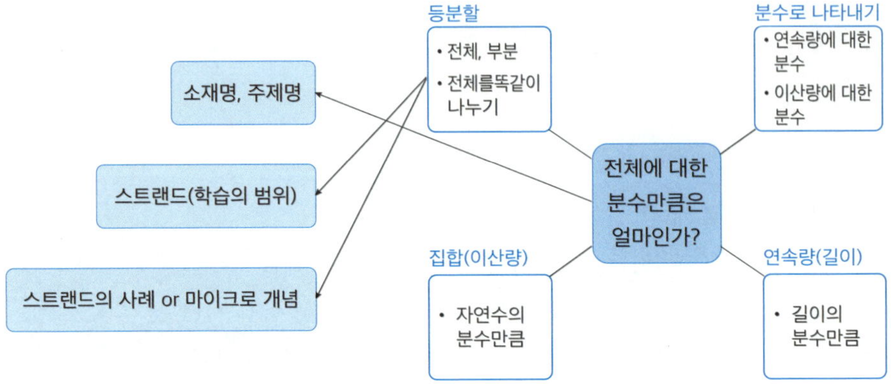

단원명을 장(chapter)라고 한다면, 스트랜드(strand)는 그 장을 구성하는 소제목(학습의 범위)들이다. 여기서는 각 중단원 수준의 얼개가 짜여져야 한다. 교사는 단원을 구성하는 각 스트랜드 중심으로 수업을 진행하게 된다.

따라서 각 스트랜드는 단원의 일반화와 일관성을 유지하고, 유기적으로 연결되어야 한다. 구체적으로 내용 중심의 스트랜드의 작성 사례를 살펴보면 다음과 같다.

그림 7 사회 민주주의 단원 스트랜드 예시

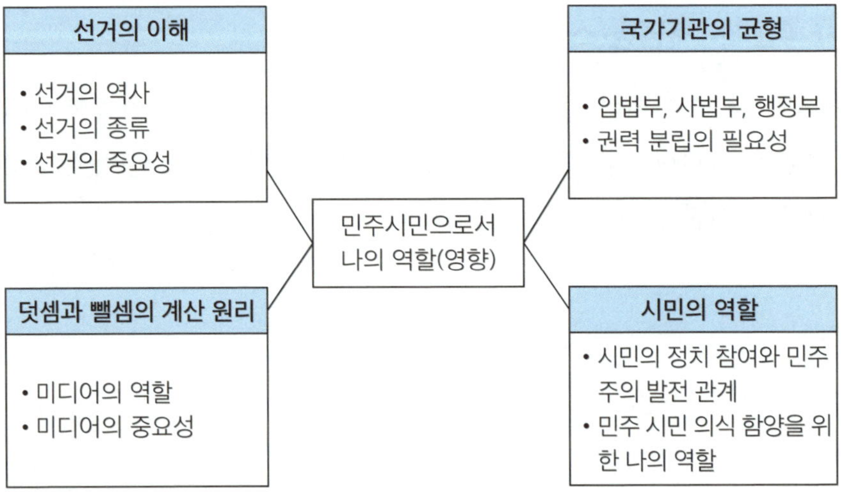

또한 내용 중심 스트랜드뿐만 아니라 교과 기능을 적는 예도 있다.

그림 8 초등학교 5~6학년군 축구 단원 스트랜드 예시

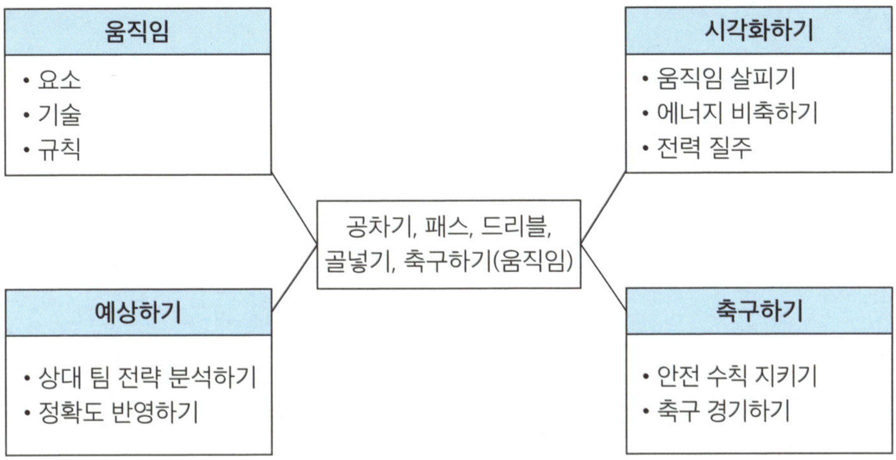

개념망을 만든 후 가운데에는 단원과 관련한 교과 기능을 기록해도 된다. 이처럼 가르칠 내용의 스트랜드와 기능 스트랜드를 구분하여 진술할 수 있다.

마 5단계: 핵심 개념과 관련하여 학생이 수업을 통해 도출하기를 기대하는 문장 진술하기

다음의 두 가지 문장의 차이점을 찾을 수 있는가? '지식'과 '기능'을 수단으로 삼고 '이해'를 최종 목표로 삼기 위해서는 기존의 지식·기능 중심의 학습목표를 아래와 같이 재구성하여 '이해' 중심으로 가르칠 필요가 있다.

2차원 '지식·기능' 중심의 학습목표	3차원 '이해'에 초점을 두는 학습목표
• 건강에 좋은 식사를 선택할 수 있다. • 건강에 해로운 세균을 발표할 수 있다.	• (좋은 식사는 건강에 필수적인 요소이다)를 이해하기 위해서 다양한 건강상태 사람들의 식사법을 비교할 수 있다. • (세균이 질병의 원인이 될 수 있다)는 것을 이해하기 위해 다양한 질병의 원인을 찾을 수 있다.

위 '이해'에 초점을 두는 빈 칸은 문장형태의 일반화, 즉 핵심 아이디어(big idea)가 들어가야 할 자리이다.

다음은 개념적 렌즈와 3차원 학습목표 진술 예이다.

성취기준	개념적 렌즈 [매크로 개념]	학습목표
[2국01-01] 중요한 내용이나 일이 일어난 순서를 고려하며 듣고 말한다.	[표현]	중요한 내용과 일의 일어난 순서에 따라 말하는 것은 정확한 의사소통에 도움이 된다는 것을 이해하기 위해 여러 가지 말하기 형태를 연습한다.
[4국01-01] 중요한 내용과 주제를 파악하며 듣고 들은 내용을 요약한다.	[표현]	중요한 내용과 주제를 파악하여 요약하는 것은 우리가 새로운 정보를 쉽게 알게 하고 이해하도록 돕는다는 것을 이해하기 위해 들은 내용을 요약한다.
[6사02-01] 우리나라의 계절별 기후 특징을 자료를 통해 탐구하고, 기후변화로 인한 자연재해의 심각성을 이해한다.	[인과]	기후변화가 자연재해 발생에 영향을 준다라는 것을 이해하기 위해 우리나라 계절별 특징을 자료를 통해 발견한다.
[6사06-01] 일제의 식민 통치와 이에 대한 저항이 사회와 생활에 미친 영향을 이해한다.	[신념]	강한 신념은 자유를 위해 투쟁하는 리더를 낳는 행동을 이끈다는 것을 추론하기 위해 여러 독립 운동가의 행동을 파악할 수 있다.
[6사08-01] 민주주의에서 선거의 의미와 역할을 파악하고, 시민의 주권 행사를 위해 선거에 참여하는 태도를 기른다.	[영향]	시민의 정치 참여 의식은 민주주의 발전을 이끈다는 것을 이해하기 위하여 바른 선거의 의미를 알고 선거에 참여할 수 있다.
[6도03-01]인권과 관련된 다양한 사례를 살펴보고 인권에 관한 감수성을 길러 이를 실천하려는 의지를 함양한다.	[책임]	인권 감수성이 인권 향상을 위한 행동을 이끈다는 것을 이해하기 위해 인권 사례를 조사한다.
[6수03-18] 부피 단위 $1cm^3$, $1m^3$를 알며, 그 관계를 이해한다.	[관계]	$1m^3 = 1{,}000{,}000cm^3$와 같다는 것을 이해하기 위해 여러 가지 사례를 들어 설명한다.

[6과01-01] 지층의 특징을 알고, 지층의 형성 과정을 모형으로 표현할 수 있다.	[변화]	지구의 과거 생물과 환경을 추리할 수 있는 화석의 가치를 이해하기 위해 지층의 형성과정을 모형으로 표현할 수 있다.
[6실03-02] 발명사고기법과 기술적 문제 해결 과정을 이해하고, 다양한 재료를 활용하여 생활 속 문제를 해결할 수 있는 창의적인 제품을 구상하고 만들어 봄으로써 실천적 태도를 갖는다.	[유용성]	발명은 기술적 혁명에 긍정적인 역할을 수행한다는 것을 이해하기 위해 창의적인 제품을 구상하고 만들 수 있다.
[6체02-02] 기술형 스포츠 유형별로 기본 움직임 기술을 응용한 기본 기능을 파악하고 수행한다.	[연결]	효과적인 운동선수는 손, 눈, 발의 움직임을 조정한다는 것을 이해하기 위해 기본 움직임 기능을 연습한다.
[4음01-01] 바른 자세와 주법을 익혀 노래나 악기로 연주한다.	[기능]	예술가의 바른 자세와 주법은 많은 사람들에게 예술적 감동을 준다는 것을 이해하기 위해 바른 자세와 주법을 익힌다.
[6미01-04] 이미지가 나타내는 의미를 비판적으로 이해하고 느낌과 생각을 전달하는 데 활용할 수 있다.	[표현]	이미지는 사람들에게 강력한 메시지를 전달한다는 것을 이해하기 위해 자연물과 인공물을 다양한 감각을 활용해 탐색한다.
[6영02-10] 의사소통 활동에 흥미와 자신감을 가지고 참여하여 협력적으로 수행한다.	[기능]	협력은 우리를 함께 일하게 하고 갈등을 해결하게 돕는다는 것을 이해하기 위해 대화활동에 참여한다.

바 6단계: 5단계 문장을 바탕으로 핵심 질문 작성하기

문장	탐구질문
• 시민의 정치 참여 의식은 민주주의 발전을 이끈다는 것을 이해하기 위하여 바른 선거의 의미를 알고 선거에 참여할 수 있다. • 공동체 문제를 해결하고 민주주의가 제대로 작동하기 위해 시민으로서 적극적으로 참여해야 한다.	• (사실적 질문) 우리나라 선거의 4대 원칙은 무엇인가? • (사실적 질문) 우리나라 선거의 종류에는 어떤 것들이 있는가? • (개념적 질문) 민주주의가 제대로 운영되기 위해 필요한 요소는 무엇일까? • (개념적 질문) 민주주의가 발전하기 위해 시민은 선거에 어떻게 참여해야 할까? • (논쟁적 질문) 현대 사회에서 선거 제도는 민주주의 발전과 공동체 문제를 해결하는 데 유용할까?

사 7단계: 단원명 정하기

개념기반 교육과정은 교수 설계의 기본 단위가 단원 차원이다. 단원을 설정하는 단원명은 범위가 너무 크거나 협소하지 않도록 해야 한다. 효과적인 단원명은 학생의 흥미와 관심을 이끌면서도 개념과 연계되는 것이다. 예를 들어 '우리 가족'보다는 '옛날과 오늘날의 가족'으로 표현하는 것이 더 적절하다. 여기에는 가족 제도의 변천이 암시되어 있어 학습 내용을 예측해 볼 수 있다. 식물이나 동물을 두고 동물명이나 식물명을 제시하기보다는 '어떻게 자라는가'를 통하여 탐구할 내용을 쉽게 파악하도록 하는 것이 필요하다. 또한 학생들의 흥미와 관심을 이끌 수 있는 단원명으로 구상하는 것이 중요하다. 예를 들어 '친환경 급식'보다는 '학생이 제안하는 저탄소 급식', '기후환경'보다는 '기후 위기 회복 프로젝트' 등으로 구상할 수 있다.

단원 개관을 기술할 때는 주요 학습 내용을 포함하여 단원에서 학습자가 해야 하는 일과 단원 학습을 통하여 학습자가 변화되기를 기대하는 효과를 중심으로 기술한다.

아 8단계: 평가 설계하기

여러 가지 평가 중에서 본 교재에서는 전이를 위한 평가를 중심으로 수행과제의 예를 제시하였다. 수행과제는 학습자가 실제상황에서 복잡한 문제나 과제를 해결하는지 봄으로써 학습 내용을 충분히 이해하고 전이할 수 있는지 판단할 수 있는 증거가 될 수 있는 과제로 백워드 설계의 GRASPS의 과정을 적용하였다. GRASPS란 목표(Goal), 역할(Role), 청중(Audience), 상황(Situation), 수행(Performance), 기준(Standards)을 의미한다. 또한, 초등학교 교실 상황을 고려하여 최소한의 3단계 채점기준을 제시하였다. 채점기준표에는 지식·이해, 과정·기능, 가치·태도가 평가 요소가 되도록 채점기준을 작성하도록 한다.

표 4 민주시민으로서의 나의 역할 단원 GRASPS 수행과제 및 루브릭 예시

수행과제명	○○구 민주시민 히어로 공모전에 참여하기
Concept	영향: 민주시민 참여 의식이 민주주의 발전에 끼치는 영향
목표(G)	○○구 민주주의 발전을 방해하는 요소들을 찾고, ○○구 민주시민 히어로 공모전에 참여하기
역할(R)	○○구 민주시민 히어로 공모전 참여자
청중(A)	○○구 주민들
상황(S)	최근 ○○구에 민주시민의 자세에 어긋나게 행동하는 지역 주인들 증가
수행(P)	우리 지역 민주주의 발전에 위협하는 문제 중 한가지를 골라 문제 실태 및 문제 상황의 원인을 파악하고, 민주시민 히어로로서 그 해결 방안을 작성하기
기준(S)	자료 수집, 자기 주장, 문제적용

성취수준 / 내용 요소	상	중	하
지식·이해	○○구 민주주의 문제 실태를 정확하게 파악할 수 있다.	○○구 민주주의 문제 실태를 대략적으로 파악할 수 있다.	○○구 민주주의 문제 실태를 부분적으로 파악할 수 있다.

과정·기능	○○구에 민주주의 발전에 방해되는 행동들이 증가한 원인과 민주시민으로서 해결 방안을 적절한 어휘를 활용하여 자세하게 쓸 수 있다.	○○구에 민주주의 발전에 방해되는 행동들이 증가한 원인과 민주시민으로서 해결 방안을 적절한 어휘를 활용하여 대략적으로 드러나게 쓸 수 있다.	○○구에 민주주의 발전에 방해되는 행동들이 증가한 원인과 민주시민으로서 해결 방안을 예시로 주어진 어휘를 활용하여 부분적으로 쓸 수 있다.
가치·태도	민주적인 태도와 비민주적인 태도의 갈등 상황에서 민주주의 발전을 위한 실제적인 방안을 적합하게 제시한다.	민주적인 태도와 비민주적인 태도의 갈등 상황에서 민주주의 발전을 위한 실제적인 방안을 제시한다.	교사의 도움을 받아 민주적인 태도와 비민주적인 태도의 갈등 상황에서 민주주의 발전을 위한 방안을 부분적으로 제시한다.

자 9단계: 개념기반 탐구학습 설계하기

개념기반 탐구의 각 단계에 대한 주요 흐름은 다음과 같다. 각 학습단계는 필요에 따라 중복할 수도 있고, 수업 내용에 따라 생략할 수 있다. 다음은 초등학교 5~6학년군 사회 교과 민주시민으로서의 나의 역할 단원을 개념기반 탐구 6단계에 따라 설계한 사례이다.

표 5 민주시민으로서의 나의 역할 단원 설계 예시

단계	활동 주요 흐름	성찰하기	활용 기법
관계맺기	• (사) 선거의 종류는 무엇이 있는가요? • 직접 선거하는 사진 보기(전교임원 선거, 대통령 선거 장면 등) • 선거의 역사 살펴보면서 비교,차이점 알아내기 • 비슷한 자료들은 어떤 것이 있을까? • 궁금한 점, 질문 나누기	다양한 선거 장면을 통해 선거의 특징, 생활과의 관계, 중요성 찾아보기	프레이어 모델

집중하기	• (사) 국회, 행정부, 법원의 역할은 무엇인가요? • 국회, 행정부, 법원의 역할 조사하기 • 모둠별로 역할 조사하고 공통점 찾아보기 • 권력기관의 역할과 권력 분립이 필요한 이유에 대해 '셋 가고 하나 남기'로 의견 나누기	권력 분립과 민주주의 발전과의 관계 확인하기	셋 가고 하나 남기
조사하기	• (사) 미디어의 종류와 피해 사례는 어떤 것들이 있는가요? • 가짜 뉴스 피해 사례 조사하기 • 다양한 언론 매체의 역할, 중요성 살펴보기 • 미디어의 영향력에 따른 비판적인 사고 능력 함양을 위해 노력할 점 찾기	경험, 미디어 매체, 유투브, 눈, 카톡, 뉴스 등 다양한 미디어 매체의 영향력 살펴보기	영상자료, 테크놀리지
조직 및 정리하기	• (개)권력 분립과 시민의 정치 참여 의식이 민주주의 발전에 어떤 영향을 줄까요? • 공통점에 따라 수집한 자료 정리하기 • 모둠별 차트에 정리하고 공유하기	의견에 따라 자유로운 정리 수용하기	모델링
일반화	• (개)우리나라 민주주의 발전을 위해 필요한 제도는 어떤 것들이 있을까요? • 시민의 성숙한 정치 참여와 민주주의 발전 관계 살펴보기 • 민주 시민 의식 함양을 위해 내가 노력할 점 살펴보기 • 국가기관의 권력 분립과 시민 참여 의식이 민주주의 발전과의 관계 생각해 보기	국가기관의 권력과 성숙한 민주시민의 자세 간의 균형 및 조화가 민주주의 발전에 긍정적인 영향을 끼친다는 사실을 알기	개념은행
전이하기 (평가)	• (논)모든 나라들의 권력 분립과 시민들의 정치 참여는 항상 민주주의 발전에 도움이 될까요? • ○○구 민주시민 히어로 공모전에 참여하기 • ○○구 민주주의 발전을 방해하는 요소들을 찾고, 민주시민으로서 이를 해결하기 위한 방법 제안하기	민주주의 발전을 위해 중요한 자세와 태도에 대해 생각하기	GRASPS 수행과제

4. 교과 단일형에 따른 개념기반 설계 방안

가 지식의 구조에 따른 교과 단일형 개념기반 설계

학년	5학년	교과	사회	단원명	나? 모범 민주시민
성취기준	[6사08-01] 민주주의에서 선거의 의미와 역할을 파악하고, 시민의 주권 행사를 위해 선거에 참여하는 태도를 기른다. [6사08-02] 민주 국가에서 국회, 행정부, 법원이 하는 일에 대해 이해하고, 각 국가기관의 권력을 분립하는 이유를 탐색한다. [6사08-03] 민주주의에서 미디어의 의미와 역할을 이해하고, 여러 가지 미디어의 내용을 비판적으로 분석하여 올바르게 이용하는 태도를 기른다.				

일반화 예시

국가기관의 권력 분립의 균형과 시민 참여 의식은 민주주의 발전을 이끈다.

- 국가기관인 행정부, 입법부, 사법부는 권력 분립을 이루면서 서로 영향을 주고 받는다.
- 민주주의에서 선거에 참여하는 것은 주권을 행사하는 방법이 된다.
- 미디어는 시민의 참여 의식을 제고하여 민주주의 발전에 영향을 끼친다.
- 시민의 정치 참여는 민주주의 발전에 영향을 준다.

성취기준 [6사08-01], [6사08-02], [6사08-03]은 5~6학년군 사회과 11개의 영역 중 (5) 정치 영역과 관련이 있다. 국가기관의 권력 분립의 균형과 시민 참여 의식은 민주주의 발전을 이끈다라는 일반화에 이르기 위해서, 민주주의 꽃이라 일컫는 선거, 권력 분립, 다양한 미디어 사례를 통해 민주주의 발전이라는 개념적 이해에 도달하게 한다. 일반화를 뒷받침하기 위한 사례로서 첫째, 국회의원, 대통령 선거 사례에서 선거의 중요성을 인식한다. 둘째, 권력 분립을 위반한 사례를 통해 민주주의에서 국가기관 간 상호 견제와 균형을 이루게 하는 이유와 중요성을 인식한다. 셋째, 언론 및 여러 가지 미디어의 거짓 또는 왜곡된 정보나 내용(소위 가짜 뉴스, 허위 사실 유포 등)에서 학생들이 비판적으로 분석하는 활동을 통해 미디어에 대한 비판적 사고력을 함양하도록 한다.

▶ 매크로 개념: 영향

학생들이 다양한 사례 비교를 통해 민주시민으로서의 올바른 참여 의식이 그 나라의 민주주의 발전에 영향을 끼친다는 개념적 이해에 도달하기 위해 수업의 초점을 '영향'으로 설정했다.

즉, 학생들이 국가기관의 권력 분립의 균형과 시민 참여 의식은 민주주의 발전을 이끈다라는 일반화에 이르기 위해서 국가기관, 권력 분립, 시민, 참여 의식의 마이크로 개념으로 접근하도록 하였다.

▶ 마이크로 개념: 국가기관, 권력 분립, 시민, 참여 의식

성취기준에 나타난 마이크로 개념은 민주주의, 선거, 주권, 시민, 국회, 행정부, 법원, 국가 기관, 권력 분립, 미디어, 비판, 분석이다. 이 단원에서 중점으로 삼고자 하는 마이크로 개념은 국가기관의 권력 분립의 균형과 시민 참여 의식이 민주주의 발전에 끼친 영향을 파악하기 위한 국가기관, 권력 분립, 시민, 참여 의식으로 선정하였다.

▶ 개념망(스트랜드)

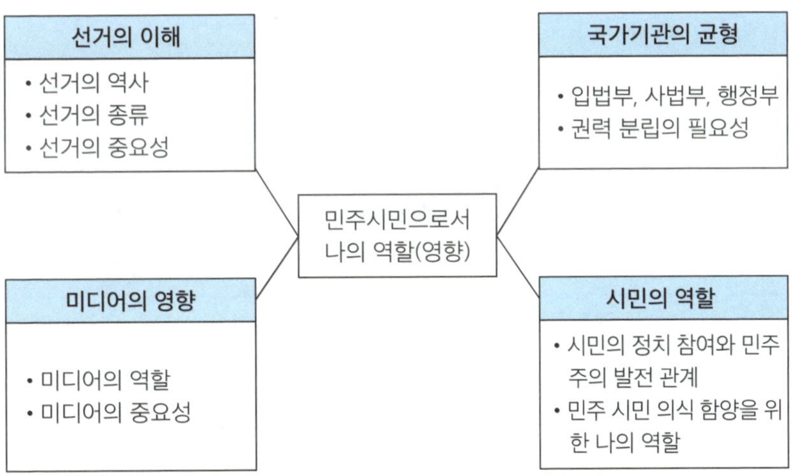

주제는 단원명의 성격으로 학생들에게 친근하게 '나? 모범 민주시민'으로 정하였으며, '내 삶 속의 민주 시민 찾기', '민주시민의 새로운 자질', '민주주의 세상과 소통하기'와 같은 호기심 유발 및 학생의 삶과 연관된 표현으로도 정할 수 있다. 단원을 모두 학습하고 난 후 학생들이 도달해야 하는 개념적 이해(일반화)는 '국가기관의 권력 분립의 균형과 시민 참여 의식은 민주주의 발전을 이끈다'로 사회과 (5) 정치 영역의 성취기준, 핵심 아이디어 및 내용 체계를 분석하여 기술하였다.

▶ 지식의 구조

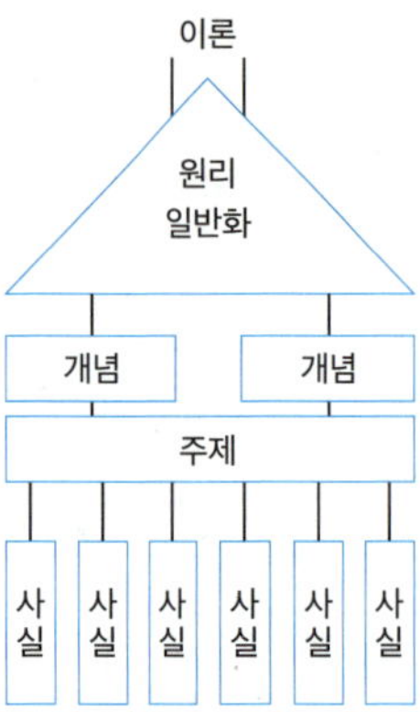

일반화	국가기관의 권력 분립의 균형과 시민 참여 의식은 민주주의 발전을 이끈다.
매크로 개념	영향
마이크로 개념	국가기관, 권력 분립, 시민, 참여 의식
주제	민주주의 발전
사실	• 선거의 역사, 종류, 방법 • 사법부, 행정부, 입법부 • 미디어의 종류, 하는 일

▶ 평가 설계: C-GRASPS 수행과제

수행과제명	○○구 민주시민 히어로 공모전에 참여하기
Concept	영향: 민주시민 참여 의식으로 우리 지역 민주주의 발전에 참여하기
목표(G)	○○구 민주주의 발전을 방해하는 요소들을 찾고, ○○구 민주시민 히어로 공모전에 참여하기
역할(R)	○○구 민주시민 히어로 공모전 참여자
청중(A)	○○구 주민들
상황(S)	최근 ○○구에 민주시민의 자세에 어긋나게 행동하는 지역 주민를 증가
수행(P)	우리 지역 민주주의 발전에 위협하는 문제 중 한가지를 골라 문제 실태 및 문제 상황의 원인을 파악하고, 민주시민 히어로로서 그 해결 방안을 작성하기
기준(S)	자료 수집 및 원인 파악, 민주시민으로서 해결 방안, 문제적용

성취수준 내용 요소	상	중	하
지식·이해	우리 ○○구 민주주의 문제 실태를 정확하게 파악할 수 있다.	우리 ○○구 민주주의 문제 실태를 대략적으로 파악할 수 있다.	우리 ○○구 민주주의 문제 실태를 부분적으로 파악할 수 있다.
과정·기능	우리 ○○구에 민주주의 발전에 방해되는 행동들이 증가한 원인과 민주 시민으로서 해결 방안을 적절한 어휘를 활용하여 자세하게 쓸 수 있다.	우리 ○○구에 민주주의 발전에 방해되는 행동들이 증가한 원인과 민주 시민으로서 해결 방안을 적절한 어휘를 활용하여 대략적으로 드러나게 쓸 수 있다.	우리 ○○구에 민주주의 발전에 방해되는 행동들이 증가한 원인과 민주 시민으로서 해결 방안을 예시로 주어진 어휘를 활용하여 부분적으로 쓸 수 있다.
가치·태도	민주적인 태도와 비민주적인 태도의 갈등 상황에서 민주주의 발전을 위한 실제적인 방안을 적합하게 제시하였다.	민주적인 태도와 비민주적인 태도의 갈등 상황에서 민주주의 발전을 위한 실제적인 방안을 미흡하게 제시하였다.	민주적인 태도와 비민주적인 태도의 갈등 상황에서 민주주의 발전을 위한 실제적인 방안을 제시하지 못하였다.

▶ 개념기반 탐구학습 과정(예시: 스트랜드 '미디어의 영향' 사례)

단계	활동 주요 흐름	성찰하기	활용 기법
관계맺기	• (사) 미디어에는 어떤 종류가 있을까요? • 시대마다 주로 사용되는 미디어에는 무엇이 있을까?	시대별 미디어의 특징 살펴보기	원형 맵
집중하기	• (사) 인기있는 미디어마다 정보를 어떻게 공유할까요? • 인쇄매체, 방송매체, 인터넷 매체 등 사람마다 대표적인 매체들은 무엇일까요? • 최근 사람들이 선호하는 매체를 찾아보기	다양한 미디어의 장단점을 함께 살펴본 후 선호 매체 탐색하기	영상자료, 테크놀리지
조사하기	• (사) 우리반 친구들이 선호하는 미디어는 무엇인가요? • 모둠 친구들이 선호하는 미디어 조사하기 • 우리반 친구들이 선호하는 미디어 조사하기 • 거짓 뉴스로 인한 정치적·사회적·경제적 피해 사례 알아보기	짝활동→모둠활동→전체활동으로 선호매체 설문 및 그래프 작성	영상자료, 테크놀리지

조직 및 정리하기	• (개) 사람들은 어떤 방식으로 생각이나 관점을 표현할까요? • 포스팅 방식의 미디어의 특징 알아보기 • 숏폼 방식의 미디어의 특징 알아보기	인플루언서 특징찾기(개인) → 좋은 온라인 게시물 찾기(짝활동) → 좋은 게시물의 특징을 찾아 패들렛에 정리	협력학습기법 (생각 나누기)
일반화	• (개) 미디어에서 믿을만한 정보를 잘 찾는 방법은 무엇일까요? • 미디어에서 내가 필요한 자료한 자료를 얻는 방법 알아보기 • 유용하고 믿을만한 미디어 자료를 얻는 방법 알아보기 • 미디어와 민주주의 발전과의 관계 생각하기	경험, 미디어 매체, 유투브, 눈, 카톡, 뉴스 등 다양한 미디어 매체의 영향력 살펴보기	생각-퍼즐-탐구 기법
전이하기	• (논) 우리 나라의 민주주의 발전을 위해 필요한 미디어 정책에는 무엇이 있을까요? • 나의 생활과 미디어의 관계 살펴보기 • 공정한 미디어를 위한 필요한 정책 알아보기	민주주의 발전을 위해 미디어의 영향력을 바탕으로 필요한 제도적 정책 알아보기	GRASPS 수행과제

나 과정의 구조에 따른 교과 단일형 개념기반 설계

학년	2학년	교과	국어	단원명	속닥속닥 나의 이야기
성취기준	[2국03-04] 겪은 일을 표현하는 글을 자유롭게 쓰고, 쓴 글을 함께 읽고 생각이나 느낌을 나눈다. [2국06-02] 일상의 경험과 생각을 글과 그림으로 표현한다.				

일반화 예시

사람은 일상의 경험과 생각을 언어와 매체를 통해 표현함으로써 의미를 구성하고 타인과 소통한다.

- 언어는 우리의 감정과 생각을 표현하는 방법이 된다.
- 쓰기는 다양한 매체를 활용하여 사람의 생각이나 감정을 글로 표현하는 행위이다.
- 일상에서 경험과 생각은 글과 그림으로 표현하여 다른 사람과 소통할 수 있다.
- 글과 그림은 다른 사람과 소통할 수 있는 매체가 된다.

성취기준 [2국03-04], [2국06-02]은 1~2학년군 국어과 6개의 영역 중 (3) 쓰기, (6) 매체 영역과 관련이 있다.

사람은 일상의 경험과 생각을 언어와 매체를 통해 표현함으로써 의미를 구성하고 타인과 소통한다라는 일반화에 이르기 위해서, 겪은 일을 표현하는 글, 매체는 소통을 매개하는 도구라는 개념적 이해에 도달하게 한다. 일반화를 뒷받침하기 위한 사례로서 첫째, 여러 가지 겪은 일을 찾아본다. 둘째, 겪은 일을 그림과 글로 표현해 본다. 셋째, 친구가 겪은 일에 대해 생각이나 느낌 말하기를 통해 매체를 활용한 소통에 대한 관심과 흥미를 갖도록 한다. 정리하면, 이 단원의 목표는 자신이 겪은 일에 대해 글과 그림을 매개로하여 겪은 일에 대해 생각이나 느낌을 효율적으로 듣고 말하기이다.

▶ 매크로 개념: 표현

학생들이 사람은 일상의 경험과 생각을 언어와 매체를 통해 표현함으로써 의미를 구성하고 타인과 소통한다는 개념적 이해에 도달하기 위해 수업의 초점을 '표현'으로 설정했다. 즉, 학생들이 경험과 생각은 글과 그림으로 표현하여 다른 사람들과 소통할 수 있다라는 일반화에 이르기 위해서, 언어, 일상, 매체, 소통, 경험의 마이크로 개념으로 접근하도록 하였다.

▶ 마이크로 개념: 언어, 일상, 매체, 소통, 경험

성취기준에 나타난 마이크로 개념은 일상, 생각, 느낌, 표현, 경험, 글, 그림이다. 이 단원에서 중점으로 삼고자 하는 마이크로 개념은 사람은 일상의 경험과 생각을 언어와 매체를 통해 표현함으로써 의미를 구성하고 타인과 소통한다를 파악하기 위한 언어, 일상, 매체, 소통, 경험으로 선정하였다.

▶ 개념망(스트랜드)

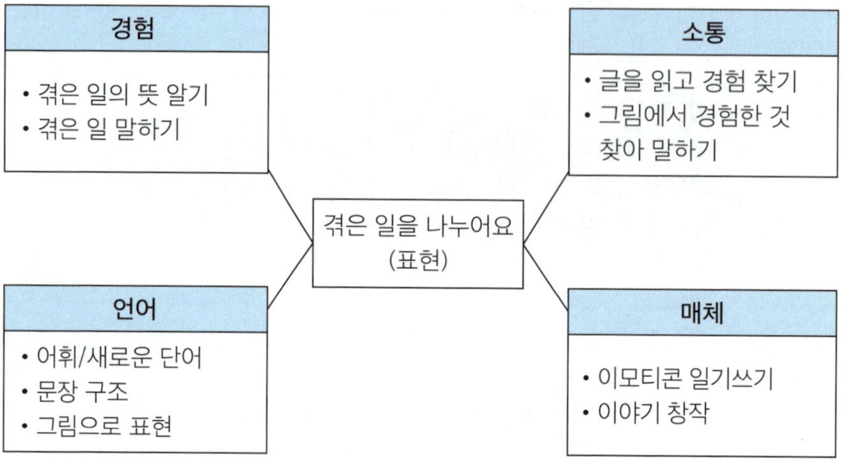

주제는 단원명의 성격으로 학생들에게 친근하게 '속닥속닥 나의 이야기'로 정하였으며, '왁자지껄 나와 너의 경험을 함께 나누어요', '북적북적 친구들과 경험을 공유해요', '나와 너의 겪은 일을 소곤소곤 말해요'와 같은 호기심 유발 및 학생의 삶과 연관된 표현으로도 정할 수 있다. 단원을 모두 학습하고 난 후 학생들이 도달해야 하는 개념적 이해(일반화)는 '사람은 일상의 경험과 생각을 언어와 매체를 통해 표현함으로써 의미를 구성하고 타인과 소통한다'로 국어과 (3) 쓰기 영역, (5) 매체 영역의 성취기준, 핵심 아이디어 및 내용 체계를 분석하여 기술하였다.

▶ 과정의 구조

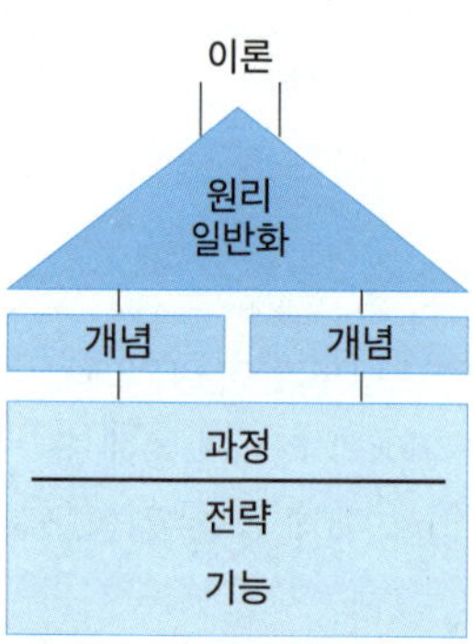

일반화	사람은 일상의 경험과 생각을 언어와 매체를 통해 표현함으로써 의미를 구성하고 타인과 소통한다.
매크로 개념	표현
마이크로 개념	언어, 일상, 매체, 소통, 경험
주제	겪은 일 표현하기
전략, 기능	- 겪은 일을 문장으로 표현하기 - 겪은 일을 그리기 - 이모티콘 일기쓰기

▶ 평가 설계: C-GRASPS 수행과제

수행과제명	이모티콘으로 일기쓰기
Concept	표현: 이모티콘을 활용하여 효과적으로 일기쓰기
목표(G)	자신의 경험을 그림말(이모티콘)로 표현하기
역할(R)	이모티콘 작가
청중(A)	책 구매자
상황(S)	여러분은 이모티콘 작가로서 새로 만든 이모티콘을 알리기 위해 이모티콘을 활용하여 자신이 겪은 일이 잘 나타나게 일기 쓰기
수행(P)	이모티콘 일기
기준(S)	겪은 일, 그림말(이모티콘), 생각과 느낌 표현

성취수준 / 내용 요소	상	중	하
지식·이해	글 속에 표현된 겪은 일에 대해 정확히 찾아 말할 수 있고, 어떤 매체를 사용했는지 제시할 수 있다.	글 속에 표현된 겪은 일에 대해 찾아 말할 수 있고, 어떤 매체를 사용했는지 제시할 수 있다.	교사나 친구의 도움을 받아 글 속에 표현된 겪은 일과 사용된 매체의 종류에 대해 말할 수 있다.
과정·기능	경험과 생각을 의미가 정확하게 전달되는 그림말(이모티콘)을 사용하여 표현할 수 있다.	경험과 생각을 그림말(이모티콘)을 사용하여 표현할 수 있다.	교사나 친구의 도움을 받아 경험과 생각을 그림말(이모티콘)을 사용하여 표현할 수 있다.
가치·태도	친구가 겪은 일에 대한 자신의 생각이나 느낌을 능동적으로 말할 수 있다.	친구가 겪은 일에 대한 자신의 생각이나 느낌을 말할 수 있다.	교사나 친구의 도움을 받아 친구가 겪은 일에 대해 자신의 생각을 말할 수 있다.

▶ 개념기반 탐구학습 과정

단계	활동 주요 흐름	성찰하기	활용 기법
관계맺기	• (사) '겪다'의 뜻은 무엇인가요? • 여러 가지 겪은 일에 대한 사진보기 • 사진 속의 친구들이 겪은 일 말하기 • 내가 겪은 일 말하기	학생들의 다양한 학교생활, 가정생활의 사진에서 겪은 일 찾아보기	SEE-THINK-WONDER
집중하기	• (사) 겪은 일을 잘 표현하기 위한 방법은 무엇인가요? • 두가지 예시글에서 겪은 일이 잘 드러난 문장 찾아보기 이유 말하기 • 두가지 그림에서 겪은 일이 잘 드러난 그림 찾아보기 이유 말하기	겪은 일을 표현하는 매체에 대해 이해하기	설명 게임
조사하기	• (개) 겪은 일을 표현할 때는 어떤 내용을 담아야 할까요? • 겪은 일을 자세하게 3개 문장으로 써 보기 • 친구들이 쓴 문장 돌려읽기 • 가장 자세하게 겪은 일이 드러난 문장 한 개씩 찾아 별표하기	겪은 일에 대해 자세하게 표현한 문장 살펴보기	플립드러닝
조직 및 정리하기	• (개) 내가 겪은 일을 표현하면 좋은 점은 무엇일까요? • 겪은 일을 잘 표현하기 위한 방법 알아보기 • 겪은 일을 그림이나 문장으로 표현하기 • 내가 표현한 겪은 일을 친구들에게 말하기	의견에 따라 자유로운 정리 수용하기	모델링
일반화	• (개) 친구들이 겪은 일을 내가 알면 어떤 점이 좋을까요? • 겪은 일이 드러나게 단어를 선택하여 문장으로 표현하기 • 겪은 일이 잘 드러나게 그림을 사용해서 표현하기 • 친구들이 말한 경험에 대해 자신의 생각이나 느낌을 말하기	글과 그림 매체는 다른 사람과 소통하기 위한 중요한 매체임을 이해하기	3-2-1 Bridge
전이하기 (평가)	• (논) 친구들이 내가 겪은 일에 대해 정확히 알고 관심을 갖게 하려면 어떤 노력을 해야 할까요? • 이모티콘을 활용하여 겪은 일이 잘 드러나게 일기쓰기 • 친구가 겪은 일에 대한 자신의 생각이나 느낌을 말하기	의미있는 소통이 이루어지기 위해선 겪은 일에 대해 정확히 전달하는 것이 중요함을 이해하기	GRASPS 수행과제

다 지식+과정의 구조에 따른 교과 단일형 개념기반 설계

학년	2학년	교과	수학	단원명	벽꾸미기 대잔치
성취기준	[2수02-01] 물체, 무늬, 수 등의 배열에서 규칙을 찾아 여러 가지 방법으로 표현할 수 있다 [2수02-02] 자신이 정한 규칙에 따라 물체, 무늬, 수 등을 배열할 수 있다.				

일반화 예시

우리 주변의 물체, 무늬, 수 등 현상들은 규칙을 가지고 수나 식으로 표현되며, 실생활에 활용된다.

- 우리 주변에서 반복적으로 나타나는 현상은 수나 식으로 표현할 수 있다.
- 규칙을 갖고 있는 물체, 무늬, 수 등은 수나 식 등으로 표현할 수 있고 실생활에 유용하게 활용된다.
- 규칙에 맞게 물체, 무늬, 수 등을 배열할 수 있다.
- 물체, 무늬, 수 등의 배열에서 규칙을 찾아 말, 수, 그림, 구체물 등을 이용하여 표현할 수 있다.

성취기준 [2수02-01] [2수02-02]은 1~2학년군 수학과 4개의 영역 중 (2) 변화와 관계 영역과 관련이 있다.

우리 주변의 물체, 무늬, 수 등 현상들은 규칙을 가지고 수나 식으로 표현되며, 실생활에 활용된다.라는 일반화에 이르기 위해서, 변화하는 현상에 반복적인 요소로 들어있는 규칙은 수나 식으로 표현될 수 있다는 개념적 이해에 도달하게 한다. 일반화를 뒷받침하기 위한 사례로서 첫째, 주변에서 규칙을 갖는 것을 찾아본다. 둘째, 그림이나 벽지의 같은 무늬에서 규칙을 찾아본다. 셋째, 규칙을 정하여 주어진 재료를 이용하여 우리반 벽지를 만들어 보고, 친구들이 만든 우리반 벽지와 내가 만든 우리반 벽지 규칙을 비교함으로써 규칙, 동치 관계 탐구에 대해 흥미를 갖도록 한다. 나아가 변화와 관계 관련 문제해결을 통해 비판적으로 사고하는 태도를 함양하도록 한다.

▶ 매크로 개념: 관계

우리 주변의 물체, 무늬, 수 등 현상들은 규칙을 가지고 수나 식으로 표현되며, 실생활에 활용된다는 개념적 이해에 도달하기 위해 수업의 초점을 '관계'로 설정했다.

즉 규칙, 표현, 현상의 마이크로 개념으로 접근하여 학생들이 우리 주변의 물체, 무늬, 수 등 현상들은 규칙을 가지고 수나 식으로 표현되며, 실생활에 활용된다라는 일반화에 도달하도록 한다.

▶ 마이크로 개념: 규칙, 표현, 현상

성취기준에 나타난 마이크로 개념은 배열, 규칙, 표현, 물체, 무늬, 수이다. 이 단원에서 중점으로 삼고자 하는 마이크로 개념은 우리 주변의 물체, 무늬, 수 등 현상들은 규칙을 가지고 수나 식으로 표현되며, 실생활에 활용된다를 파악하기 위한 규칙, 표현, 현상으로 선정하였다.

▶ 개념망(스트랜드)

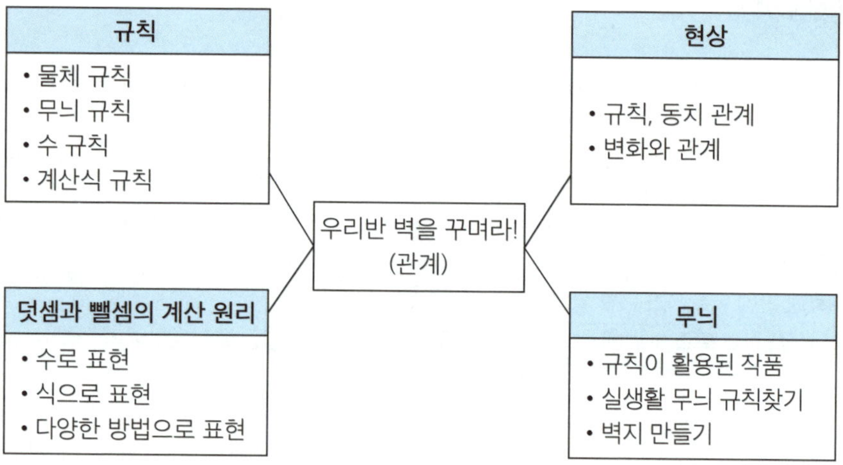

수학 사례를 보면 과정의 구조에서 두 개의 스트랜드(표현과 무늬) 그리고 지식의 구조에서 두 개의 스트랜드(규칙과 현상)를 식별하여 각각에 부합하는 마이크로 개념을 입력하였다.

주제는 단원명의 성격으로 학생들에게 친근하게 '벽꾸미기 대잔치'로 정하였으며, '급식실 벽을 꾸며라!', '내 방 벽 꾸미기!', '크리스마스 선물 포장 상자 꾸미기, '우리집 거실 벽면 꾸미기'와 같은 학생의 삶과 연관된 표현으로도 정할 수 있다. 단원을 모두 학습하고 난 후 학생들이 도달해야 하는 개념적 이해(일반화)는 '우리 주변의 물체, 무늬, 수 등 현상들은 규칙을 가지고 수나 식으로 표현되며, 실생활에 활용된다.'로 수학과 (2) 변화와 관계 영역의 성취기준, 핵심 아이디어 및 내용 체계를 분석하여 기술하였다.

▶ **지식의 구조**

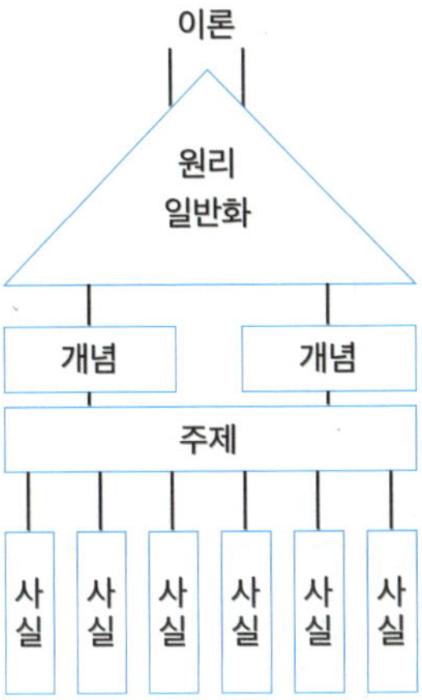

일반화	우리 주변의 물체, 무늬, 수 등 현상들은 규칙을 가지고 수나 식으로 표현되며, 실생활에 활용된다.
매크로 개념	관계
마이크로 개념	규칙, 표현, 현상
주제	물체, 무늬, 수 등에서 나타나는 규칙과 수나 식의 관계
사실	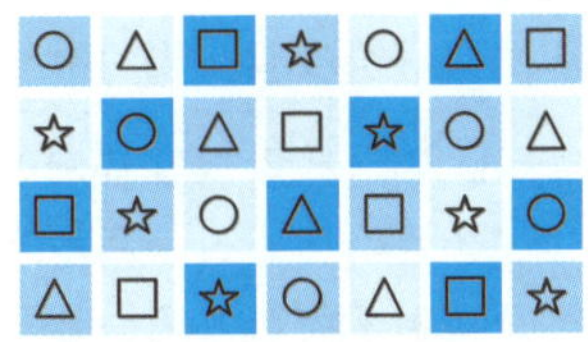 - ○, △, □, ☆이 반복된다. 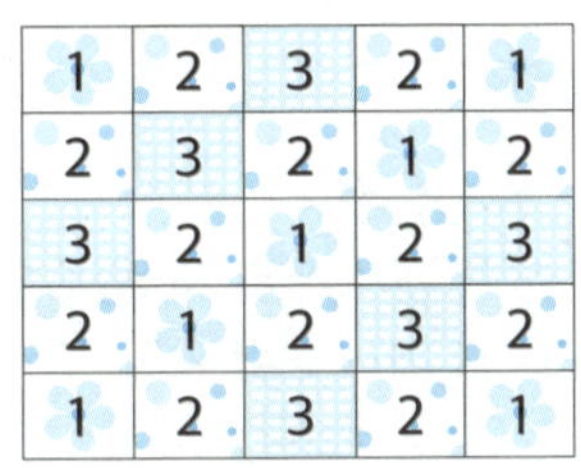 - 1, 2, 3, 2가 반복된다.

▶ **과정의 구조**

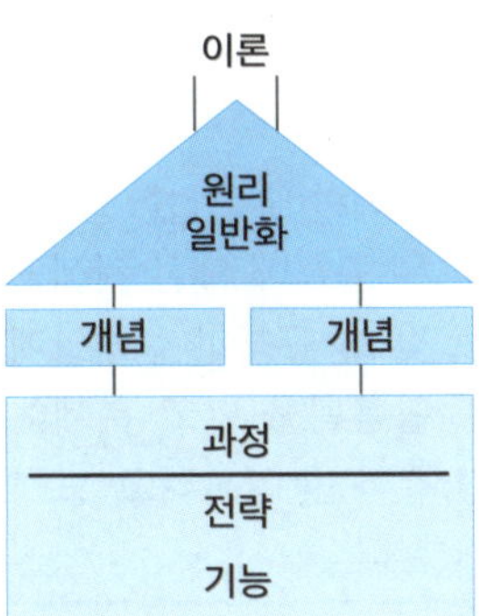

일반화	우리 주변의 물체, 무늬, 수 등 현상들은 규칙을 가지고 수나 식으로 표현되며, 실생활에 활용된다.
매크로 개념	관계
마이크로 개념	규칙, 표현, 현상
과정	규칙을 다양한 방법으로 나타내기
전략, 기능	• 여러 가지 무늬에서 규칙 찾기 • 여러 가지 벽지와 그림에서 규칙 찾기 • 규칙을 수나 식으로 표현하기 • 규칙을 만들어 무늬 꾸미기 • 규칙에 맞게 우리반 벽지 만들기

▶ **평가 설계: C-GRASPS 수행과제**

수행과제명	내가 정한 장소의 벽지디자인하기
Concept	관계: 규칙적인 벽지 무늬에서 수학의 아름다움 느끼기
목표(G)	규칙을 정하여 주어진 재료를 활용하여 내가 정한 장소의 벽지를 꾸미고 설명하기
역할(R)	벽지 디자이너
청중(A)	벽지 구매자
상황(S)	규칙에 맞게 벽지 무늬를 만들어 설명해야 한다.
수행(P)	여러분은 벽지 디자이너로서 여러분이 정한 장소의 벽면을 꾸미려고 합니다. 우리가 가진 재료는 색종이, 가위, 풀입니다. 여러분이 직접 규칙을 정해, 재료를 활용하여 만든 벽지를 벽지 구매자에게 설명해봅시다.
기준(S)	규칙을 정하여 벽지 만들기, 벽지 설명하기, 참여 태도

성취수준 / 내용 요소	상	중	하
지식·이해	물체, 무늬, 수 등의 배열에서 여러 가지 규칙을 이해한다.	물체, 무늬, 수 등의 배열에서 규칙을 이해한다.	물체, 무늬, 수 등의 간단한 배열에서 규칙을 이해한다.
과정·기능	규칙을 정하여 주어진 재료를 활용하여 벽지를 만들고, 자신이 만든 벽지에 사용된 규칙과 주어진 재료를 이용하여 만든 방법을 정확하게 설명한다.	간단한 규칙을 정해 주어진 재료를 이용하여 벽지를 만들고, 벽지를 만든 방법에 대하여 설명한다.	규칙을 정하여 주어진 재료를 이용하여 벽지를 만드는 것과 규칙과 벽지를 만든 방법을 설명하기 어려워한다.
가치·태도	실생활에서 접할 수 있는 여러 가지 규칙에서 수학의 아름다움을 느끼고, 규칙이 실생활에 활용됨을 알고 문제해결에 적극 참여한다.	실생활에서 접할 수 있는 규칙에서 수학의 아름다움을 느끼고, 규칙이 실생활에 활용됨을 알고 문제해결에 참여한다.	실생활에서 접할 수 있는 규칙에 대한 관심을 갖고, 규칙이 실생활에 활용됨을 알고 문제해결에 참여하려고 노력한다.

▶ **개념기반 탐구학습 과정**

단계	활동 주요 흐름	성찰하기	활용 기법
관계맺기	• (사) 우리 주변에서 규칙을 갖는 것은 무엇일까요? • 여러 가지 무늬 사진보기 • 무늬에서 규칙 찾아보기 • 친구들이 찾은 규칙과 비교하면서 규칙말하기	학생들의 일상생활과 관련된 물체에서 규칙 찾아보기	SEE-THINK-WONDER
집중하기	• (사) 그림이나 벽지에서 볼 수 있는 무늬는 어떤 규칙을 갖고 있을까요? • 여러 가지 그림과 벽지 사진을 보고 규칙 말하기 • 내가 찾은 규칙과 친구들이 찾은 규칙을 비교하기 • 내가 찾은 규칙을 수나 식, 여러 가지 방법으로 표현해보기	여러 가지 그림과 벽지그림에서 반복되는 것을 찾아 규칙을 생각하기	침묵브레인스토밍
조사하기	• (사) 쌓은 모양에서 찾을 수 있는 규칙은 무엇일까요? • 쌓은 모양을 보고 규칙 2개 이상 말하기 • 친구들이 말한 규칙 들어보기 • 규칙을 수나 식으로 표현해보기	여러 가지 각도에서 쌓은 모양을 살펴 본 후 규칙을 찾기	연관단어 그림맵
조직 및 정리하기	• (개) 주어진 재료를 이용해 규칙이 있는 무늬를 만든다면 어떻게 만들 수 있을까요? • 주어진 재료를 이용해 어떤 무늬를 만들 수 있는지 생각해보기 • 내가 규칙을 만들어 무늬 꾸미기 • 규칙을 친구들에게 설명하기	주어진 재료만을 활용하여 만들 수 있는 여러 가지 규칙을 생각하여 무늬 만들기	SEE-THINK-WONDER
일반화	• (개) 우리 주변의 물체(작품, 물건 등) 어떤 규칙이 적용되었을까요? • 실생활의 여러 가지 물건에서 규칙 찾기 • 주변의 물체에서 찾은 규칙을 수나 식으로 표현하기 • 규칙을 활용하면 좋은 점에 대해 말하기	일상생활 속의 작품에서 규칙을 찾고, 규칙으로 인한 아름다움에 대해 생각해보기	꼼꼼질문
전이하기 (평가)	• 수학적 아름다움은 규칙에서 비롯되는 걸까요? • 규칙을 정하여 주어진 재료를 활용하여 벽지를 꾸미고 설명하기 • 친구들이 만든 벽지와 내가 만든 벽지 규칙 비교하기	규칙이 있는 여러 가지 사진과 불규칙적인 사진을 보면서 생각과 느낌을 자유롭게 이야기하기	GRASPS 수행과제, 상상질문

5. 교과 통합형에 따른 개념기반 설계 방안

가 지식의 구조에 따른 교과 통합형 개념기반 설계

학생이 개념을 제대로 이해한다면, 다른 교과나 학생의 삶 속에서 개념 간의 관계성에 대한 통찰이 일어나고 배운 것을 바탕으로 생각하는 힘을 갖게 된다. 개념이 다양한 상황에서 상호 연계되어 있다는 것을 깨닫고 연결하는 힘을 길러주기 위해서는 지식을 단편적으로 활용하는 것이 아니 교과 간 연계를 통해 종합적인 활용 능력을 기를 수 있도록 기회를 제공하는 것도 필요하다.

통합주제와 개념을 세우기 위해 각 교과의 교육과정 내용 요소와 성취기준 등을 비교할 수 있다. <표 6>은 초등학교 3~4학년군의 국어 매체 영역의 내용 요소이고, <표 7>은 사회교과의 역사일반 영역의 내용 요소이다.

표 6 초등학교 3~4학년군 국어 매체 영역 내용 요소

	지식·이해	과정·기능	가치·태도
내용 요소	• 상황 맥락 • 인터넷의 학습 자료	• 인터넷 자료 탐색·선택하기 • 발표 자료 만들기	• 매체 소통 윤리

표 7 초등학교 3~4학년군 사회 역사 일반 영역 내용 요소

	지식·이해	과정·기능	가치·태도
내용 요소	변화와 지속(지역, 교통·통신, 풍습)	신뢰성 있는 역사 정보를 선택, 분석, 추론하기	역사에 대한 관심과 흥미

각 교과의 내용 요소를 분석하여 여러 교과에 걸친 공통된 개념을 중심으로 교과 통합을 시도할 수 있다.

예를 들어 초등학교 국어와 사회의 내용 요소에서 매체, 풍습, 변화, 공동체 등의 공통된 개념을 추출하여 교과 간 통합 수업을 계획할 수 있다. 이를 통해 개념 간 상호 관련성, 다양한 맥락에서의 개념을 통합적으로 이해하고 활용할

수 있을 것이다.

구체적인 교과 통합형 지식의 구조 기반 수업 설계안은 다음과 같다.

학년	3~4학년	교과	국어, 사회	단원명	풍습·대탐험
성취기준	[6국06-01] 정보 검색 도구를 활용하여 자신의 목적에 맞는 매체 자료를 찾는다. [6국06-02] 뉴스 및 각종 정보 매체 자료의 신뢰성을 평가한다. [4사04-01] 옛날 풍습에 대해 알아보고, 오늘날과 비교하여 변화상을 파악한다.				

일반화 예시

기록물 탐색을 통해 공동체는 과거의 문화를 성찰하여 미래의 삶을 가꾸는데 영향을 받는다.

- 올바른 매체 활용은 정보를 검색하고 생각을 효과적으로 전달하기 위해 긍정적인 영향을 끼친다.
- 시대에 따라 변하는 지역, 교통 통신, 풍습 등은 나의 현재 삶의 방식에 영향을 준다.
- 과거 생활모습 탐색을 통해 얻은 좋은 풍습은 현재와 미래 공동체의 삶에 기여한다.

▶ 매크로 개념: 영향

시대에 따라 사람들의 풍습은 변하고 매체를 활용한 과거의 탐색은 공동체의 현재와 미래의 생활에 영향을 준다. 는 개념적 이해에 도달하기 위해 수업의 초점을 '영향'으로 설정했다.

즉 매체, 풍습, 변화, 공동체의 마이크로 개념으로 접근하여 학생들이 시대에 따라 사람들의 풍습은 변하고 매체를 활용한 과거의 탐색은 공동체의 현재와 미래의 생활에 영향을 준다라는 일반화에 도달하도록 한다.

▶ 마이크로 개념: 매체, 풍습, 변화, 공동체

성취기준에 나타난 마이크로 개념은 정보, 도구, 매체, 뉴스, 풍습, 변화, 자료이다. 이 단원에서 중점으로 삼고자 하는 마이크로 개념은 '시대에 따라 사람들의 풍습은 변하고 매체를 활용한 과거의 탐색은 공동체의 현재와 미래의 생활에 영향을 준다.' 를 파악하기 위한 매체, 풍습, 변화, 공동체로 선정하였다.

▶ 개념망(스트랜드)

옛날과 이어진 오늘날 (영향)

매체 활용
- 매체의 종류
- 매체를 활용한 자료
- 인터넷으로 옛날풍습 조사

풍습 조사
- 풍습의 뜻
- 옛날 풍습의 종류
- 오늘날 풍습의 종류

풍습의 영향력
- 옛날 풍습의 달라진 점
- 옛날 풍습의 달라지지 않은 점
- 풍습이 변하는 원인

공동체와 풍습과의 관계
- 공동체의 발전을 위해 이어갈 풍습
- 나의 삶과 풍습 간의 관련짓기

▶ 지식의 구조

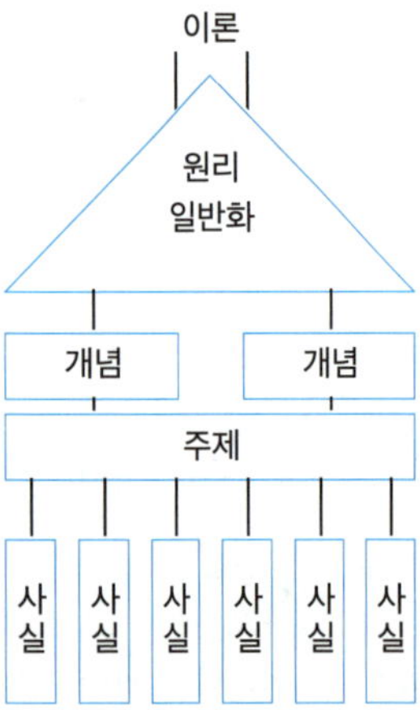

일반화	시대에 따라 사람들의 풍습은 변하고 매체를 활용한 과거의 탐색은 공동체의 현재와 미래의 생활에 영향을 준다.
매크로 개념	영향
마이크로 개념	매체, 풍습, 변화, 공동체
주제	옛날과 오늘날의 풍습
사실	• 풍습의 뜻 - 옛날과 오늘날 풍습의 종류 - 달라지지 않은 풍습의 종류 - 옛날 풍습이 오늘날 달라진 이유 - 매체의 종류

▶ **평가 설계: C-GRASPS 수행과제**

수행과제명	자랑하고 싶은 우리 지역의 풍습
Concept	영향: 현재와 미래 생활에 영향을 주는 풍습 탐색하기
목표(G)	○○ 역사 박물관에서 주최하는 청소년발표대회에 참가하여 자랑하고 싶은 우리 지역의 풍습을 발표하기
역할(R)	청소년발표대회 참가자
청중(A)	우리 지역 박물관 관계자 및 주민
상황(S)	○○ 역사 박물관에서 주최하는 우리 지역의 옛날 풍습과 오늘날의 변화에 관한 청소년 발표대회에 참여해야 한다.
수행(P)	인터넷으로 우리지역의 옛날 풍습을 조사하고, 오늘날의 변화에 대해 매체를 활용하여 간단하게 발표자료를 만들어 설명하시오.
기준(S)	자료조사, 문제해결, 적용

성취수준 내용 요소	상	중	하
지식·이해	옛날 풍습에 대해 자세히 조사하여 오늘날 어떻게 달라졌는지에 대한 자신의 생각을 포함한다.	옛날 풍습에 대해 조사하여 오늘날 어떻게 달라졌는지에 대한 생각을 포함한다.	교사나 친구의 도움을 받아 옛날 풍습에 대해 조사한다.
과정·기능	신뢰성 있는 매체 자료를 활용하여 조사하고 생활속에서 달라진 풍습에 대해 다양하게 제시하여 발표한다.	매체 자료를 활용하여 조사하고 생활속에서 달라진 풍습에 대해 제시하여 발표한다.	교사나 친구의 도움을 받아 매체 자료를 활용하여 풍습의 변화에 대해 발표한다.
가치·태도	옛날 풍습을 오늘날의 생활과 관련지어 풍습의 계승에 관심을 갖는다.	옛날 풍습의 계승에 관심을 갖는다.	옛날 풍습의 계승에 대해 이해한다.

▶ 개념기반 탐구학습 과정

단계	활동 주요 흐름	성찰하기	활용 기법
관계맺기	• (사) 풍습의 뜻은 무엇인가요? • 시대에 따라 풍습이 달라지는 이유 설명하기 • 달라지는 풍습으로 인한 우리 삶에는 어떤 변화가 있을까? • 궁금한 점, 질문 나누기	자료 수집을 위한 패들렛 사용하고 파라미드 토의를 통해 달라지는 풍습의 영향 토의하기	피라미드 토의
집중하기	• (사) 옛날 풍습은 어떤 것들이 있나요? • (사) 옛날 풍습은 오늘날과 어떻게 달라졌을까요? • 인터넷으로 옛날 풍습에 대해 조사하기 • (개) 풍습은 왜 달라졌을까요? • 모둠별로 오늘날의 모습과 비교하기	모둠별로 옛날 풍습을 오늘날의 생활모습과 비교하여 공통점, 차이점 등을 정리해서 패들렛에 올리기	이중거품맵
조사하기	• (개) 풍습이 달라지지 않는 원인은 무엇일까요? • 달라지지 않은 풍습 조사하기 • 변하지 않는 풍습의 이유 토의하기 • 모둠별 토의 결과 패들렛에 올리기	다양한 미디어 매체를 통해 조사하기	다이아몬드맵
조직 및 정리하기	• (개) 지속가능한 공동체 발전을 위해 풍습을 계승해 나가기 위한 방안은 무엇일까요? • 이어가면 좋을 풍습에 대해 이야기하기 • 모둠별 토의 결과를 패들렛에 공유하기	패들렛에 모둠의 생각과 실철 내용을 기록하고 공유하기	마이크로 랩 프로토콜
일반화	• 풍습의 특징과 매체 탐색의 영향에 대해 정리하기 • 옛날과 오늘날의 풍습의 공통점과 차이점을 통해 풍습의 특성 정리하기 • 일반화 문장 수립하기	모둠별로 자랑하고 싶은 우리 지역의 풍습에 대해효과적인 발표를 위한 매체 사용하기	워킹 백워드 만약에 ~라면
전이하기 (평가)	• (논) 다른 나라의 풍습을 받아들이는 것은 우리 문화를 더 풍성하게 만드는 걸까요? • 매체별로 모둠 구성하기 • 활용하고 싶은 매체 정하기 • 발표자료 구성하기 • ○○초 우리 지역의 자랑하고 싶은 풍습 발표하기	다른 모둠의 결과물에 댓글을 달아 생각이나 관점 표현하기	GRASPS 수행과제

나 과정의 구조에 따른 교과 통합형 개념기반 설계 방안

학년	6학년	교과	실과, 미술	단원명	나 사용 설명서
성취기준	[6실01-01] 아동기의 발달 특징을 이해하고 성장발달에 필요한 조건과 방법을 탐색한다. [6미01-01] 다양한 감각과 매체를 활용하여 자신과 대상을 탐색할 수 있다.				

일반화 예시

청소년은 발달 특성에 대한 이해, 자신과 대상에 대한 탐색 및 긍정적인 자기 이해를 바탕으로 자기를 표현하고 성장한다.

- 성장 발달에 대한 이해는 자립적인 삶을 이끌고 타인과 건강한 관계를 형성한다.
- 자신과 대상에 대한 긍정적인 이해는 배움을 확장하고 자신을 성찰하게 한다.
- 발달에 대한 긍정적인 수용은 자신과 타인의 건강한 성장을 돕는다.
- 다양한 매체를 활용한 자신과 대상에 대한 긍정적인 탐색활동은 자기를 성장으로 이끈다.

성취기준 [6실01-01], [6미01-01]은 5~6학년군 실과 5개의 영역 중 (1) 인간발달과 주도적 삶, 미술 3개의 영역 중 (1)미적체험에 해당된다.

청소년은 발달 특성에 대한 이해, 자신과 대상에 대한 탐색 및 긍정적인 자기 이해를 바탕으로 자기를 표현하고 성장한다라는 일반화에 이르기 위해서, 아동기 발달과 자기 이해·자신과 환경의 관계 이해에 도달하게 한다. 일반화를 뒷받침하기 위한 사례로서 첫째, 지금의 나의 모습을 예전의 모습과 비교한다. 둘째, 신체적, 인지적, 정서적, 사회적 측면에서 달라진 점 알아본다. 셋째, 나의 특징을 나타낼 수 있는 그림이나 사진을 찾아본다. 넷째, 전시회 브로셔 만들기를 통해 나를 표현해 보며 새롭게 알게 된 점을 이야기 해보도록 한다.

▶ 매크로 개념: 변화

청소년은 자기이해, 자신과 환경의 관계 간 탐색 및 긍정적인 이해를 통해 성장한다는 개념적 이해에 도달하기 위해 수업의 초점을 '변화'로 설정했다.

즉 자기이해, 자기표현, 발달 특성, 성장의 마이크로 개념으로 접근하여 학생들이 청소년은 발달 특성에 대한 이해, 자신과 대상에 대한 탐색 및 긍정적인 자기 이해를 바탕으로 자기를 표현하고 성장한다라는 일반화에 도달하도록 한다.

▶ 마이크로 개념: 자기이해, 자기표현, 발달, 성장

성취기준에 나타난 마이크로 개념은 아동기, 성장, 감각, 매체, 탐색, 조건이다. 이 단원에서 중점으로 삼고자 하는 마이크로 개념은 '청소년은 발달 특성에 대한 이해, 자신과 대상에 대한 탐색 및 긍정적인 자기 이해를 바탕으로 자기를 표현하고 성장한다.'를 파악하기 위한 자기이해, 자기표현, 발달, 성장으로 선정하였다.

▶ 개념망(스트랜드)

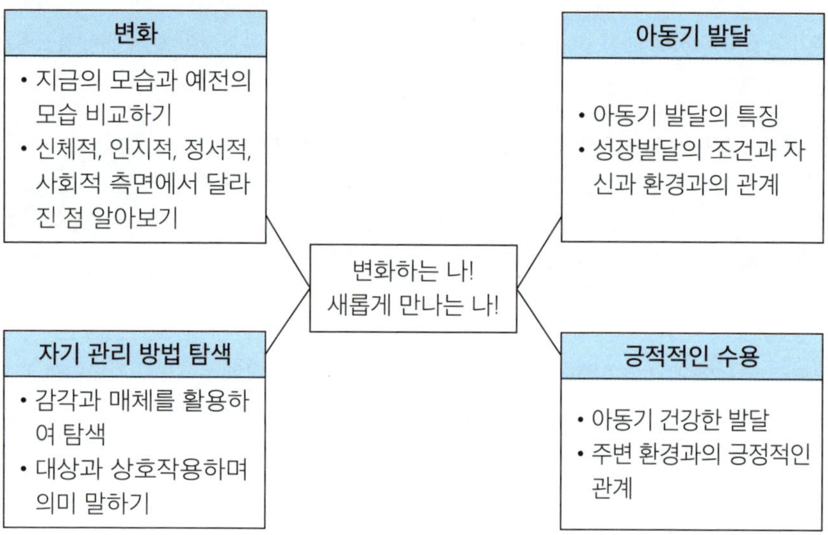

주제는 단원명의 성격으로 학생들에게 친근하게 '나 사용 설명서'로 정하였으며, '변화하는 나의 몸과 마음 따라잡기', '성장하는 나의 몸과 마음', '나의 몸과 마음 사용 설명서', '현재와 미래의 나의 모습'과 같은 학생의 삶과 친밀한 표현으로도 정할 수 있다. 단원을 모두 학습하고 난 후 학생들이 도달해야 하는 개념적 이해(일반화)는 '청소년은 발달 특성에 대한 이해, 자신과 대상에 대한 탐색 및 긍정적인 자기 이해를 바탕으로 자기를 표현하고 성장한다'로 실과와 미술 영역의 성취기준, 핵심 아이디어 및 내용 체계를 분석하여 기술하였다.

▶ 과정의 구조

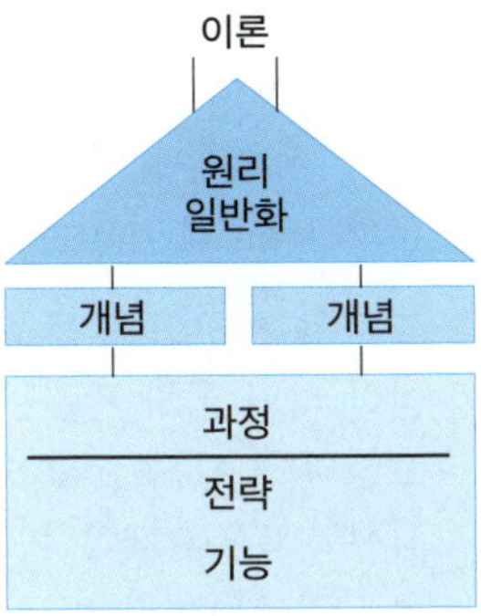

일반화	청소년은 발달 특성에 대한 이해, 자신과 대상에 대한 탐색 및 긍정적인 자기 이해를 바탕으로 자기를 표현하고 성장한다.
매크로 개념	변화
마이크로 개념	자기이해, 자기표현, 발달 특성, 성장
과정	아동기의 발달 특성 정리하기
전략, 기능	• 예전의 모습과 달라진 점 조사하기 • 나의 장래희망, 취미, 성격 정리하기 • 아동기 후반에 나타나는 발달의 모습 조사하기 • 나의 긍정적인 변화에 대한 브로셔 만들기

▶ 평가 설계: C-GRASPS 수행과제

수행과제명	전시회 브로셔 만들기
Concept	변화: 나의 변화에 대해 긍정적인 특징이 나타난 브로셔 만들기
목표(G)	나의 특징을 나타내는 그림이나 사진을 찾아 설명하기
역할(R)	청소년 작가
청중(A)	전시회 참가자, 전시주체자들
상황(S)	'변화하는 나! 새롭게 만나는 나!' 주제로 전시회를 개최하는 청소년 작가
수행(P)	여러분은 '변화하는 나! 새롭게 만나는 나!'라는 주제로 전시회를 개최하는 청소년 작가입니다. 전시회 참가자와 전시하는 주체자들 앞에서 나의 발달 특징을 나타내는 그림이나 사진을 찾아 설명해야 합니다.
기준(S)	나의 신체적, 인지적, 정서적, 사회적 측면의 발달 정도, 나의 꿈과 관련된 그림이나 사진과 설명이 들어가야 합니다. 건강한 발달을 위해 어떤 노력을 할 것인지 다짐을 3가지 설명해야 합니다.

성취수준 / 내용 요소	상	중	하
지식·이해	신체적, 인지적, 정서적, 사회적 측면에서 변화된 특징을 구체적으로 설명한다.	신체적, 인지적, 정서적, 사회적 측면에서 변화된 특징을 대략적으로 설명한다.	교사나 친구의 도움을 받아 신체적, 인지적, 정서적, 사회적 측면에서 변화된 특징을 이해한다.
과정·기능	나의 신체적, 인지적, 정서적, 사회적 측면의 발달정도 및 나의 꿈과 관련된 그림이나 사진을 찾아 자신의 특징이 구체적으로 드러나게 설명한다.	나의 신체적, 인지적, 정서적, 사회적 측면의 발달정도 및 나의 꿈과 관련된 그림이나 사진을 찾아 자신의 특징이 대략적으로 드러나게 설명한다.	교사의 친구의 도움을 받아 나의 꿈과 관련된 그림이나 사진을 찾아 자신의 특징이 대략적으로 드러나게 설명한다.
가치·태도	건강한 발달을 위해 어떤 노력을 해야하는지 3가지 다짐을 모두 제시한다.	건강한 발달을 위해 어떤 노력을 해야하는지 2가지 다짐을 모두 제시한다.	건강한 발달을 위해 어떤 노력을 해야하는지 1가지 다짐을 제시한다.

▶ **개념기반 탐구학습 과정**

단계	활동 주요 흐름	성찰하기	활용 기법
관계맺기	• (사) 지금의 나의 모습을 예전과 비교했을 때 신체적, 인지적, 정서적, 사회적 측면에서 달라진 점은 무엇일까요? • 지금의 나의 모습 살펴보기 • 예전의 모습과 비교하기 • 친구들과 이야기해보기	학생들의 신체적, 인지적, 정서적, 사회적 측면에서 달라진 점을 찾기 쉽도록 관련 사진 보여주기	SEE-THINK-WONDER
조사하기	• (사) 나의 장래희망, 취미, 성격은 어떠한가요? • 나의 특징이 드러난 그림이나 사진찾기 • 나의 꿈이 드러난 그림이나 사진 찾기	나의 특징(꿈)이 드러난 사진이나 그림을 인터넷 검색으로 찾아보기	SEE-THINK-WONDER

조직 및 정리하기	• (개) 나의 발달 특징을 나타낼 수 있는 그림이나 사진에서 생각하거나 느낀 점은 무엇인가요? • 그림과 사진을 보면서 나의 발달특징을 생각해보기 • 나의 발달특징을 모둠 친구들과 이야기해보기	그림과 사진 속에서 드러난 나의 발달된 모습을 구체적으로 설명하도록 안내하기	타임라인
일반화	• (개) 아동기 후반에 나타나는 발달을 어떻게 받아들여야 할까요? • 나의 변화된 모습을 사진과 그림을 보면서 생각해보기 • 건강한 발달을 위해 자신과 환경과의 측면에서 생각해보기 • 변화되는 나의 모습을 표현하면서 새롭게 알게 된 점 말하기	건강한 발달과 환경과의 영향에 대해 생각하기	피쉬본 다이어그램
전이하기 (평가)	• (논) 내가 하고 싶은 것을 마음대로 하는 것이 나를 더 성장시키는 것일까요? 아니면 집단의 규칙을 지키며 조화를 이루는 것이 나를 더 성장시키는 것일까요? • 전시회 브로셔 만들기 • 친구들이 만든 브로셔 보면서 느낀 점 말하기	나를 표현하면서 새롭게 알게 된 점을 자유롭게 이야기하기	GRASPS 수행과제

다 지식+과정의 구조에 따른 교과 통합형 개념기반 설계

학년	4학년	교과	미술, 영어	단원명	마음 쏙 금지 표현
성취기준	[4미01-04] 생활 속에서 활용되는 미술에 관심을 가지고 미술의 특징과 역할을 발견할 수 있다. [4영02-06] 행동 지시를 쉽고 간단한 문장으로 말하거나 보고 쓴다.				

일반화 예시

생활 속에서 다양하게 활용되는 미술은 메시지를 효과적으로 전달하는 데 영향을 주며 단어와 그림으로 이미지를 연출한다.

- 적절한 사고 과정 및 전략을 활용하여 의미를 표현하거나 교환한다.
- 이미지에 대한 비판적 이해는 시각적 소통과 문화적 참여의 토대가 된다.
- 단어과 그림, 이미지 등은 새로운 정보를 알게 하고 이해하는 데 도움이 된다.
- 정확한 단어와 감각적인 디자인은 사람들에게 메시지를 전달하는 데 영향은 끼친다.

성취기준 [4미01-04]은 3~4학년군 미술 3개의 영역 중 (1) 미적체험에 해당되고, [4영02-06]은 3~4학년군 영어 2개의 영역 중 (1) 표현에 해당된다.

생활 속에서 다양하게 활용되는 미술은 메시지를 효과적으로 전달하는 힘이 있으며 단어와 그림으로 이미지를 연출한다라는 일반화를 뒷받침하기 위한 사례로서 첫째, 우리 생활 속에서 활용되는 미술의 다양한 예를 통해 전달되는 메시지를 찾아본다. 둘째, 우리 주변 생활에서 금지표지판의 다양한 예를 살펴보면서 특징과 전달하고자 하는 메시지를 탐색한다. 셋째, 학교 내 장소에 필요한 금지 표현에 대해 영어로 정확한 단어를 사용해서 쓰고 말해 본다. 넷째, 영어 표현을 활용한 금지 표지판 꾸미기 활동을 통해 미술은 메시지를 효과적으로 전달하는 힘이 있으며, 단어와 그림으로 이미지를 연출한다는 것을 탐구하며 단원을 마무리한다.

▶ 매크로 개념: 영향

생활 속에서 다양하게 활용되는 미술은 메시지를 효과적으로 전달하는 힘이 있으며, 단어와 그림으로 이미지를 연출한다.라는 개념적 이해에 도달하기 위해 수업의 초점을 '영향'으로 설정했다.

즉 생활 속 미술, 단어, 그림, 이미지, 메시지를 마이크로 개념으로 접근하여 학생들은 '생활 속에서 다양하게 활용되는 미술은 메시지를 효과적으로 전달하는 데 영향알 주며, 단어와 그림으로 이미지를 연출한다.'라는 일반화에 도달하도록 한다.

▶ 마이크로 개념: 생활 속 미술, 단어, 그림, 이미지, 메시지

성취기준에 나타난 마이크로 개념은 생활 속 미술, 미술의 특징, 미술의 역할, 행동 지시이다. 이 단원에서 중점으로 삼고자 하는 마이크로 개념은 생활 속에서 다양하게 활용되는 미술은 메시지를 효과적으로 전달하는 힘이 있으며, 단어와 그림으로 이미지를 연출한다. 를 파악하기 위한 생활 속 미술, 단어, 그림, 이미지, 메시지로 재구성하였다.

▶ 개념망(스트랜드)

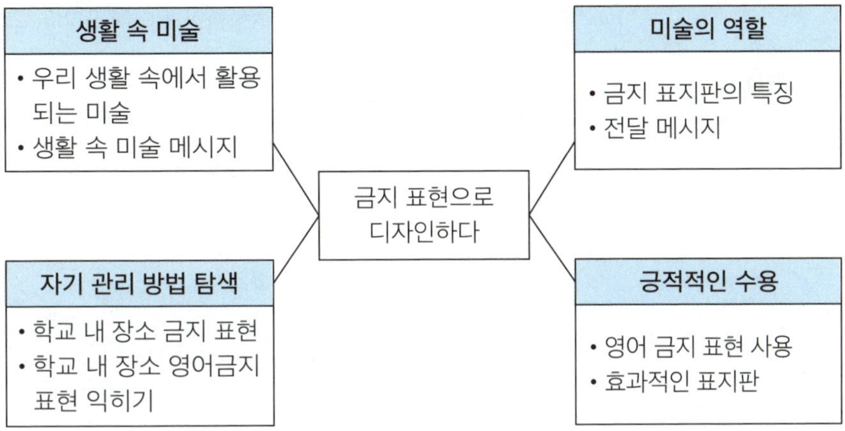

미술은 지식의 구조에서 두 개의 스트랜드(생활속 미술, 미술의 역할) 그리고 과정의 구조에서 두 개의 스트랜드(영어금지 표현, 표지판 꾸미기)를 식별하여 각각에 부합하는 마이크로 개념을 입력하였다.

주제는 단원명의 성격으로 학생들에게 친근하게 '마음 쏙 금지 표현'으로 정하였으며, '금지 표현과 디자인', '멈춤! 영어 금지 표지판' 등과 같은 학생의 삶과 친밀한 표현으로도 정할 수 있다. 단원을 모두 학습하고 난 후 학생들이 도달해야 하는 개념적 이해(일반화)는 생활 속에서 다양하게 활용되는 미술은 메시지를 효과적으로 전달하는 힘이 있으며, 단어와 그림으로 이미지를 연출한다로 미술과 영어 영역의 성취기준, 핵심 아이디어 및 내용 체계를 분석하여 기술하였다.

▶ 지식의 구조

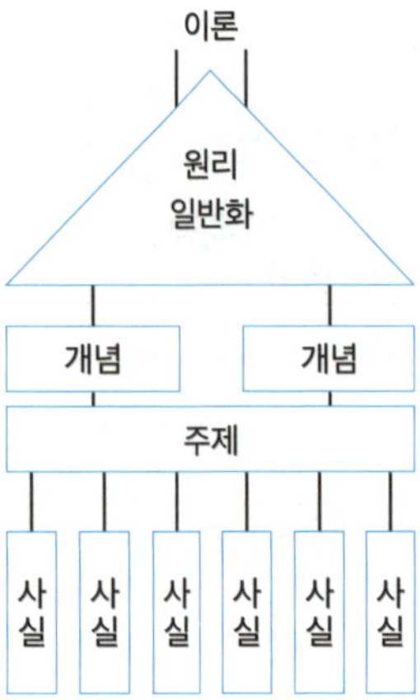

일반화	생활 속에서 다양하게 활용되는 미술은 메시지를 효과적으로 전달하는 힘이 있으며, 단어와 그림으로 이미지를 연출한다.
매크로 개념	인식
마이크로 개념	생활 속 미술, 단어, 그림, 이미지, 메시지
주제	생활 속 미술의 이미지와 메시지 관계
사실	• 생활 속 미술의 활용 • 미술의 표현 수단 • 메시지를 효과적으로 전달하는 요소

▶ 과정의 구조

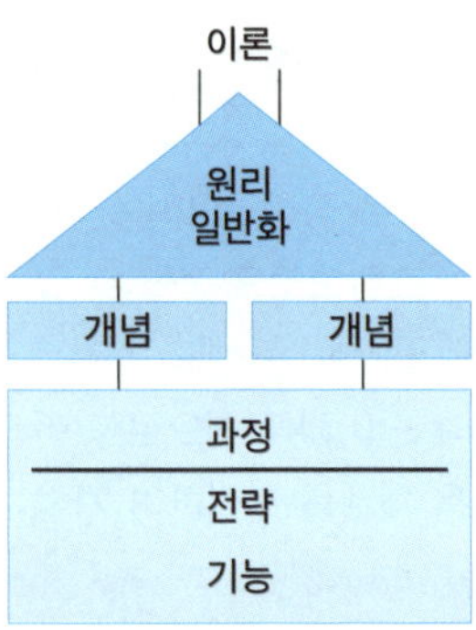

일반화	생활 속에서 다양하게 활용되는 미술은 메시지를 효과적으로 전달하는 힘이 있으며, 단어와 그림으로 이미지를 연출한다.
매크로 개념	인식
마이크로 개념	생활 속 미술, 단어, 그림, 이미지, 메시지
과정	학교 내 장소에 효과적인 영어 금지 표지판 만들기
전략, 기능	• 생활 속 금지 표지판 찾기 • 영어로 금지 표현 말하고 문장으로 쓰기 • 모둠 배려 Song 부르기 • 그림과 영어 단어를 활용한 금지 표지판 만들기

▶ 평가 설계: C-GRASPS 수행과제

수행과제명	영어 금지 표현을 활용하여 금지 표지판 디자인하기
Concept	인식: 효과적으로 전달되는 단어와 그림으로 나타내기
목표(G)	장소에 어울리는 영어를 활용한 금지 표지판을 디자인하기
역할(R)	디자이너
청중(A)	금지 표지판 구매자
상황(S)	○○문화센터 복도, 운동장, 화장실, 체육관, 교실 등 안전사고의 발생

수행(P)	영어를 활용하고 아름답고 조화로운 금지 표지판 디자인
기준(S)	명확하고 효과적인 영어 금지 표현, 조화롭고 아름다운 디자인

성취수준 / 내용 요소	상	중	하
지식·이해	생활 속 미술 작품의 정보전달, 표현 주제, 특징, 안내 등에 대해 정확히 설명한다.	생활 속 미술 작품의 정보전달, 표현 주제, 특징, 안내 등에 대해 대략적으로 설명한다.	교사나 친구의 도움을 받아 생활 속 미술 작품의 정보 전달, 표현 주제, 특징, 안내 등에 대해 이해한다.
과정·기능	쉽고 간단한 영어 금지 표현을 활용하여 표지판을 명확하고 아름다우며, 장소와 조화롭게 디자인한다.	쉽고 간단한 영어 금지 표현을 활용하여 표지판을 대략적으로 디자인한다.	교사나 친구의 도움을 받아 쉬운 영어 금지 표현을 활용하여 표지판을 디자인한다.
가치·태도	완성된 작품을 알맞은 장소에 전시하고 금지표지판을 통해 미술의 역할에 대해 정확하게 이해한다.	완성된 작품을 알맞은 장소에 전시하고 금지표지판을 통해 미술의 역할에 대해 이해한다.	완성된 작품을 알맞은 장소에 전시하고, 교사나 친구의 도움을 받아 미술의 역할에 대해 이해한다.

▶ 개념기반 탐구학습 과정

단계	활동 주요 흐름	성찰하기	활용 기법
관계맺기	• (사) 학교 내에는 어떤 장소가 있을까요? • 다양한 생활 속 유니버설 디자인 보기 • 유니버설 디자인의 전달하려는 메세지 말하기 • 글자와 그림의 이미지에 대해 이야기 나누기	학생들의 배경지식 활성화하기	SEE-THINK-WONDER
조사하기	• (사) 학교 내 장소에 어울리는 행동은 무엇이 있을까요? • 생활 속의 장소에 대한 금지 표지 이미지 찾기 • 이미지의 뜻과 내용, 느낌 알아보기 • 학교의 여러 장소 사진 살펴보기 • 장소에서 친구들의 행동에 대해 이야기하기	장소에 적합한 행동을 논리적으로 설명하기	연관단어 생성하기

	• 다른 사람들을 배려하기 위한 행동 찾아보기 • 장소별로 금지하는 말을 떠올려보기 • 영어로 금지 표현과 어울리는 그림을 찾아보고, 의미와 효과에 대해 정리하기		
조직 및 정리하기	• (개) 금지 표현을 보고 글쓴이는 무엇을 말하고자 하는 것일까요? • 모둠별로 학교 안에 한군데 장소를 선택해서 금지하는 말을 넣어 배려Song 만들기 • 금지 표현을 넣어 노랫말 가사를 바꾸어 부르기 • 영어를 활용한 모둠 배려 Song 발표하기	주제의 구체화와 효과적인 주제표현을 위한 단어 와 그림 선택하기	연관단어 생성하기
일반화	• (개) 금지 행동을 제안하는 글쓰기를 위해 필요한 전략은 무엇일까요? • 장소에 맞는 주장 작성하기 • 주장을 뒷받침하는 근거와 증거 수집 • 주장과 근거를 바탕으로 질문 만들기 • 그림과 같이 금지 표현한 것을 바탕으로 일반화 문장 작성하기	글자와 그림으로 금지 표현 작성, 배려 Song 발표 활동을 기반으로 개념을 확장하여 일반화 문장 작성하기	Claim Support Question
전이하기 (평가)	• (논) 내가 싫어하는 행동을 남에게 금지하는 것은 내가 당연히 할 수 있는 일일까요, 아니면 반드시 주변 사람들의 공감을 얻어야만 가능한 일일까요? • 미술의 효과를 바탕으로 단어와 그림으로 영어금지 표지판 디자인하기	장소와 어울리는 영어금지표지판인지 생각하기	GRASPS 수행과제

CHAPTER 3

1~2학년군 성취기준 분석을 통한 개념 및 일반화 추출

1. 지식의 구조에 따른 개념기반 설계

가 교과 단일형 1

학년	1학년	교과	수학	단원명	커질까 작아질까

성취기준	
성취기준	[2수01-04] 하나의 수를 두 수로 분해하고 두 수를 하나의 수로 합성하는 활동을 통하여 수 감각을 기른다. [2수01-05] 덧셈과 뺄셈이 이루어지는 실생활 상황과 연결하여 덧셈과 뺄셈의 의미를 이해한다. [2수01-06] 두 자리 수의 범위에서 덧셈과 뺄셈의 계산 원리를 이해하고 그 계산을 할 수 있다.

일반화 예시

수의 모으기와 가르기를 이해하면, 실생활 속의 문제를 덧셈과 뺄셈으로 해결할 수 있다.

- 하나의 수는 두 수로 분해되고, 두 수는 하나의 수로 합성되며 변화한다.
- 덧셈이나 뺄셈을 하면 수의 크기가 커지거나 작아지며 변화한다.
- 덧셈의 계산 원리와 뺄셈의 계산 원리에 맞게 셈을 하며 삶의 문제를 해결한다.
- 실생활 상황과 덧셈과 뺄셈을 연계하여 실생활의 문제를 해결한다.

수학과 성취기준 [2수01-04], [2수01-05], [2수01-06]는 '수와 연산' 영역과 관련이 있다. [2수01-04] 수의 분해와 합성을 통해 수감각을 익히며, [2수01-05]는 실생활 상황과 연결하여 덧셈이나 뺄셈의 의미를 이해하게 되고, [2수01-06]는 두 자리 수의 범위에서 덧셈과 뺄셈의 계산 원리가 있음을 이해하고 계산함으로써 문제 해결을 위한 전략적 사고를 기를 수 있도록 돕는다. 일반화 과정에서 수의 변화에 대한 깊이 있는 이해를 돕는다.

▶ 매크로 개념: 변화

매크로 개념은 '변화'로 선정하고, 수의 분해와 합성, 덧셈과 뺄셈의 의미, 덧셈과 뺄셈의 계산 원리, 덧셈과 뺄셈이라는 마이크로 개념으로 접근하도록 하였다. 매크로 개념을 수의 변화로 한 것은, 덧셈의 결과는 수가 증가하고, 뺄셈의 결과는 수가 감소한다는 수의 변화에 대한 수감각을 기르는 것을 학습의 핵심으로 보았기 때문이다. 이를 통해 "수의 모으기와 가르기를 이해하면, 실생활 속의 문제를 덧셈과 뺄셈으로 해결할 수 있다."는 일반화된 개념에 이르도록 돕는다. 학생들은 이해한 수의 변화를 바탕으로 수의 분해와 합성이 연결되어 있음을 깊이 있게 이해하도록 돕는다.

▶ 마이크로 개념: 수의 분해와 합성, 덧셈과 뺄셈의 의미, 덧셈과 뺄셈의 원리, 셈하기

성취기준에 나타난 마이크로 개념은 수의 분해와 합성, 덧셈과 뺄셈의 의미, 덧셈과 뺄셈의 원리, 셈하기이며 이 단원에서는 모든 마이크로 개념을 다룬다.

셈을 하기 위해 받아올림과 받아내림을 하게 되며 이 과정에서 수의 분해와 합성이 필요하다는 것을 알게 되고, 덧셈이나 뺄셈의 의미는 수의 증감이라는 추론을 하게 되며, 덧셈은 덧셈의 원리가 있고 뺄셈은 뺄셈의 원리가 있음을 이해하고 나아가 실생활의 문제를 해결에 도움이 되도록 돕는다.

▶ 개념망(스트랜드)

커질까 작아질까 (변화)

수의 분해와 합성

- 두 자리 수 분해하기
- 두 자리 수 합성하기

덧셈과 뺄셈의 의미

- 두 자리 수의 덧셈의 의미 이해하기
- 두 자리 수의 뺄셈의 의미 이해하기

덧셈과 뺄셈의 계산 원리

- 두 자리 수, 받아올림이 있는 덧셈의 계산 원리 이해하고 계산하기
- 두 자리 수, 받아내림이 있는 뺄셈의 계산 원리 이해하고 계산하기

문제 만들기

- 두 자리 수의 받아올림이 있는 덧셈과 받아내림이 있는 뺄셈이 필요한 상황의 문제를 만들기
- 문제 해결 방법 탐색

주제는 '커질까 작아질까'로 선정하였다. 학생들이 덧셈과 뺄셈에서 수의 크기가 어떻게 변할지 호기심을 갖고 탐구하도록 설정하였다. 문제에서 덧셈의 상황과 뺄셈의 상황을 파악하여 그 결과가 커질지 작아질지를 추측하는 가운데 수의 증감에 대한 수감각을 익히게 된다.

목표는 계산 원리를 적용하여 바르게 셈하는 것이다. '커질까 작아질까'는 표현을 통해 학생들이 수를 조작하면서 수의 변화를 통해 수에 대한 감각이 길러지도록 설정하였다.

수업은 수의 분해와 합성, 덧셈과 뺄셈의 의미, 덧셈과 뺄셈의 계산 원리, 문제 만들기의 네 가지 스트랜드로 나뉘어 진행되며, 각각의 스트랜드에서 학생들은 의미와 원리를 통해 수의 분해와 합성이 덧셈과 뺄셈과 긴밀하게 연결됨을 알게 하고, 덧셈과 뺄셈의 의미와 계산 원리를 이해하고 나서 문제를 직접 만들고 풀는 과정에서 수의 변화와 관련된 문제 해결력과 사고력을 기른다.

▶ 지식의 구조

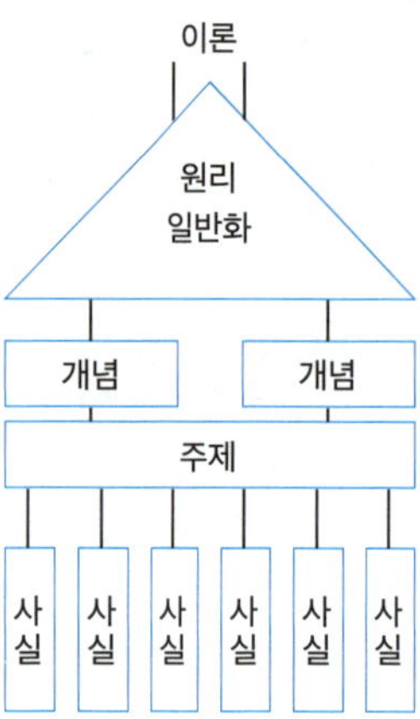

일반화	수의 모으기와 가르기를 이해하면, 실생활 속의 문제를 덧셈과 뺄셈으로 해결할 수 있다.	
매크로 개념	변화	
마이크로 개념	수의 분해와 합성, 덧셈과 뺄셈의 의미, 덧셈과 뺄셈의 원리, 셈하기	
주제	커질까 작아질까	
사실	• 15는 (10, 5) 등으로 분해된다. • 10+20 • 30+12 • 37+23 • 12+13 • 16+48	• 4와 6은 10으로 합성된다. • 40-20 • 30-12 • 39-19 • 54-12 • 91-48

▶ 평가 설계: C-GRASPS 수행과제

수행과제명	커질까 작아질까
Concept	변화: 덧셈과 뺄셈을 통한 수의 변화
목표(G)	덧셈과 뺄셈의 원리 이해
역할(R)	재능 기부 꼬마 수학 선생님
청중(A)	난민촌의 덧셈과 뺄셈을 모르는 학생

상황(S)	여러분은 난민촌에서 학교에 갈 수 없는 학생들에게 재능 기부로 덧셈과 뺄셈을 가르쳐 주는 꼬마 수학 선생님입니다. 실생활에서 덧셈과 뺄셈이 어떻게 적용되는지를 이해시키기 위해 문제를 내고 원리에 맞게 풀어내는 과정을 설명해야 합니다. .
수행(P)	두 자리 수의 받아내림과 받아올림이 있는 상황의 문제를 만들고, 이를 계산원리에 맞게 풀이하는 설명하기
기준(S)	1. 두 자리 수의 받아올림과 받아내림이 있는 덧셈과 뺄셈의 상황 제시 2. 계산 원리에 맞게 계산하기 3. 계산 과정을 설명하기

성취수준 / 범주	상	중	하
지식·이해	두 자리 수의 받아올림이나 받아내림이 있는 덧셈과 뺄셈 상황을 정확하게 파악하여 문제를 만들고 설명할 수 있다.	두 자리 수의 받아올림이나 받아내림이 있는 덧셈, 받아내림이 있는 뺄셈 상황을 파악하여 문제를 만들고 설명할 수 있다.	두 자리 수의 받아올림이나 받아내림이 있는 덧셈이나 뺄셈 상황이 명확하지는 않지만 문제를 만들고 설명하고자 한다.
과정·기능	받아올림이 있는 덧셈, 받아내림이 있는 뺄셈을 원리를 정확하게 적용하여 바르게 계산할 수 있다.	받아올림이 있는 덧셈, 받아내림이 있는 뺄셈을 원리를 적용하여 계산할 수 있다.	받아올림이 있는 덧셈, 받아내림이 있는 뺄셈의 과정은 설명하지 못하나 계산할 수 있다.
가치·태도	덧셈과 뺄셈 상황을 실생활에 정확하게 적용한다.	덧셈과 뺄셈 상황을 실생활에 적용한다.	덧셈과 뺄셈 상황을 도움을 받아 실생활에 적용하려고 한다.

▶ 개념기반 탐구학습 과정 (스트랜드 '실생활에 적용하기' 사례)

단계	활동 주요 흐름	성찰하기	탐구 기법
관계맺기	• 두 자리 수가 필요한 경우 알아보기 • (사) 두 자리 수에서 가장 큰 수는 무엇인가요? 그 이유는 무엇인가요? • (사) 두 자리 수에서 가장 작은 수는 무엇인가요? 그 이유는 무엇인가요?	자릿수의 위치에 있는 수에 따라 수의 크기 비교하기	Connect, Extend, Challenge 예들기

집중하기	• 두 자리 수의 합과 차를 알아보는 문제 해결하기 - 받아 올림이 있는 덧셈의 원리 확인하기 - 받아 내림이 있는 덧셈의 원리 확인하기	덧셈과 뺄셈의 원리의 필요성과 실생활에서의 셈의 필요성 알기	Frayer Model
조사하기	• 0~9까지의 수카드를 뒤집어 놓고, 2개를 뽑아 큰 수와 작은 수를 만들고 덧셈과 뺄셈 문제 만들기 - 5문제를 만든 다음, 원리에 맞게 풀이하는 방법을 설명하기	두 자리 수끼리의 덧셈과 뺄셈을 원리에 맞게 설명하기	문제 은행 만들기
조직 및 정리하기	• 좋아하는 두 자리 수끼리의 덧셈과 뺄셈하기 - 각자 좋아하는 두 자리 수를 이용하여 문제 만들기(결과값이 99이하의 수가 되도록 한다.) - 짝끼리 바꿔서 풀기 - 문제를 만든 사람에게 풀이 과정을 설명하기 - 덧셈식과 뺄셈식의 원리를 바르게 적용했는지 피드백 하기 • (사) 내가 좋아하는 수를 합했을 때 수는 얼마나 커졌나요? • (사) 내가 좋아하는 수를 뺐을 때 수는 얼마나 작아졌나요?	덧셈과 뺄셈의 계산 원리에 맞게 계산하고 풀이 과정 설명하기	Think-Pair-Share
일반화	• (개) 덧셈과 뺄셈을 통해 알 수 있는 것은 무엇인가요? - 수의 커지고 작아지는 원리 - (개) 수의 세계에서 더하거나 빼면 커지거 작아지는 변화를 느꼈나요? • 덧셈과 뺄셈이 필요한 다양한 문제 상황이 있음을 알고 적용하기	덧셈과 뺄셈으로 수가 변하는 의미 알기	Exit Ticket
전이하기 (평가)	덧셈이나 뺄셈의 의미와 계산 원리를 설명하는 것을 통해 정확하게 이해하고 있는지 평가하기	덧셈이나 뺄셈으로 수가 변화함을 알고 일상생활에 적용하기	GRASPS 수행과제

나 교과 단일형 2

학년	1학년	교과	수학	단원명	차례대로 차곡차곡
성취기준	[2수01-01] 수의 필요성을 인식하면서 0과 100까지의 수 개념을 이해하고, 수를 세고 읽고 쓸 수 있다. [2수01-02] 일, 십, 백, 천의 자리값과 위치적 기수법을 이해하고, 네 자리 이하의 수를 읽고 쓸 수 있다. [2수01-03] 네 자리 이하의 수의 범위에서 수의 계열을 이해하고, 수의 크기를 비교할 수 있다.				

일반화 예시

수는 정해진 규칙과 순서에 따라 크기가 달라지며, 이를 통해 수의 크기를 비교할 수 있다.

- 수는 사물을 세거나 양을 재는 데 도움을 준다.
- 수가 쓰인 자리에 따라 수의 크기가 달라진다.
- 수는 규칙에 따라 증감되고 크기가 정해져 있어 문제 해결에 도움을 준다.
- 수끼리 크기 비교를 한다.

수학과 성취기준 [2수01-01]은 수로 나타내야 하는 상황을 통해 수의 필요성을 알고 수를 세고 읽고 쓰며, [2수01-02]은 자릿값과 위치에 따른 수의 크기가 있음을 인식하며, [2수01-03]은 수끼리의 비교를 통해 더 큰 수와 더 작은 수를 알아내는 방법을 배우며 알며 짝수와 홀수에 대한 개념을 알게 한다. 일반화는 이 과정에서 학생들이 수의 수의 규칙과 연결하여 크기를 비교하는 전략적인 사고를 기를 수 있도록 돕는다.

▶ 매크로 개념: 형태

매크로 개념은 '형태'로 선정하고 수의 필요성, 위치적 기수법, 수의 계열, 수의 크기 비교라는 마이크로 개념으로 접근하도록 하였다. 매크로 개념을 규칙으로 한 것은 수의 크기는 수마다 크기가 정해져 있고, 위치적 기수법에 따라 수의 크기를 나타내며, 수의 계열이 정해져 있기 때문이다. 이를 통해 "수는 정해진 규칙과 순서에 따라 크기가 달라지며, 이를 통해 수의 크기를 비교할 수 있다."는 일반화된 개념에 이르도록 돕는다. 학생들은 이러한 수의 규칙을 바탕으로 수의 크기 비교가 가능하다는 것에 관심을 가지게 된다.

▶ 마이크로 개념: 수의 필요성, 위치적 기수법, 수의 계열, 수의 크기 비교

성취기준에 나타난 개념은 수, 수의 필요성, 수 개념, 수 세기 읽기 쓰기, 일, 십, 백, 천, 자릿값, 위치적 기수법, 수의 계열, 수의 크기, 수의 크기 비교이다. 이 중 이 단원에서 중점으로 삼고자 하는 마이크로 개념은 수의 필요성, 위치적 기수법, 수의 계열, 수의 크기 비교로 선정하였다. 이러한 개념을 통해 학생들은 수가 지닌 규칙적인 차례와 크기를 깊이 있게 이해하고, 수의 크기를 비교하며 수가 지닌 규칙을 깊이 있게 이해하도록 돕고자 한다.

▶ 개념망(스트랜드)

차례대로 차곡차곡 (형태)

수의 필요성
- 수의 필요성
- 수 세고 읽고 쓰기
- 수로 나타내는 것 알기

자릿값 알기
- 0~100 이하의 수 차례
- 기본수와 순서수 알기
- 위치적 기수법 알기

수의 계열 알기
- 수의 크기가 정해져 있음을 알기
- 더 큰 수와 더 작은 수 판단하기

수의 크기 비교하기
- 10씩 묶음과 낱개로 비교하기
- 수의 계열로 비교하기
- 짝수와 홀수

주제는 '차례대로 차곡차곡'으로 선정하였다. 학생들이 100까지의 자연수가 필요한 상황에서 수를 세고 읽고 쓰고 나아가 사물의 양을 수로 헤아리고 수들을 비교하면서 능숙하게 수를 활용하는 것에 중점을 두고 있다.

목표는 학생들이 수 계열을 통해 수의 순서와 크기의 형태가 정해져 있음을 알고 100까지의 수를 능숙하게 세며, 10개씩 묶음과 낱개로 수를 표현하여 수의 크기를 비교하는 것과 홀수와 짝수를 능숙하게 구별할 수 있는 바탕이 수가 규칙적으로 이루어졌기 때문임을 인식하도록 설정하였다.

수업은 수의 필요성, 자릿값, 수의 계열, 수의 크기 비교의 네 가지 스트랜드로 나뉘어서 진행된다. 각 스트랜드에서 학생들은 충분한 조작적 활동으로 양감을 형성하고 실생활에서 수가 사용되는 사례를 통해 수의 필요성을 알고, 위치적 기수법 이해하기 위해 100까지의 수를 차례대로 세고, 읽고, 쓰는 과정을 통해 위치적으로 수를 인지하게 된다. 이를 바탕으로 수와 수의 규칙에 대한 개념을 바탕으로 실생활에서의 활용을 자연스럽게 할 수 있게 됨으로써 수의 규칙적인 형태를 개념적으로 이해하게 한다.

▶ **지식의 구조**

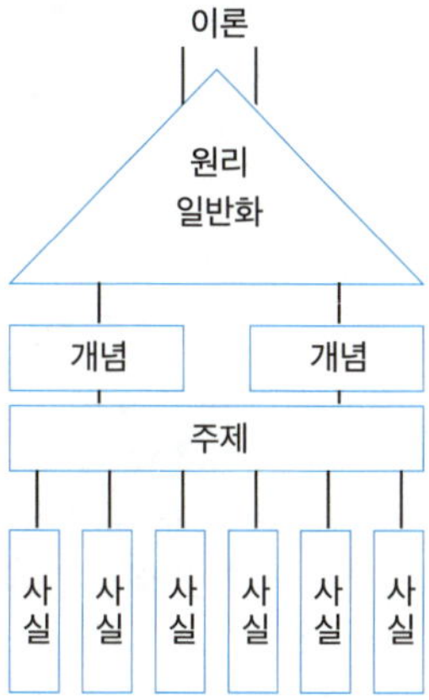

일반화	수는 정해진 규칙과 순서에 따라 크기가 달라지며, 이를 통해 수의 크기를 비교할 수 있다.
매크로 개념	형태
마이크로 개념	수의 필요성, 위치적 기수법, 수의 계열, 수의 크기 비교
주제	차례대로 차곡차곡
사실	• 사물의 세기(1, 2, 3, …차례대로) • 자릿값(자릿값에 따라 수의 크기 정해짐) • 25의 크기 세기(10씩 묶음 2개와 낱개 5개) • 7은 16보다 크다. 16은 17보다 작다. • 79는 70보다 크다. 97은 70보다 작다. • 2, 4, 6, …은 짝수이고 1, 3, 5, …는 홀수이다.

▶ **평가 설계: C-GRASPS 수행과제**

수행과제명	차례대로 차곡차곡
Concept	형태: 수의 차례에 따른 수의 크기를 바탕으로 한 형태
목표(G)	수의 크기를 비교하는 문제를 만들고 해결 과정을 자세하게 글로 설명하기
역할(R)	또래 유튜버 수학 강사
청중(A)	학생
상황(S)	여러분은 또래 유튜버 수학 강사입니다. 수의 크기를 비교하는 여러 가지 방법이 있음을 알려주고, 수의 위치적 기수법과 수의 계열을 충분히 이해시켜야 합니다.
수행(P)	문제와 풀이 과정이 담긴 강사 노트
기준(S)	1. 수의 크기 비교가 필요한 문제 상황 설명하기 2. 수의 크기 비교를 하는 여러 가지 방법 설명하기 3. 실생활 문제와 수의 필요성 대한 가치 표현하기

범주 \ 성취수준	상	중	하
지식·이해	수의 크기를 비교해야 하는 문제 상황을 명확하게 설명할 수 있다.	수의 크기를 비교해야 하는 문제 상황을 대략적으로 설명할 수 있다.	수의 크기를 비교해야 하는 문제 상황을 도움을 받아 말할 수 있다.
과정·기능	수의 크기를 비교하는 여러 가지 방법들을 제시하고 명료하게 설명할 수 있다.	수의 크기를 비교하는 방법을 두 가지 정도 제시하고 설명할 수 있다.	수의 크기를 비교하는 방법을 한 가지만 제시하고 설명할 수 있다.
가치·태도	실생활 문제에 수가 필요하다는 것을 분명하게 드러낸다.	실생활 문제에 수가 필요하다는 것을 일부 드러낸다.	실생활 문제에 수가 필요하다는 것을 어렴풋이 드러낸다.

▶ **개념기반 탐구학습 과정(스트랜드 '수의 크기 비교' 사례)**

단계	활동 주요 흐름	성찰하기	탐구 기법
관계맺기	• 두 자리 수를 차례로 세어보기 • 두 수의 크기를 비교해야 하는 상황 알아보기	일상에서 수의 크기를 비교해야 하는 상황 알기	브레인스토밍
집중하기	• 1~9까지의 두 수의 크기 비교하는 방법 알아보기 • 두 자리 수끼리의 수 비교하는 방법 알아보기 - 차례대로 세었을 때 앞의 수 < 뒤의 수 - 둘씩 짝을 지었을 때 남는 수가 더 크다. - 십씩 묶음과 낱개로 확인하기 - 십의 자리수가 큰 것이 더 큰 수이다. - 십의 자리수가 같을 때 일의 자리수가 큰 것이 더 큰수이다. … • (논) 짝수와 홀수로 수의 크기를 비교할 수 있을까요?	두 수의 크기를 비교하는 방법 알기	분류하기

조사하기	• 여러 가지 일상적 상황에서 수 체계를 경험하기 - 교사는 수의 크기를 비교해 봐야 하는 여러 가지 상황 제시 - 학생들은 여러 가지 방법으로 수의 크기를 비교하는 조작 활동하기 (10씩 묶음과 낱개로 수의 크기 비교하기) (수의 차례에 의해 수의 크기 비교하기) (자릿수에 따른 값으로 수의 크기 비교하기) (주사위나 수카드로 홀수와 짝수 구분하기) …	여러 가지 방법으로 수들의 크기를 비교하는 방법 알기	Graphic Organizer
조직 및 정리하기	• 여러 가지 두 자리 수끼리의 크기 비교할 때의 규칙(패턴) 찾기 - 두 자리 수카드를 뒤집어 놓고 짝이랑 뒤집어서 더 큰 수 또는 더 작은 수이면 왜 더 큰 수인지 또는 작은 수인지 이유를 말하고 가져가는 게임하기 (수의 크기를 감각적으로 익히기) - 이때 크기 비교를 하는 다양한 방법을 설명하도록 한다.	두 자리 수를 보고 크기를 양감으로 바로 알아보기	Think-Pair-Share
일반화	• (개) 만약 수의 차례가 없다면 어떻게 될까요? • (개) 만약 수의 크기가 정해져 있지 않다면 어떻게 될까요? • (개) 어떤 숫자가 다른 숫자보다 '더 크다'는 것은 무엇을 보고 알 수 있을까요?	수의 비교가 가능한 수의 특징 알기	Exit Ticket
전이하기 (평가)	• 수는 계열에 따라 각각 수의 크기가 다름을 이해하기 • 수의 크기를 비교하여 설명하기	실생활에 수를 적용하여 크기를 비교하기	GRASPS

다 교과 통합형 1

학년	2학년	교과	통합교과	단원명	무엇이 변했을까?
성취기준	[2슬03-01] 하루의 변화와 사람들이 하루를 살아가는 모습을 탐색한다. [2슬03-02] 계절과 생활의 관계를 탐구한다. [2슬03-03] 관심 있는 대상의 과거와 현재를 살펴보고 미래를 상상한다. [2즐03-02] 자연의 변화를 느끼며 놀이한다.				

일반화 예시

세상의 변화를 통해 찾아낸 생활 방법은 보다 나은 삶이 되도록 기여한다.

- 시간의 흐름에 따라 일상생활도 계속적으로 변한다.
- 계절의 변화에 따라 의식주도 변한다.
- 지구의 변화도 나의 삶과 관련이 있다.
- 몸과 생각의 변화를 살펴보며 성장을 확인할 수 있다.

성취기준 [2슬03-01], [2슬03-02], [2슬03-03], [2즐03-02]는 통합교과 영역 '우리는 지금 어떻게 살아갈까'의 성취기준이다. 변화는 여러 곳에서 여러 방법으로 학생들에게 나타난다. 저학년 학생들에게 체감하는 변화는 성장하는 자신의 몸에서 시작된다. 변화의 개념을 좀 더 확장시켜 지구의 변화 같은 당장 보이지 않는 변화가 우리 삶에 어떻게 영향을 미치는지 생각하고 어떻게 대응해야 할 것인가를 생각하는 활동을 통해 매크로 개념인 변화의 개념을 일반화한다,

▶ 매크로 개념: 변화

매크로 개념은 변화로 정하였다. 우리가 사는 세상은 끊임없이 변한다. 변화는 시간의 흐름에 따라 자신의 몸의 변화 등 보이는 것부터 보이지 않지만 생각의 변화도 경험한다. 변화는 관찰로 시작된다. 내 주변에서 어떤 것들이 어떻게 변하는지 관찰하고 탐색하고 어떻게 대응할지를 생각하는 것은 중요하다. 변화는 좋고 나쁨이 아니라 나에게 나타나는 상황이라는 인식을 갖고 각각의 변화를 예측하고 대응하고 준비하고 때로는 즐기는 것이 필요하다.

▶ 마이크로 개념: 계절, 시간, 지구의 미래, 변화

성취기준에 드러나 마이크로 개념은 '시간, 계절, 자연의 변화' 등이다, 이 중 이 단원에서 중점으로 삼고자 하는 마이크로 개념은 계절, 시간, 지구의 미래, 변화 등이다. 삶은 변화의 연속이다. 행복한 삶을 영위하기 위해서는 내 주변에서 일어나는 변화를 인지하고 그것에 맞게 나의 행동이나 생각을 바꾸는 것이 필요하다. 눈에 보이는 계절의 변화, 자신의 신체 변화 같은 생활과 관련된 것과 보이지 않는 시간의 변화가 내 삶에 미치는 영향도 생각 해 보고 더 나아가 우리가 살아가야 할 지구의 미래도 생각하며 환경 보존에 대한 생각을 한다. 이러한 다양한 탐색을 바탕으로 자신의 생각을 표현을 하며 변화의 개념을 일반화한다.

▶ 개념망(스트랜드)

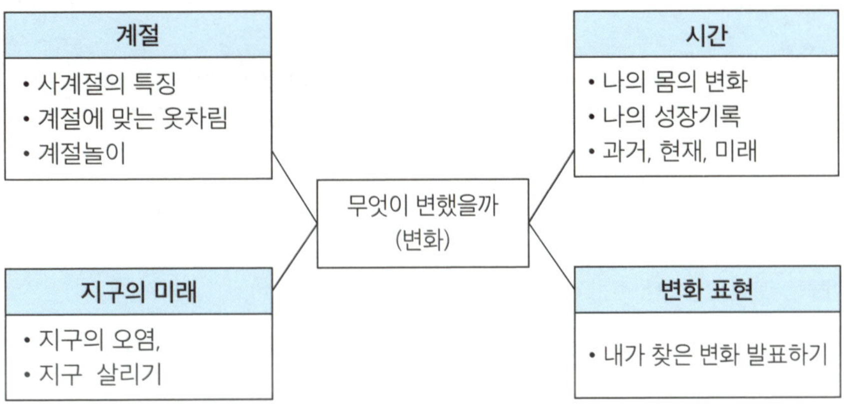

주제는 '무엇이 변했을까'이다. 변화는 여러 곳에서 일어난다; 규칙적인 변화도 있고 갑작스런 변화도 있다. 긍정적인 변화도 있고 부정적인 변화도 있다. 초등학교 저학년 학생들이 쉽게 변화를 느끼는 것은 자신의 신체의 성장과 계절의 변화이다. 자신의 몸이 어떻게 변화하는가를 살피면서 어떻게 어른으로 바르게 성장할지를 생각하고 계절의 변화를 보면서 아름다움과 즐거움을 느끼고 계절에 따른 건강도 생각 해 본다. 시간의 흐름에 따라 어떤 내적인 변화가 생기는지를 관찰하는 활동은 사고력과 상상력을 키운다. 더 나아가 지구의 미래가 어떻게 될지를 고민하는 수업도 한다. 변화에 대한 여러 공부를 통해 자신이 생각하는 변화를 표현하는 활동을 통해 변화의 개념을 내면화한다. 학생들은 자신의 주변에서 일어나는 다양한 변화에 조금은 예민하게 관찰하는 것이 필요하다. 저학년이지만 자신의 수준에 맞게 변화에 대해 생각하고 적응하려는 마음을 갖게 한다.

▶ 지식의 구조

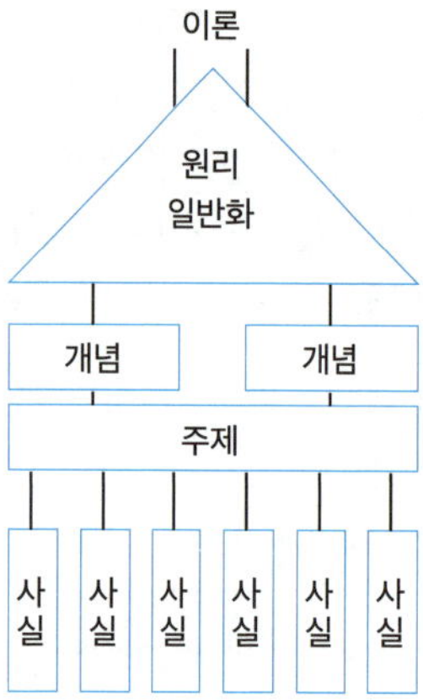

일반화	세상의 변화를 통해 찾아낸 생활 방법은 보다 나은 삶이 되도록 기여한다.
매크로 개념	변화
마이크로 개념	계절, 시간, 지구의 미래, 변화
주제	무엇이 변했을까?
사실	- 과거, 현재, 미래 - 나의 성장기록 - 계절의 변화, 계절 놀이 - 계절에 맞는 의식주 - 지구의 미래 - 지구오염 - 내가 찾은 변화 발표

▶ 평가 설계: C-GRASPS 수행과제

수행과제명	내가 찾은 변화된 것 발표하기
Concept	변화: 내 주변에서 일어난 변화 찾기
목표(G)	자신의 주변에서 일어난 변화를 탐색하고 변화에 대응하는 법 찾기
역할(R)	강연자
청중(A)	변화되는 세상에 관심이 있는 사람들
상황(S)	여러분은 강연자입니다. 자신이 선택한 변화의 관점으로 탐색한 결과에 대해 자신의 생각을 정리하여 강연을 합니다. 이를 위해 자신이 탐색한 변화를 어떻게 보여줄 것인지, 어떻게 실천할 수 있는지에 대한 전 과정을 시범적으로 보여줘야 합니다.
수행(P)	포트폴리오, 영상, 발표
기준(S)	1. 주변에서 일어나는 변화의 종류를 이해하기 2. 다양한 변화에 대해 대처할 방법을 찾기 3. 변화가 보여주는 다양한 현상을 보고 내 삶에 적용하기

범주 \ 성취수준	상	중	하
지식·이해	주변에서 일어나는 여러 가지 변화를 이해하고 여러 가지를 구별할 수 있다.	주변에서 일어나는 여러 가지 변화를 이해하고 두 가지 정도를 구별할 수 있다.	주변에서 일어나는 여러 가지 변화를 이해하고 한 가지를 구별할 수 있다.
과정·기능	다양한 변화에 대해 대처할 방법을 세가지 이상 찾을 수 있다.	다양한 변화에 대해 대처할 방법을 두 가지 정도 찾을 수 있다.	다양한 변화에 대해 대처할 방법을 한 가지 정도 찾을 수 있다.
가치·태도	변화에 따른 다양한 현상을 보고 삶에 적용하려는 태도를 적극적으로 보인다.	변화에 따른 다양한 현상을 보고 삶에 적용하려는 태도를 보인다.	변화에 따른 현상을 한 가지 정도 찾는다.

▶ **개념기반 탐구학습 과정**

단계	활동 주요 흐름	성찰하기	탐구 기법
관계맺기	• (사) 지금은 무슨 계절인가? 무엇이 달라졌나? • 내가 사는 주변에 어떤 변화가 있는지 살펴보자. • (사) 1학년 때와 지금의 달라진 모습을 이야기 해보자. • 변화에 대해 생각나는 낱말 적어보기	변화에 대한 의미를이해하는가?	마인드맵
집중하기	• 내 주변에서 일어나는 변화의 종류는 무엇인가? 계절, 시간, 나의 몸, 지구의 모습 등 다양한 변화를 찾아보기 • 내가 가장 관심있는 변화의 종류를 생각하고 선택하기	변화에 종류가 많음을 알고 내가 관심있는 것을 찾는다.	Red Light, Yellow Light
조사하기	• 내가 선택한 변화에 대해 자료조사, 정리하기 (자유롭게 선택) • 주제에 맞는 가장 좋은 발표는 어떤 것일까? • 개별 또는 짝과 활동을 한다. • 어떤 매체를 활용할 것인가 선택한다.	내가 선택한 발표주제에 맞는 발표방법 생각하기	Frayer Model

조직 및 정리하기	• 자신이 선택한 변화를 자유롭게 공유한다. • 친구들의 계절의 변화, 시간의 변화, 나의 성장 기록 등의 자료를 보고 자신의 자료를 정리, 보충한다.	친구들의 의견을 들으며 자신의 자료를 수정한다.	둘 가고 둘 남기
일반화	• 내가 선택한 변화주제별로 발표하기 (영상, 발표, 몸짓, 포트폴리오, 노랫말바꾸기 등 창의적이고 다양한 방법) • 친구들의 발표를 들으며 자신의 것과 비교하기	자신의 생각 정리하기	I Used to Think Now I Think.
전이하기 (평가)	• '변화'에 대한 나의 생각정리 발표 서로 칭찬하기 • (개) '변화'에 대한 자신의 생각을 한문장으로 어떻게 쓸까?	친구들의 발표를 들으며 내면화하기	GRASPS

라 교과 통합형 2

학년	2학년	교과	통합교과	단원명	이웃나라 내 친구

성취기준	[2국06-01] 일상의 다양한 매체와 매체 자료에 흥미와 관심을 가진다. [2슬02-02] 우리나라의 모습이나 문화를 조사한다. [2슬02-03] 알고 싶은 나라를 탐구하며 다른 나라에 관심을 갖는다. [2즐02-03] 다른 나라의 문화 예술을 체험한다.

일반화 예시

나라마다 전통 문화가 있으며, 사람들은 자신의 문화를 소중히 여기고 다음 세대에 연결한다.

- 나라마다 다양하고 고유한 문화를 가지고 있다.
- 문화는 시대에 따라 변한다.
- 우리나라와 다른 나라는 저마다의 문화를 주고 받는다.
- 세계 사람들은 자신의 나라의 문화를 소중히 여긴다.

성취기준 [2슬02-02], [2슬02-03], [2즐02-03], [2국06-01]은 통합교과 영역 '우리는 어디서 살아갈까?'에 속한 1-2학년군의 성취기준과 국어의 매체 영역의 성취기준이 포함된 교과통합으로 설계하였다. 자신이 사는 세상이 가정에서 학교, 마을, 나라로 확장되고 있음을 배우고 더 큰 세상인 다른 나라에 관심을 갖고 탐구하는 과정을 통해 주변의 모든 것은 서로 연결되어 있음을 인식한다. 저학년 학생이므로 경험을 중요시 여겨 체험중심으로 세계문화를 경험하고 그림이나 사진을 비롯하여 스마트기기활용 등의 방법을 통해 탐구한다. 이 수업을 통해 학생들은 여러 세상이 다양한 방법으로 연결되어 있음을 인식한다.

▶ 매크로 개념: 연결

매크로 개념은 나와 다른 세상과의 '연결'로 선정하였다. 사람들은 각자 자신이 속한 나라에 고유한 문화 속에서 살며 다른 나라와의 문화와도 접촉하게 된다. 가족으로 시작된 관계는 마을, 나라, 더 나아가 세계의 시민으로도 연결이 된다. 넓은 세상과 세계시민을 만나는 경험을 통해 문화의 소중함을 느끼고 문화는 다음 세대까지 연결됨을 느끼게 된다. 사람과 사람과의 연결, 시간과 시간과의 연결, 장소와 장소의 연결 등 다양한 방법으로 탐구하고 확장된 시각을 갖고 주변의 것에 새로운 경험의 확장성을 키운다.

▶ 마이크로 개념: 전통문화, 세계문화, 문화체험

이 단원의 마이크로 개념은 전통문화, 세계문화, 문화체험이다. 학생들이 넓은 세상으로 나아가기 위해서는 여러 문화와의 연결이 필요하다. 자신이 태어나고 자란 곳의 독특한 문화를 바탕으로 나라와 연결이 되고 더 나아가 세계도 확장이 된다. 내가 속한 사회의 문화, 옛날과 현재의 문화를 비롯하여 다른 나라의 문화도 탐색하고 체험하는 과정을 통해 세계시민으로 자라난다. 먼저 내가 살고 있는 나라의 문화에 대해 관심을 갖고 나아가 다른 나라의 문화에 대해서도 관심을 갖게 된다. 세계 문화 체험이나 매체를 활용하여 다른 나라를 탐구하고 발표하는 활동을 통해 새로운 세상과의 연결을 경험하게 한다.

▶ 개념망(스트랜드)

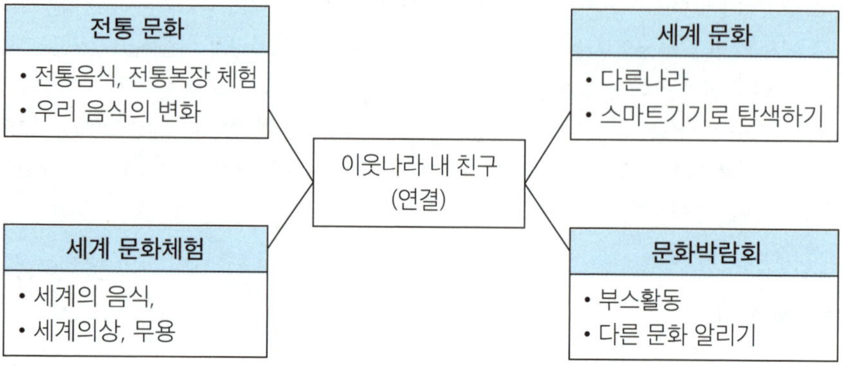

주제는 '이웃나라 내 친구'이다. 이 단원의 방향은 세계문화에 대한 단순한 지식 습득이 아니라 다양한 문화 체험과 스스로 탐색하는 것을 중심으로 한다. 학생들은 학년이 높아질수록 많은 것들과 연결이 된다. 물리적인 연결뿐 아니라 추상적인 것들과도 이어짐을 경험하면서 학생들의 지적 탐구심도 높아진다. 학생들이 사는 세상은 가족에서 시작해서 더 넓은 세상과 연결되어 있음을 인식하고 넓은 세상에 관심을 갖는다. 새로운 세상의 관심은 저학년 수준에 맞게 눈에 보이는 것들을 중심으로 넓혀간다. 우리나라를 시작으로 주변의 다른 나라의 여러 문화를 살펴보고, 가능한 문화체험을 통해 넓은 세계와의 연결을 생각하는 시간을 갖는다. 다문화가 보편화가 되는 세상에 사는 학생들이 다양한 문화에 대해 거부감보다는 수용적 이해심을 갖는 세계시민으로 자라가는 경험이 필요하다. 글로벌한 세상을 살아가야하는 우리 아이들이 매체라는 세상과도 자연스레 연결되어 자신의 생각과 표현하는 연습도 필요하다. 교사가 일방적으로 제시하는 여러 자료보다는 저학년 수준에 맞게 스스로 자료를 찾고 그것을 바탕으로 간단하게 자신이 좋아하는 나라를 선정하여 알게 된 사실을 발표하는 시간을 통해 문화를 통해 세상과의 연결을 한다.

▶ 지식의 구조

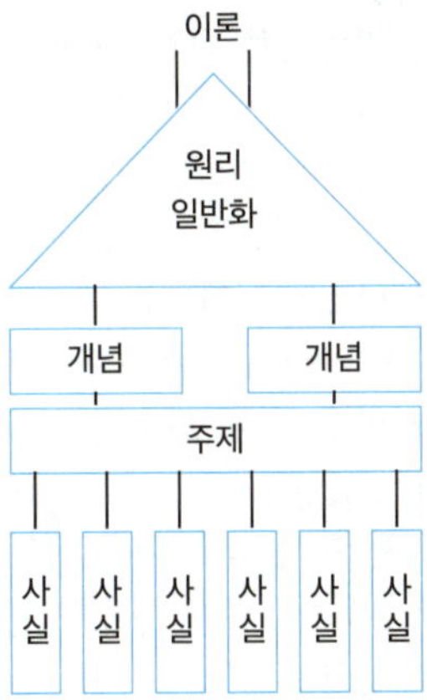

일반화	나라마다 전통 문화가 있으며, 사람들은 문화를 소중히 여기고 다음 세대로 연결한다.
매크로 개념	연결 ,
마이크로 개념	전통문화, 세계문화, 문화체험
주제	다양한 문화의 체험과 탐색
사실	• 전통문화 조사하기 • 외국의 음악, 음식, 복장 체험하기 • 우리나라 전통 음악, 음식, 복장 탐색 • 다른나라의 음악, 음식, 복장 체험하기 • 매체를 활용하여 관심있는 나라에 대해 탐색하기 • 조사한 나라에 대해 발표하기

▶ 평가 설계: C-GRASPS 수행과제

수행과제명	이웃나라 내친구
Concept	연결: 나와 연결된 세계탐색
목표(G)	관심있는 나라를 탐구한 결과를 발표하기
역할(R)	문화 해설사
청중(A)	여러 나라의 문화에 관심있는 사람들
상황(S)	여러분은 문화 해설사입니다. 그동안 탐구해온 나라의 문화에 대해 사람들에게 알려줍니다. 문화알림이로 문화를 알리는 가장 좋은 방법을 선정하여 효과적으로 보여줘야 합니다.
수행(P)	포트폴리오, 문화체험 결과소개
기준(S)	1. 관심 있는 나라의 문화를 탐구하고 정리하기 2. 자신의 문화 체험 결과를 발표하기 3. 다른 나라 문화에 대해 존중의 마음갖기

범주 \ 성취수준	상	중	하
지식·이해	관심 있는 나라의 문화를 세 가지 이상 탐구하고 정리할 수 있다.	관심 있는 나라의 문화를 두 가지 정도 탐구하고 정리할 수 있다.	관심 있는 나라의 문화를 한 가지 정도 탐구하고 간단하게 정리할 수 있다.
과정·기능	자신의 문화체험 결과를 정리하여 발표 준비(포트폴리오, 영상 등)를 할 수 있다.	자신의 문화체험 결과를 정리하여 간단히 발표 준비를 할 수 있다.	자신의 문화체험 결과를 간단히 정리하고 발표준비를 할 수 있다.
가치·태도	우리 문화에 대한 자부심을 갖고 다른 문화에 대해 존중의 자세를 적극적으로 표현한다.	우리 문화에 대한 자부심을 갖고 다른 문화에 대해 존중의 마음을 표현한다.	우리 문화에 대한 자부심을 갖고 다른 문화에 대해 존중하려는 마음을 갖는다.

▶ **개념기반 탐구학습 과정**

단계	활동 주요 흐름	성찰하기	탐구 기법
관계맺기	• (사) 우리나라 어린이와 다른 나라 어린이가 사는 모습은 모두 같을까요? • (개) 나와 다른 세상에 사는 사람들을 어떻게 연결될 수 있을까? • (사) 우리 나라 문화에 대해 아는 것(본 것, 체험한 것 등) 발표해보자 • 외국문화에 대한 간단한 퀴즈문제 풀기(외국여행, 다문화가족 등 다양한 방법으로 외국에 대한 이해도 높이기)	나눔을 통해 문화에 대한 관심 높이기	마인드맵
집중하기	• (개) 우리나라의 노래나 음식이 어떻게 전 세계 사람들의 마음을 하나로 연결해 줄까요? • (논) 옛날과 지금의 문화의 다른 점은 무엇일까? • 외국인에게 우리나라의 자랑을 한다면 무엇을 할 것인가? • (개) 생활 모습이 궁금한 나라는 어디인가요?	다양한 관점중에서 선택하기	Think-Puzzle-Explore
조사하기	• 선택한 나라를 스스로 조사하기 • 교사가 관련자료 제시하고 선택하기 • 모둠에서 서로 자료공유하기 • 외국문화를 체험할 방법 찾기(다문화가정 활용)	선택한 나라에 관심이 있는지 살펴보기	Frayer Model

조직 및 정리하기	• 문화체험하기1(외국인 초청하기) • 문화체험하기2(우리문화체험) • 여러 나라 의상 입어보기, 외국음식 체험하기, 외국 노래 불러보기, 외국친구에게 인사하기 • 동영상등 매체를 활용한 간접체험하기	다양한 방법으로 문화체험을 하는지 생각하기	부스활용 (전시회기법)
일반화	• 활동한 학습결과물 모으기 • (사) 다른 나라의 모습을 잘 보여주기 위해 우리가 사용할 수 있는 도구(그림, 사진, 노래, 직접 만든 물건 등)는 어떤 것이 있을까요? • 주제별로 학습결과물(영상, 사진포함) 발표하기	가장 효과적인 발표회 생각하기	
전이하기 (평가)	• 문화에 대한 생각나누기 • 다른 나라 문화에 대해 친구들의 발표를 듣고 어떤 생각이 들었는가? • (개) 이웃나라의 문화를 배우는 것은 우리 삶에 어떤 영향을 줄까요?	문화의 연결 생각하기	GRASPS

마 교과 통합형 3

학년	2학년	교과	통합교과	단원명	안전한 생활 생명을 지켜요.
성취기준	[2바01-01] 학교 생활 습관과 학습 습관을 형성하여 안전하고 건강하게 생활한다. [2슬01-01] 학교 안팎의 모습과 생활을 탐색하며 안전한 학교생활을 한다. [2즐01-01] 즐겁게 놀이하며, 건강하고 안전하게 생활한다.				

일반화 예시

위급 상황에 대처하는 연습은 안전하고 건강한 삶을 유지하는 데 기여한다.

- 안전하지 못한 상황은 여러 가지 원인이 있다.
- 안전 생활을 위해 건강한 식습관이 중요하다.
- 안전하게 생활하기 위해 장소마다 지켜야 할 규칙이 있다.
- 안전한 삶을 위해서는 지속적인 교육과 훈련이 필요하다.

성취기준 [2바01-01], [2슬01-01], [2즐01-01]은 '우리는 누구로 살아갈까?' 영역에 속한 1-2 학년군의 성취기준으로 통합교과로 설계되었다. 사람들이 안전에 대해 인식을 높이고자 노력하는 이유가 무엇인지, 왜 장소나 상황마다 안전을 위한 규칙을 만드는지에 대해 학생들이 생각해 보도록 한다. 그리하여 단원을 마치고 나면 우리가 안전의식을 가지고, 규칙을 지키는 것뿐만 아니라 위급한 상황에 대처하는 일들을 배우는 것이 우리의 삶이 건강하고 편안하며 생명을 지키는 일과도 관련이 있음을 이해할 수 있도록 일반화를 설정하였다.

▶ 매크로 개념: 인과관계

매크로 개념은 '원인과 결과'로 선정하였다. 안전하지 못한 여러 상황들은 왜 이런 일이 발생했는지, 또는 왜 이런 결과가 나타났는지 학생들이 질문하고 생각해 봄으로써 사소한 부주의나 안전을 인식하지 못하는 의식 부족, 성급함, 이기심 등과 같은 여러 원인들을 찾을 수 있다. 학생들은 생활 속에서 일어나는 사고나 사건, 현상 등을 통해 어떤 일에는 원인과 결과가 있음을 개념적으로 이해하게 한다.

▶ 마이크로 개념: 학교생활 안전, 교통안전, 건강생활, 안전한 삶

마이크로 개념은 학교에서 지킬 안전, 교통안전, 건강생활, 안전한 삶으로 정하였다. 안전한 삶을 살아가기 위해서는 학생들의 생활공간 중 많은 시간을 보내는 학교 안에서 안전하지 못한 공간이나 상황에 대한 원인을 살펴보고 어떻게 대응해야 하는지 탐색한다. 학교에서 어떻게 지내야 안전한 생활이 되는지 탐색하고 연습한다. 두 번째 '교통안전'이다. 등교길이나 거리에서 지켜야 교통규칙들이 왜 필요한지 인식하고 이런 규칙들이 자신을 안전하게 지킬 수 방법임을 인지하고 교통규칙, 학교규칙을 지키려 노력한다. 교통안전의 내면화를 위해서 교통안전체험은 필수로 한다. 건강한 생활도 안전한 삶과 관련이 있음을 알고 건강 습관에 대한 필요성을 인지하고, 바른 식습관을 학습한다.

'안전한 삶'의 내면화를 위해 안정생활체크리스트로 자신의 안전생활을 점검하며 안전한 생활을 습관화한다.

▶ 개념망(스트랜드)

안전한 생활, 생명을 지켜요(인과관계)

학교에서 지킬 안전
- 학교에서 안전을 위협하는 곳 찾기
- 학교안전을 위한방법 탐색

교통안전
- 교통규칙 알아보기
- 교통안전체험

건강생활
- 급식예절
- 운동습관
- 고른 음식 섭취

안전한 삶
- 안전생활체크리스트작성
- 안전생활체크리스트 실천

주제는 단원명의 성격으로 '안전한 생활, 생명을 지켜요'로 정하였으며, 통합교과의 안전에 대한 성취기준을 중심으로 단원을 구성하였다. 학생들의 행동반경에서 가장 많이 접하는 학교, 가정, 동네에서 안전을 위협하는 요인을 찾고 안전하게 생활하는 방법을 익힌 후 체험과 계속적인 연습, 훈련을 통해 일상생활이 편안하고 즐거운 삶이 되도록 한다. 안전한 생활을 위해서는 규칙이 필요하고 이 규칙은 공간, 놀이, 음식섭취 등 다양한 것에 있음을 인지하고 여러 활동을 통해 안전에 대한 의미를 내면화하고, 안전한 생활을 위한 방법을 탐색하고 연습하는 과정을 통해 안전의 개념을 익히고 안전규칙을 습관화하도록 한다.

▶ 지식의 구조

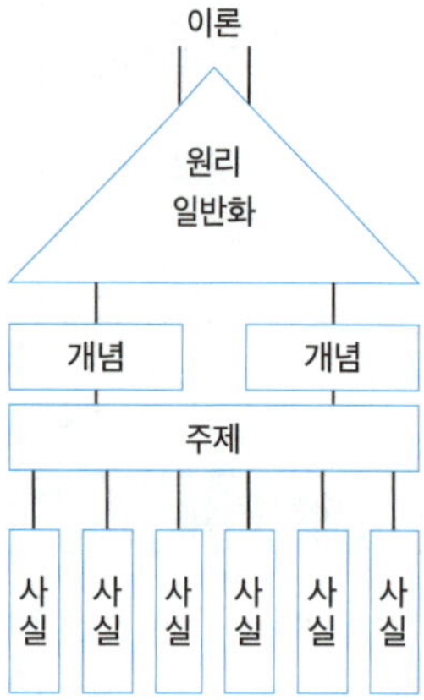

일반화	위급 상황에 대처하는 연습은 생명을 지키며 편안한 삶을 살도록 이끈다.
매크로 개념	인과관계
마이크로 개념	학교에서 지킬 안전, 교통 안전, 건강 생활, 안전한 삶
주제	안전한 생활, 생명을 지켜요.
사실	- 학교에서 안전을 위협하는 곳 찾기 - 학교 안전을 위한 방법 탐색 - 교통규칙, 교통안전 체험 - 급식 예절, 운동습관 - 고른 음식 섭취 - 안전 생활체크리스트 작성과 실천

▶ 평가 설계: C-GRASPS 수행과제

수행과제명	나의 안전생활 살피기
Concept	인과관계: 안전한 생활 기록하기
목표(G)	일상생활에서 여러 가지 안전에 대한 체크리스트를 작성하여 자신의 안전생활 돌아보기
역할(R)	안전지도사
청중(A)	안전생활에 관심이 있는 사람들
상황(S)	여러분은 안전지도사입니다. 안전생활에 대해 점검하고 그 결과를 안전생활에 관심 있는 사람들 앞에서 자신의 안전생활의 경험을 체크리스트를 바탕으로 사람들에게 발표하고 결과를 공유합니다.
수행(P)	일주일 동안 장소별 활동 안전도 체크하기
기준(S)	1. 안전에 대한 기본지식을 이해하기 2. 안전생활체크리스트를 작성하기 3. 안전생활을 실천하려는 의지 갖기

범주 \ 성취수준	상	중	하
지식·이해	장소에 따른 안전지식 세 개 이상을 말할 수 있으며 안전생활의 의미를 이해할 수 있다	장소에 따른 안전지식 두 개 이상을 말할 수 있으며 안전생활의 의미를 이해할 수 있다.	장소에 따른 안전지식 한 개를 말할 수 있으며 안전생활의 의미를 이해할 수 있다.
과정·기능	주어진 기간 동안 안전생활체크리스트를 잘 작성할 수 있다.	주어진 기간 중 절반 기간동안 안전생활체크리스트를 작성할 수 있다.	주어진 기간 중 며칠 동안 안전생활체크리스트를 작성할 수 있다.
가치·태도	안전생활의 중요함을 알고 계속적인 실천한다.	안전생활의 중요함을 알고 인식하나 실천이 계속적이지 못하다.	안전생활의 중요함을 인식하나 실천에 어려움을 느낀다.

▶ **개념기반 탐구학습 과정**

단계	활동 주요 흐름	성찰하기	탐구 기법
관계맺기	• (개) (안전사고 사진을 보여주며)이런 일은 왜 일어나고 어떤 결과를 가져올까요? • (사) 안전한 생활이 위협받는 원인은 어떤 것이 있을까요? 또 안전한 생활을 위한 방법은 어떤 것이 있을까요? • (사) 학교에 오는 길이나 교실, 복도에서 사고가 날 수 있으니, '조심해야지!'라고 생각했던 장소나 물건은 무엇인가요? • (사) 지금까지 자신이 경험한 가장 무서웠던 경험은 무엇인가? • 안전한 생활이란 무엇인가요? • (논) 안전한 생활을 하면 좋은 점, 나쁜 점은 무엇인가?	나의 안전생활 습관 살펴보기	See-Think-Wonder
집중하기	• 나의 행동반경 나누어 안전이 필요한 곳 찾기 • (개) 만약 우리가 안전하지 못한 행동을 해서 몸이 다치게 된다면, 우리의 생활은 어떻게 달라질까요? • 분류된 장소에서 안전이 위험하다고 느끼는 행동 쓰거나 그려서 붙이기	안전개념 익히기	Think-Puzzle-Explore

	• (사) 친구들이 쓴 글에서 내가 생각하지 못했던 위험이나 새로운 안전 약속은 무엇이 있나요? • 안전한 생활을 위해 무엇이 필요한지 생각하기		
조사하기	• 안전한 생활을 위해 조심해야 할 장소 찾아 표시하기(학교지도, 마을지도) • 장소에 따라 안전한 생활을 할 수 있는 방법 찾기(조사를 위한 다양한 자료나 도구 제공) • (논) 놀이를 재미있고 안전하게 하려면 무엇이 필요할까요?	다양하게 자료를 수집하는지 살피기	Circle of Viewpoints
조직 및 정리하기	• 안전 지식을 장소별로 정리하기 • 체험하기(교통안전, 학교안전, 편식 안하기) • 체험한 경험 글과 그림으로 표현하기 • 체험한 느낌을 영상으로 표현하기	체험의 결과를 다양하게 표현하기	Headline
일반화	• (개) 안전하게 살아가려면 어떤 것을 생각해야 할까요? • 안전한 생활에 대해 주변사람들에게 알리기(가족과 다른 친구들에게) • 안전생활체크 리스트 만들어 보기	안전에 대한 개념과 실천의지 갖기	Connect-Extend-Challenge
전이하기 (평가)	• 안전생활체크리스트 점검하기(스스로, 친구들과) • 자신의 안전 생활 돌아보기(안전한 생활을 위한 행동 다짐하기)	안전생활 체크리스트가 잘 작성되었는지 확인하기	GRASPS

2. 과정의 구조에 따른 개념기반 설계

가 교과 단일형 1

학년	2학년	교과	국어	단원명	바르고 고운 말
성취기준	[2국01-02] 바르고 고운 말로 서로의 감정을 나누며 듣고 말한다. [2국01-03] 상대의 말을 집중하여 듣고 말차례를 지키며 대화한다. [2국05-02] 작품을 듣거나 읽으면서 느끼거나 생각한 점을 말한다. [2국06-02] 일상의 경험과 생각을 글과 그림으로 표현한다.				

일반화 예시

바르고 고운 말을 쓰면 좋은 관계에 도움이 된다.

- 공감이나 배려를 바탕으로 감정나누기를 하면 대화가 쉬워진다.
- 다른 사람과 소통을 하기 위해서는 대화의 예절이 중요하다.
- 자신의 생각과 느낌을 글이나 그림으로 표현하는 것도 의사소통이다.
- 생각과 감정, 느낌을 표현하는 방법에는 여러 가지가 있다.

[2국01-02], [2국01-03], [2국05-02], [2국06-02]는 매크로 개념인 소통과 관련된 국어과 성취기준이다. 의사소통에는 대화가 중요하다. 대화의 예절을 지키고 자신의 생각과 느낌을 바르게 표현하는 것은 일상생활에서 매우 중요한 일이다. 말하기 듣기와 더불어 글이나 그림으로 표현하는 것도 의사소통의 방법이다. 바른 국어생활은 의사소통과 연관되어 있음을 인식하고 꾸준히 실천해 나가는 계기가 되도록 한다.

▶ 매크로 개념: 기능

매크로 개념을 기능으로 정하였다. 사람들은 생활에서 자신의 생각이나 감정을 표현하면서 자신만의 소통의 방법을 만들어간다. 이 과정에서 예절과 의사 표현은 습관을 만들어 낸다. 이는 주변의 여러 사람들과 관계와도 관련이 된다. 주변 사람들과 바른 소통을 위해서는 다른 사람에게 나의 생각과 느낌을 효과적으로 알리기 위해 바르게 표현하기 위해 지식습득과 계속적인 노력이 필요함을 인식한다.

▶ 마이크로 개념: 대화, 독서, 감정

성취기준에 나타난 마이크로 개념은 '감정, 대화, 예절 등'이다. 이 단원에서 마이크로 개념은 바른 소통을 위해 '대화, 독서, 감정'을 선정하여 재구성하였다. 의사소통이 효과적으로 이루어지려면 꾸준한 학습과 훈련이 필요하다. 더불어 일상생활에서 자신의 생각과 느낌을 다른 사람에게 표현하기 위해 계획적이고 체계적인 연습도 중요하다. 의사소통의 효과를 위해서 감정나누기는 매우 중요하다. 서로 마주보고 대화하는 방법 외에 독후활동도 의사소통의 하나이다. 의사소통의 방법을 다양한 방법으로 접근하면서 소통의 개념을 내면화한다.

▶ 개념망(스트랜드)

바르고 고운말 (기능)

대화예절
- 대화예절(바른자세)
- 목소리, 발음, 생각하며 듣기

감정나누기
- 공감, 배려, 칭찬

독후활동
- 독서후 활동(글쓰기, 토론, 발표)

표현
- 글쓰기
- 그림 그리기
- 영상만들기

주제는 '바르고 고운 말'로 정했다. 국어과 수업을 통해 자신의 생각과 느낌을 다른 사람에 어떻게 표현할 것인가를 학습한다. 바른 의사소통의 방법을 '말하기'에 집중하기보다 '듣기 예절, 공감, 배려 등 감정 나누기' 등의 활동을 통해 서로의 생각과 느낌을 나누는 방법을 탐색하고 연습한다. 독후 활동(글, 그림, 영상, 발표)도 소통의 한 방법이다, 말이 아닌 글에서 생각을 찾고, 생각과 느낌을 표현한다. 소통의 방법을 더 확장시켜 그림, 영상도 소통의 한 방법이다. 이 단원에서는 자신의 생각과 느낌을 표현하는 것에는 많은 방법이 있음을 알고 다양한 방법으로 표현하는 훈련도 하고자 한다. 바른 의사소통은 삶을 평안하고 행복하게 살아가는 바탕이 된다.

▶ 과정의 구조

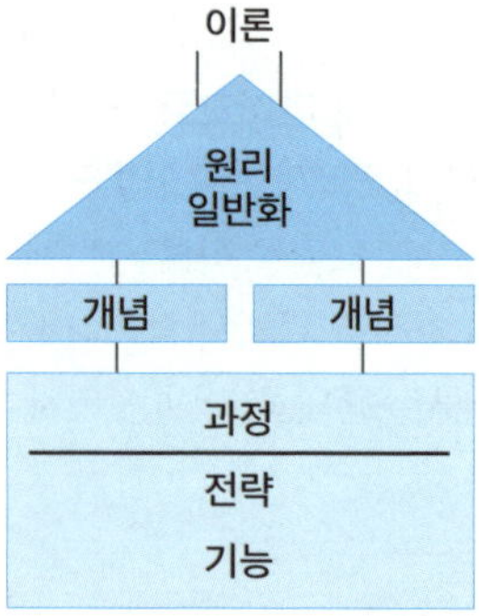

일반화	바르고 고운 말을 쓰면 좋은 관계에 도움이 된다.
매크로 개념	소통(의사소통)
마이크로 개념	대화, 감정, 독서
과정	바르고 고운말 실천을 위한 활동
전략, 기능	• 바른 자세로 말하기 • 효과적으로 말하기 • 집중, 공감, 배려 • 독후활동 • 바른 국어생활을 알리는 글쓰기, 그림그리기

▶ 평가 설계: C-GRASPS 수행과제

수행과제명	바른말 고운 말 알리기
Concept	의사소통: 바른 국어생활
목표(G)	나의 생각을 바르고 효과적으로 표현하기
역할(R)	아나운서
청중(A)	바른 국어생활에 관심 있는 사람들
상황(S)	여러분은 바른말 고운 말을 알리는 아나운서입니다. 바른 국어생활의 방법에 대해 자신이 실천한 경험을 중심으로 사람들에게 알립니다.
수행(P)	바른말 고운 말을 실천한 사례(글, 사진, 영상 등)
기준(S)	1. 의사소통의 의미를 이해하기 2. 의사소통을 효과적으로 활용하기 3. 의사소통이 삶에 중요한 역할을 하는것을 인식하기

성취수준 / 범주	상	중	하
지식·이해	의사소통의 의미를 이해하고 효과적으로 발표할 수 있다.	의사소통의 중요함을 이해하고 발표할 수 있다.	의사소통의 중요성을 이해하고 간단히 발표할 수 있다.
과정·기능	자신의 표현하고자 하는 의미를 정확하고 효과적으로 할 수 있다.	자신의 표현하고자 하는 의미를 정확하게 전달할 수 있다.	자신의 표현하고자 하는 의미를 간단하게 전달할 수 있다.
가치·태도	의사소통의 의미를 알고 삶에 적용하려는 적극적인 태도를 보인다.	의사소통의 중요함을 알고 있고 삶에 적용하려 노력한다.	의사소통의 의미를 알고 삶에 적용하려고 노력한다.

▶ **개념기반 탐구학습 과정**

단계	활동 주요 흐름	성찰하기	탐구 기법
관계맺기	• (개) 나의 생각을 솔직하고 부드럽게 표현하는 것은 친구와 나의 마음을 어떻게 연결해 줄까요? • 나의 생각이 다른 사람에게 잘 전달되지 않아 속상했던 경험나누기 (짝과 자신의 경험을 나눈다)	의사소통의 개념 알기	브레인 스토밍
집중하기	• (논) 나의 생각과 느낌을 전달하기 위해서는 어떤 방법이 있을까요? • (개) 사람마다 행복을 느끼는 것이 서로 다른 이유는 무엇일까요? • 다른 친구의 말에서 표현이 잘 된 것 찾기	자신의 의사소통의 방법 돌아보기	Step Inside
조사하기	• 의사소통의 방법 찾기(말, 글, 그림, 몸짓, 영상 등) • 내 생각을 잘표현하는 방법찾기(공감, 배려, 바른말, 고운 말, 예의지켜 듣기 등) • 내 느낌을 잘 표현하는 방법 찾기 • 연습하기(주어진 상황에 맞춰 가장 효과적인 말이나 행동 사용하기)	의사소통의 방법 중 수정해야 할 것 찾기	Question Starts
조직 및 정리하기	• 자신의 생각이나 느낌을 표현하는 가장 좋은 방법 선택하기 • 말, 글, 그림, 몸짓, 말과 몸짓, 글과 그림 등 다양한 방법 중 하나를 선택해서 표현하는 연습하기 • 의사소통에서 배려와 공감의 마음 갖기(모둠별로 연습)	바르게 표현하는 연습하기	연결-확장-도전
일반화	• 학급친구들 앞에서 자신이 선택한 의사소통 방법으로 생각이나 느낌 표현하기 • 의사소통의 다양함 알기 • 의사소통의 중요성 이해가기	의사소통의 다양함의 인식과 예절 생각하기	Connect-Extend-Challenge
전이하기 (평가)	• (개) 친구에게 진심을 전하려면 어떻게 표현하면 좋을까요? • 자신의 의사소통에서 고쳐야할 것 찾아보기	의사소통의 중요성 인식하기	GRASPS

나 교과 단일형 2

학년	1학년	교과	국어	단원명	그림일기 쓰기
성취기준	[2국03-01] 글자를 바르게 쓴다. [2국03-02] 자신의 생각을 문장으로 표현한다. [2국03-04] 인상 깊었던 일이나 겪은 일에 대한 생각이나 느낌을 쓴다. [2국03-05] 쓰기에 흥미를 가지고 즐겨 쓰는 태도를 지닌다. [2국04-03] 문장에 따라 알맞은 문장 부호를 사용한다.				

일반화 예시

경험을 통해 얻은 생각이나 느낌을 글쓰기 기능을 통해 삶을 변화시킨다.

- 경험이나 인상적인 일에 대한 생각이나 느낌을 서로 주고 받으며 영향을 준다.
- 글쓰기 기능을 통해 자신의 생각이나 느낌을 표현한다.
- 글(문장)으로 표현할 때 알맞은 문장 부호를 사용한다.
- 생각이나 느낌을 글(문장)에 담아 경험을 되돌아 봄으로써 삶에 영향을 준다.

성취기준 [2바01-01], [2슬01-01], [2즐01-01]은 '우리는 누구로 살아갈까?' 영역에 속한 1-2학년군의 성취기준으로 통합교과로 설계되었다. 사람들이 안전에 대해 인식을 높이고자 노력하는 이유가 무엇인지, 왜 장소나 상황마다 안전을 위한 규칙을 만드는지에 대해 학생들이 생각해 보도록 한다. 그리하여 단원을 마치고 나면 우리가 안전의식을 가지고, 규칙을 지키는 것뿐만 아니라 위급한 상황에 대처하는 일들을 배우는 것이 우리의 삶이 건강하고 편안하며 생명을 지키는 일과도 관련이 있음을 이해할 수 있도록 일반화를 설정하였다.

▶ 매크로 개념: 기능

매크로 개념은 '기능'으로 선정하고, 경험, 글자, 문장 부호, 문장 표현이라는 마이크로 개념으로 접근하도록 하였다. 매크로 개념인 기능은 일상의 경험을 통해 관찰하면서 느낌이나 생각 및 행동이 달라짐을 알아차리고 자신이 겪은 일이나 인상적인 일을 통해 삶이 변화된다는 것의 깊이 있는 이해를 담고 있다. 이를 통해 "경험을 통해 얻은 생각이나 느낌을 글로 써서 주고받으며 삶을 변화시킨다."는 일반화된 개념에 이르도록 돕는다. 학생들은 경험에 대한 느낌이나 생각을 주고받으면서 자신의 성장과 더 나은 삶에 대해서도 관심을 가지게 된다.

▶ 마이크로 개념: 경험, 글자, 문장 부호, 문장

성취기준에 나타난 마이크로 개념은 생각, 문장, 표현, 인상 깊었던 일, 겪은 일, 느낌, 쓰기, 문장, 문장부호이다. 이 중 이 단원에서 중점으로 삼고자 하는 마이크로 개념은 경험, 글자, 문장 부호, 문장 표현을 선정하였다. 이러한 개념을 통해 학생들은 다른 사람과 생각이나 느낌을 주고받을 때 바른 글자와 적절한 문장 부호를 사용하는 글쓰기 기능을 익혀야 함을 알고 서로 소통하고 삶을 풍요롭게 한다는 것을 깊이 있게 이해하도록 돕고자 한다.

▶ 개념망(스트랜드)

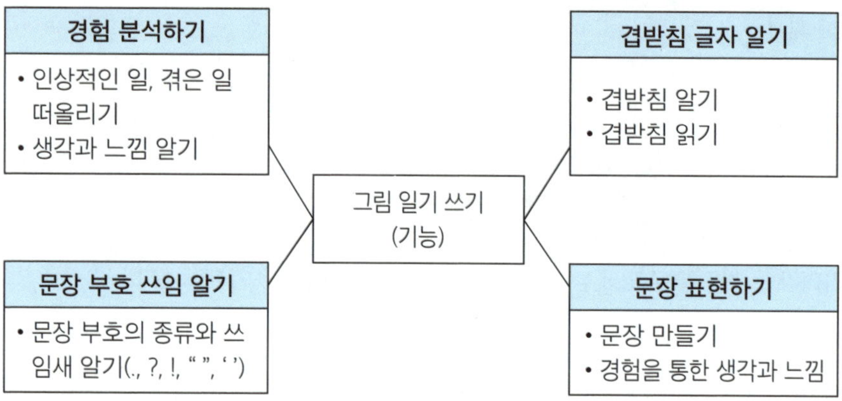

주제는 '그림 일기 쓰기'로 선정하였다. 학생들은 이 프로젝트를 통해 글쓰기라는 기능이 인상적인 일이나 겪은 일이 자신의 생각과 느낌이 연결되어 있음을 알고, 문장으로 쓰면서 삶의 변화를 느끼는 것을 중점으로 하였다. 학생들이 겹받침이 있는 글자와 문장부호를 바르게 써서 자신의 생각과 느낌을 표현하고, 삶의 변화라는 핵심 아이디어에 도달하게 된다.

수업 목표는 학생들이 경험, 글자, 문장 부호, 문장 표현라는 마이크로 개념을 탐구하면서, 기능이라는 매크로 개념을 깊이 이해하는 것이다. 이를 통해 학생들은 글감으로 선택한 일의 생각과 느낌이 효과적으로 표현될 수 있도록 알맞은 글자와 문장 부호를 사용하여야 자신의 경험을 소통하는데 효과적임을 인식하고, 표현 능력과 소통 능력을 기른다.

수업은 경험 분석하기, 겹받침 글자 알기, 문장 부호 알기, 문장 표현하기의 네 가지 스트랜드로 나뉘어 진행되며, 각각의 스트랜드에서 학생들은 자신의 경험을 효과적으로 표현하는 과정을 경험하게 된다. 이로써 학생들은 삶이 풍부해지는 데 글쓰기 기능이 효과적이며 영향을 준다는 것을 개념적으로 이해하게 한다.

▶ 과정의 구조

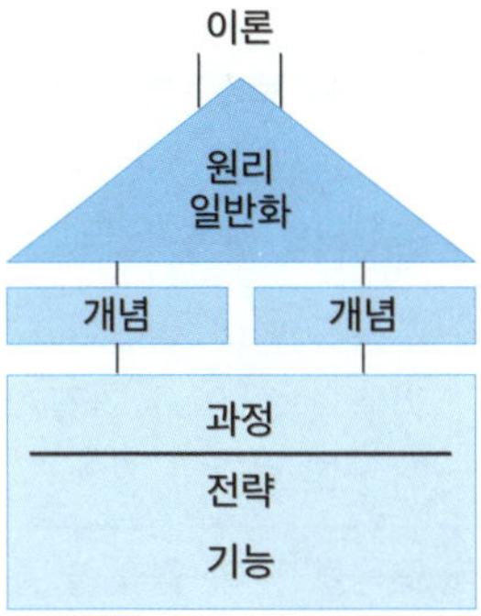

일반화	경험을 통해 얻은 생각이나 느낌을 글로 써서 주고받으며 삶을 변화시킨다.
개념	경험, 글자, 문장 부호, 문장
과정	글 쓰기
전략, 기능	• 겪은 일에 대한 생각과 느낌 알기 • 겹받침이 있는 글자 알기 • 문장 부호의 종류와 구실 알기 • 완성된 작품 발표하기

▶ 평가 설계: C-GRASPS 수행과제

수행과제명	그림 일기 쓰기
Concept	기능: 효과적인 생각과 느낌을 글로 쓰는 기능
목표(G)	겪은 일에 대한 생각과 느낌을 살려 그림 일기 쓰기
역할(R)	스토리텔러
청중(A)	방송 시청자
상황(S)	여러분은 스토리텔러입니다. 자신에게 인상적이었던 일이나 겪었던 일에 대하여 든 생각이나 느낌을 연결하여 삶에 어떤 변화가 있었는지를 이야기로 들려주어야 합니다.
수행(P)	그림 일기
기준(S)	1. 겹받침을 바르게 쓰고 문장 부호를 알맞게 쓰기 2. 생각이나 느낌이 겪은 일과 연결되기 3. 경험을 통한 삶의 변화 드러내기

범주 \ 성취수준	상	중	하
지식·이해	겹받침을 바르게 쓰고, 다양한 문장 부호를 알맞게 쓸 수 있다.	겹받침을 바르게 쓰고, 문장 부호를 대략적으로 쓸 수 있다.	도움을 받아 겹받침과 문장 부호를 쓰는데 부분적으로 쓸 수 있다.
과정·기능	생각과 느낌을 겪은 일과 매끄럽게 연결지어 쓸 수 있다.	생각과 느낌을 겪은 일과 연결지어 쓸 수 있다.	도움을 받아 생각과 느낌을 겪은 일과 연결지어 쓰고 한다.
가치·태도	경험을 통한 삶의 변화를 뚜렷이 제시한다.	경험을 통한 삶의 변화를 일부 제시한다.	도움을 받아 경험을 통한 삶의 변화를 제시하고자 한다.

▶ **개념기반 탐구학습 과정(스트랜드 '문장 표현하기'의 사례)**

단계	활동 주요 흐름	성찰하기	탐구 기법
관계맺기	• 여러 가지 일기 사례(<난중 일기>, 육아 일기, 식물 관찰 일기 등)를 간단히 소개 • 일기를 본 적이 있는지 물어보면서 일기에서 궁금한 것을 질문하도록 함으로써 호기심 유발 • (사) 일기에 꼭 써야 하는 것은 어떤 것이 있을까요?	자신이 겪은 일을 남기는 방법으로 일기가 있음을 알기	영상자료, 테크놀리지
집중하기	• (개) 두 가지 '일기'의 공통점과 차이점은 무엇인가요? - 글로만 된 경우와 그림과 함께 있는 경우 - 생각이나 느낌이 있는 경우와 없는 경우 - (개) 생각은 어떻게 표현되나요? - (개) 느낌은 어떻게 표현되나요? • (사) 사례로 보여준 일기에서 생각과 느낌은 각각 무엇인가요? • (개) 일기에서 생각과 느낌이 담겨 있으면 어떤 점에서 좋을까요? • 생각을 나타내는 문장 표현 방법 • 느낌을 나타내는 문장 표현 방법	경험을 일기로 쓸 때 문장 표현이 잘 된 점 알기	이중 거품 맵

조사하기	• 자신이 겪은 일, 인상적인 일을 떠올리기 • 어떤 생각이 들었는지 떠올리기 • 어떤 느낌이 들었는지 떠올리기 • (개) 마음에 오래 남는 일은 무엇 때문일까요? • (개) 겪은 일이나 인상적인 일과 느낌은 어떻게 연결될까요? • (논) 일기를 쓸 때 내 마음을 솔직하게 써야 할까요, 아니면 읽는 사람의 기분을 생각해서 써야 할까요?	문장 표현이 잘 되기 위해 고려해야 할 점 알기	다이아몬드 맵
조직 및 정리하기	• 경험과 생각을 연결해야 하는 이유를 생각하면서 쓰기 • 경험과 느낌을 연결해야 하는 이유를 생각하면서 쓰기 • 생각이나 느낌을 문장으로 표현할 때 효과적인 방법을 떠올리며 쓰기	문장 표현이 잘 되어야 하는 이유를 알고 글쓰기	흐름 맵
일반화	• (개) 우리가 겪은 일에 대해 어떻게 느끼는지를 알면, 다음에 비슷한 일이 생겼을 때 우리의 행동은 어떻게 달라질까요? • (개) 경험을 통해 생각하거나 느낀 점을 나누면 어떤 점이 좋을까요? • (개) 똑같은 내용이라도 문장 표현을 다르게 하면, 왜 느낌이나 생각이 달라질까요?	일기 쓰기를 통해 삶을 돌아보게 하고 더 나은 삶으로 변화됨을 인식하기	가치수직선
전이하기 (평가)	• (논) 경험을 통한 생각이나 느낌을 나눌 때 우리의 삶은 어떻게 변할까요? • (개) 내 기분을 친구에게 말하고 나면, 왜 내 마음이 더 가벼워지거나 단단해질까요? • (논) 속상한 마음을 친구에게 말하는 것이 더 좋을까요?	더 나은 삶으로 변화하고 성장하기 위한 변화의 중요성에 대해 생각하기	GRASPS

다 교과 단일형 3

학년	1학년	교과	국어	단원명	옛날 이야기꾼
성취기준	[2국02-03] 글을 읽고 주요 내용을 확인한다. [2국05-01] 느낌과 분위기를 살려 그림책, 시나 노래, 짧은 이야기를 들 려주거나 듣는다. [2국05-03] 여러 가지 말놀이를 통해 말의 재미를 느낀다. [2국05-05] 시나 노래, 이야기에 흥미를 가진다.				

일반화 예시

사람들은 이야기가 주는 즐거움을 누리며 저마다의 경험과 삶을 연결하고 이끈다.

- 말놀이가 주는 재미를 느끼며 즐거운 삶에 참여한다.
- 그림책, 시나 노래, 짧은 이야기의 내용에 관심을 갖고 앎을 실현한다.
- 이야기의 느낌과 분위기를 살린 이야기를 듣는 것을 즐기는 삶에 참여한다.
- 이야기를 들려주거나 들으면서 공감하고 서로의 경험이 연결되며 영향을 받는다.

국어과 성취기준 [2국02-03]의 읽기 영역에서는 글을 읽고 주요 내용을 정확하게 파악하는 방법을 [2국05-01], [2국05-03], [2국05-05]의 문학 영역에서는 그림책, 시나 노래, 짧은 이야기를 들려주거나 들으면서 말놀이를 통해 말의 재미를 느끼고 흥미를 가지며 나아가 시나 노래 또는 이야기에 흥미를 가질 수 있도록 한다. 학생들은 그림책, 시나 노래, 짧은 이야기에서 발견되는 재미나거나 공감하는 요소가 무엇이고 이것이 자신의 경험과 어떻게 연결되는지를 인식하면서 이야기와 자신의 삶을 연결하여 의미를 찾게 되는 일반화에 이르게 된다.

▶ 매크로 개념: 연결

매크로 개념은 '연결'로 선정하고, 말의 재미, 내용 확인, 관점 찾기, 표현이라는 마이크로 개념으로 접근하도록 하였다. 그림책, 시나 노래, 짧은 이야기 등의 문학이 주는 분위기나 느낌에서 재미와 즐거움을 누리고 나아가 정서나 가치관 따위가 서로 통하고 다른 사람의 감정이나 입장을 깊이 있게 이해함으로써 "사람들은 이야기가 주는 즐거움을 누리며 저마다의 경험과 삶을 연결하고 이끈다."는 일반화된 개념에 이르도록 돕는다. 일상의 삶이 이야기가 될 수 있으며 이를 주고받으며 삶도 풍성하게 된다는 연결성에 관심을 가지게 된다.

▶ 마이크로 개념: 말의 재미, 내용 확인, 관점

성취기준에 나타난 마이크로 개념은 글, 주요 내용, 느낌과 분위기, 그림책, 시나 노래, 짧은 이야기, 말놀이, 말의 재미, 흥미이다. 이 단원에서 중점적으로 삼고자 하는 마이크로 개념은 말의 재미, 내용 확인, 관점 찾기, 표현이다. 말의 재미는 낱말 자체가 재미있는 느낌을 불러일으키거나 구나 절 또는 문장의 내용이 재미를 느끼거나 자신의 경험과 비슷한 경우를 발견하게 하고, 내용 확인은 핵심적인 줄거리를 파악하도록 돕는다. 관점은 등장인물이 되어 사건을 바라보며 깊이 있는 이해를 할 수 있게 한다. 표현은 분위기를 살려 자연스럽게 이야기를 들려주도록 한다.

▶ 개념망(스트랜드)

옛날 이야기꾼 (연결)

말의 재미 찾기
- 재미있는 내용 찾기
- 재미있는 표현 찾기
- 비슷한 경험 찾기

줄거리 잡기
- 줄거리(누가, 언제, 어디서, 무엇을, 어떻게, 왜 하였나?) 알기

관점 찾아 이해하기
- 각각의 등장인물의 입장에서 살펴보기
- 공감이 가는 인물의 관점으로 이해하기

이야기 만들기
- 이야기를 통해 재미와 나눔 즐기기
- 이야기와 삶 연결하기

주제는 '옛날 이야기꾼'으로 선정하였다. 학생들이 흥미를 가지고 재미있게 읽을 수 있는 옛날 이야기에 중점을 두었다. 핵심 아이디어는 이야기의 재미를 즐기며 다른 사람과 소통하면서 서로가 관계를 맺으며 살아간다는 것을 인식하도록 한다는 점이다. 학생들은 자신이 골라 읽은 '옛날 이야기'의 내용 중 재미있는 표현이나 자신의 경험과 비슷한 것을 고르는 과정에서 사람마다 관점이 다르다는 것을 경험하게 된다.

목표는 학생들이 말의 재미, 내용, 관점, 표현이라는 마이크로 개념을 탐구하면서, 연결이라는 매크로 개념을 깊이 이해하는 것이다. 이를 통해 자신의 관점으로 고른 이야기의 재미있는 부분과 내용을 정리하여 다른 사람에게 이야기를 하는 것이다.

수업은 말의 재미, 내용 확인, 관점, 표현의 네 가지 스트랜드로 나뉘어 진행되며, 각 스트랜드에서 학생들은 자신의 관점을 자각하면서 다양한 관점이 있다는 것을 경험하게 된다. 이로써 학생들은 사람들은 나름으로 문학을 즐기고, 이를 서로 주고받으며 삶의 경험이 연결되어 있음을 개념적으로 이해하게 한다.

▶ 과정의 구조

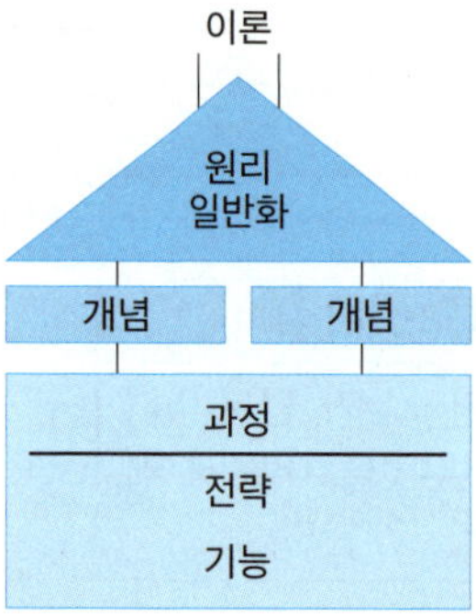

일반화	사람들은 이야기가 주는 즐거움을 누리며 저마다의 경험과 삶을 연결하고 이끈다.
개념	말의 재미, 내용 확인, 관점
과정	재미있는 표현과 공감을 강조하면서 줄거리를 잘 전달할 수 있도록 내용을 정리하여 말하기
전략, 기능	• 재미있는 표현 알아보기 • 줄거리 알아보기 • 등장 인물의 관점에서 깊이 이해하기 • 이야기와 삶 연결하기

▶ 평가 설계: C-GRASPS 수행과제

수행과제명	옛날이야끈
Concept	연결: 이야기를 듣고 자신의 삶과 연결하기
목표(G)	옛날 이야기에서 재미난 부분, 공감되는 부분이 잘 드러나게 내용 정리하기
역할(R)	마을 축제에서 옛날 이야기를 들려주는 스토리텔러
청중(A)	마을 축제에 온 사람들
상황(S)	여러분은 마을 축제에 참여하여 옛날 이야기를 들려주는 스토리텔러입니다. '옛날 이야기꾼'으로서 청자에게 이야기가 담고 있는 재미있는 부분과 공감되는 내용 그리고 자신의 삶과 연결해서 들려주어야 합니다.
수행(P)	들려줄 이야기 자료
기준(S)	1. 재미있는 표현과 공감되는 부분 표현하기 2. 이야기의 줄거리를 정리하기 3. 삶과 연결하기

범주 \ 성취수준	상	중	하
지식·이해	재미있는 표현과 공감되는 부분이 명확하게 드러나도록 내용을 정리할 수 있다.	재미있는 표현과 공감되는 부분이 어느 정도 드러나게 내용을 정리할 수 있다.	재미있는 표현이나 공감이 되는 부분을 도움을 받아 드러낼 수 있다.
과정·기능	이야기의 줄거리가 잘 드러나게 정리할 수 있다.	이야기의 줄거리가 대략적으로 드러나게 정리할 수 있다.	이야기의 줄거리를 도움을 받아 정리할 수 있다.
가치·태도	이야기의 내용과 자신의 삶이 매끄럽고 또렷하게 연결된다.	이야기의 내용과 자신의 삶이 연결된다.	이야기의 내용과 자신의 삶을 도움을 받아 연결한다.

▶ **개념기반 탐구학습 과정(스트랜드 '관점 찾기' 사례)**

단계	활동 주요 흐름	성찰하기	탐구 기법
관계맺기	• 알고 있는 옛날 이야기 제목 말하기 - 옛날 이야기를 다른 사람에게 들려준 적이 있나요? - 옛날 이야기를 좋아하나요? - 왜 우리는 옛날 이야기를 좋아할까요?	알고 있는 옛날 이야기 떠올려 보기	Zoom In, Zoom Out 브레인스토밍
집중하기	• <토끼의 재판> 들려주기 - 등장인물 알아보기 - 등장인물들의 입장 알아보기 - 줄거리 알아보기 - (논) 너무나 배가 고픈 호랑이가 살기 위해 잡아먹지 않겠다는 약속을 어긴 것은 나쁜 일일까요, 아니면 어쩔 수 없는 일일까요? - (개) 만약 내가 등장인물 중 한 사람이었다면 어떻게 했을까요? • (개) 재미있는 부분, 공감하는 부분, 나의 삶과 연결되는 부분을 어떻게 찾을 수 있나요?	등장인물 마다 생각이 생각이 다르다는 것을 이해하기	영상 자료, 테크놀리지 가치수직선

조사하기	• 내가 정한 옛날 이야기 속의 등장인물의 생각과 그 인물이 그렇게 생각한 까닭 생각해보기 • 내가 정한 옛날 이야기에서 재미있는 부분, 공감되는 부분, 나의 삶과 연결되는 부분 찾아보기 • 그렇게 생각하는 까닭 생각해보기 • 줄거리의 흐름 생각해보기	줄거리의 흐름을 생각하면서 등장인물들의 입장과 공감이 되는 부분 찾기	표 짜기
조직 및 정리하기	• 내가 정한 옛날 이야기 등장인물의 생각과 그렇게 생각한 까닭 메모하기(연두색 포스트 잇) • 내가 정한 옛날 이야기에서 공감되는 부분과 까닭 메모하기(분홍색 포스트 잇) • 메모를 보며 짝에게 이야기 내용 들려주기 • 짝이 해준 피드백을 듣고 내용 다듬기	등장인물들의 입장과 공감이 되는 부분 메모하고 이야기 내용 들려주기	Think-Pair-Share
일반화	• (개) 이야기의 내용에서 등장인물의 생각을 알거나 마음에 드는 부분을 찾아서 말하는 활동이 왜 필요할까요? • (개) 이야기를 통해 우리가 얻을 수 있는 것은 무엇인가요?	등장인물들의 생각과 까닭(입장), 마음에 드는 곳(공감)을 통해 이야기를 깊이 있게 이해할 수 있음을 이해하기	개념 은행
전이하기 (평가)	• (개) 다른 사람을 더 깊이 이해하고 공감하기 위해 어떻게 하면 좋을까요? • (개) 다른 사람을 더 깊이 이해하고 공감하려면 어떻게 될까요?	깊이 있는 이해를 위해 관점을 찾고 공감하는 것의 중요성 알기	GRASPS

라 교과 통합형

학년	2학년	교과	통합교과	단원명	다른 시각으로 주변 돌아보기
성취기준	[2즐04-01] 주변의 물건을 활용하여 놀잇감을 만든다. [2즐04-02] 자유롭게 상상하며 놀이한다. [2슬04-02] 상상한 것을 다양한 매체와 재료로 구현한다. [2슬04-01] 생활도구의 모양이나 기능을 탐색하고 바꾸어본다.				

일반화 예시

다르게 보는 활동은 상상력을 풍부하게 한다.

- 사람들의 마음을 이해하기 위해서는 다른 사람의 역할을 경험하는 것이 필요하다.
- 발명(창작)은 자유롭게 탐색하고 상상하는 것이 바탕이 된다.
- 생각의 방향을 다르게 하면 새로운 결과를 만나게 된다.
- 과거, 현재, 미래로 시간을 넓혀 상상의 세계를 경험한다.

[2즐04-01], [2즐04-02], [2슬04-01], [2슬04-02]은 통합교과 '우리는 무엇을 하며 살아갈까'의 성취기준이다. '물건이나 상황을 보는 관점을 다르게 하면 물건과 상황이 어떻게 달라질까?' 를 생각하고 경험한다. 기존의 정해진 틀에서 벗어나 여러 가지 활동을 통해 다양한 상상과 자유로운 표현을 하며 생각의 크기를 넓혀본다. 기존의 것을 뒤집어 보는 활동을 통해 사고력이 커지고 자유로운 상상력을 펼치면서 관점에 따라 달라지는 시각을 경험하며 창작(발명)의 세계로 들어간다.

▶ 매크로 개념: 관점

매크로 개념은 관점으로 선정하였다. 세상은 새로운 것을 계속 찾는다. 새로운 물건, 새로운 이야기, 끊임없이 변화가 이어지는 이런 세상을 살아가려면 유연한 사고를 갖고, 다양한 관점으로 주변을 살피고, 자유로운 상상의 경험이 필요하다. 관점을 다양하게 하면서 주위를 살펴보면 전혀 새로운 세상을 만날 수 있고 폭넓은 사고력이 생기고, 창의성이 커지고 행복한 삶을 살아가는 바탕이 된다. 이런 활동을 통해 매크로 개념 '관점'을 개념적으로 이해하게 한다.

▶ 마이크로 개념: 창작놀이, 창작동화 ,미래 상상, 발명의 세계

마이크로 개념으로 선정된 것은 '창작놀이, 동화 창작, 미래 상상, 발명의 세계' 이다. 다른 관점에서 물건을 보거나, 상황을 새로운 관점에서 보면 새로운 경험을 하게 된다.

다른 관점으로 놀이감 만들기, 역할 놀이 등의 '창작놀이'를 하고 기존의 동화를 인물, 결과의 설정을 바꾸어 이야기를 재창조하는 '창작동화'을 통해 흥미와 창의적 사고를 경험한다. 나의 삶에서 '미래를 상상'하면 새로운 세상을 만날 수 있고, 상상의 경험을 바탕으로 새로운 발명의 세계를 경험한다. 이런 활동을 통해 관점에 따라 결과가 달라짐을 인식하도록 설계하였다.

▶ 개념망(스트랜드)

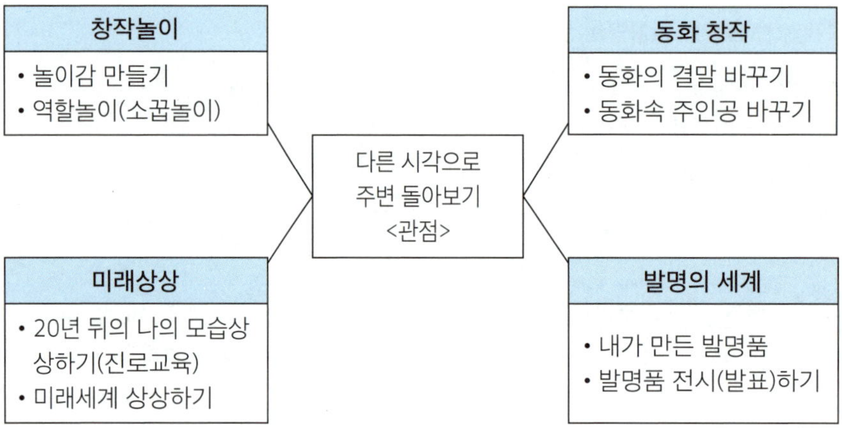

주제는 '다른 시각으로 주변 돌아보기'이다. 다른 관점으로 세상을 보는 경험을 위해 다양한 활동을 한다. 관점의 변화를 쉽게 접근하기 위해 창작놀이로 수업을 시작한다. 물건 용도를 다른 관점에서 보는 물건의 변신, 다른 사람의 생각을 경험하는 역할놀이 등을 학습한 후 좀 더 창의적인 활동 결말과 등장인물이 정해진 동화를 새로운 관점으로 보고 다양하게 바꿔보는 동화창작을 한다. 20년 뒤의 나의모습을 상상해보기, 20년 뒤의 세상 상상하기 등을 통해 상상력을 키우고 생각의 폭을 넓힌다. 다양한 관점 변화의 학습을 한 후 자유로운 상상을 바탕으로 자신만의 창작, 발명 등의 경험을 하고 결과물을 발표하는 활동을 통해 새로움, 변화에 대해 긍정적인 생각을 하고 창의적 사고를 키운다.

▶ 과정의 구조

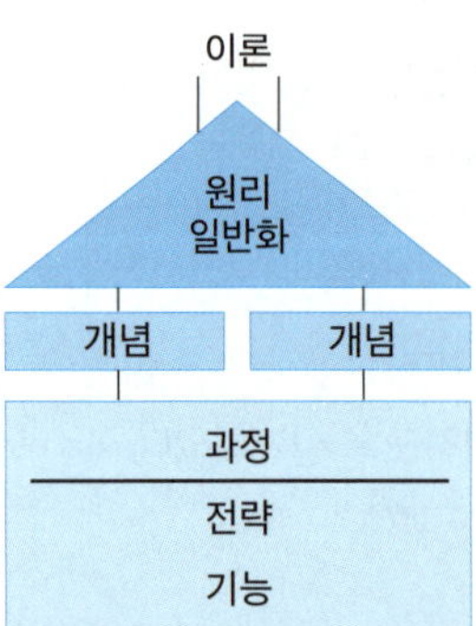

일반화	다르게 보는 활동은 상상력을 풍부하게 한다.
매크로 개념	관점
마이크로 개념	창작놀이, 동화 창작, 미래 상상, 발명의 세계
과정	다양한 관점으로 주변 살펴보기
전략, 기능	• 놀이감 만들기 • 동화 패러디하기 • 미래 세상(나의 미래직업, 미래세계)을 상상해보기 • 역할놀이 • 나의 발명품 소개하기

▶ 평가 설계: C-GRASPS 수행과제

수행과제명	다른 관점으로 주변 돌아보기
Concept	관점: 관점을 바꿔 다른 세상 체험하기
목표(G)	내가 찾은 변화 결과 발표하기
역할(R)	마술사
청중(A)	새로운 것에 관심이 많은 사람들
상황(S)	여러분은 마술사입니다. '변화의 대상을 정해 그것이 어떻게 변화하게 되었는지 보여주기'입니다. 이를 위해 먼저 어떻게 계획하고 표현하였는지 과정을 알려줍니다.
수행(P)	나의 결과물 발표(영상도 포함)
기준(S)	1. 주변의 사물을 관찰할 때 관점에 따라 달라지는 것을 이해하기 2. 관점을 이동하면서 주변을 관찰하기 3. 관점을 바꾸면 새로운 것이 보임을 알고 실천하기

성취수준 / 범주	상	중	하
지식·이해	관점에 따라 결과가 달라진다는 것을 이해하고 여러 관점으로 주변을 살필 수 있다.	관점에 따라 결과가 달라진다는 것은 이해하고 두 가지 정도 관점을 변화시킬 수 있다.	관점에 따라 결과가 달라진다는 것은 이해하고 한 가지 정도 관점을 변화 시킬 수 있다.
과정·기능	다양한 과제(역할놀이, 물건의변신, 동화바꾸기) 등을 흥미를 갖고 수행할 수 있다.	다양한 과제 중 두가지 정도를 수행할 수 있다.	다양한 과제 중 한가지 정도 수행할 수 있다.
가치·태도	관점에 따라 새로운 것이 보임을 알고 넓은 시각으로 주변을 살핀다.	관점에 따라 새로운 것이 보임을 알고 넓은 시각을 가지려 노력한다,	관점에 따라 새로운 것을 보려 노력하고 넓은시각을 가지려 노력한다.

▶ **개념기반 탐구학습 과정**

단계	활동 주요 흐름	성찰하기	탐구 기법
관계맺기	• 이 물건을 어떻게 변신시킬 수 있을까?(막대기를 보여주며) • (사) 물건을 돋보기로 보거나, 친구의 행동을 찬찬히 지켜보았을 때 새롭게 알게 된 사실은 무엇인가요? - 기존의 물건에 상상을 더해 재미있는 상황 만들기 • 모둠별로 정해진 물건을 다양하게 변신시켜보자	관점에 대해 이해하기	
집중하기	• 여러 관점으로 상황 보기 1 - (사) 재활용품으로 물건을 만든 적이 있나요? 있다면 무엇이 무엇으로 바뀌었나요? • 여러 관점으로 상황 보기 2 - 동화의 이야기 바꾸면 어떻게 될까?(결말, 등장인물, 시대 등) • 여러 관점으로 상황 보기 3 - 미래의 내 모습 상상하기	새로운 시각으로 주변 살피기	Step Inside
조사하기	• 여러 관점 중에서 한 개 선택하기 - 표현할 상황에 맞는 자료나 재료 선택 • 내가 선택한 상황의 관점에서 깊이 생각하고 표현하기	자신이 깊이 보고 싶은 상황 정하기	
조직 및 정리하기	• 내가 선택한 상황에 대한 나의 생각 표현하기 • 다른 친구들의 상황 표현에 대해 내 생각을 친구들과 나누기 • 나눔의 시간(친구들의 표현을 보고 칭찬하기)	다른 친구들의 설정 상황을 보고 칭찬거리 찾기	Generate-Sort-Connect-Elaborate
일반화	• (사) 물건을 거꾸로 보거나 친구의 입장에서 생각해보았을 때, 이전에는 몰랐던 새로운 사실을 발견한 적이 있나요? • 관점 바꾸어 생각하고 표현하기의 결과물을 모아 간단한 전시 준비하기	가장 효과적인 발표회 생각하기	Gallery Walk
전이하기 (평가)	• 모둠별 발표하기 - 관점 바꾸어 살펴보기 • (논) 활동을 하면서 '기분 좋은 느낌'을 갖는 것과 '새로운 것을 깨닫는 것' 중 우리를 더 멋지게 성장시키는 것은 무엇일까요? • 생각을 한 문장으로 표현하기(띠 색지 활용) • 학생들이 표현한 문장들을 모아 붙여 전시하기	여러 관점으로 보면 새로운 세상이 보임을 서로 공유하기	GRASPS

3. 지식 + 과정의 구조에 따른 개념기반 설계

가 교과 단일형

학년	2학년	교과	수학	단원명	규칙놀이
성취기준	[2수02-01] 물체, 무늬, 수 등의 배열에서 규칙을 찾아 여러 가지 방법으로 표현할 수 있다. [2수02-02] 자신이 정한 규칙에 따라 물체, 무늬, 수 등을 배열할 수 있다. [2수01-11] 곱셈구구를 이해하고, 한 자리 수의 곱셈을 할 수 있다.				

일반화 예시

사람들이 살아가는 주변 환경이 바뀌면 사람들의 생활 모습도 함께 바뀐다.

- 세상에는 여러 가지 규칙이 있다.
- 숫자의 배열에는 증감의 규칙을 가진 것이 있다.
- 물체, 무늬, 수, 계산식을 살펴보면 규칙을 발견할 수 있다.
- 놀이에는 규칙이 있다.

성취기준 [2수02-01] [2수02-02], [2수01-11]은 1-2학년군 수학과 성취기준과 즐생의 성취기준을 중심으로 수업을 구성하였다. 먼저 수학에서 규칙이라는 개념을 이해하고 주변의 물체나 무늬, 수 등의 배열에서 반복되는 규칙을 찾아 다음의 것을 예상하여 표현하는 활동을 한다. 규칙의 적용이 수학에서 시작하여 주변의 물건이나 무늬 등에서 규칙을 찾고 즐거운 표현놀이를 통해 규칙에 대한 개념을 이해하고 점차 다른 접근에서 규칙을 적용시키며 규칙의 개념을 일반화한다.

▶ **매크로 개념: 규칙**

매크로 개념은 규칙으로 정하였다. 규칙을 두 가지로 구분하였다. 눈에 보이는 숫자나 물체에서 반복적으로 보이는 규칙과 생활규칙, 안전 규칙 같은 보이지 않는 규칙으로 구분한다. 이 수업의 매크로 개념은 보이는 것들의 규칙이다. 주변의 물체, 숫자, 무늬 등에서 반복적이거나 증감이 일률적으로 변하는 것을 관찰하면서 규칙을 찾고, 규칙을 탐구하는 과정은 수학적으로 추측하는 기반이 된다.

▶ 마이크로 개념 : 물체 배열, 수의 배열, 반복 무늬, 놀이

마이크로 개념으로 '물체 배열, 수의 배열, 반복 무늬, 놀이'로 정하였다. '물체의 배열'에서 보이는 규칙 찾기를 통해 규칙에 대해 관심을 갖게 하고, 수의 증감으로 보여지는 '수의 배열' 탐색하기를 통해 수학에서의 규칙을 찾는다. 생활 주변에서 보여지는 무늬들에서 '반복 무늬' 찾기 활동을 통해 규칙을 다양한 곳에서 발견됨을 이해한다. 이러한 활동을 바탕으로 '규칙'이 있는 놀이를 만들어 본다. 주변의 물체나 숫자를 탐구해서 스스로 규칙 만들어 숫자, 무늬, 물건 등을 배열하는 놀이 활동을 통해 규칙의 개념을 내면화한다.

▶ 개념망(스트랜드)

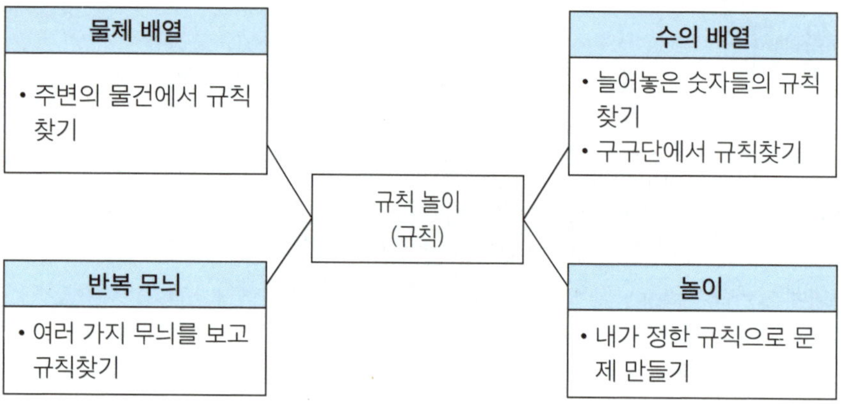

주제는 '규칙 놀이'로 정하였다, 규칙은 보이는 규칙도 있고 보이지 않지만 지켜야할 규칙도 있다. 이 수업의 주제는 보이는 것들에서 반복적이거나 증감이 있는 수학적 규칙을 찾고, 규칙을 바탕으로 놀이를 만드는 것으로 구성하였다, 규칙 찾기, 규칙 놀이 등의 활동을 통해 주변에서 보이는 물체를 비롯하여 숫자 등 규칙을 가지고 있는 것들이 많음을 인식한다. 수의 규칙 중 2학년이 학습하는 구구단에서 규칙을 찾는 활동을 하면서 규칙에 대한 인식을 확장시킨다. 자신이 표현하고자 하는 규칙을 만들고 그 규칙에 맞추어 숫자나 여러 가지 물체, 무늬 등을 배열하는 놀이 활동을 통해 규칙의 개념을 일반화한다.

▶ 지식의 구조

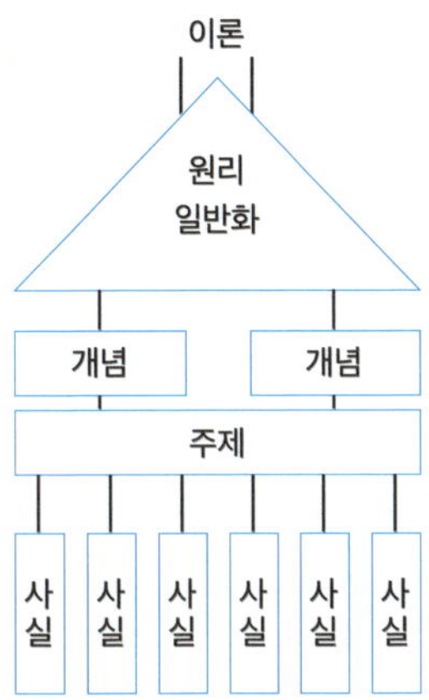

일반화	사람들이 살아가는 주변 환경이 바뀌면 사람들의 생활 모습도 함께 바뀐다.
매크로 개념	규칙
마이크로 개념	물체 배열, 수의 배열, 반복 무늬, 놀이
주제	규칙 놀이
사실	- 물체의 나열에서 규칙찾기 - 구구단의 규칙 찾기 - 수의 배열에서 규칙찾기 - 무늬에서 반복적 규칙찾기 - 규칙성을 이용한 놀이하기

▶ 과정의 구조

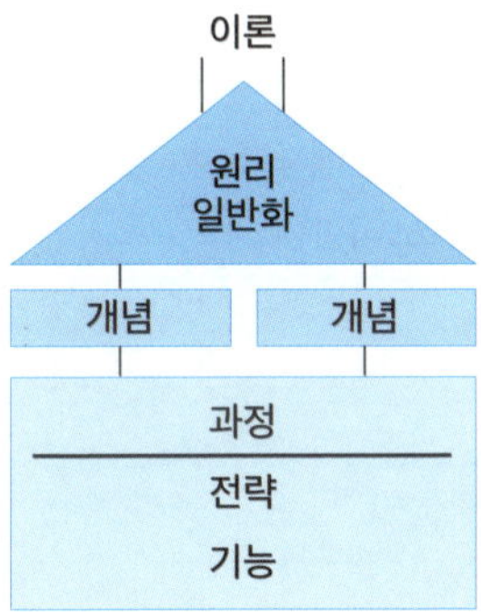

일반화	사람들이 살아가는 주변 환경이 바뀌면 사람들의 생활 모습도 함께 바뀐다.
매크로 개념	관점
마이크로 개념	물체 배열, 수의 배열, 반복 무늬, 놀이
과정	주변의 물체를 활용하여 규칙을 만들고 규칙 놀이하기
전략, 기능	- 규칙의 개념과 조건 알기 - 모둠별로 규칙 정하기 - 규칙을 적용하여 놀이하기

▶ 평가 설계: C-GRASPS 수행과제

수행과제명	내가 찾은 규칙 발표하기
Concept	규칙: 여러 가지 상황에서 규칙 찾아보기
목표(G)	주변의 여러 가지를 관찰하고 규칙을 찾아 표현하기
역할(R)	퀴즈 진행자(아나운서)
청중(A)	규칙에 대해 관심이 있는 사람들

상황(S)	여러분은 퀴즈 출제자입니다. 규칙이 숨어있는 퀴즈 문제를 제시하고 청중들이 문제를 해결하도록 합니다. 문제를 해결한 후 어떻게 계획하고 표현하였는지 과정을 알려줍니다.
수행(P)	개인발표자료(퀴즈문제)
기준(S)	1. 규칙에 대해 이해를 하고 구별하기 2. 규칙을 찾고 자신이 만든 규칙으로 물체를 배열하기 3. 규칙의 중요성을 알고 다른 상황에도 적용시키기

성취수준 / 범주	상	중	하
지식·이해	규칙에 대해 이해도가 높고 여러 가지를 구별할 수 있다.	규칙에 대해 이해도가 높고 두 가지 정도 구별할 수 있다.	규칙에 대해 이해도가 높고 한 가지 정도 구별할 수 있다.
과정·기능	규칙을 정확히 찾을 줄 알고 여러 규칙을 만들어 물건을 배열할 수 있다.	규칙을 찾을 줄 알고 두 가지 정도를 만들어 물건을 배열할 수 있다.	규칙을 열심히 찾고 규칙에 의한 물건 배열을 한 가지 정도 배열할 수 있다.
가치·태도	주변에서 여러 가지 규칙을 찾는다.	주변에 규칙을 찾을 수 있다.	주변에 규칙을 찾으려고 노력한다.

▶ **개념 기반 탐구학습 과정**

단계	활동 주요 흐름	성찰하기	탐구 기법
관계맺기	• (사) 우리 교실, 학교, 그리고 우리가 다니는 길거리에서 볼 수 있는 '함께 지켜야 할 약속(규칙)'에는 어떤 것들이 있나요? • 규칙 찾기 - 교실안에서 반복적으로 보여지는 것 찾기 - 내물건에서 반복적인 것 찾기(옷,학용품 등)(모양, 크기, 수 등) - 짝과 서로 찾은 반복적인 것 서로 비교하기	규칙이라는 개념과 친해지기	Think-Pair-Share
집중하기	• 규칙성 찾기 - 교사가 제시하는 무늬보고 반복적인 것 찾기 - 숫자의 나열을 보고 반복되는 것 찾기	무늬나 숫자배열에서 규칙성 찾기	Pair Share

조사하기	• 규칙성이 있는 물건배열 찾기(개별활동) • (논) 규칙성이 없는 것이 더 창의적일 수 있을까요? • 구구단의 빈칸을 채우고 구구단에서의 규칙성 찾기(찾은 규칙성을 학급의 친구와 나누기)	내가 찾은 규칙성을 친구들과 나누기	Question Starts
조직 및 정리하기	• 규칙성을 바탕으로 한 놀이 하기(4명이하의 모둠구성으로 게임하기) 예) 3,6,9게임, 무늬의 패턴 맞추기 - 교사의 게임제시도 좋고 학생의 창의적 활동 모두 가능	규칙성 있는 놀이를 통해 규칙의 개념익히기	둘 가고 둘 남기
일반화	• (개) 규칙이 없는 놀이는 왜 금방 끝나버리거나 다툼이 일어나게 될까요? - 반복적이거나 증감이 나타나는 규칙성이 있는 상황만들기 - 물건, 무늬, 수의 배열을 기본으로 혼합, 동작 등 창의적인 게임 만들기(개별또는 짝으로 활동)	창의적인 규칙성 게임 만들기	Connect-Extend-Challenge
전이하기 (평가)	• 규칙성 놀이에 대해 느낀 점 나누기 - (개) 나만 알고 있는 규칙을 친구들이 찾아내게 하려면 무엇을 보여주어야 할까요? - 규칙에 대하여 내가 알게 된 점 글이나 그림으로 표현하기	규칙이라는 개념의 일반화	GRASPS

나 교과 통합형 1

학년	1학년	교과	통합	단원명	권리를 지켜요
성취기준	[2바03-04] 공동체 속에서 지속가능성을 위한 삶의 방식을 찾아 실천한다. [2슬03-04] 우리의 생활과 관련된 지속가능성의 다양한 사례를 찾고 탐색한다. [2즐03-04] 안전과 안녕을 위한 아동의 권리가 있음을 알고 누린다.				

일반화 예시

우리는 모두에게 중요한 가치를 미래까지 이어가려고 함께 애쓴다.

- 공동체에는 지속가능한 가치가 있다.
- 지속가능성한 가치를 삶에서 실천한다.
- 어린이들의 안전과 안녕을 위해 아동의 권리가 지켜지도록 한다.
- 아동 권리는 지속가능성을 지닌 가치있는 것으로 보고 모든 어린이가 참여한다.

성취기준 [2바03-4]는 공동체 속에서 지속가능성을 위한 삶의 방식이 있으며 이를 실천하며 살아간다는 것을 알게 하며, [2슬03-04]에서는 생활과 관련된 지속가능성의 가치가 있는 사례들을 찾아봄으로써 실천의지를 높이고, [2즐03-04]에서는 아동의 권리를 통해 어린이들의 안전과 안녕을 지키는 가치를 실현하고 있음을 깊이 있는 이해로 나아가게 한다. 이러한 과정을 통해 학생들이 아동의 권리가 있음을 알고 이러한 가치를 이루어야 한다는 일반화에 이르게 된다.

▶ 매크로 개념: 가치

매크로 개념은 '가치'로 선정하고, 공동체, 지속가능성, 삶의 방식, 아동의 권리라는 마이크로 개념으로 접근하도록 하였다. 공동체 안에는 추구되는 지속가능성이 있는 것들이 있으며 이것을 삶의 방식으로 받아들여 생활하고 있음을 알게 하고, 어린이의 경우 아동의 권리를 통해 지속가능성을 지닌 아동 권리가 있음을 알게 한다. 이를 통해 "우리는 모두에게 중요한 가치를 미래까지 이어가려고 함께 애쓴다."는 일반화된 개념에 이르도록 돕는다. 공동체가 지속가능하기 위해 이러한 관점이 있음을 개념적으로 이해하고 관심을 가지고 실천하려는 마음가짐을 갖도록 돕는다.

▶ 마이크로 개념: 공동체, 지속가능성, 삶의 방식, 아동의 권리

성취기준에 나타난 마이크로 개념은 공동체, 지속가능성, 삶의 방식, 실천, 안전, 안녕, 아동의 권리 누리기이다. 이 단원에서 중점으로 삼고자 하는 마이크로 개념은 공동체, 지속가능성, 삶의 방식, 아동의 권리이다. 공동체는 살아가는 터전임과 그 소중함을 알게 하고, 지속가능성은 공동체가 지속가능하기 위해서 필요한 가치라는 관점을 가지며 이를 실현해나가야 하는 것을 이해하게 한다. 또한 삶의 방식은 사람들이 공동체 속에서 살아가는 데 가치있는 것들을 살아가는 데 필요한 방식으로 삼는다는 것을 사례를 통해 알게 하고, 아동의 권리를 지킬 것을 다짐하면서 지속가능성을 실현하는 데 기본이 된다는 관점에 대하여 깊이 있는 이해할 수 있게 한다.

▶ 개념망(스트랜드)

권리를 지켜요 (관점)

공동체의 소중함
- 가정의 소중함 알기
- 학교의 소중함 알기

지속가능성 있는 삶의 방식 찾기
- 지속가능성 이해하기
- 지속가능한 삶의 방식 사례 찾기

아동의 권리 조사하기
- 아동의 권리 찾아보기

아동의 권리 지킴 다짐 발표
- 아동의 권리 알기
- 권리 지킴 다짐 발표하기

주제는 "권리를 누려요"로 선정하였다. 학생들이 아동의 권리가 있음을 알고 이러한 가치를 지키고 누리고자 하는 태도를 함양하는 것을 중점으로 삼았다. 핵심 아이디어는 공동체에서 평화와 안녕이 바탕이 되어야 행복한 삶을 누릴 수 있는데 이를 위해 과거, 현재, 미래에까지 지속가능성의 가치가 무엇이 있는지 알아보고, 아동의 권리를 조사하고, 이를 지키기 위한 다짐을 발표함으로써 공동체 속에서 그 권리가 지키고 누릴 수 있는 힘을 갖게 된다. 이는 가치로운 것을 추구하려는 관점을 지니도록 한다.

목표는 학생들이 공동체, 지속가능성, 삶의 방식, 아동의 권리라는 마이크로 개념을 탐구하면서, 가치라는 매크로 개념을 깊이 이해하게 하는 것이다. 이를 통해 학생들은 공동체가 추구하는 지속가능성이 있는 삶의 방식을 찾고, 안전과 안녕을 지키기 위한 어린이를 위한 '아동의 권리'를 조사하고, 아동의 권리를 지키고 누리기 위한 다짐을 함으로써 지속가능한 가치를 실천하고자 하는 의지를 기른다.

수업은 공동체의 소중함, 지속가능성 있는 삶의 방식 찾기, 아동 권리 조사하기, 아동의 권리 지킴 다짐 발표하기의 네 가지 스트랜드로 나뉘어 진행하며, 각 스트랜드에서 학생들은 지속가능성 있는 가치들이 공동체의 삶에서 얼마나 중요하게 작용되는지 깨닫고 그러한 관점을 가치롭게 여기는 삶의 태도가 중요하다는 개념적 이해를 하게 한다.

▶ 지식의 구조

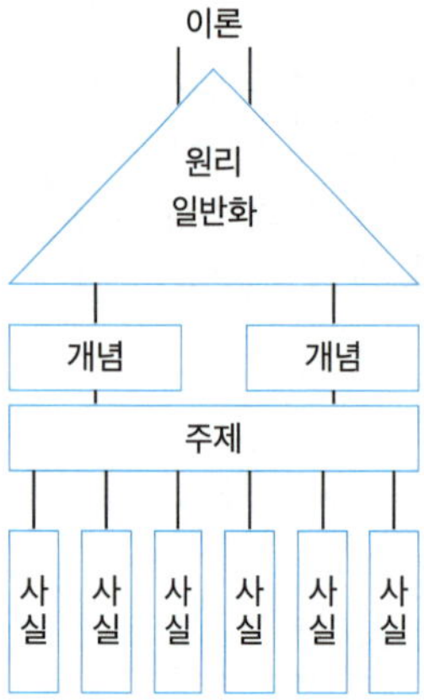

일반화	우리는 모두에게 중요한 가치를 미래까지 이어가려고 함께 애쓴다.
매크로 개념	가치
마이크로 개념	공동체, 지속가능성, 삶의 방식, 아동의 권리
주제	권리를 지켜요
사실	- 가정과 학교의 필요 - 지속가능한 삶의 방식 - 아동의 권리

▶ 과정의 구조

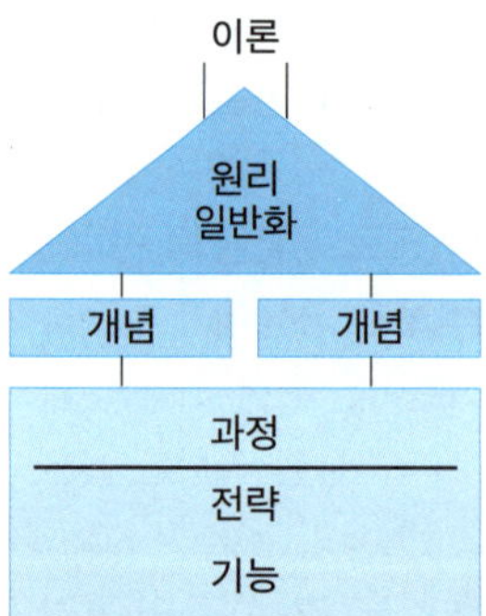

일반화	우리는 모두에게 중요한 가치를 미래까지 이어가려고 함께 애쓴다.
매크로 개념	관점
마이크로 개념	공동체, 지속가능성, 삶의 방식, 아동의 권리
과정	공동체의 소중함 알기, 지속가능성이 있는 삶의 방식 사례 찾기, 아동의 권리 조사하기, 아동의 권리 지킴 다짐 발표하기
전략, 기능	- 공동체의 소중함 예시 들기 - 공동체가 추구하는 가치의 필요성 알기 - 지속가능성을 지닌 삶의 방식 사례 찾기 - 아동의 권리 조사하기 - 아동의 권리를 지키기 위한 다짐 발표하기

▶ 평가 설계: C-GRASPS 수행 과제

수행과제명	권리 지키기
Concept	관점: 공동체에서 지속가능성이어야 하는 관점
목표(G)	아동의 권리를 지키고 누리기 위해 다짐 발표하기
역할(R)	아동 권리 센터 일일 안내원

청중(A)	아동 권리 센터를 방문한 방문객
상황(S)	여러분은 아동 권리 센터의 일일 안내원입니다. 아동 권리 센터를 방문한 방문객에게 아동의 권리 중 한 가지를 골라, 내용을 설명하고 왜 그것을 지켜야 하는 이유 설명해야 합니다.
수행(P)	아동 권리 중 한가지에 대한 내용 설명과 지켜져야 하는 이유를 쓴 설명문
기준(S)	1. 선택한 아동의 권리 명확하게 설명하기 2. 선택한 아동의 권리 내용 조사하기 3. 선택한 아동의 권리에 대한 이유와 다짐 표현하기

성취수준 / 범주	상	중	하
지식·이해	선택한 아동의 권리 내용을 명확하게 설명할 수 있다.	선택한 아동의 권리를 대략적으로 설명할 수 있다.	선택한 아동 권리에 대해 도움을 받아 말할 수 있다.
과정·기능	선택한 아동의 권리에 대한 내용을 정확하게 조사할 수 있다.	선택한 아동의 권리에 대한 내용이 드러나게 조사할 수 있다.	선택한 아동의 권리에 대한 내용을 도움을 받아 조사할 수 있다.
가치·태도	선택한 아동의 권리에 대해 이유와 다짐의 내용을 명확하게 표현한다.	선택한 아동의 권리에 대해 이유와 다짐을 표현한다.	선택한 아동의 권리에 대해 이유와 다짐을 도움을 받아 표현한다.

▶ **개념기반 탐구학습 과정(스트랜드 '아동의 권리 지킴다짐 발표' 사례)**

단계	활동 주요 흐름	성찰하기	탐구 기법
관계맺기	• (사) 여러분은 어디에 속해서 살고 있나요? • (개) 우리는 교실의 생활이 행복한가요? - 교실 생활이 행복한 이유는 무엇인가요? - 행복한 교실 생활을 위해 중요한 것 알아보기 - 행복한 교실 생활을 위해 필요한 것 알아보기	현재의 삶이 행복한 이유 알기	Zoom In, Zoom Out
집중하기	• 어린이들을 위한 '아동의 인권' 알아보기 • (개) 우리가 집이나 학교에서 안전하고 평화로울 수 있는 이유는 무엇일까?	'아동의 인권'에 대해 알기	유목화

조사하기	• '아동의 인권' 조사하기 - 가장 중요하다고 생각하는 것 한 가지 고르기 - 동영상 시청, 도서관을 이용해서 조사하기 - 왜 이것이 가장 중요하다고 생각하는 이유 쓰기	아동 인권 내용 조사하기	Frayer Model
조직 및 정리하기	• '아동의 인권'에 대해 조사한 내용을 정리하기 - 왜 이것이 가장 중요하다고 생각하는지 이유 정리하기 - 친구들과 조사한 내용을 비교하고 피드백 받고 내용 고치기 - '아동의 인권'과 과거, 현재, 미래에도 지켜져야 할 것인지 따져보고 정리하기(필요성, 이유)	조사한 내용 발표 자료로 정리하기	Sentence-Phrase-Word Think-Pair-Share
일반화	• 공동체가 추구하는 지속가능성과 아동의 인권과의 연결 지점 생각하기 • (개)우리는 공동체 속에서 지속가능성을 가치 있는 것으로 여기고 과거, 현재, 미래를 생각하며 권리를 누리기 위해 어떻게 해야 할까요? • 행복한 삶과 아동 인권과의 관계 알기	공동체 속에서 아동의 권리를 누릴 마음 가짐이 갖기	I used to think, Now I think
전이하기 (평가)	• 친구의 권리를 해치지 않도록 하려면 어떻게 해야 할까요? • 누군가 나의 권리를 해치려 한다면 어떻게 해야 할까요?	지속가능성을 지닌 가치의 소중함 설명하기	GRASPS

다 교과 통합형 2

학년	1학년	교과	통합	단원명	우리나라 문화 알리기
성취기준	[2바02-02] 우리나라의 소중함을 알고 사랑하는 마음을 기른다. [2슬02-02] 우리나라의 모습이나 문화를 조사한다. [2즐02-02] 우리나라의 문화 예술을 즐긴다.				

일반화 예시

나라의 상징과 문화를 이해하는 것은 나라를 소중히 여기는 마음과 연결된다.

- 우리나라의 모습과 우리 나라임을 나타내는 상징이 있으며 이는 국민의 정체성을 이끈다.
- 우리나라 사람들이 일구어 놓은 고유한 문화 예술에 의해 삶이 영향을 받는다.
- 우리나라가 소중하다는 것을 알고 사랑하는 마음을 다짐한다.
- 우리는 우리나라 문화 예술을 즐기고 누리며 발전시킨다.

성취기준 [2바02-02], [2슬02-02], [2즐02-02]는 '우리는 어디서 살아갈까' 영역과 관련이 있다. [2바02-02]는 우리나라의 소중함과 나라 사랑하는 마음을 일깨워주고, [2슬02-02]는 우리나라의 모습이나 문화를 조사를 통해 확인하며, [2즐02-02]는 우리나라의 문화 예술을 즐기고 누리도록 설계한다. 학생들은 우리나라의 상징들과 문화에 대한 이해를 바탕으로 나라의 소중함과 국민으로서 자랑스러움을 느끼며, 우리나라의 문화와 예술을 누릴 뿐만 아니라 발전시키고자 하는 존재임을 자각하도록 하는 일반화에 이르게 된다.

▶ 매크로 개념: 연결

매크로 개념은 '연결'로 선정하였다. 문화는 같은 자연 조건과 지역에서 오랫동안 함께 살아온 공동체가 이루어놓은 모든 것이다. 오랫동안 함께 해온 공동체는 비슷한 정서나 생활 양식을 계승하면서 공유하고 연결되어 있다. 국호, 국기, 국가, 국화를 비롯한 나라의 상징, 의식주와 같은 생활 양식과 각종 행사 등은 문화를 이루는 요소임을 알고 문화를 개념적으로 이해하게 한다.

▶ 마이크로 개념: 우리나라의 상징, 문화, 소중함, 문화 예술 향유

성취기준에 나타난 마이크로 개념은 우리나라, 소중함, 사랑, 우리나라의 모습, 문화, 예술, 즐김 등이 있다. 이 중에서 이 단원에서는 우리나라의 상징, 문화, 소중함, 문화 예술 향유를 마이크로 개념으로 선정하였다. 학생들은 우리나라의 상징들이 나타내는 뜻을 알고 우리나라 문화와 예술에는 어떤 것이 있는지 알게 된다. 나아가 우리나라의 문화와 예술이 지닌 좋은 점이나 우수한 점을 조사하면서 문화의 소중함과 자긍심을 연결한다. 우리나라의 소중함이라는 개념은 문화를 일구며 살아가는 가장 기본적인 터전이라는 것을 알고, 우리나라 문화 향유라는 개념은 여러 가지 우리나라 고유의 문화나 예술을 감상하고 공감하며 즐기게 된다. 나아가 우리나라 문화 예술을 발전시키려는 의지와 연결되도록 돕고자 한다.

▶ 개념망(스트랜드)

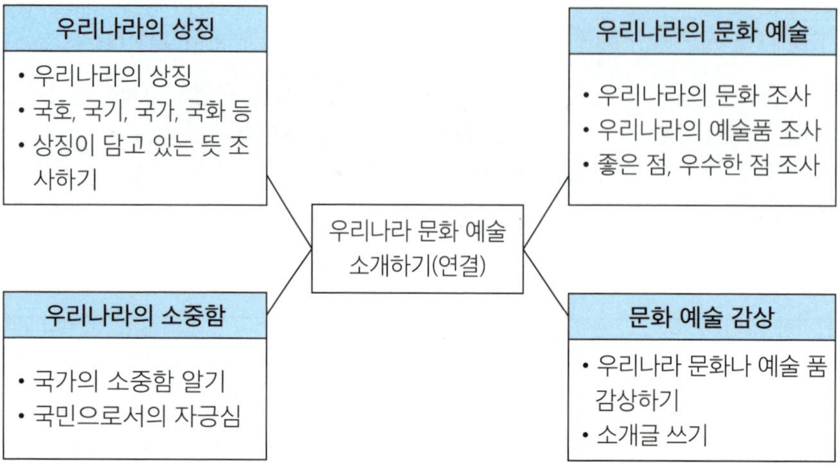

주제는 '우리나라 문화 소개하기'로 선정하였다. 이 단원은 학생들이 우리나라의 고유한 문화가 있음을 알고 이를 지키고 누리고자 하는 태도를 함양하는 것을 중점으로 한다. 학생들이 우리나라를 상징하는 것과 문화와 예술품에 대해서 알고 우리나라의 소중함을 일깨우며 문화를 즐길 수 있도록 한다.

수업은 우리나라의 상징, 우리나라의 문화, 우리나라의 소중함, 문화 예술 감상의 네 가지 스트랜드로 나눠어 진행된다. 학생들은 자신이 정한 상징이나 문화 또는 예술에 담긴 좋은 점과 우수한 점을 조사하게 된다. 이러한 과정을 통해 우리나라의 소중함을 깨닫고 소개글을 써봄으로써 나라에 대한 고마움을 느끼며 문화에 대한 자긍심을 가지고 문화를 즐기고 누리면서 나라 사랑하는 마음과 문화 발전의 의지와 연결할 수 있다.

▶ 지식의 구조

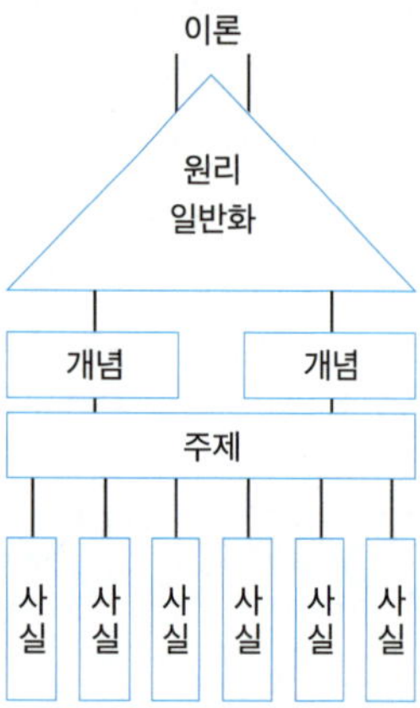

일반화	나라의 상징과 문화를 이해하는 것은 나라를 소중히 여기는 마음과 연결된다.
매크로 개념	발전
마이크로 개념	우리나라의 상징, 문화, 소중함, 문화 예술 향유
주제	우리나라의 문화 예술 소개하기
사실	• 대한민국, 태극기, 무궁화, 애국가 • 한글, 화폐, 한복 등 • 전통문화와 예술품 • 문화와 예술에 담긴 우수성이나 장점

▶ 과정의 구조

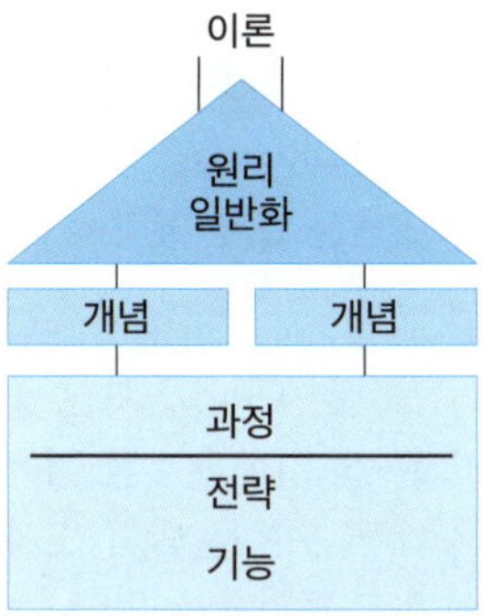

일반화	나라의 상징과 문화를 이해하는 것은 나라를 소중히 여기는 마음과 연결된다.
매크로 개념	발전
마이크로 개념	우리나라의 상징, 문화, 소중함, 문화 예술 향유
과정	우리 나라 예술품 감상 글쓰기
전략, 기능	- 예술품의 우수성과 좋은점 정리하기 - 국민으로서의 자긍심 생각하기 - 소개하는 글의 형식 알기

▶ 평가 설계: C-GRASPS 수행과제

수행과제명	우리나라의 문화 예술 소개하기
Concept	연결: 우리나라의 문화와 자긍심을 연결
목표(G)	대한민국의 문화나 예술에서 좋은 점을 찾고, 유튜버로서 이를 알리기
역할(R)	대한민국의 문화 예술 유튜버
청중(A)	유튜버 시청자
상황(S)	여러분은 대한민국의 문화 예술 유튜버로서 유튜버 시청자들에게 대한민국의 문화나 예술을 소개해야 합니다. 문화나 예술 중 한 가지를 선택하여 우수한 점이나 장점을 소개해야 합니다.
수행(P)	우리나라의 문화나 예술에 대한 소개글
기준(S)	1. 선택한 문화의 좋은 점이나 우수성 표현하기 2. 선택한 문화에 대해 조사하고 정리하기 3. 대상을 선택한 이유, 느낌, 소중히 여기는 마음 표현하기

범주 \ 성취수준	상	중	하
지식·이해	선택한 문화에 대해 좋은 점이나 우수한 점을 명확하게 드러낼 수 있다.	선택한 문화에 대해 좋은 점이나 우수한 점을 대략적으로 드러낼 수 있다.	선택한 문화에 대해 좋은 점이나 우수한 점이 있음을 알 수 있다.
과정·기능	선택한 대상이 지닌 좋은 점이나 우수한 점이 잘 드러나게 조사하고 정리할 수 있다.	선택한 대상이 지닌 좋은 점이나 우수한 점에 대해 대략적으로 조사하고 정리할 수 있다.	선택한 대상이 지닌 좋은 점이나 우수한 점에 대해 도움을 받아 조사하고 정리할 수 있다.
향유 태도 (가치·태도)	대상을 선택한 이유, 느낌과 소중히 여기는 마음이 뚜렷이 담겨 있다.	대상을 선택한 이유, 느낌과 소중히 여기는 마음이 담겨 있다.	대상을 선택한 이유가 불분명하나, 느낌과 소중히 여기는 마음이 담겨 있다.

▶ **개념기반 탐구 단계별 설계(스트랜드 '문화 예술 감상' 사례)**

단계	활동 주요 흐름	성찰하기	탐구 기법
관계맺기	• 세계인류문화 유산으로 등록된 문화 유산 보여 주기(문화 예술) - 창덕궁, 불국사, 석굴암, 수원화성, 고인돌 유적, 해인사 대장경판, 종묘, 판소리, 강강술래 훈민정음 해례본(세계기록유산 등재) 등 • (사) 이밖에도 우리나라의 자랑스러운 문화 예술에는 어떤 것이 있을까요? - 훈민정음, 비빔밥, 한복, 고려 청자, 조각보, 민화, 설날, 추석, 부채춤, 태권도, ...	우리나라의 자랑스러운 문화 유산이 많음을 알기	Zoom In, Zoom Out 동영상
집중하기	• 소개글 알아보기 - 소개하려는 대상, 대상에 대한 설명 - 모양이나 쓰임새 - 대상의 우수성이나 장점 파악하기 - 자신의 느낌이나 다짐 - 표현-자연스러운 소개 방법 • (개) 우리의 멋진 문화를 다른 나라 친구들에게 보여주면 서로 '좋은 친구'가 되는 데 어떤 도움을 줄까요?	소개글에 담길 내용과 소개글의 장점 알기	사례 제시

조사하기	• 마음에 드는 대상 고르기 - 교사는 관계 맺기에서 나온 대상들을 그림으로 출력해준다. - 이 대상에 대한 느낌과 고른 이유 생각하기 • 선택한 대상 조사하기 - 도서관에서 관련된 책 찾기 - 조사할 내용을 쉬운 용어로 바꾼 것을 출력해주어도 좋다. (수준 고려) - 쉽게 설명해 놓은 동영상을 태블렛으로 보여주어도 좋다. • 책이나 자료물에서 알릴 내용 찾아보기 - 대상의 이름 - 알릴 점(모양, 쓰임새, 우수한 점 등)	선택한 대상을 알리기 위한 자료 찾기	데이터 수집 및 기록하기
조직 및 정리하기	• 소개글에 담을 사실 정리하기 - 조사 자료와 자신의 생각이나 느낌 - 짝에게 자신의 소개글 얼개를 말하고 의견 공유하기 • 소개글 쓰기	소개글 쓰고 발표하기	Think-Pair-Share
일반화	• 전시 및 소개하기 - 다 쓴 다음 활동 결과물을 교실 전체에 간격을 두고 번호대로 전시하기→홀수와 짝수로 나누어서 홀수인 학생들은 소개하고 짝수인 학생들은 질문하거나 논평하기→홀수의 소개가 끝나면 짝수와 역할바꾸기 • (논) 우리 문화를 발전시키기 위해 '옛날 모습을 그대로 지키는 것'과 '지금 유행에 맞춰 바꾸는 것' 중 무엇이 더 중요할까요? • 다른 반이나 가족에게 발표한 내용 공유하기	우리나라 문화 예술 발전 방법 알기	Gallery Walk
전이하기 (평가)	• (개) 대한민국의 문화 즐기고 누리기 위해 무엇을 하면 좋을까요? • (논) 다른 나라의 문화를 우리 것보다 더 좋아하고 따라 해도 괜찮을까요?	자긍심을 갖고 그 문화를 즐기고 누리고자 하는 마음가짐과 태도 지니기	GRASPS

CHAPTER 4

3~4학년군 성취기준 분석을 통한 개념 및 일반화 추출

1. 지식의 구조에 따른 개념기반 설계

가 교과 단일형 1

학년	3학년	교과	수학	단원명	분수 탐험대
성취기준	[4수01-10] 단위분수, 진분수, 가분수, 대분수를 알고, 그 관계를 이해한다. [4수01-11] 분모가 같은 분수끼리, 단위분수끼리 크기를 비교하고 그 방법을 설명할 수 있다.				

일반화 예시

분수의 관계를 이해하고 크기를 비교하는 과정은 문제 해결 방법과 긴밀하게 연결된다.

- 분수는 전체와 부분의 관계를 나타낸다.
- 분수 간의 관계와 특성을 이해하면 분수를 더 쉽게 다룰 수 있다.
- 분모가 같은 분수는 분자가 클수록 크기가 크며, 단위분수는 분모가 클수록 크기가 작다.
- 분수의 비교는 실생활에서의 양을 비교하는 것과 유사하다.

성취기준 [4수01-10], [4수01-11]는 3~4학년군 수학과 4개 영역 중 (1) 수와 연산 영역과 관련이 있다. 학생들이 다양한 분수의 표현 방식을 이해하고, 이를 통해 크기 비교를 자연스럽게 받아들일 수 있도록 하는 것이다. 이를 위해 분수 간의 관계를 이해하고, 이를 바탕으로 다양한 문제 해결 방법을 찾도록 한다. 일반화는 이 과정에서 학생들이 분수와 실생활 상황을 연계하여 문제 해결을 위한 전략적 사고를 기를 수 있도록 돕는다.

▶ 매크로 개념: 관계

매크로 개념은 '관계'로 선정하고, 단위분수, 진분수, 가분수, 대분수, 분모, 분자, 크기 비교라는 마이크로 개념으로 접근하도록 하였다. 매크로 개념을 관계로 한 것은 단위분수, 진분수, 가분수, 대분수 사이의 관계를 이해하는 것이 분수 학습의 핵심이기 때문이다. 분수의 크기 비교 또한 분수 간의 관계를 바탕으로 설명할 수 있다. 특히, 분모와 분자 간의 관계를 시각적으로나 수학적으로 이해하는 과정에서 관계라는 개념이 중요한 역할을 한다.

▶ 마이크로 개념: 단위분수, 진분수, 가분수, 대분수, 분모, 분자, 크기 비교

성취기준에 나타난 마이크로 개념은 단위분수, 진분수, 가분수, 대분수, 분모, 분자, 크기 비교로 이번 단원에서 모든 마이크로 개념을 다룬다. 단위분수는 분수를 이해하는 데 기본적인 출발점이 되며, 다른 분수 개념과의 관계를 쉽게 파악할 수 있다. 진분수, 가분수, 대분수는 각각의 분수 형태를 이해하게 하여 분수 간의 관계를 더 명확하게 설명하도록 돕는다. 학생들은 이를 통해 분수의 다양한 표현 방법을 배우고, 분수의 성질을 더 깊이 이해할 수 있다. 분모, 분자는 분수의 크기를 비교할 때 분모와 분자의 관계에 대한 이해가 필수적이고, 크기 비교는 학생들이 분수의 크기를 비교하는 능력을 기르는 것은 수학적 사고력을 향상시키는 중요한 요소로서 실생활에서의 양 비교와 연결하여 학생들이 문제 해결에 활용할 수 있도록 돕는다.

▶ 개념망(스트랜드)

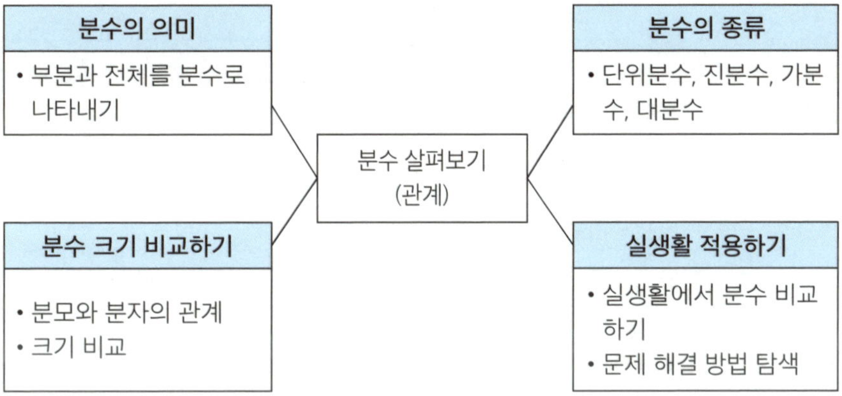

주제는 '분수 살펴보기'로 선정하였다. 학생들은 '분수'라는 개념을 탐험대가 되어 분수를 배우며 모험처럼 재미있게 탐구하며 그 속에 숨겨진 관계를 발견하는 과정에 대한 흥미를 느끼도록 설정하였다.

단원을 모두 학습한 후 학생들이 도달해야 하는 개념적 이해(일반화)는 '분수 간의 관계와 크기 비교는 문제 해결 과정에서 중요한 도구가 된다'로, 수학과 핵심 아이디어 및 내용 체계를 분석하여 기술하였다. 이 일반화 문장은 분수의 개념이 실생활 문제 해결에 어떻게 활용될 수 있는지 이해하는 데 중점을 둔다.

이에 대한 스트랜드는 먼저 분수의 의미를 배우고, 분수의 종류를 학습한 후, 분수의 크기 비교와 실생활 문제 적용을 단계적으로 진행하도록 계획되었다. 분수의 종류를 이해한 후 각 분수 간의 차이와 관계를 탐구한다. 분수 크기 비교하기에서는 분모와 분자의 관계를 통해 분수의 크기를 비교하며, 실생활 문제 해결을 위한 방법을 탐색한다. 마지막으로 실생활 적용하기에서는 배운 분수 개념을 실생활 문제에 적용하는 활동을 통해 사고력을 확장한다.

▶ **지식의 구조**

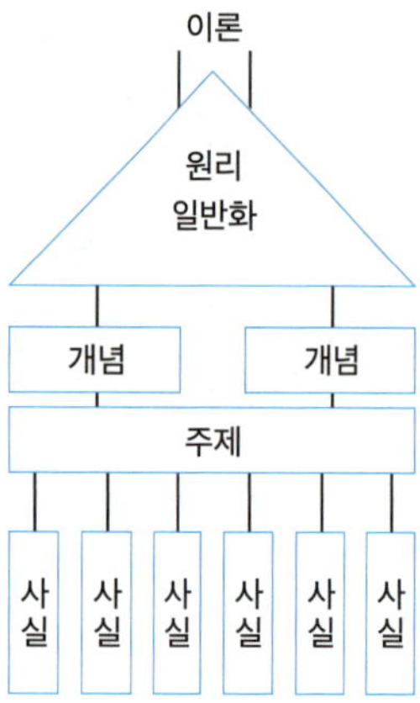

일반화	분수의 관계를 이해하고 크기를 비교하는 과정은 문제 해결 방법과 긴밀하게 연결된다.
매크로 개념	관계
마이크로 개념	단위분수, 진분수, 가분수, 대분수, 분모, 분자, 크기 비교
주제	분수 살펴보기
사실	• $\frac{1}{2}$, $\frac{1}{3}$, $\frac{2}{3}$, $\frac{4}{7}$, $\frac{5}{3}$, $\frac{7}{2}$, $2\frac{7}{4}$ • $\frac{2}{3}$에서 분자는 2이고, 분모는 3이다. • $\frac{2}{3}$보다 $\frac{5}{3}$가 더 크다.

▶ **평가 설계: C-GRASPS 수행과제**

수행과제명	분수 탐험대! 분수 문제 해결 미션
Concept	관계: 단위분수, 진분수, 가분수, 대분수의 관계와 크기 비교
목표(G)	단위분수, 진분수, 가분수, 대분수를 비교하고 관계를 설명하며, 실생활 문제 해결에 이를 적용하기
역할(R)	분수 탐험대 대원
청중(A)	지역 도서관에서 수학 학습 프로그램에 참여하며 분수 이해를 어려워하는 주민
상황(S)	여러분은 지역 도서관에서 수학 학습 프로그램에 참여하며 분수 이해를 어려워하는 주민들을 대상으로 분수 개념을 활용한 문제 해결 방법을 설명해야 합니다. 실생활에서 분수를 어떻게 사용하는지 보여주고, 분수 크기 비교와 해결 과정을 쉽게 이해할 수 있도록 설명하는 것이 목표입니다.
수행(P)	주어진 실생활 문제를 분수로 해결하고, 분수 크기 비교와 해결 과정을 설명한 발표 자료(문제와 풀이 포함)
기준(S)	1. 분수 크기 정확히 비교하기 2. 분모와 분자의 관계 이해하기 쉽게 설명하기 3. 문제 해결 방법을 실생활 사례와 연결하여 구체적으로 설명하기

범주 \ 성취수준	상	중	하
지식·이해	분수 크기를 정확히 비교하고, 분모와 분자의 관계를 명확히 설명한다.	분수 크기를 대체로 정확히 비교하고, 분모와 분자의 관계를 간단히 설명한다.	분수 크기를 비교하고, 분모와 분자의 관계를 이해하며 간단히 표현한다.
과정·기능	문제 해결 방법을 실생활 사례와 연결하여 구체적이고 설득력 있게 설명한다.	문제 해결 방법을 실생활 사례와 연결하여 적절하게 설명한다.	문제 해결 방법을 실생활 사례와 연결하여 간단히 설명한다.
가치·태도	문제 해결 과정에 적극적으로 참여하고, 책임감 있게 과제를 완수한다.	문제 해결 과정에 참여하며, 책임감을 가지고 과제를 완수한다.	문제 해결 과정에 참여하며, 과제를 완수하기 위해 노력한다.

▶ **개념기반 탐구학습 과정 (스트랜드 '실생활에 적용하기' 사례)**

단계	활동 주요 흐름	성찰하기	탐구 기법
관계맺기	• 실생활에서 분수를 사용하는 예시 탐구하기 - (사) 실생활에서 우리는 언제 단위분수, 진분수, 가분수, 대분수를 사용할까? - 피자, 주스, 물병 등 실생활에서 단위분수, 진분수, 가분수, 대분수를 사용하는 다양한 예시 제시하기 - 각각의 상황에서 어떤 분수를 사용하고 왜 사용하는지 토의하기 - 실생활에서 분수 크기 비교와 관계의 중요성 탐구하기	주변에서 단위분수, 진분수, 가분수, 대분수를 사용하는 상황 더 찾아보기	Think-Pair-Share What makes you say that?
집중하기	• 분수 크기 비교를 통한 실생활 문제 해결하기 - (사) 어떤 컵에 더 많은 주스가 있을까? - (개) 가분수와 대분수는 어떻게 크기를 비교할 수 있을까요? - 주스 컵 문제(1/2 vs 3/4) 제시하기 - 단위분수, 진분수, 가분수, 대분수 간 크기를 비교해 어떤 양이 더 많은지 결정하기 - 분모와 분자, 가분수와 대분수의 관계를 설명하기	실생활 문제에서 다양한 분수(단위분수, 진분수, 가분수, 대분수)를 어떻게 비교해야 할지 생각해 보기	Number Talks Step Inside

조사하기	• 실생활 문제를 통한 분수의 다양한 비교 방법 탐색 - (개) 가분수와 대분수는 어떻게 크기를 비교할 수 있을까요? - 다양한 실생활 문제(예: 가분수와 대분수, 단위분수와 진분수 비교 문제) 제시하기 - 학생들이 각각의 분수를 비교해 문제 해결하기 각 분수 간의 관계를 조사하고 비교 전략을 탐색해 발표하기	다양한 분수를 비교할 때 사용하는 방법 정리하기	네모퉁이 토론
조직 및 정리하기	• 실생활에서 분수를 활용한 문제 해결 방법 정리 - (개) 실생활에서 분수 크기 비교 규칙을 정리할 때 무엇을 기억해야 할까? - 배운 내용을 바탕으로 분수 크기 비교 방법 정리하기 - 실생활에서 분수 크기 비교 규칙 도출하기 - 문제 해결 전략을 체계적으로 정리하고 발표하기	분수 비교 방법을 정리할 때 중요한 점 확인하기	T-차트
일반화	• 실생활 문제 해결 전략의 일반화 - (개) 분수 크기를 비교할 때, 어떤 규칙을 기억해야 할까요? - 다양한 실생활 문제(예: 물병의 용량 비교 등) 제시하기 - 배운 분수 크기 비교 원리를 문제 해결에 적용하기 - 일반적인 규칙 도출하고, 실생활에 적용 가능성 확인하기	배운 분수 비교 방법을 다른 문제에 적용해 보기	Claim-Support-Question Connect-Extend-Challenge
전이하기 (평가)	• (개) 분수 크기 비교에서 가장 효율적인 방법은? • 팀별로 실생활 문제(예: 피자 나누기 문제) 제시하고 해결하기 • 팀 간 문제 해결 대결을 통해 분수 크기 비교 전략 피드백 주고받기 • 새로운 실생활 문제에 적용할 수 있는 방법 도출하기	가장 유용했던 분수 비교 전략을 선택하고 이유 정리하기	Think-Pair-Share Compass Points

나 교과 단일형 2

학년	4학년	교과	사회	단원명	역사 속의 나
성취기준	[4사02-01] 일상 속에서 시간의 흐름을 경험할 수 있는 사례를 살펴보고, 이를 바탕으로 역사의 시간 개념을 이해한다. [4사02-02] 오래된 물건이나 자료들을 주변에서 찾아보고, 이를 통해 과거의 모습을 살펴볼 수 있음을 이해한다. [4사06-02] 지역의 박물관, 기념관, 유적지 등을 체험하고 지역의 역사를 이해한다.				

일반화 예시

시간의 흐름에 따른 변화를 이해하면 우리가 역사의 한 부분임을 깨닫게 된다.

- 현재에는 과거를 알 수 있는 자료들이 남아있다.
- 시간의 흐름에 따라 변하는 것과 변하지 않는 것이 있다.
- 과거와 현재는 서로 연결되어 있다.
- 역사적 시간 속에서 나에게도 역사가 있다.

성취기준 [4사02-01], [4사02-02], [4사06-02]는 3~4학년군 사회과 11개의 영역 중 (9) 역사 일반의 영역과 관련이 있다. 학생들이 시·공간 속의 인간과 사회현상을 종합적으로 이해하여, 자신을 역사적 존재로 인식하도록 한다. 과거의 여러 자료와 현재에 숨어 있는 다양한 과거의 자료들을 찾아보며 과거와 현재가 연결되어 있다는 역사의 개념을 형성할 수 있도록 설계한다. 학생들은 수업에서 사실에 해당하는 과거의 모습을 알 수 있는 정보와 자료를 나 자신, 가정, 학교, 마을을 중심으로 찾아보며 '역사'라는 개념을 알고, 과거와 현재의 연결이 역사이며 그것을 인식하는 자신이 역사적 존재임을 알게 되는 일반화에 이르게 된다.

▶ 매크로 개념: 변화

매크로 개념은 '변화'로 선정하고, 시간의 흐름, 과거, 현재, 오래된 물건, 나의 역사, 지역 역사라는 마이크로 개념으로 접근하도록 하였다. 과거와 현재의 비교, 오래된 물건을 통한 탐구, 나와 지역의 역사 찾기 활동을 통해 학생들은 변화가 시간 속에서 일어나는 과정임을 이해하고, 이를 통해 '과거와 현재는 변화 속에서 서로 연결되어 있다'는 일반화된 개념에 이르도록 돕는다. 학생들은 변화의 과정을 살펴보는 사고 과정을 통해 시간의 흐름이 현재와 과거를 연결하는 중요한 틀이라는 점을 깨닫고, 나아가 지역사회와 개인의 역사적 변화에도 관심을 가지게 된다.

▶ 마이크로 개념: 시간의 흐름, 과거, 현재, 오래된 물건, 나의 역사, 지역 역사

성취기준에 나타난 마이크로 개념은 시간의 흐름, 역사, 시간 개념, 오래된 물건, 자료, 과거, 박물관, 기념관, 유적지, 지역의 역사, 역사적 존재이다. 이 중 이 단원에서 중점으로 삼고자 하는 마이크로 개념은 시간의 역사성 파악을 위한 시간의 흐름과 과거, 현재의 개념과 오래된 물건(과거의 물건), 나의 역사(개인적 과거), 지역 역사로 선정하였다. 이러한 개념을 통해 학생들은 시간이 흐르면서 나타나는 변화와 그 속에서 연결되는 과거와 현재의 관계를 이해하고, 자신의 삶과 지역 사회가 어떻게 역사적 존재로서 이어져 왔는지를 파악하도록 돕고자 한다.

▶ 개념망(스트랜드)

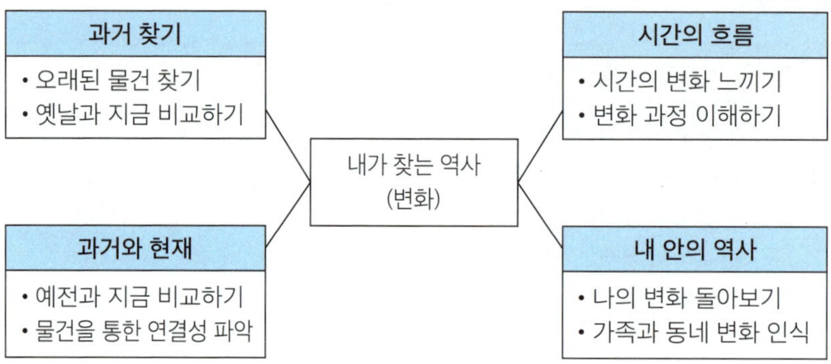

주제는 '내가 찾는 역사'로 선정하였다. 이 단원은 사회과 (9) 역사 일반 영역의 핵심 아이디어와 내용 체계를 바탕으로 설계하였으며, 학생들이 과거와 현재의 연결성을 탐구하고, 자신이 역사적 존재임을 인식하도록 돕는 데 중점을 두고 있다. 단원을 모두 학습하고 난 후 학생들이 도달해야 하는 개념적 이해(일반화)는 '사람들은 과거와 현재의 변화 모습을 살펴보며, 자신이 역사의 일부임을 이해한다.'로 설정하였다.

이 단원에서는 매크로 개념인 '변화'를 중심으로, 시간의 흐름과 그 속에서 나타나는 과거와 현재의 관계를 이해하고자 한다. 학생들은 시간의 흐름 속에서 변화가 현재와 미래에 미치는 영향을 인식하며, 과거가 현재와 어떻게 연결되어 있는지를 이해하게 된다.

▶ 지식의 구조

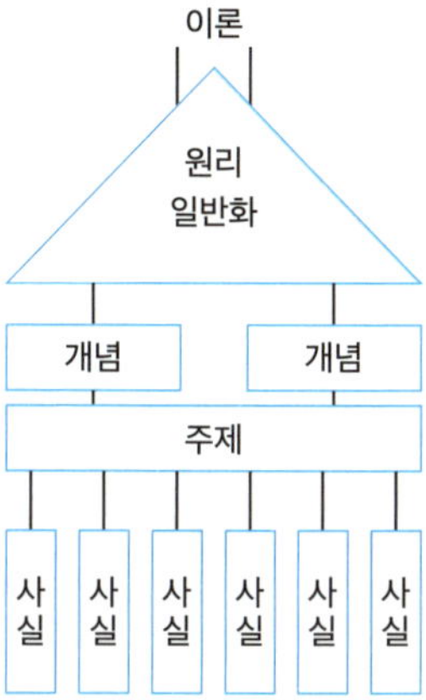

일반화	시간의 흐름에 따른 변화를 이해하면 우리가 역사의 한 부분임을 깨닫게 된다.
매크로 개념	변화
마이크로 개념	시간의 흐름, 과거, 현재, 오래된 물건, 나의 역사, 지역 역사
주제	내가 찾는 역사
사실	• 우리 집에 있는 과거의 물건들 • 나의 과거를 알 수 있는 자료들 • 우리 학교에서 찾을 수 있는 과거의 물건, 정보 • 우리 마을의 과거 모습이나 물건, 자료들 • 박물관, 기념관 유적지

▶ 평가 설계: C-GRASPS 수행과제

수행과제명	우리 동네 소중한 물건, 숨은 이야기 찾기
Concept	변화: 과거의 물건에 담긴 변화 과정과 현재의 차이
목표(G)	과거의 물건을 간직한 사람을 인터뷰하여 그 물건의 의미와 이야기를 탐구하며, 과거와 현재의 연결성 이해하기
역할(R)	지역 역사 기록관 연구원
청중(A)	역사 기록관의 동료 연구원과 지역 주민들
상황(S)	여러분은 지역 역사 기록관의 연구원입니다. 동네에 사는 어른들을 찾아가 그들이 간직한 옛 물건과 그 물건에 담긴 이야기를 듣고, 옛날과 지금의 차이를 정리하며 그 내용을 발표해 동료 연구원들과 지역 주민들에게 발표해야 합니다.
수행(P)	인터뷰한 내용을 정리한 자료와 옛날과 지금의 차이를 설명하는 발표 자료
기준(S)	1. 과거와 현재의 차이를 쉽게 보여주는 자료 만들기 2. 발표 자료를 깔끔하게 정리하고 보기 편하게 만들기 3. 인터뷰 내용을 정확하게 적고 사람들이 이해하기 쉽게 쓰기

범주 \ 성취수준	상	중	하
지식·이해	과거와 현재의 차이를 명확히 설명하고, 변화 과정을 쉽게 이해할 수 있도록 자료를 만든다.	과거와 현재의 차이를 잘 설명하고, 변화 과정을 간단히 정리한 자료를 만든다.	과거와 현재의 차이를 설명하고, 변화 과정을 간단히 나타낸 자료를 만든다.
과정·기능	발표 자료를 보기 좋고 깔끔하게 정리하며, 사람들이 쉽게 이해할 수 있도록 구성한다.	발표 자료를 대체로 깔끔하게 정리하며, 사람들이 이해할 수 있도록 구성한다.	발표 자료를 정리하여 사람들이 내용을 이해할 수 있도록 구성한다.
가치·태도	인터뷰 내용을 정확히 기록하며, 이야기와 물건의 의미를 존중하며 자료를 작성한다.	인터뷰 내용을 기록하며, 이야기와 물건의 의미를 고려하며 자료를 작성한다.	인터뷰 내용을 간단히 기록하며, 이야기와 물건의 의미를 생각하는 노력을 보인다.

▶ **개념기반 탐구학습 과정(스트랜드 '과거와 현재' 의 사례)**

단계	활동 주요 흐름	성찰하기	탐구 기법
관계맺기	• (사) 우리 동네는 예전에는 어떤 모습이었을까요? • 옛 사진이나 물건에 대한 첫인상 나누기 • 과거와 현재의 차이점 의견 나누기	과거와 현재를 비교하며 느낀 점 적기	See-Think -Wonder
집중하기	• (개) 과거가 현재와 어떻게 연결될까요? • 과거와 현재가 연결된 예시(예, 지역의 옛날 사진, 오래된 건물) 탐구 • 과거와 현재의 연결성을 찾는 과제 제시	과거의 현재의 연결성을 찾으며 느낀 점 적기	Think-Puzzle -Explore
조사하기	• (사) 옛날과 지금의 생활 모습에는 어떤 차이가 있을까요? • 과거와 현재를 비교할 자료(옛날 사진, 지도 등) 조사 및 가족 또는 지역 주민 인터뷰 진행	조사 과정에서 새롭게 알게 된 점 적기	Circle of Viewpoints
조직 및 정리하기	• (논) 과거와 현재 중 어느 모습이 더 나은가요? 왜 그렇게 생각하나요? • 조사한 자료와 인터뷰 내용을 바탕으로 과거와 현재의 연결성 정리 발표 자료 제작	정리하며 생각의 변화 기록하기	Headline

일반화	• (개) 우리가 배울 수 있는 점은 무엇일까요? • 과거와 현재가 연결된 다양한 사례를 모아 일반화 문장 만들기 - "과거의 모습은 변화하여 오늘날에도 영향을 미친다. (또는) 과거와 현재는 서로 연결되어 있다."	일반화 문장 작성하며 이해한 점 적기	I Used to Think... Now I Think...
전이하기 (평가)	• (개) 이 물건(또는 사진)이 과거와 현재를 연결하는 이유는 무엇인가요? • 학생들이 조사한 내용 중 간단한 예를 들고, 그 물건이나 자료가 현재와 어떤 점에서 연결되어 있는지 설명하기	발표 내용을 듣고 연결성이 잘 설명되었는지 여부 확인하기	

다 교과 통합형

학년	4학년	교과	국어 과학	단원명	생태작가

성취기준	[4국03-03] 대상에 대한 자신의 의견과 그렇게 생각한 이유가 드러나게 글을 쓴다. [4국03-05] 자신의 쓰기 과정을 점검하며 쓰기에 자신감을 갖는다. [4과02-02] 다양한 환경에 서식하는 동물을 조사하여 동물의 생김새와 생활 방식이 환경과 관련되어 있음을 설명할 수 있다.

일반화 예시

글의 목적에 맞는 쓰기 전략을 선택하는 것은 원활한 의사소통 기능을 수행하도록 돕는다.

- 우리 주변의 생물은 환경과 영향을 주고 받으며 밀접한 관계를 맺는다.
- 우리는 상황에 따라 의사소통 목적을 정하여 다양한 유형의 글을 쓴다.
- 쓰기 과정에서 적절한 전략 사용은 더 나은 글을 완성하게 한다.
- 효과적인 쓰기 과정은 더 나은 글을 완성하게 한다.

학생들은 여러 가지 상황에 따라 의사소통 목적을 달리하여 글을 쓴다. 글은 효과적인 의사소통 수단으로써 사회적 인간인 우리가 중요하게 갖춰야 할 능력 중 하나이다. 글쓰기 과정에서 자기의 생각을 보다 효과적으로 전달하기 위해서는 다양한 글쓰기 전략들이 관여하게 되는데(성취기준 [4국03-03], [4국03-05]), 이러한 이해를 바탕으로 학생들은 해당 과정을 수행하며 더 나은 글을 쓰고 남들과 원활히 의사소통할 수 있게 될 것이다. 특별히 본 단원에서는 과학과와 연계하여(성취기준 [4과02-02]) 생물과 환경의 관계에 대해 이해한 바를 콘텐츠로 삼아 이를 조리 있게 전달하는 글을 쓰게 한다.

▶ 매크로 개념: 기능

매크로 개념은 국어과에 초점을 두어 '기능'으로 선정하고 상황, 의사소통, 다양한 유형의 글, 쓰기 과정, 쓰기 전략이라는 마이크로 개념으로 접근하도록 한다. 상황과 맥락에 맞는 의사소통을 위해 글은 어떻게 기능하며 활용될 수 있는가를 학생들은 탐구하게 될 것이다. 나아가 의사소통을 원활하게 하는 글쓰기를 위해서는 다양한 기능과 전략이 쓰일 수 있다는 점을 이해하게 된다.

▶ 마이크로 개념: 상황, 의사소통, 쓰기 전략, 쓰기 과정(국어), 생물, 환경, 영향, 관계(과학)

성취기준에 나타난 마이크로 개념은 국어과에서 상황, 의사소통, 쓰기 과정, 쓰기 전략이며 과학과에서는 생물, 환경, 영향, 관계이다. 상황은 우리가 의사소통 시 고려해야 할 대상으로 다양한 장면이 탐색되어야 한다. 본 단원에서는 특히 글쓰기를 통한 의사소통에 초점을 맞춰 다양한 유형의 글을 탐구한다. 좋은 글을 쓰기 위해서는 다양한 쓰기 전략과 과정이 작동해야 하므로 이를 이해하게 한다. 특별히 본 단원에서는 과학과 연계하여 글쓰기를 하는데, 환경에 영향을 받는 생물의 여러 사례를 탐구하며 이들 간의 관계를 파악한다.

▶ **개념망(스트랜드)**

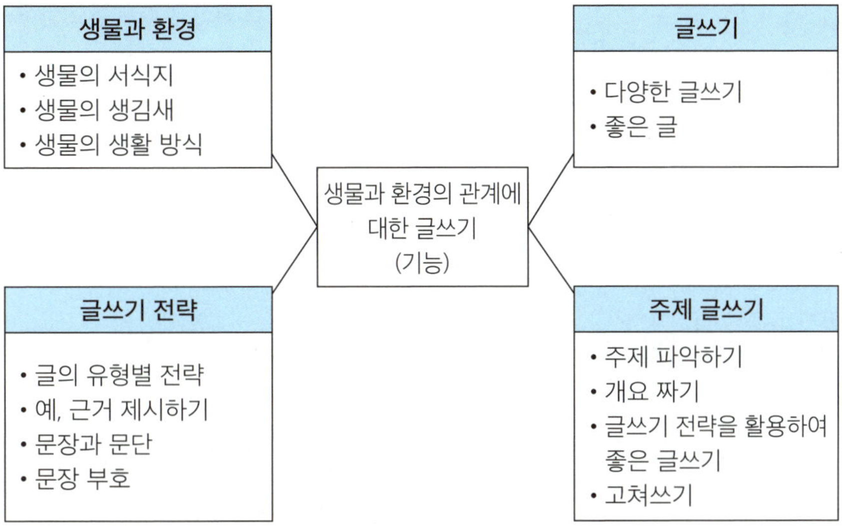

주제는 '생물과 환경의 관계에 대한 글쓰기'로 선정하였다. 먼저 학생들은 동식물과 환경 간의 밀접한 연관성에 대해 탐구하는데, 이는 이후 글쓰기 과정의 주요한 내용 요소로 활용된다. 다음으로 글쓰기에 관한 깊이 있는 이해를 위해 의사소통의 주요 수단으로써 상황과 목적에 따른 다양한 유형의 글이 있다는 점을 파악하고 좋은 글들의 사례를 접한다. 글쓰기에 필요한 주요 지식과 더 좋은 글을 쓰기 위한 전략들을 귀납적으로 탐구하는 과정을 거쳐 글쓰기 역량으로 수렴되게 한다. 마지막은 글쓰기 탐구의 적용 단계로, 앞서 다룬 과학과의 내용을 바탕으로 국어과와 접목하여 글을 쓰고 독자에게 전달한다.

▶ 지식의 구조

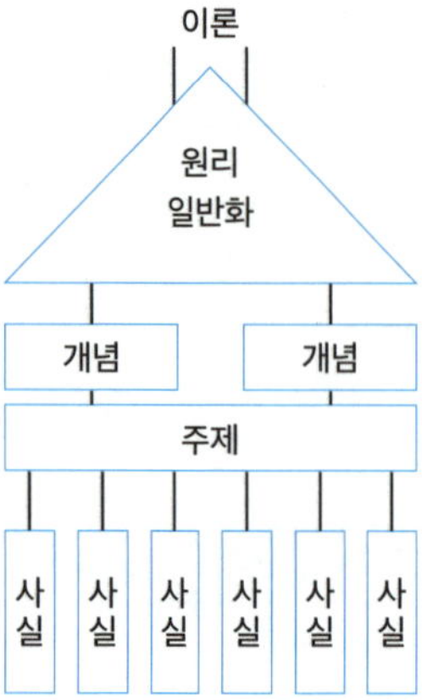

일반화된 지식	우리 주변의 생물은 환경과 영향을 주고 받으며 밀접한 관계를 맺는다.
매크로 개념	원인
마이크로 개념	생물, 환경, 영향, 관계
주제	생물과 환경
사실	• 생물의 서식지 • 생물의 생김새 • 생물의 생활 방식

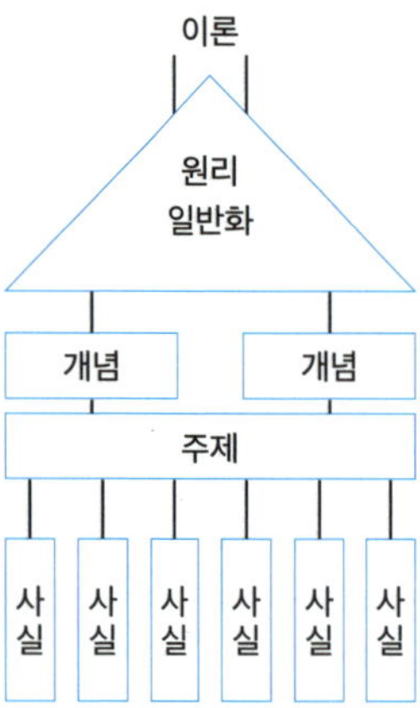

일반화된 지식	글의 목적에 맞는 쓰기 전략을 선택하는 것은 원활한 의사소통 기능을 수행하도록 돕는다.
매크로 개념	기능
마이크로 개념	상황, 의사소통, 쓰기 과정, 쓰기 전략
주제	동물과 환경의 관계에 대한 글쓰기
사실	• 설명하는 글, 주장하는 글, 문학 작품 등 • 좋은 글쓰기 사례 • 다양한 글쓰기 전략 • 고쳐쓰기

▶ 평가 설계: C-GRASPS 수행과제

수행과제명	동물원 사육사가 되어요
Concept	기능: 효과적인 쓰기 과정과 전략을 활용해 동식물과 환경의 관계에 대한 설명하는 글쓰기
목표(G)	동물원에 방문한 유치원생, 초등학생들에게 동물이 사는 곳과 생김새, 생활 방식 등에 대해 안내하는 책자를 제작하기
역할(R)	동물원 사육사
청중(A)	동물원 방문 어린이들

상황(S)	동물원에 놀러 온 아이들에게 도움이 될만한 유익한 소책자를 제작해야 합니다. 특히 동물이 사는 곳에 따른 생김새와 생활 모습을 잘 알려줘서 동물과 환경 간에 밀접한 관련이 있다는 점을 이해시켜줘야 합니다.
수행(P)	소책자, 설명하는 글 등
기준(S)	1. 동물의 서식지와 생김새, 생활 모습 간의 관계가 잘 드러나게 쓰기 2. 쓰기 과정을 준수하고 설명하는 글에 효과적인 쓰기 전략 활용하기 3. 상황에 어울리는 글쓰기

성취수준 / 범주	상	중	하
지식·이해	주어진 상황을 정확히 파악하여 설명하는 글을 조리 있게 쓴다.	주어진 상황을 파악하여 설명하는 글을 쓴다.	주어진 상황을 파악하여 설명하는 글쓰기를 일부 수행한다.
과정·기능	쓰기 전략을 적극 활용하여 자신이 의도한 바를 효과적으로 전달한다.	쓰기 전략을 일부 활용하여 자신이 의도한 바를 전달한다.	쓰기 전략을 활용하여 자신이 의도한 바를 전 일부 전달한다.
가치·태도	쓰기 활동에 주도적으로 적극 참여하는 태도를 보인다.	쓰기 활동에 관심을 갖고 참여하는 태도를 보인다.	쓰기 활동에 소극적인 태도로 참여한다.

▶ 개념기반 탐구학습 과정 (스트랜드 '글쓰기', '글쓰기 전략', '주제 글쓰기'의 사례)

단계	활동 주요 흐름	성찰하기	탐구 기법
관계맺기	• 그동안 어떤 유형의 글을 써보았는지 브레인스토밍해보기 - (사) 그동안 써본 글에는 어떤 것이 있나요?	단원과 관련 있는 사전 개념을 충분히 활성화하였는지 성찰하기	브레인스토밍
집중하기	• 글을 써야 하는 상황 떠올리기 • 글을 상황과 목적에 따라 분류하기 • 좋은 글의 사례 살펴보기 • 좋은 글을 구별하고 그 특징 논하기 - (개) 좋은 글은 어떤 특징이 있을까요? • 좋은 글을 완성하는 글쓰기 전략 알아보기	주요 개념에 대해 개략적인 이해를 하였는지 점검하여 조사하기를 위한 준비가 잘 되었는지를 성찰하기	질문하기 Think-Puzzle-Explore

조사하기	• 잘 쓰여진 설명하는 글 한 편씩을 조사하고, 왜 그렇게 생각하는지 분석하기 • 설명하는 글을 잘 쓰기 위해 필요한 기능과 전략을 조사하기	다양한 사례 탐색과 실행을 거쳐 조사하기를 수행하였는지 성찰하기	The Explanation Game
조직 및 정리하기	• 효과적인 설명하는 글쓰기의 요건에 대해 정리한 내용을 발표하기 • 학생들이 조사한 글쓰기 전략을 칠판 전체에 작성하며 정리하기	여러 정리된 내용을 전체적으로 확인하고 일반화로 나아가기 위한 발판으로 삼았는지 성찰하기	Thinking Map
일반화	• 교사가 제시하는 다양한 글을 읽고 좋은 글인지를 근거를 들어 판단하기 • 글, 글쓰기 전략, 의사소통에 대한 관계 진술하기 - (논) 디지털 시대에 글쓰기가 꼭 필요한가?	일반화한 내용이 전이로 이어질 수 있는 아이디어인지 성찰하기	Connect-Extend-Challenge
전이하기 (평가)	• 과학과에서 다루고 이해한 내용을 바탕으로 특정 상황을 제시하고 상황에 맞는 설명하는 글쓰기 수행	과학과의 일반화된 지식을 재료로 삼아 국어과의 일반화된 지식을 접목하여 글쓰기를 수행하였는지 성찰하기	GRASPS

2. 과정의 구조에 따른 개념기반 설계

가 교과 단일형

학년	3학년	교과	도덕	단원명	도덕적으로 살아가기
성취기준	[4도01-01] 자신의 감정을 소중히 여기며 존중하는 태도를 바탕으로 내가 누구인가를 탐구한다. [4도01-03] 성실한 생활의 모범 사례를 탐색하고 시간 관리를 위한 생활을 계획하여 지속적인 자기 성장을 모색한다.				

일반화 예시

자신을 존중하며 책임을 다하는 태도는 도덕적인 삶을 살아가는 든든한 바탕이 된다.

- 자신에 대해 아는 것은 도덕 공부의 기초이다.
- 자신에 대해 소중히 여기는 태도는 도덕 공부의 기초이다.
- 성실함은 좋은 습관을 통해 형성된다.
- 성실함은 우리를 도덕적으로 살아가게 한다.

3학년이 되어 도덕 교과를 통해 본격적으로 가치 덕목에 관한 수업을 시작하기에 앞서 성취기준 [4도01-01]을 바탕으로 도덕적인 삶의 주체가 되는 자신을 이해하고 존중하는 태도를 확립하게 한다. 또한 [4도01-01]을 통해 성실한 삶의 자세에 관한 개념을 형성하고 실제 성실한 삶을 살아가도록 함으로써 향후 익히게 될 가치 덕목을 내면화하고 꾸준히 실천해나갈 수 있는 토대를 마련하도록 한다. 이러한 과정을 통해 학생들은 "자신을 이해하고 존중하는 것은 도덕 공부의 기초가 되며, 성실은 도덕적 삶으로 우리를 안내한다."라는 일반화에 도달하게 된다.

▶ 매크로 개념: 책임

매크로 개념은 '책임'으로 선정하고, 자아이해, 자아존중, 성실, 도덕적 삶이라는 마이크로 개념으로 접근하도록 하였다. 학생들은 도덕적 탐구를 통해 각자의 가치관을 형성해나가며 이를 바탕으로 저마다의 독특한 삶의 방식을 구축해나간다. 이 과정에서 성실한 삶의 태도는 습관을 만들어가는 측면에서 중요한 전제조건이 된다. 이는 이후 익히게 될 가치 덕목들을 실천 및 내면화하는 역할을 맡는다. 다양한 가치 덕목의 함양은 개인적으로나 사회적으로 긍정적인 기여를 하게 되며, 도덕인으로서 자기의 삶과 공동체 유지에 책임을 다하게 할 것이다.

▶ 마이크로 개념: 자아이해, 자아존중, 성실, 도덕적 삶

성취기준에 나타난 마이크로 개념은 자아이해, 자아존중, 성실, 도덕적 삶이다. 자아이해와 자아존중은 도덕적인 삶을 살아가는 토대로써 건전한 자존감 확립을 위해 필요한 조건이다. 성실은 그 개념을 학생들이 충분히 이해한다면 다양한 가치 덕목들이 실제 생활 속에서 구현될 수 있는 기제가 된다. 도덕적 삶은 학생들이 추구해야 할 궁극적인 방향으로, 자아이해와 자아존중을 통해 여러 가치 덕목들을 성실히 실천 및 내면화할 때 이루어진다.

▶ 개념망(스트랜드)

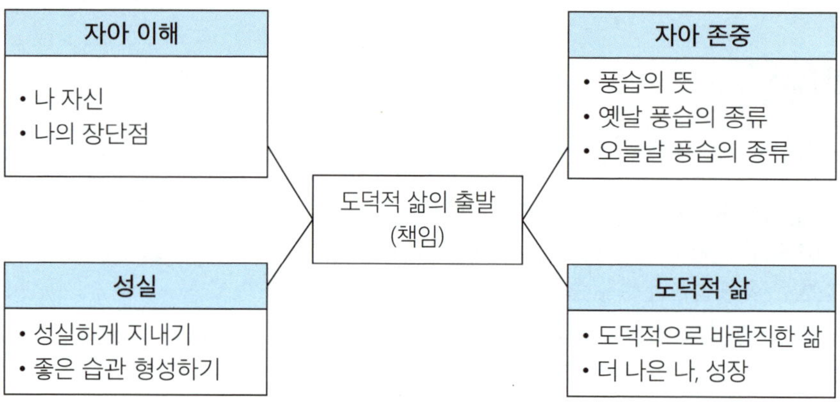

주제는 '도덕적 삶의 출발'로 선정하였다. 도덕과 수업을 통해 학생들은 다양한 가치 덕목을 이해 및 내면화하고 생활 속에서 실천하게 된다. 3학년은 처음 도덕과 수업을 접하는 시기로, 도덕적 사고 및 행위의 주체가 되는 '자신'에 대해 먼저 살펴보고 이해 및 존중하는 시간을 갖는다. 이로써 건전한 자존감, 효능감을 확립하는 토대로 삼는다. 또한 앞으로 익혀나갈 가치 덕목들의 실천 틀로써 '성실'이라는 개념을 탐구하며 그 의의와 가치 등에 대해 알아본다. 마지막으로 도덕적인 관점에서 더 나은 나로 성장하기 위해 할 수 있는 것들을 탐구하며 단원을 마무리한다.

▶ 과정의 구조

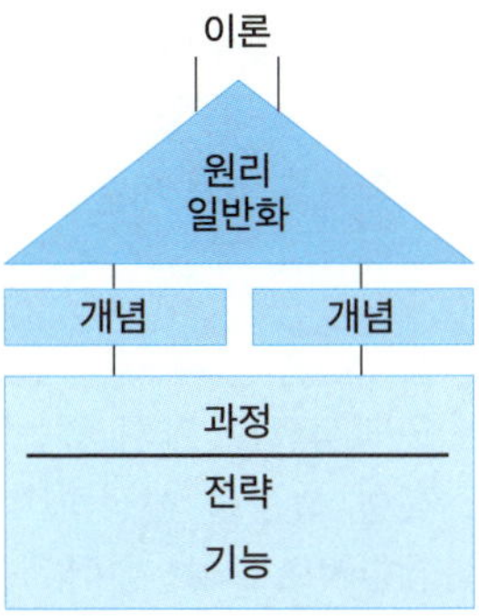

일반화된 지식	자신을 존중하며 책임을 다하는 태도는 도덕적인 삶을 살아가는 든든한 바탕이 된다.
매크로 개념	책임
마이크로 개념	자아 이해, 자아 존중, 성실, 도덕적 삶
과정	자아 탐구와 성실한 생활 습관 확립
전략, 기능	• 나에 대해 이해하기 • 나를 존중하기 • 생활 계획표 만들기, 습관 형성하기 • 습관 점검 및 나의 성장 과정 관리하기

▶ 평가 설계: C-GRASPS 수행과제

수행과제명	나를 알고 성실하면 100전 100 '도덕적 삶'
Concept	책임: 나를 이해하고 존중하며 성실한 습관을 갖추기
목표(G)	전국의 3학년 학생들이 도덕적으로 바람직한 어린이가 되도록 돕기
역할(R)	유튜버 또는 인스타그래머
청중(A)	전국의 3학년 학생들
상황(S)	여러분은 교육부 소속 어린이 인플루언서로, '도덕적으로 바람직한 어린이 되기'라는 주제로 동영상을 찍거나 게시글을 작성해야 합니다. 도덕적으로 바람직한 삶을 살기 위해 먼저 무엇을 알아야 하고 어떻게 계획 및 실천할 수 있는지에 대한 전 과정을 시범적으로 보여줘야 합니다.
수행(P)	자기탐구 보고서, 생활 계획표, 생활 점검표, 동영상, 게시글
기준(S)	1. 자신의 장점이나 단점으로부터 계획표를 도출하기 2. 계획표는 개인의 도덕적 성장을 위해 도움이 될 만한 내용으로 작성하고 한 달간 90% 이상 실천하기 3. 자기탐구 보고서에는 자신을 존중하는 태도와 성실한 습관 형성에 대한 의지를 포함하기

범주 \ 성취수준	상	중	하
지식·이해	자신의 장점이나 단점과 같은 객관적 자기이해를 바탕으로 도덕적으로 타당하고 실천 가능한 생활 계획표를 잘 세운다.	적절한 자기이해를 바탕으로 도덕적으로 타당한 생활 계획표를 세운다.	자기이해를 바탕으로 도덕적으로 타당한 생활 계획표를 일부 세운다.
과정·기능	도덕적으로 가치 있는 생활 습관을 선정하여 꾸준히 잘 실천한다.	도덕적으로 가치 있는 생활 습관을 선정하여 실천한다.	도덕적으로 가치 있는 생활 습관을 선정하여 제한적으로 실천한다.
가치·태도	자신을 소중히 여기고 성실한 삶의 자세를 중요하게 생각하며 생활 속에서 잘 실천하려는 태도를 갖는다.	자신을 소중히 여기고 성실한 삶의 자세를 중요하게 생각하며 실천하고자한다.	자신을 소중히 여기고 성실한 삶의 자세를 중요하게 생각하며 부분적으로 실천하고자 한다.

▶ **개념기반 탐구학습 과정**

단계	활동 주요 흐름	성찰하기	탐구 기법
관계맺기	• 우리 반 친구들의 얼굴을 살펴보며 공통점과 다른 점 찾아보기 • 짝을 지어 서로 칭찬과 격려해주기 • 나의 잘하는 점과 부족한 점 탐색하기 • 유치원, 1학년 때 비해 우리의 성장한 모습 찾기 - (사) 우리가 컸다는 증거에는 무엇이 있을까요? • 내가 꿈꾸는 미래 상상해보기 • 있는 그대로의 나를 사랑하겠다는 공언하기	나에 대해 이해하고 존중하려는 태도를 갖게 되었는지 자기성찰하기	See-Think-Wonder
집중하기	• 나를 존중하는 방법에 대해 브레인스토밍하기 • 나를 존중하는 것의 예와 아닌 예를 구별하기 • 주어진 상황을 보고 나를 위한다면 어떻게 해야 하는지 결정하여 역할극 해보기 - (개) 나를 존중한다는 것은 무엇일까요? • 여러 상황에서 도덕적인 사람과 그렇지 못한 사람의 예를 주고 의견 나누기 - (개) 도덕적인 삶을 살기 위해 어떤 삶의 방식이나 태도를 갖춰야 할까요?	자아 이해, 자아 존중, 성실에 대한 개념을 개략적으로 이해하였는지 성찰하기	What makes you say that?

	• 성실한 사람과 그렇지 못한 사람의 예를 보기 • 성실이란 무엇인지 개략적으로 개념화하기 - (개) 성실이란 무엇일까요?		
조사하기	• 성격, 흥미 등 표준화 검사 결과 확인하기 - (개) 나를 이해하기 위해 무엇을 더 조사할 수 있을까요? • 친구와 서로에 대해 인터뷰하기 • 친구에 대해 설명해주기 • 나의 하루 생활을 시간순으로 돌이켜보며 나를 존중하였던 사례와 그렇지 않은 사례로 나눠보기 • 자신의 부족함을 딛고 성실한 삶의 태도로 살아가는 사람들의 예를 조사하기	자아 이해, 자아 존중, 성실이라는 개념과 유관한 사례를 조사하였는지 성찰하기	The Explanation Game
조직 및 정리하기	• 나에 대해 조사한 사례를 '발전시킬 것과 버릴 것, 긍정적인 것과 부정적인 것, 도움이 되는 것과 안되는 것' 등으로 유목화하기 • 성실한 삶을 살아가는 사람들에 대해 조사한 내용을 체계적으로 정리하기 - (사) 성실한 삶의 태도로 살아가는 사람에는 어떤 이들이 있나요? - (개) 성실한 사람들의 특징은 무엇인가요? • 정리한 내용 발표하기	조사한 사례를 적절한 기준에 따라 유목화하여 일반화의 발판으로 삼았는지 성찰하기	Thinking Map
일반화	• 나에 대해 알게 된 점을 발표하기 • 나를 존중하는 방법이란 무엇인지 정리하여 배움노트에 적기 • 단원에서 다뤘던 키워드들을 떠올려보고 조합하여 문장을 만들어보기 • 단원을 통해 새롭게 알게 된 점 발표하기	조직 및 정리한 내용을 바탕으로 전이 가능한 아이디어를 적절히 밝혔는지 성찰하기	Headline
전이하기 (평가)	• 나의 생활을 되돌아보고 부족한 부분을 파악하여 개선을 위한 계획을 세우고 성실히 실천하기 • 자기이해와 존중, 성실을 바탕으로 한 도덕적 삶에 대해 색, 상징, 기호로 표현하고 토론 및 공유하기 • 실천 후 변화된 나의 모습 확인하기	일반화를 활용하여 과제를 해결하고 있는지 성찰하기	CSI

나 교과 통합형 1

학년	3학년	교과	국어, 미술	단원명	나도 그림책 작가
성취기준	[4국03-01] 중심 문장과 뒷받침 문장을 갖추어 문단을 쓰고, 문장과 문단을 중심으로 고쳐 쓴다. [4국01-04] 상황과 상대의 입장을 이해하고 예의를 지키며 대화한다. [4미01-01] 자연물과 인공물을 탐색하는 데 다양한 감각을 활용할 수 있다. [4미02-03] 조형 요소의 특징을 자유롭게 탐색하며 주제 표현에 알맞게 활용할 수 있다.				

일반화 예시

글과 그림은 사람의 생각과 감정을 표현하고, 타인과 소통하는 중요한 도구이다.

- 이야기의 주제와 줄거리는 작가가 전하고 싶은 생각과 느낌을 담는 바탕이 된다.
- 글과 그림을 함께 구성할 때, 이야기의 전달력과 표현의 효과가 커진다.
- 타인의 생각을 반영해 이야기를 수정할 때 이야기는 더 좋아질 수 있다.
- 완성된 작품을 다른 사람과 나누고 소통할 때, 이야기는 더 많은 사람들과 연결된다.

국어과 성취기준 [4국03-01]의 쓰기 영역에서는 중심 문장과 문단 구성을 통해 이야기를 명확히 전달하는 방법을, [4국01-04]의 말하기 영역에서는 친구들과의 발표와 피드백을 통해 상대의 감정을 이해하고 공감하는 능력을 익힌다. 미술과 [4미01-01]를 통해 주변 사물을 탐색하여 이야기를 더욱 풍부하게 구성하는 방법을 배우고, [4미02-03]를 통해 조형 요소를 활용해 이야기 속 장면을 시각적으로 표현한다. 이러한 과정을 통해 학생들은 "글과 그림은 사람의 생각과 감정을 표현하고, 타인과 소통하는 중요한 도구이다"라는 일반화에 도달하게 된다.

▶ 매크로 개념: 관점

매크로 개념은 '관점'으로 선정하고, 주제, 구성, 감정, 조형 요소, 공감과 피드백이라는 마이크로 개념으로 접근하도록 하였다. 매크로 개념인 관점은 학생들이 자신의 이야기에 담긴 생각과 감정을 표현하고, 동시에 타인의 피드백을 통해 다른 시각을 이해하고 받아들이는 과정을 의미있게 담고 있다. 이 프로젝트에서 학생들은 각자의 시각을 글과 그림으로 창의적으로 표현하며, 친구들의 관점을 존중하고 소통하는 경험을 통해 관점을 확장할 수 있다.

▶ 마이크로 개념: 주제, 구성, 감정, 조형 요소, 공감과 피드백

성취기준에 나타난 마이크로 개념은 주제, 구성, 감정, 조형 요소, 공감과 피드백이다. 주제는 학생들이 전하고자 하는 생각을 중심으로 이야기를 구성하게 하고, 구성은 이야기의 흐름을 논리적으로 조직하여 내용을 명확하게 전달하도록 돕는다. 감정은 글과 그림 속에 생동감을 더해 독자가 이야기를 더욱 깊이 이해할 수 있게 한다. 또한, 조형 요소는 색과 형태 등을 통해 시각적으로 이야기를 표현하여 장면의 감정과 분위기를 전달하는 데 중요한 역할을 한다. 공감과 피드백은 친구들과의 소통을 통해 다양한 시각을 이해하고 수용하게 하여, 학생들이 타인의 의견을 반영해 자신의 이야기를 더욱 발전시킬 수 있도록 한다.

▶ 개념망(스트랜드)

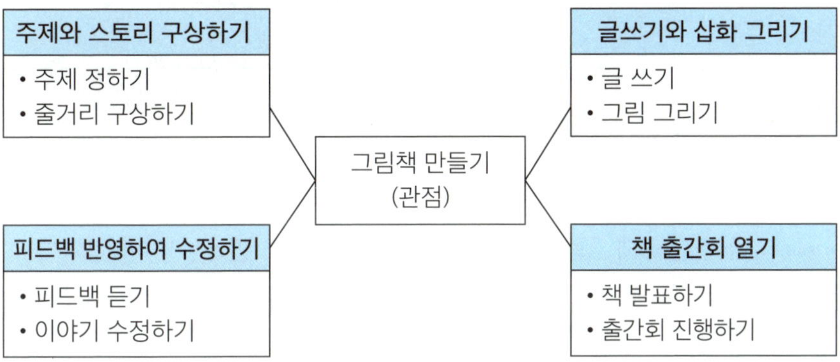

주제는 '그림책 만들기'로 선정하였다. 학생들은 이 프로젝트를 통해 글과 그림을 통해 자신의 생각과 감정을 표현하고, 타인과의 소통을 통해 관점을 확장하는 것을 목표로 한다. 학생들은 창작 과정에서 자신의 이야기를 다양한 방식으로 표현하고, 타인의 피드백을 받아들이면서 관점을 발전시키는 경험을 하며 '글과 그림은 사람의 생각과 감정을 표현하고, 타인과 소통하는 중요한 도구이다라'는 핵심 아이디어에 도달하게 된다.

수업 목표는 학생들이 주제, 구성, 감정, 조형 요소, 공감과 피드백이라는 마이크로 개념을 탐구하면서, 관점이라는 매크로 개념을 깊이 이해하는 것이다. 이를 통해 학생들은 이야기의 주제를 설정하고, 글과 그림으로 이야기를 구성하며, 피드백을 반영해 작품을 발전시킴으로써 표현력과 소통 능력을 기른다.

수업은 주제와 스토리 구상하기, 글쓰기와 삽화 그리기, 피드백 반영하여 수정하기, 책 출간회 열기의 네 가지 스트랜드로 나뉘어 진행되며, 각 스트랜드에서 학생들은 자신의 관점을 창의적으로 표현하고 타인의 의견을 수용하는 과정을 경험하게 된다. 이로써 학생들은 자신의 관점을 다양한 방식으로 표현하며, 다른 시각을 통해 생각을 더욱 풍부하게 발전시킬 수 있다.

▶ **과정의 구조**

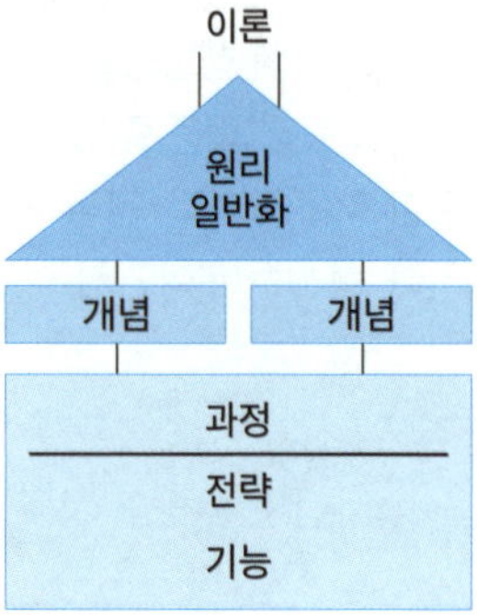

일반화된 지식	글과 그림은 사람의 생각과 감정을 표현하고, 타인과 소통하는 중요한 도구이다.
매크로 개념	관점
마이크로 개념	주제, 구성, 감정, 조형 요소, 공감과 피드백
과정	이야기 구상과 표현, 피드백 반영하여 개선, 이야기 발표 및 공유
전략, 기능	• 아이디어 브레인스토밍, 스토리보드로 시각화, 피드백 수용하고 수정하기 • 주제와 줄거리 설정, 글쓰기와 삽화 그리기 • 친구 의견 반영해 수정하기 • 완성된 작품 발표하기

▶ **평가 설계: C-GRASPS 수행과제**

수행과제명	나도 그림책 작가, 책 출간회
Concept	관점: 글과 그림으로 생각과 감정을 표현하며 타인의 관점 이해하기
목표(G)	자신의 관점을 글과 그림으로 표현하고, 이야기를 완성하여 출간회에서 발표하기
역할(R)	그림책 작가
청중(A)	그림책 출간회에 초대된 사람들
상황(S)	여러분은 그림책 작가로서 자신이 만든 그림책을 출간회에서 발표해야 합니다. 청중들에게 그림책의 내용과 그림을 설명하며, 청중의 반응과 질문에 답변합니다.
수행(P)	글과 그림으로 완성한 그림책
기준(S)	1. 글과 그림이 주제를 명확히 전달하고 감정을 잘 표현하기 2. 이야기 구성을 논리적이고 흥미롭게 전개하기 3. 그림이 내용을 잘 표현하며 어울리게 구성하기

범주 \ 성취수준	상	중	하
지식·이해	그림책의 주제를 명확히 이해하고, 글과 그림을 통해 주제를 효과적으로 표현한다.	그림책의 주제를 이해하며, 글과 그림을 통해 주제를 적절히 표현한다.	그림책의 주제를 부분적으로 이해하며, 글과 그림으로 주제를 단순히 표현한다.
과정·기능	이야기 구성을 논리적으로 전개하고, 그림을 통해 내용을 보완하며 흥미롭게 표현한다.	이야기 구성을 대체로 논리적으로 전개하며, 그림을 통해 내용을 적절히 보완한다.	이야기 구성이 단순하며, 그림을 통해 내용을 제한적으로 보완한다.
가치·태도	그림책 제작 과정에 적극적으로 참여하며, 자신의 생각과 감정을 충실히 표현한다.	그림책 제작 과정에 성실히 참여하며, 자신의 생각과 감정을 표현한다.	그림책 제작 과정에 기본적으로 참여하며, 자신의 생각과 감정을 단순히 표현한다.

▶ **개념기반 탐구학습 과정(스트랜드 '주제와 스토리 구상하기'의 사례)**

단계	활동 주요 흐름	성찰하기	활용 기법
관계맺기	• 교사와 학생이 함께 그림책 읽기 (예: 친구와 함께라면, 달님 안녕) - (사) 이 그림책의 주제는 무엇일까요? - (사) 이야기 속 주인공은 어떤 문제를 겪었나요? • 학생들이 각자 떠올린 주제를 모둠에서 나누고 다양한 주제와 관련된 이야기를 찾아보기	그림책의 주제를 분석하고, 자신의 경험과 연결하여 새로운 주제 아이디어 떠올리기 친구들과 공유하며 생각을 구체화하기	See-Think-Wonder
집중하기	• 학생들이 브레인스토밍한 다양한 주제를 정리하고 발표하기 - (개) 이 주제가 독자에게 어떻게 전달될까요? - (개) 이 주제를 이야기로 표현하면 어떤 느낌이 들까요? • 각자 선택한 주제에 대해 간단한 줄거리를 구상하며 시작, 문제, 해결, 결말을 구성 • 그림책 예시(예: 아낌없이 주는 나무)를 읽고 메시지 전달 방식을 분석하여 자신의 주제 표현에 참고하기	자신이 선택한 주제와 줄거리를 공유하며 주제와 스토리의 연결성 점검하기 친구들의 의견을 바탕으로 개선할 아이디어 추가하기	Thinking Map

조사하기	• 학생들이 선택한 주제와 관련된 자료나 아이디어 조사하기(예: 친구, 가족과 이야기 나누기, 관련 사진 및 이야기 찾기) - (개) 이 자료가 주제와 어떤 관련이 있나요? - (개) 주제와 관련된 더 많은 아이디어를 어디에서 찾을 수 있을까요? • 주변 환경(학교, 가정 등)에서 직접 관찰하며 아이디어 확장하기 • 조사한 자료를 활용해 이야기를 구체화하며 주제와의 관련성 확인하기	자료 조사를 통해 주제를 심화하고 이야기 구체화하기 조사한 자료가 주제와 얼마나 연결되는지 확인하기	Circle of Viewpoints Gallery Walk
조직 및 정리하기	• 스토리보드를 작성하며 중요한 장면 4~5개를 그림과 글로 표현하기 - (개) 이 줄거리가 주제를 잘 전달할 수 있을까요? • 작성한 스토리보드를 모둠에서 나누고 피드백 받기 • 친구들의 의견을 반영하여 스토리보드를 보완하고 정리하기	스토리보드각 장면이 주제를 잘 전달하는지 점검하기 부족한 부분보완하며 이야기를 명확히 구상하기	Story Mapping

다 교과 통합형 2

학년	4학년	교과	영어, 미술	단원명	게임 페스티벌
성취기준	[4영02-04] 실물, 그림, 동작 등을 보고 쉽고 간단한 문장으로 말하거나 단어나 어구를 쓴다. [4영02-09] 적절한 매체나 전략을 활용하여 창의적으로 의미를 표현한다. [4영02-10] 의사소통 활동에 흥미와 자신감을 가지고 대화 예절을 지키며 참여한다. [4미02-05] 미술과 타 교과를 관련지어 주제를 표현하는데 흥미를 가질 수 있다.				

일반화 예시

사람은 일상의 경험과 생각을 언어와 매체를 통해 표현함으로써 의미를 구성하고 타인과 소통한다.

- 문장, 그림으로 우리의 감정과 생각을 표현한다.
- 쓰기는 다양한 매체를 활용하여 사람의 생각이나 감정을 글로 표현하는 행위이다.
- 경험과 생각은 글과 그림으로 표현하여 다른 사람들과 소통할 수 있다.
- 글과 그림은 다른 사람들과 소통할 수 있는 매개체가 된다.

성취기준 [4영02-04], [4영02-09], [4영02-10], [4미02-05]는 3~4학년군 영어과 2개 영역 중 (2)번째 표현 영역, 미술과 3개 영역 중 (2)번째 표현 영역과 관련이 있다. 학생들이 의사소통 목적과 상황에 맞게 적절한 형태로 소통할 수 있도록 한다. 놀이를 제안할 때 Let's play라는 표현을 활용하여 재미와 흥미를 이끌어내는 전략을 고려한다. 부스를 홍보하고 게임을 구성하기 위한 시각자료의 중요성을 알고 게임페스티벌 부스를 운영하며 사람들은 다양한 형태로 의사소통한다는 일반화에 이르게 된다.

▶ 매크로 개념: 형태

매크로 개념은 '형태'로 선정하고, 의사소통, 문장, 전략, 창의적 표현, 흥미라는 마이크로 개념으로 접근하도록 하였다. 매크로 개념인 형태는 의사소통과 창의적 표현의 구조적 틀을 제공한다. 의사소통은 실물, 그림, 동작 등의 다양한 형태로 이루어지며, 이를 통해 쉽고 간단한 문장으로 의미를 전달할 수 있다. 또한, 표현 재료는 적절한 매체나 전략을 통해 창의적 의미 전달을 돕는 중요한 요소이다. 게임과 미술은 영어와 같은 다른 교과와 연결되어 주제를 더욱 흥미롭고 다채롭게 표현할 수 있는 창의적 활동의 형태를 구성하게 된다.

▶ 마이크로 개념: 의사소통, 문장, 전략, 창의적 표현, 흥미

성취기준에 나타난 마이크로 개념은 시각 자료, 매체 활용, 창의적 표현, 흥미, 자신감, 문장, 의사소통, 대화 예절, 주제 표현 등이다. 이중 이 단원에서 중점으로 삼고자 하는 마이크로 개념은 의사소통, 문장, 전략, 창의적 표현, 흥미로 선정하였다. 학생들이 의사소통과 창의적 표현을 자연스럽게 연계하면서 영어와 미술을 융합한 활동을 통해 흥미를 키우고 창의적으로 표현할 수 있도록 도우며 단순히 영어 표현을 배우는 것을 넘어서, 다양한 방식으로 생각을 표현하고 협력하여 더 큰 의미를 창출하는 경험을 주고자 한다.

▶ 개념망(스트랜드)

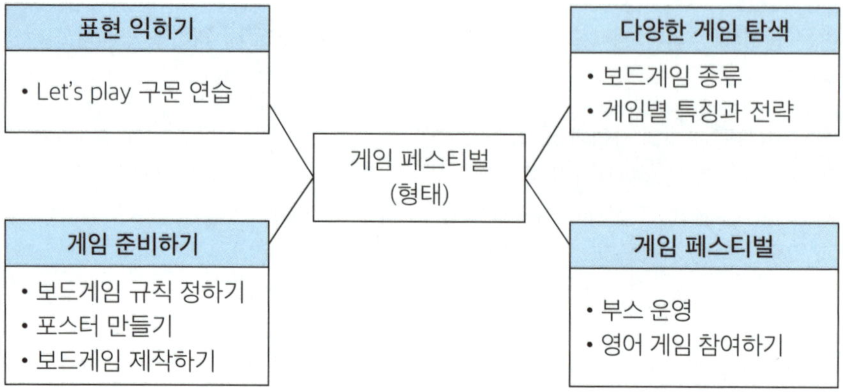

주제는 '게임 페스티벌'로 선정하였다. 이 주제는 학생들이 일상적으로 접하는 게임을 수업의 핵심 요소로 활용하여 학습 과정에 대한 흥미를 유발하고, 적극적으로 참여할 수 있는 환경을 조성하는 것을 목표로 한다. 게임 디자인이라는 친숙한 주제를 바탕으로 학생들은 영어와 미술이라는 두 교과의 융합을 자연스럽게 경험할 수 있다. 또한, '재미있는 게임 속 의사소통', '게임으로 배우는 영어와 미술', '게임으로 함께 소통해요'와 같은 다양한 표현으로도 주제를 정할 수 있다. 이러한 표현들은 학생들이 게임을 통해 영어 표현을 배우고, 창의적인 미술 활동을 통해 그들의 아이디어를 시각적으로 구현할 수 있는 활동을 포함하고 있다.

단원을 모두 학습하고 난 후 학생들이 도달해야 하는 개념적 이해(일반화)는 '사람들은 의사소통 목적과 상황에 맞게 적절한 형태로 의사소통한다.'로 영어과와 미술과 표현 영역의 핵심 아이디어 및 내용 체계를 분석하여 기술하였다. 이에 대한 스트랜드는 게임 페스티벌을 위해 게임디자이너가 되어 부스 운영에 필요한 게임 만들기, 게임을 만들기 위한 다양한 게임 탐색, 게임에 사용할 표현 배우기 등으로 최종 결과에 도달하기 위해 필요한 것들을 거꾸로 되짚어 가며 설계하였다.

▶ 과정의 구조

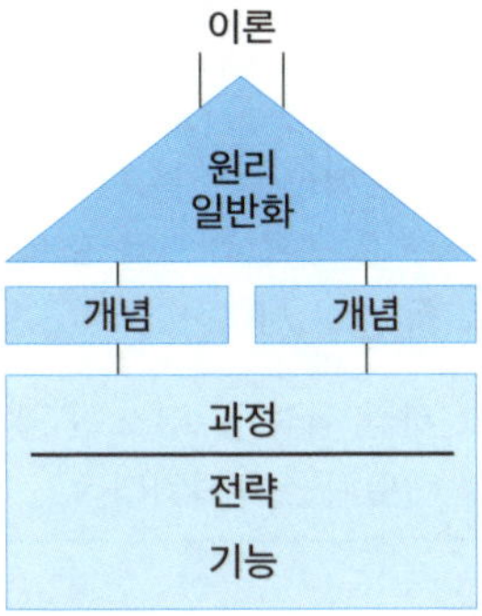

일반화된 지식	사람들은 목적과 상황에 맞게 적절한 형태로 의사소통한다.
매크로 개념	형태
마이크로 개념	의사소통, 문장, 전략, 창의적 표현, 흥미
과정	시각적 표현, 적절한 매체를 활용하여 창의적으로 표현하기
전략 기능	• 다양한 미디어, 기술 활용, 재료의 특성 파악, 표현 기법의 다양화 • 생각 표현하기, 제안하기 • 그림 보고 말하기, 놀이 전략

▶ 평가 설계: C-GRASPS 수행과제

수행과제명	게임 페스티벌 부스 운영하기
Concept	의사소통: 영어로 다양한 형태의 게임을 통해 의사소통하기
목표(G)	게임 페스티벌에서 부스를 운영하며, 방문객들에게 게임 방법을 시연하고 함께 게임하기
역할(R)	게임 페스티벌 부스를 운영하는 게임 디자이너
청중(A)	게임페스티벌 부스를 방문하는 사람들
상황(S)	여러분은 게임디자이너로서 게임 페스티벌 부스를 운영하게 되었습니다. 부스에서 활동할 수 있는 게임을 만들고, 영어로 제안하는 표현을 사용하여 방문객이 올 수 있도록 홍보하고 부스를 방문한 사람들에게 게임 방법을 영어로 시연하며 의사소통해야 합니다.
수행(P)	게임 페스티벌 부스를 위해 게임을 디자인하고 준비하며, 방문객들과 영어로 소통하며 게임을 시연하기
기준(S)	1. 영어 제안하는 표현 사용하기 2. 배운 영어 표현을 활용하여 게임을 구성, 준비하기 3. 영어로 묻고 답하며 적극적으로 게임 시연하기

범주 \ 성취수준	상	중	하
지식·이해	제안하는 표현을 정확하게 파악하고 있다.	제안하는 표현을 기본적으로 파악하고 있다.	제안하는 표현을 도움을 받아 표현한다.
과정·기능	제안하는 표현을 사용할 수 있도록 게임을 짜임새 있게 제작한다.	제안하는 표현을 사용할 수 있도록 게임을 제작한다.	제안하는 표현을 사용할 수 있도록 게임을 도움을 받아 제작한다.
가치·태도	게임 제작 및 부스 운영 태도가 매우 적극적이다.	게임 제작 및 부스 운영 태도에 자발성을 보인다.	게임 제작 및 부스 운영 태도가 소극적이다.

▶ **개념기반 탐구학습 과정(스트랜드 '다양한 게임 탐색' 의 사례)**

단계	활동 주요 흐름	성찰하기	탐구 기법
관계맺기	• (사) 내가 놀아 본 보드게임은 어떤 것들이 있을까? • 학교에서 해 본 보드게임, 내가 가장 좋아하는 보드게임, 재미있는 게임, 영어수업시간에 한 게임 등 • (사) 그 게임에서 재미를 느끼는 요소는?	놀아 본 게임으로부터 전략 찾기	브레인스토밍
집중하기	• (개) 게임페스티벌 부스 운영을 위한 게임은 어떤 형태가 적합할까? • 어떤 조건이 필요할까? (재미, 공간 제한, 영어 사용) • 왜 그런 조건이 필요할까?	실제 부스 운영이 가능한 게임의 특징 확인하기	명명 전략 (형용사) - 재미있는 - 좁은 공간에서 사용가능한 - 영어를 사용하는
조사하기	• (사) 게임페스티벌 부스 운영을 위해 사용할 수 있는 게임(놀이)에는 어떤 것들이 있을까? • 조사하는 방법 확인하기 • 다양한 보드게임 자료 조사하기 • 게임 규칙 조사하기 • 보드게임에 영어 표현을 익히기 위한 방법으로 변형하는 방법 조사하기	부스 운영을 위해 가능한 게임인지 조건 고려하기	Media 활용 Observation
조직 및 정리하기	• 공통점이 있는 것끼리 수집한 자료 정리하기 • 모둠별 차트에 정리하고 공유하기 • 종류별 게임 전략 살펴보기	의견에 따라 자유로운 정리 수용하기	교차비교차트

일반화	• 일반화 '게임에는 재미와 흥미를 이끌어내는 전략이 있다.' • (논) 재미와 흥미를 많이 끄는 것이 영어를 연습하는 게임부스에 항상 도움이 될까?	재미와 흥미가 전부는 아님을 알기	개념은행 네 모퉁이 토론
전이하기 (평가)	• 각 팀별로 게임을 1개 정하고, 배운 전략을 팀별 선택한 게임에 적용하기	어떤 전략을 적용하면 효율적일지 생각하기	

3. 지식+과정의 구조에 따른 개념기반 설계

가 교과 단일형 1

학년	4학년	교과	과학	단원명	인간과 환경
성취기준	[4과14-03] 인간 활동이 생태계에 미치는 영향을 조사하고, 생태계 보전을 위해 우리가 할 수 있는 일을 토의하여 실천할 수 있다. [4과16-01] 기후변화 현상의 예를 알고, 기후변화가 인간의 활동과 관련되어 있음을 토의할 수 있다. [4과16-03] 기후변화의 심각성에 관심을 가지고, 기후변화가 우리 생활과 환경에 미치는 영향을 설명할 수 있다.				

일반화 예시

사람들이 활동과 자연 환경은 서로 깊이 연결되어 있어, 우리의 행동이 미래의 생활 모습을 결정한다.

- 인간의 활동은 생태계에 영향을 끼친다.
- 우리 주변의 다양한 생물은 환경과 영향을 주고받으며 밀접한 관계를 맺는다.
- 인간의 활동이 초래한 기후변화는 인간을 위협한다.
- 인간과 환경의 공존으로 지속가능한 삶을 유지한다.

성취기준 [4과14-03]과 [4과16-01] 등을 활용해 최근 무분별한 개발과 생활 속에서 우리가 알게 모르게 저지르는 환경 파괴적인 행동으로 생태계 파괴와 기후 위기 등을 초래하고 있음을 파악한다. 이는 결과적으로 인간의 삶에도 부정적인 영향을 미치며 생존의 위협 요인이 되고 있다. 성취기준 [4과16-03]은 학생들이 관련하여 문제의식을 갖고 향후 생태계와 기후에 책임감 있게 행동할 수 있는 기반을 조성하게 해준다. 이러한 과정을 통해 학생들은 '인간의 활동은 생태계와 기후에 영향을 주고, 그 결과는 우리 생활의 지속가능성에 영향을 끼친다'라는 일반화에 도달하게 된다.

▶ 매크로 개념: 연결

매크로 개념은 '연결'로 선정하고, 영향, 관계, 생태계, 기후, 인간 활동, 지속가능성이라는 마이크로 개념으로 접근하도록 하였다. 학생들은 인간의 행동이 단순히 그 행동으로 그치는 것이 아니라 여러 경로를 거쳐 환경에 지대한 영향을 끼친다는 점, 환경에 부정적인 영향은 곧 그 일부인 인간에게도 재앙이 될 수 있다는 관점을 형성해야 한다. 이는 인간과 환경, 환경을 구성하는 모든 요소와 요소들이 밀접한 '연결' 관계를 맺고 있다는 이해가 수반될 때 가능한 것이다.

▶ 마이크로 개념: 영향, 관계, 지속가능성

성취기준에 나타난 마이크로 개념은 영향, 관계, 생태계, 기후, 인간 활동, 지속가능성이다. 영향은 인간의 행동이 생태계와 기후에 미치는 작용, 다시 생태계와 기후가 인간에게 미치는 작용의 귀납적 탐구를 통해 이해한다. 이 같은 상호작용을 통해 인간과 생태계, 기후가 밀접한 관계를 맺고 있다는 것을 파악한다. 지속가능성은 인간이 환경과의 공존을 통해 지향해야 할 도달점으로 이해되어야 한다.

▶ 개념망(스트랜드)

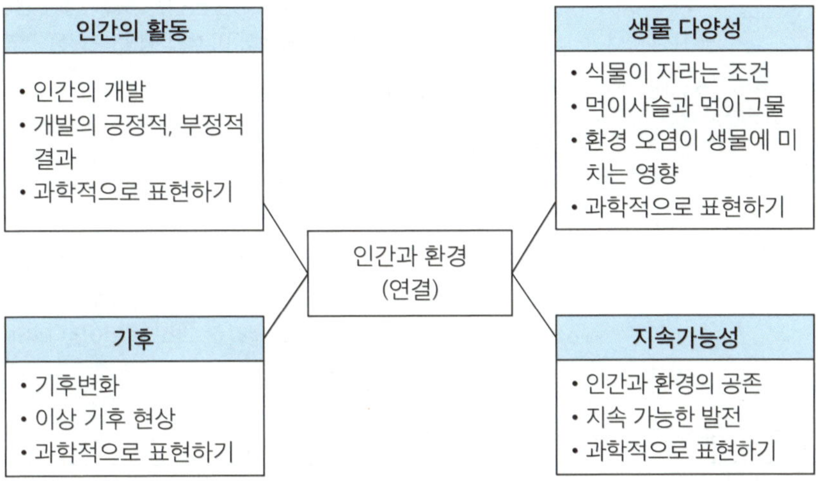

주제는 '인간과 환경'으로 선정하였다. 점차 심각해지는 환경 문제는 우리의 생존과도 직결된다. 학생들은 인간이 환경에 지대한 영향을 끼치는 동시에 영향을 받는, 즉 긴밀한 관계 속에 연결되어 있다는 점을 탐구 과정으로 깊이 있게 이해해야 한다. 이에 그간의 환경 파괴적이었던 인간의 활동을 파악하고, 인간이 생물과 기후에 미치는 영향을 각각의 탐구 사이클을 통해 탐구하게 한다. 이를 토대로 지속가능한 발전과 삶을 위해 인간과 환경이 어떻게 공존해야 하는지에 대한 관점을 형성하여 과학적 언어로 표현할 수 있도록 한다.

▶ 지식의 구조

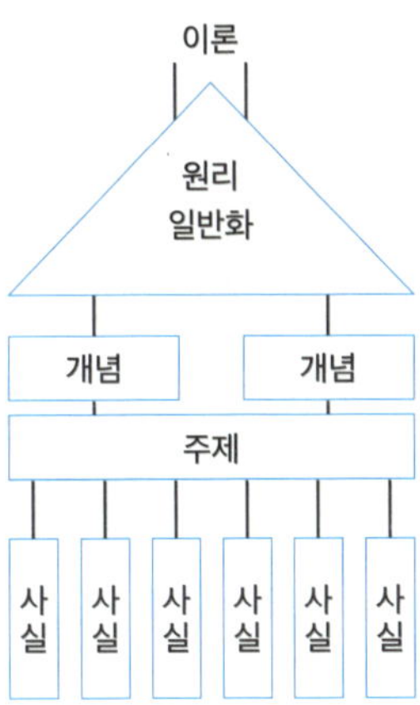

일반화	사람들이 활동과 자연 환경은 서로 깊이 연결되어 있어, 우리의 행동이 미래의 생활 모습을 결정한다.
매크로 개념	연결
마이크로 개념	영향, 관계, 지속가능성
주제	인간과 환경의 상호작용
사실	• 인간 활동이 환경에 미치는 결과 • 생물다양성 감소 사례 • 기후변화 사례 • 지속가능한 삶을 위한 각국의 정책, 개인의 노력

▶ 과정의 구조

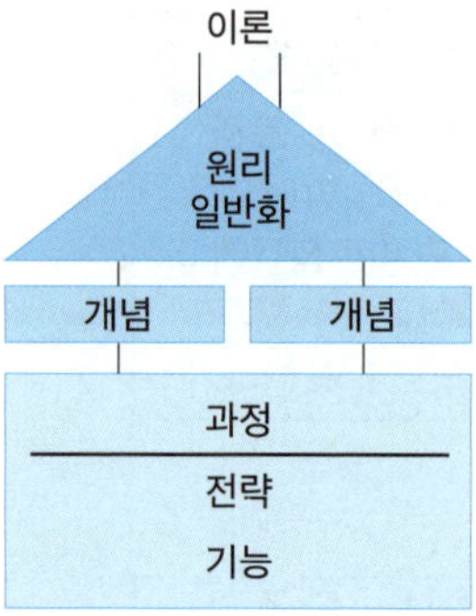

일반화	사람들이 활동과 자연 환경은 서로 깊이 연결되어 있어, 우리의 행동이 미래의 생활 모습을 결정한다.
매크로 개념	연결
마이크로 개념	영향, 관계, 지속가능성
과정	과학적으로 표현하기
전략, 기능	• 자신의 주장을 과학적 자료를 근거로 들어 뒷받침하기 • 그밖에 자신의 생각을 과학적 언어로 나타내기

▶ 평가 설계: C-GRASPS 수행과제

수행과제명	UN 기후변화협약회의에 연사로 참석하기
Concept	연결: 인간과 환경의 관계
목표(G)	인간과 환경의 관계와 지속가능한 미래를 위한 방안에 대해 발표하기
역할(R)	UN 기후변화협약 초청 인사
청중(A)	UN 각국 대표들
상황(S)	여러분은 제0차 UN 기후변화협약회의에 어린이 대표로 초대되었습니다. 미래의 주역으로서 어른들에게 현재 인간의 활동이 생태계와 기후에 미치는 영향과 그것이 다시 인간에게 주는 피해에 대해 적절한 근거를 들어서 발표해야 합니다. 또한 지속가능한 삶을 위해 따라야 할 기준이나 원칙을 구체적인 대안으로 제시해야 합니다.
수행(P)	발표 자료, 발표 시연 또는 영상 녹화
기준(S)	1. 인간의 활동이 생물다양성과 기후 위기에 미친 영향에 대해 객관적인 자료를 들어 제시한다. 2. 지속가능한 삶을 위한 방안을 과학적 근거를 바탕으로 3가지 이상 쓴다. 3. 인간과 환경의 연결성에 대한 이해를 바탕으로 지속가능한 방식을 실천하려는 태도를 보인다.

범주 \ 성취수준	상	중	하
지식·이해	인간의 활동이 생물다양성과 기후 위기에 미친 영향에 대해 객관적인 자료를 들어 조리 있게 설명한다.	인간의 활동이 생물다양성과 기후 위기에 미친 영향에 대해 설명한다.	인간의 활동이 생물다양성과 기후 위기에 미친 영향에 대해 부분적으로 설명한다.
과정·기능	지속가능한 삶을 위한 방안을 과학적 근거를 들어 3가지 이상 쓴다.	지속가능한 삶을 위한 방안을 과학적 근거를 들어 2가지 쓴다.	지속가능한 삶을 위한 방안을 과학적 근거를 들어 1가지 쓴다.
가치·태도	인간과 환경의 밀접한 잘 관계를 이해하고 지속가능한 방식을 존중하고 실천하려는 태도를 보인다.	인간과 환경의 밀접한 관계를 이해하고 지속가능한 방식을 존중하는 태도를 보인다.	인간과 환경의 관계를 일부 이해하고 지속가능한 방식을 존중하는 태도를 보인다.

▶ **개념기반 탐구학습 과정**

단계	활동 주요 흐름	성찰하기	활용 기법
관계맺기	• 기후 위기를 주제로 한 영화 감상 • 생물 다양성 감소, 기후변화의 심각성을 알리는 뉴스, 신문 기사 등 접하기 - (사) 기후변화의 피해를 직접 겪어본 적이 있다면 무엇입니까? • 이 같은 변화가 우리 생활에 미치는 영향에 대해 토의하기 • 생물다양성 감소, 기후변화가 일어나는 까닭 짐작해보기	환경 파괴와 기후 위기가 우리 삶과 밀접하다는 것을 파악했는지 성찰하기	See-Think-Wonder
집중하기	• 자신의 일과를 돌이켜보며 목록화한 뒤, 환경 파괴와 관련 있었던 일, 환경 보호와 관련 있었던 일로 분류하기 • 교사가 제시하는 인간의 다양한 활동들을 환경 파괴와 환경 보호로 나누어 분류하기 • 인간의 활동과 환경 간의 관련성 파악하기 - (개) 인간의 활동은 환경에 어떤 영향을 미칠까요?	주요 개념을 개략적으로 이해하였는지 성찰하기	Think Puzzle Explore Claim Support Question

	- (논) 환경 보호를 위해 개발을 멈춰야 할까요? (근거를 들어 주장하고, 추가 질문 만들기) • 환경 보호를 위한 노력 사례 제시하기 • 공존과 지속가능성의 속성 찾아보기 • 집중하기에서 다룬 주제에 대한 사전 지식과 궁금한 점, 탐구하고 싶은 점 정리하기		
조사하기	• 인간이 환경에 미친 영향에 대해 조사하기 (생태계 다양성 감소 차원, 기후 위기 차원) • 지속가능한 삶을 위해 인간이 환경과 공존하며 살려는 노력을 조사하기 • 인간과 환경의 관계에 대한 아이디어의 세부 요소를 구체적으로 탐구하거나 더 넓은 관점에서 해석하기	인간 활동이 환경과 연결된다는 것을 지지하는 사례를 조사하였는지 성찰하기	Zoom in/ Zoom out
조직 및 정리하기	• 인간이 환경에 미친 영향에 대해 조사한 내용을 Thinking Map으로 정리하여 발표하기 • 지속가능한 삶을 위해 노력하고 있는 다양한 형태의 사례를(세계/국가/지역/가정 단위, 발명품, 인물 등) 들고 이들을 분류, 연결, 정교화하기	자신의 발표뿐만 아니라 친구들의 발표를 경청하며 개념적 이해를 공고히 했는지 성찰하기	Thinking Map 생성-분류-연결-정교화: 개념도
일반화	• 인간과 환경에 대해 공부하며 흥미를 느꼈던 부분, 우려되거나 염려되는 부분, 자신의 입장이나 제안점 등을 정리하기 • 이전에 가지고 있었던 생각과 달라진 점, 의문점, 더 깊이 탐구하고 싶은 점 등 발표하기 • 단원을 통해 발견한 아이디어를 바탕으로 표어 또는 헤드라인 만들기	이전에 갖고 있는 지식과 아이디어에 유의미한 변화가 생겼는지 성찰하기	Compass Points Connect-Extend-Challenge Headline
전이하기 (평가)	• 인간과 환경에 대한 글(신문 기사 발췌 내용 등)을 읽고 중요한 문장, 구절, 단어 선정하기 • UN 기후변화협약에 어린이 대표로 초청되었다고 생각하고 연설문 만들기	일반화된 지식을 활용하여 문제를 해결하였는지 점검하기	Sentence, Phrase, Word GRASPS

나 교과 단일형 2

학년	3학년	교과	체육	단원명	운동을 해요
성취기준	[4체01-03] 운동과 건강의 의미를 이해하고 관계를 파악한다. [4체01-04] 건강을 위한 바른 생활 습관을 이해하고 생활 속에서 규칙적으로 실천한다. [4체01-06] 운동과 건강한 생활 습관 형성에 관심을 갖고 적극적으로 실천한다.				

일반화 예시

생활 속에서 꾸준히 운동하는 습관은 우리의 몸과 마음에 긍정적인 변화를 일으켜 행복한 삶을 만든다.

- 건강은 몸의 건강과 마음의 건강이 종합적으로 작동한다.
- 인간은 운동을 통해 심신의 건강을 유지한다.
- 건강은 나에게 알맞은 운동과 생활 습관을 계획하고 관리함으로써 향상된다.
- 인간은 운동을 통해 행복한 삶을 영위한다.

학생들이 체육 시간을 통해 수행하는 운동들이 단순히 재미를 추구하는 것뿐만 아니라 장기적으로는 심신의 건강과 행복한 삶을 위해 꼭 필요한 요소라는 것을 이해할 수 있어야 한다([4체01-03]). 체육 활동에 내재한 빅 아이디어들의 탐구 과정과 일반화 발견을 통해 이제 학생들은 단순히 운동 기능 습득을 넘어 왜 운동을 하는지를 이해하고 수행하게 되는 고차원적 수준에 이르게 된다([4체01-04], [4체01-06]).

▶ 매크로 개념: 변화

매크로 개념은 '변화'로 선정하고, 건강, 운동, 생활 습관, 계획, 관리, 행복한 삶이라는 마이크로 개념으로 접근하도록 하였다. 학생들은 운동이라는 행위를 통해 수반되는 신체적 '변화', 정서적 '변화' 등을 감지하고, 이를 바탕으로 자기의 삶을 좀 더 긍정적인 방향으로 개선해나가기 위해 운동을 활용하여 일상을 계획하고 관리해나가게 된다. 장기적인 관점에서 실제 이 같은 '변화'를 몸소 체험하고 배움이 삶에 선순환되는 과정을 거침으로써 더 나은 삶을 영위해나갈 수 있는 기반을 마련하는 것이다.

▶ 마이크로 개념: 건강, 운동, 생활 습관, 계획, 관리, 행복한 삶

성취기준에 나타난 마이크로 개념은 건강, 운동, 생활 습관, 계획, 관리, 행복한 삶이다. 건강은 단순히 신체적 건강뿐만 아니라 정서적 건강까지 아우르는 개념임을 이해해야 한다. 또한 운동과 생활 습관은 건강을 위한 전제조건으로써 중요한 역할을 한다. 다만, 꾸준한 실천으로 실제 건강한 삶을 영위하기 위해서는 자신에게 적절한 운동과 올바른 생활 습관을 계획하고 관리해야만 한다. 이는 궁극적으로 행복한 삶으로 나아가기 위한 과정이라고 할 수 있다.

▶ 개념망(스트랜드)

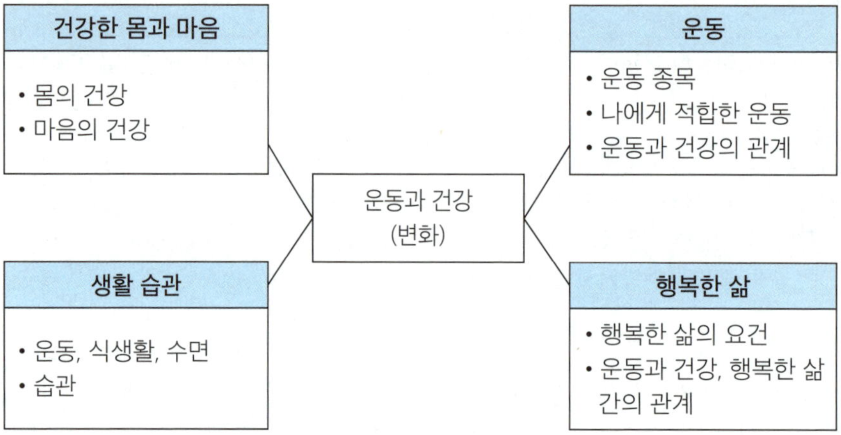

주제는 '운동과 건강'으로 선정하였다. 행복한 삶을 구성하는 다양한 요건 중 '건강'은 매우 중요하다. 이에 건강이란 무엇인지 몸의 건강과 마음의 건강으로 구별하여 이해한다. 다음으로 건강을 위해 실천할 수 있는 '운동'을 다양하게 경험해 보고 나에게 적합한 운동을 탐색해 본 뒤, 습관으로 이어지게 하는 중장기적인 프로젝트를 거쳐 학생들이 건강한 삶을 살아갈 수 있는 준비가 되도록 한다. 이 같은 운동과 좋은 생활 습관의 형성이 결국 우리 각자의 행복한 삶을 위한 것이라는 점을 이해할 수 있도록 단원을 구성한다.

▶ 지식의 구조

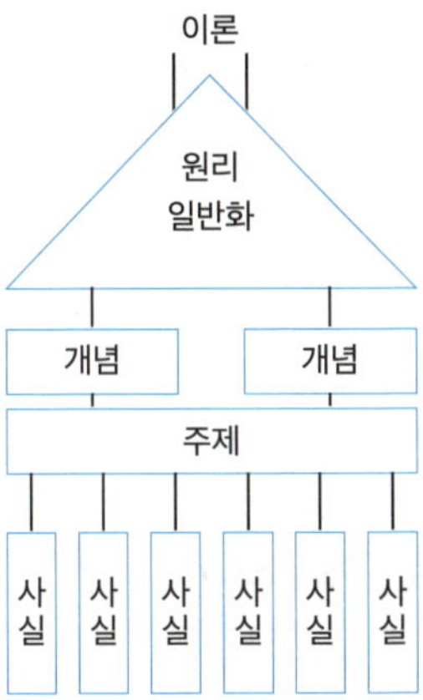

일반화된 지식	생활 속에서 꾸준히 운동하는 습관은 우리의 몸과 마음에 긍정적인 변화를 일으켜 행복한 삶을 만든다.
매크로 개념	변화
마이크로 개념	건강, 운동, 생활 습관, 계획, 관리, 행복한 삶
주제	운동과 건강
사실	• 건강한 삶의 요인 • 운동의 의미와 가치, 다양한 종목 • 생활 습관: 운동 습관, 식습관, 수면 습관 등 • 삶의 질과 만족도

▶ 과정의 구조

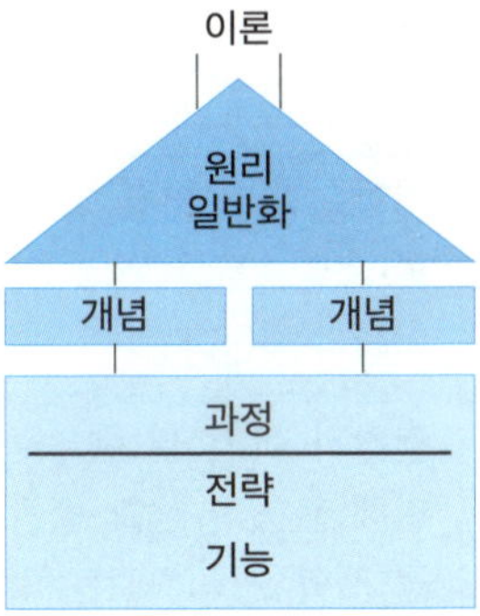

일반화된 지식	생활 속에서 꾸준히 운동하는 습관은 우리의 몸과 마음에 긍정적인 변화를 일으켜 행복한 삶을 만든다.
매크로 개념	변화
마이크로 개념	건강, 운동, 생활 습관, 계획, 관리, 행복한 삶
과정	나에게 적합한 운동을 찾아 꾸준히 실천하기
전략 기능	• 다양한 운동 종목 수행 기능 및 전략 • 나에게 맞는 운동 찾기 • 생활 습관을 운동을 중심으로 계획하고 관리하기

▶ 평가 설계: C-GRASPS 수행과제

수행과제명	건강이란 씨앗으로 행복꽃을 피워요!
Concept	변화: 운동과 좋은 생활 습관으로 건강한 심신 갖기
목표(G)	가족 또는 이웃들의 운동과 생활 습관을 점검하고 건강을 유지하기 위한 계획을 함께 세워 실천하기
역할(R)	건강 지킴이
청중(A)	가족, 친척, 이웃 등 건강한 삶을 원하는 지역 사회 누구나

상황(S)	여러분은 지역 사회 '건강 지킴이'로 임명되었습니다. 지역 내 이웃들이 운동과 건강한 생활 습관을 갖도록 설득하는 글을 홈페이지에 게시해야 합니다. 또한 한 가정을 선정하여 가족이 함께 할 수 있는 운동 계획과 생활 습관 계획을 세우고 지킬 수 있도록 도와야 합니다.
수행(P)	건강을 위한 운동과 생활 습관 계획 관리의 중요성을 알리는 글, 운동 및 생활 습관 계획표, 한 달 동안의 점검표 및 소감문
기준(S)	1. 행복과 건강, 건강과 운동 및 생활 습관의 관계를 설명하기 2. 건강을 위해 타당하고 실천 가능한 운동 및 생활 계획표를 작성하고 한 달 동안 실천하기 3. 한 달 동안 실천한 이후 소감을 건강과 삶의 질의 변화 관점에서 작성하기

범주 \ 성취수준	상	중	하
지식·이해	행복과 건강, 건강과 운동 및 생활 습관의 관계를 적절한 근거를 들어 조리 있게 설명한다.	행복과 건강, 건강과 운동 및 생활 습관의 관계를 설명한다.	행복과 건강, 건강과 운동 및 생활 습관의 관계를 제한적으로 설명한다.
과정·기능	건강을 위한 운동 및 생활 계획표를 세워 90% 이상 수행한다.	건강을 위한 운동 및 생활 계획표를 세워 70% 이상 수행한다.	건강을 위한 운동 및 생활 계획표를 세워 50% 이상 수행한다.
가치·태도	건강과 삶의 질 향상을 위해 운동과 생활 습관을 계획, 관리하려는 강한 의지를 보인다.	건강과 삶의 질 향상을 위해 운동과 생활 습관을 계획, 관리하려는 의지를 보인다.	건강과 삶의 질 향상을 위해 운동과 생활 습관을 계획, 관리하려는 의지를 일부 보인다.

▶ 개념기반 탐구학습 과정

단계	활동 주요 흐름	성찰하기	탐구 기법
관계맺기	• 몸이 아팠을 때의 경험을 떠올리기 - (사) 몸이 아팠을 때 몸과 마음의 상태는 어땠나요? • 건강을 지키기 위한 올바른 습관과 올바르지 못한 습관 브레인스토밍해보기 - (사) 건강을 위해 여가 시간을 어떻게 보냈나요? • 운동 경기를 본 경험, 운동을 직접 해본 경험 공유하기 • 건강과 운동의 관계에 대한 초기 생각 나누기 - (개) 건강과 운동은 어떤 관계일까요? - (논) 건강을 위해 가장 중요한 것은 무엇일까요?	건강과 운동에 대해 가지고 있던 사전 개념을 점검했는지 성찰하기	질문하기 브레인스토밍
집중하기	• 운동의 효과에 대한 뉴스 시청하기 • 운동을 하는 이유 생각해보기 - (사) 운동은 어떤 이점이 있을까요? • 운동에 대한 사전 지식, 궁금한 점, 탐구하고 싶은 점 정리하기 • 운동과 건강의 관계에 대해 토의하기 - (개) 운동과 건강은 어떤 관계가 있을까요? • 알고 있는 운동 종목 나열하고 이중 내가 관심 있는 것 골라보기 - (논) 건강을 위해 효과적인 운동에는 무엇이 있을까요? • 건강이 우리 삶에 미치는 변화 논의하기 • 그밖에 건강을 위한 생활 습관을 유목화하고 (식습관, 수면 습관, 여가 습관 등) 나의 생활 반성하기	조사하기에 앞서 건강과 운동, 생활 습관에 대한 개념을 어느 정도 이해했는지 성찰하기	Think-Puzzle-Explore What makes you say that?
조사하기	• 모둠별로 운동의 효과에 대해 조사하기 • 운동으로 건강을 회복한 사람이 되어 그 입장에서 인터뷰하기 • 다양한 운동 장면을 관찰하고 각각의 효용을 파악 및 설명하기 • 순환학습을 통해 직접 몇 가지 운동을 수행해 보고 신체의 변화, 마음의 변화 살펴보기	문헌 조사뿐만 아니라 실제 운동을 몸소 체험하는 등 다양한 자기 주도적 시도로 개념을 공고히 했는지 성찰하기	Step Inside The Explanation Game

	• 혼자서 즐겁게 할 수 있는 운동 탐색하기 • 함께 할 수 있는 운동 탐색하기		
조직 및 정리하기	• 운동 전과 후의 몸과 마음의 상태 정리하기 - (사) 운동 후 있었던 몸과 마음의 변화는 무엇이었나요? • 운동과 건강의 관계를 '변화'된 내용을 중심으로 정리하기(신체, 정서, 교우 관계 등) - (개) 운동은 건강에 어떤 영향을 미치나요?	운동 전과 후의 변화된 내용을 인과 관계에 맞게 작성하였는지 성찰하기	연꽃 기법
일반화	• 운동과 건강의 관계를 진술하기 • 건강과 행복의 관계를 진술하기 • 행복한 삶의 요건으로 건강을 유지하기 위해 운동을 어떻게 실천할 수 있는지 계획하기 - (논) 운동을 안 하면 행복해질 수 없을까? • 기존 지식이 어떻게 변화되었는지, 관련 주제에서 더 알고 싶은 점은 무엇인지 발표하기 • 단원을 통해 배운 내용으로 헤드라인 만들기	일반화된 지식이 실제 삶 속에 반영될 수 있는 영향력 있는 아이디어인지를 성찰하기	Connect-Extend-Challenge Headline
전이하기 (평가)	• 가족들과 함께 실천할 수 있는 운동 및 생활 계획을 세워 한 달간 지키기	개념적 이해로 실제 생활에 변화가 이뤄지고 지속되는지 성찰하기	GRASPS

다 교과 통합형

학년	4학년	교과	사회, 국어	단원명	지역문제연구소
성취기준	[4사08-02] 지역 민주주의 사례를 통해 주민 자치와 참여의 중요성을 파악하고, 문제 해결에 적극적으로 참여하는 태도를 기른다. [4국03-03] 대상에 대한 자신의 의견과 그렇게 생각한 이유가 드러나게 글을 쓴다.				

일반화 예시

지역 문제를 해결하기 위해 주민들이 협력하여 참여할 때, 지역 사회는 더욱 살기 좋은 곳이 된다.

- 사회 공동체 내에는 다양한 갈등과 문제가 발생할 수 있다.
- 문제를 해결하려면 주민들이 서로 의견을 나누고 협력해야 한다.
- 설득력 있는 제안은 지역 사회 문제를 해결하는 데 도움이 된다.
- 타인과의 의사소통과 피드백 과정을 통해 개인의 의견은 더욱 정교화되고 설득력을 얻는다.

성취기준 [4사08-02], [4국03-03]는 3~4학년군 사회과 11개의 영역 중 (6) 민주주의의 원리와 지역 사회 참여, 국어과 (2) 의견과 주장 표현의 영역과 관련이 있다. 학생들이 지역 사회에서 발생하는 문제와 해결 방안을 탐구하며 주민 참여와 협력이 문제 해결에 어떻게 기여하는지 이해하도록 한다. 학생들은 수업에서 환경, 교통, 안전 등 다양한 지역 문제를 조사하고, 문제 해결을 위해 주민들이 의견을 나누고 협력하는 과정을 경험하게 된다. 또한, 자신의 생각을 글로 제안하고 발표하는 활동을 통해 문제 해결에 필요한 책임과 협력의 가치를 배운다. 이를 통해 학생들은 지역 사회가 민주적 원리에 따라 운영됨을 깨닫고, 자신이 지역 사회의 일원으로서 참여와 협력의 책임을 지닌 존재임을 인식하게 되는 일반화에 이르게 된다.

▶ 매크로 개념: 책임

매크로 개념은 '책임'으로 선정하고, 주민 참여, 문제 해결, 협력, 의견 표현이라는 마이크로 개념으로 접근하도록 하였다. 학생들이 지역 사회 문제 해결에 책임감을 가지고 참여해야 함을 인식하고, 이를 글로 명확히 표현할 수 있도록 하기 위함이다. 학생들은 주민 참여와 협력의 중요성을 탐구하며, '지역 문제를 해결하기 위해 주민들이 협력하여 참여할 때, 지역 사회는 더욱 살기 좋은 곳이 된다'는 일반화에 도달하게 된다. 이를 통해 자신이 지역 사회 발전에 기여할 책임을 가진 일원임을 깨닫고, 이를 글과 발표로 효과적으로 표현하는 경험을 하게 된다.

▶ 마이크로 개념: 지역 문제, 주민 참여, 협력, 의견 표현

성취기준에 나타난 마이크로 개념은 지역 문제, 주민 참여, 글쓰기 절차, 문제 해결, 의견 표현, 소통 등이다. 이 중에서 이 단원에서 중점으로 삼고자 하는 마이크로 개념은 지역 문제 해결에 필요한 책임감을 기르기 위한 지역 문제, 주민 참여, 협력, 의견 표현으로 선정하였다. 이러한 개념을 통해 학생들은 지역 사회 문제 해결 과정에서 주민들이 협력하여 참여하는 것의 중요성을 이해하고, 문제 해결 방안을 글로 작성하고 발표하는 경험을 통해 자신의 생각을 논리적으로 표현하는 방법을 배우도록 설계하였다. 각 스트랜드에서 문제 해결을 위한 주민 참여와 협력 과정을 탐구하며, 학생들이 책임감 있는 지역 사회 구성원으로서 문제 해결에 기여할 수 있음을 깨닫게 한다.

▶ 개념망(스트랜드)

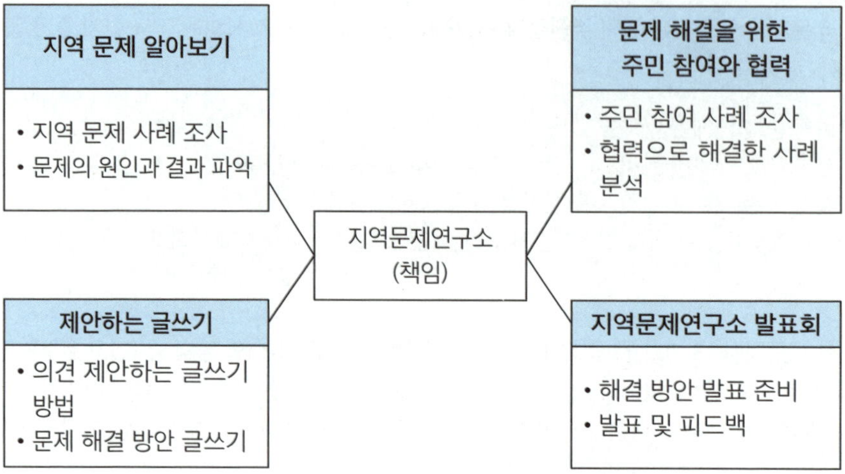

주제는 '지역문제연구소'로 선정하였다. 사회과 수업을 통해 학생들은 지역 문제를 이해하고 주민 참여와 협력의 중요성을 탐구하며 책임감을 기르는 경험을 하게 된다. 이 과정에서 학생들은 '책임'이라는 개념을 중심으로 문제 해결 과정에서 주민 간의 협력이 지역사회를 변화시키는 방법을 배우고, 해결 방안을 제안한다.

수업은 지역 문제의 사례를 조사하고 원인과 결과를 분석하며 시작한다. 이후 주민 참여와 협력의 중요성을 다룬 사례를 탐구하며, 지역 문제 해결 과정에서 주민들의 역할을 이해하고 실천 방안을 고민한다. 문제 해결 방안을 글로 작성한 뒤, 이를 발표하고 피드백을 반영하며 단원을 마무리한다.

이 단원은 학생들이 민주적 참여와 의사소통 역량을 발달시키고, 지역 문제 해결에 기여할 수 있는 시민으로 성장하는 것을 목표로 한다. 학생들은 책임감과 협력의 중요성을 이해하며, 지역사회 발전을 위한 구체적인 실천 방안을 학습한다.

▶ 지식의 구조

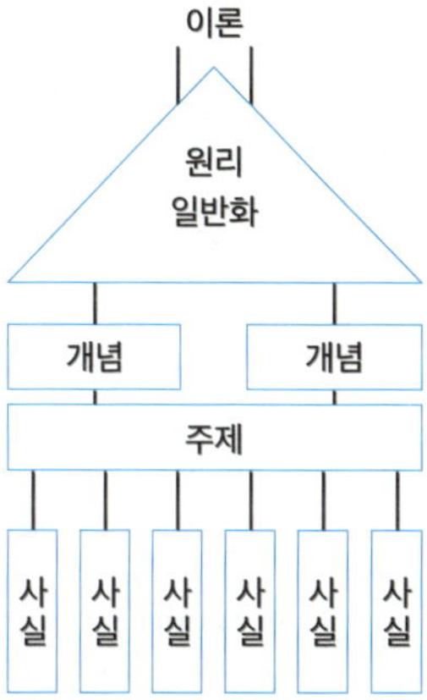

일반화	지역 문제를 해결하기 위해 주민들이 협력하여 참여할 때, 지역 사회는 더욱 살기 좋은 곳이 된다.
매크로 개념	책임
마이크로 개념	지역 문제, 주민 참여, 협력, 의견 표현
주제	지역문제연구소
사실	• 쓰레기 문제, 교통 문제, 소음 공해 문제 • 주민 회의, 자원봉사, 주민 투표, 지역공청회 • 학교와 주민이 함께 안전한 통학로 조성 • 제안하는 글쓰기, 주민회의 발표

▶ 과정의 구조

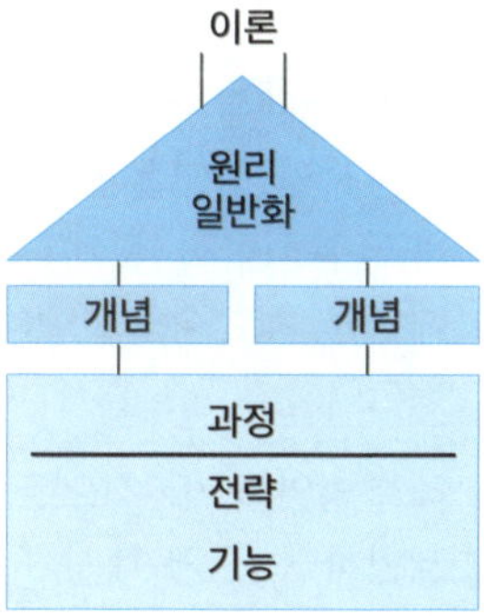

일반화	지역 문제를 해결하기 위해 주민들이 협력하여 참여할 때, 지역 사회는 더욱 살기 좋은 곳이 된다.
매크로 개념	책임
마이크로 개념	지역 문제, 주민 참여, 협력, 의견 표현
과정	문제해결 방안 찾기, 의견을 글로 표현하기, 해결 방안 발표
전략 기능	• 사례 분석, 시각자료 탐구, 브레인스토밍, 인터뷰, 토의 • 제안하는 글쓰기 지도, 글 구조 탐색 • 주장과 근거를 구조화하여 글로 설득력있게 표현하는 능력 • 발표, 동료평가, 자기 성찰 • 말하기와 경청, 피드백을 바탕으로 자기 의견 조정하기

▶ **평가 설계: C-GRASPS 수행과제**

수행과제명	지역 문제 해결 공청회
Concept	책임: 지역 문제 해결을 위해 주민들이 협력하며 책임감 있게 참여하기
목표(G)	학생들이 조사한 지역 문제에 대한 해결 방안을 제안하고, 주민 참여와 협력의 중요성을 이해하며 참여하기
역할(R)	지역문제연구소 연구원
청중(A)	지역 사회 관계자, 지역 주민
상황(S)	여러분은 지역문제연구소의 연구원으로서 지역 문제를 조사하고, 공청회에서 해결 방안을 발표하며 청중과의 질의응답을 통해 해결 방안을 보완해야 합니다.
수행(P)	조사 내용을 바탕으로 한 발표 자료 (보고서, 포스터, 프레젠테이션 등)
기준(S)	1. 지역 문제를 조사하고 원인 분석하기 2. 해당 지역 문제에 대한 근거 있는 해결 방안 제시하기 3. 조사 및 문제 해결 과정에 적극 참여하기

범주 \ 성취수준	상	중	하
지식·이해	지역 문제를 깊이 조사하고, 원인을 구체적이고 논리적으로 분석하며, 문제의 배경까지 명확히 이해한다.	지역 문제를 조사하고 원인을 적절히 분석하며, 문제의 배경에 대해 어느 정도 이해한다.	지역 문제를 조사하고 기본적인 원인을 단순하게 분석하며, 문제의 배경을 제한적으로 이해한다.
과정·기능	근거 있는 해결 방안을 실현 가능하고 창의적으로 제안하며, 논리적 근거를 명확히 제시한다.	근거 있는 해결 방안을 적절히 제안하며, 일부 논리적 근거를 포함한다.	해결 방안을 기본적으로 제안하며, 근거 제시가 다소 부족하거나 실현 가능성이 낮다.
가치·태도	조사와 문제 해결 과정에서 책임감 있게 적극적으로 참여하며, 협력과 소통의 태도를 꾸준히 실천한다.	조사와 문제 해결 과정에 성실히 참여하며, 협력과 소통의 태도를 보여준다.	조사와 문제 해결 과정에 기본적으로 참여하며, 협력과 소통의 태도를 부분적으로 실천한다.

▶ 개념기반 탐구학습 과정 (스트랜드 '지역 문제 알아보기' 사례)

단계	활동 주요 흐름	성찰하기	탐구 기법
관계맺기	• 학생들에게 지역 문제에 대한 경험과 관찰 나누기 • 지역 문제와 관련된 사진이나 동영상 보기 • 지역에서 겪은 문제 사례 이야기하기 • (사) 우리 동네에서 어려운 문제는 무엇이 있을까?	내가 겪은 문제는 무엇이었는지, 그리고 그것이 지역 사회와 어떻게 연결되어 있는지 성찰하기	Think-Pair-Share
집중하기	• 지역 문제의 정의와 중요성 소개 • 지역 문제 해결이 우리 생활에 어떤 영향을 주는지 탐구하기 • (개) 지역 문제를 해결하는 것이 왜 중요할까? • (논) 문제를 그냥 두면 어떤 일이 생길까?	내가 겪고 있는 문제를 해결하면 내 삶과 이웃의 삶이 어떻게 나아질지 떠올려 보기	Step Inside
조사하기	• 지역 문제 사례 수집 • 환경, 교통, 안전 등 다양한 사례 분류 • 자료를 통해 문제의 원인과 결과 탐색하기 - (사) 우리 지역의 어떤 문제들이 가장 큰 영향을 미치고 있을까요?	내가 찾은 문제 중에서 가장 큰 영향을 주는 문제를 확인하고, 이를 더 잘 이해하기 위해 필요한 정보 생각해 보기	Question Starts
조직 및 정리하기	• 조사한 사례를 분류하고 주요 특징 정리하기 • 원인과 결과를 비교하며 공통점과 차이점 정리 - (개) 문제의 원인과 결과는 어떻게 연결되어 있을까요? - (논) 문제 해결의 첫 단계는 무엇일까요?	조사한 내용을 바탕으로 내가 앞으로 탐구해야 할 문제와 그것을 해결하기 위해 무엇을 해야 할지 계획해 보기	생성-분류-연결-정교화: 개념도

일반화	• 조사한 문제에서 공통적으로 드러나는 원인과 결과 정리 • 지역 문제 해결의 중요성과 주민의 역할에 대해 논의 - (개) 주민 참여가 문제 해결에 어떻게 기여할 수 있을까요?	내가 찾은 문제들이 지역 사회에서 공통적으로 나타나는 이유와 이를 해결하기 위해 내가 어떤 역할을 할 수 있을지 성찰하기	I Used to Think... Now I Think...
전이하기 (평가)	• 지역 문제에 대한 짧은 글쓰기 활동 - 예: 내가 본 지역 문제 중 가장 중요한 문제는? • 다른 학생들과 자신의 문제 분석 내용 공유하기	다른 학생들의 분석과 비교하며 내가 놓친 부분이 무엇인지, 내 생각을 어떻게 발전시킬 수 있을지 성찰하기	Compass Points

CHAPTER 5

5~6학년군 성취기준 분석을 통한 개념 및 일반화 추출

1. 지식의 구조에 따른 개념기반 설계

가 교과 단일형 1

학년	6학년	교과	사회	단원명	세계와 우리
성취기준	[6사09-01] 세계를 표현하는 다양한 공간 자료의 특징을 이해하고, 지구본과 세계 지도에서 위치를 표현하는 방법을 익힌다. [6사09-02] 세계 주요 대륙과 대양을 파악하고, 우리나라 및 세계 여러 국가의 위치와 영토의 특징을 이해한다. [6사10-01] 세계의 여러 지역의 지형 경관을 살펴보고, 이를 통해 다양한 삶의 모습을 이해한다. [6사10-02] 세계의 다양한 기후를 알아보고 기후 환경과 인간 생활 간의 관계를 탐구한다.				

일반화 예시

인간과 환경은 서로 밀접하게 영향을 주고받으며, 지리적 환경은 인간의 삶과 터전에 지속적인 영향을 미친다.

- 다양한 공간 자료와 도구는 지리적 위치와 정보를 이해하게 한다.
- 위치 표현 방법은 지리적 위치와 특징을 파악하는 데 필수적이다.
- 국가의 위치와 영토는 다양한 요소에 영향을 끼친다.
- 사람들은 사는 지역의 기후나 지형에 맞는 행동과 생활 방식을 선택한다.

[6사09-01], [6사09-02]의 성취기준을 기반으로 다양한 공간 자료의 특징을 이해하고, 세계를 표현하는 여러 방법을 직접 탐구하고 비교하면서 세계 지리에 대한 이해를 높이게 된다. 이를 기반으로 [6사10-01], [6사10-02]에서는 세계의 여러 지역의 지형 경관과 다양한 기후를 이해하는 것은 각 지역의 삶의 모습과 인간 생활에 미치는 영향을 파악하는 데 도움을 주게 된다. 이러한 이해는 세계 여러 나라가 서로 돕고 필요로 하는 관계로 연결되어 있음을 인식하게 되어 세계시민의 한 사람으로서 삶을 영위해야 함을 알게 된다.

▶ 매크로 개념: 연결성

매크로 개념은 '연결성'으로 선정하였다. 세계지도 등을 통해 여러 나라와 지역이 어떻게 연결되어 있는지 한눈에 파악할 수 있듯이, 사람들은 다양한 지리적 자료와 정보를 활용하여 세계의 다양한 지형과 기후를 탐구함으로써 각 나라와 지역이 경제, 문화 등으로 연결되어 있음을 이해하고 국가와 지역이 서로에게 의존하고 도와줄 필요성을 개념적으로 이해하게 한다.

▶ 마이크로 개념: 공간 자료, 위치 표현, 지리적 위치, 상호의존

마이크로 개념은 공간 자료, 위치 표현, 지리적 위치, 상호 의존이다. 지구본과 세계지도와 같은 공간 자료를 활용하여 세계의 다양한 지역을 구체적으로 이해하고, 위도와 경도 등의 방법으로 지구의 위치를 표현함으로써 세계 주요 대륙과 대양, 그리고 우리나라와 다른 나라의 위치를 파악할 수 있다. 또한, 각 나라의 지리적 위치에 따른 지리적 특성과 영토를 이해하는 것은 학생들이 세계의 다양한 지역과 그 나라들의 기후 및 문화적 특성을 연결 지어 생각할 수 있게 하며, 자연환경과 인간 생활의 상호의존을 이해하는 데 필요한 중요한 요소이다.

▶ 개념망(스트랜드)

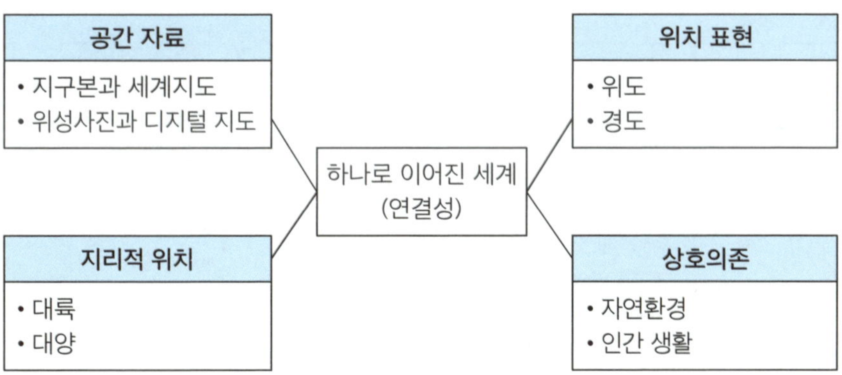

주제는 '하나로 이어진 세계'로 선정하였다. '연결된 지구공동체', ' 세계는 하나' 등으로도 할 수 있다. 학생들은 세계지도를 비롯한 다양한 공간 자료와 도구를 활용하여, 대륙과 대양의 위치를 이해하고, 각 나라가 속한 대륙이 어떤 역할을 하는지, 각 나라의 자연환경과 지형, 기후, 자원 등이 다른 나라와의 교류와 무역에 어떻게 영향을 미치는지를 탐구하게 되어 나라들이 무역과 교통을 통해 지리적 경계를 넘어 교류하는 방식을 이해하게 된다. 또한 나라들이 서로 경제적, 문화적으로 어떻게 연결되어 있는지를 이해함으로써 나라 간의 상호의존성을 학습하며, 각 나라가 서로 돕고 필요한 관계로 연결되어 있음을 이해하게 된다. 학생들은 이를 통해 세계가 하나의 공동체로 연결되어 있음을 깨닫고, 교류와 협력의 중요성을 인식하게 되는 것이다.

▶ **지식의 구조**

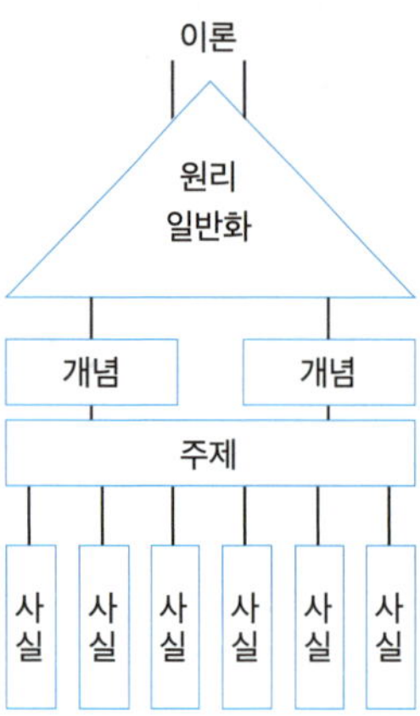

일반화	인간과 환경은 서로 밀접하게 영향을 주고받으며, 지리적 환경은 인간의 삶과 터전에 지속적인 영향을 미친다.
매크로 개념	연결성
마이크로 개념	공간 자료, 위치 표현, 지리적 위치, 상호의존
주제	하나로 이어진 세계
사실	• (공간 자료) 지구본, 세계지도, 위성사진, 디지털 지도 등 • (위치 표현 방법) 위도와 경도, 방위, 좌표 시스템 등 • (대륙) 아시아, 유럽, 아프리카 등 • (대양) 태평양, 대서양, 인도양 등

▶ **평가 설계: C-GRASPS 수행과제**

수행과제명	지리정보를 활용한 세계 탐구와 발표
Concept	연결성: 더 나은 선택을 위한 지리적 위치와 환경 이해
목표(G)	지리적 위치와 환경이 인간 생활에 미치는 영향 발표하기
역할(R)	지리정보 시스템 전문가
청중(A)	지역 문제 해결에 관심이 있는 시민과 공공기관 관계자
상황(S)	지리정보 시스템 전문가로서 특정 지역의 지리적 위치와 환경 요소가 인간 생활에 미치는 영향을 조사하기 위해 해당 지역의 자료를 수집하고 분석한 다음, 그 결과를 이해하기 쉬운 시각 자료로 정리하여 발표합니다.
수행(P)	시각 자료, 지도, 조사 일지

기준(S)	지리적 위치와 환경이 인간 생활에 미치는 영향에 대하여 명확하게 설명하기 공간 자료와 도구를 활용하여 지리적 정보 분석하기 세계 여러 나라의 지리적 위치와 환경 요소에 관심 갖기

범주 \ 성취수준	상	중	하
지식·이해	지리적 위치와 환경이 인간 생활에 미치는 영향에 대하여 명확하게 설명할 수 있다.	지리적 위치와 환경이 인간 생활에 미치는 영향에 대하여 설명할 수 있다.	지리적 위치와 환경이 인간 생활에 미치는 영향을 말할 수 있다.
과정·기능	지구본과 세계지도에서 경도와 위도를 알고 세계 주요 대륙과 대양의 위치를 정확하게 찾을 수 있다.	지구본과 세계지도에서 경도와 위도의 의미를 말하고 세계 주요 대륙과 대양의 위치를 찾을 수 있다.	지구본과 세계지도에서 경도와 위도를 구분하고, 공간자료를 이용할 수 있다.
가치·태도	세계 여러 국가의 지리적 위치와 환경 요소에 적극적이고 지속적인 관심을 보인다.	세계 여러 국가의 지리적 위치와 환경 요소에 관심을 많이 보인다.	세계 여러 국가의 지리적 위치와 환경 요소에 관심을 보인다.

▶ 개념기반 탐구학습 과정

단계	활동 주요 흐름	성찰하기	탐구 기법
관계맺기	• 세계지도와 지구본을 사용해 대륙과 대양의 위치를 확인하기 • (사) 각 대양의 이름은 무엇이며, 각각의 대양은 어떤 대륙과 접해 있나요? • 세계지도와 위성사진을 사용하여 대륙, 대양, 국가의 위치를 알아보기 • 세계가 어떻게 연결되어 있는지 토의하기	세계 지도의 대륙, 대양, 국가 위치를 확인하고 나라 간의 연결성에 대해 논의하기	KWL 차트
집중하기	• '무역', '교류', '교통', '기후' 등의 개념을 정의하고 그 중요성을 이해하기 • 무역', '교류', '자원' 등의 어떻게 서로 연결되어 있는지 탐구하기 • 각 나라의 교통 경로와 자원 이동 사례 소개하기 • 나라 간 교류의 중요성에 대해 탐구하기	각 용어를 정의하고 실생활 예시로 설명하기	Headline

조사하기	• 다양한 공간 자료(지구본, 세계지도, 디지털 지도 등)를 사용해 각 나라의 다양한 방식의 교류 관계를 조사하고 시각적으로 표현하기 • 기후와 자원의 교류의 영향에 대해 조사하기 • 지도와 공간 자료(위성사진 등)를 사용해 각 나라의 자원 분포와 무역 경로 조사하기 • (개) 지도와 위성사진을 통해 시각적으로 표현하는 것이 교류 관계의 이해에 어떤 도움이 될까요? • 각 나라의 지형과 기후가 교류에 미치는 영향을 조사하기	조사한 자료를 바탕으로 나라 간 연결된 자원을 시각적으로 표현하고 다른 팀과 공유하기	데이터 수집 및 기록하기
조직 및 정리하기	• 자료를 바탕으로 나라간의 교류와 연결성에 대한 사례 정리하기 • 대륙, 대양, 교통 경로 등을 지도에 표시하여 나라 간의 관계를 조직적으로 정리하기 • 수집한 자료를 바탕으로 세계 여러 나라의 자원 분포와 교류 경로를 정리하기 • 세계지도에 관광 자원을 시각적으로 표시하기	연결성을 지도 위에 정리하고 교류와 연결 흐름 설명하기	생성-분류-연결-정교화: 개념도
일반화	• 나라들이 기후나 자원의 교환으로 어떻게 서로 영향을 주고받는지 토론하기 • 이러한 연결이 우리가 사는 세상에 어떤 의미를 가지는지 일반화하기 • 나라 간의 다양한 교류가 사람들의 개인 생활에 어떻게 연결되는지 토론하기 • (개) 나라 간의 교류가 개인에게는 어떤 영향을 미칠까?	나라 간 연결이 글로벌 사회에서 어떻게 적용되는지 설명하기	소그룹 토의
전이하기 (평가)	• 조사한 내용을 세계지도와 소개 자료를 통해 발표하기 • 나라들이 어떻게 서로 돕고 연결되는지를 설명하며, 다른 상황에서 적용여부에 대한 사례 공유하기	팀 발표 후 피드백을 주고받으며 결과 정리하기	GRASPS

나 교과 단일형 2

학년	6학년	교과	국어	단원명	자랑스런 우리말
성취기준	[6국01-03] 주제와 관련하여 궁금한 내용을 질문하며 적극적으로 듣고 말한다. [6국04-02] 표준어와 방언의 기능을 파악하고 언어 공동체와 국어생활과의 관계를 이해한다. [6국04-03] 고유어와 관용표현의 쓰임과 가치를 이해하고 상황에 맞게 표현한다. [6국04-06] 글과 담화에 쓰인 단어 및 문장, 띄어쓰기를 민감하게 살펴 바르게 고치는 태도를 지닌다.				

일반화 예시

생각과 가치를 표현하는 언어의 기능은 사회와 문화에 변화를 준다.

- 표준어는 다양한 지역의 사람들이 서로 이해하고 소통하는 공통언어의 역할을 한다.
- 방언은 지역 사람들 사이에 정서적으로 유대감을 갖도록 하고 지역의 문화를 나타낸다.
- 고유어는 순우리말로 일상생활에서 정확한 표현을 가능하게 한다.
- 관용표현은 의사소통을 생동감 있게 한다.

성취기준 [6국01-03], [6국04-02], [6국04-03], [6국04-06]은 5~6학년군 국어과 6개의 영역 중 (1) 듣기·말하기, (4) 문법의 영역과 관련이 있다. 언어는 사람들 간의 상호작용을 통해 발전하고 변화하는데, 특히 표준어와 방언, 고유어와 관용표현의 기능을 파악하고 그 쓰임과 가치를 탐구하며, 사람들의 상호작용에서 생각과 가치를 표현하는 중요한 도구임을 인식하도록 한다. 이를 통해 학생들은 언어가 단순한 의사소통 수단을 넘어서 사람들 간의 관계 형성과 사회 및 문화에 영향을 준다는 것을 이해하게 된다.

▶ **매크로 개념: 기능**

매크로 개념으로 '기능'을 선정하였다. 이는 언어가 사람들 간의 소통과 관계 형성에 서로 영향을 주고받으며 변화하고 성장하는 것을 의미한다. 이러한 매크로 개념을 바탕으로 학생들은 표준어와 방언, 고유어와 관용표현, 언어 공동체, 국어 생활 등의 개념을 탐구하여 언어가 우리의 삶에 미치는 영향과 다양한 상황에서 어떻게 사용되는지를 개념적으로 이해하게 한다.

▶ **마이크로 개념: 표준어, 방언, 고유어, 관용표현, 언어 공동체, 국어 생활**

성취기준에 나타난 마이크로 개념은 표준어, 방언, 고유어, 관용표현, 언어 공동체, 국어 생활이다. 중점적으로 다루고자 하는 내용은 표준어와 방언의 역할과 차이, 고유어와 관용표현의 쓰임새와 가치, 그리고 언어 공동체와 국어 생활 간의 관계이다. 이를 통해 학생들은 언어가 사회와 문화에 미치는 영향과 우리말의 다양한 요소들이 사람들 간의 관계 형성과 문화 표현에 어떻게 기여하는지를 깊이 이해하게 된다.

▶ **개념망(스트랜드)**

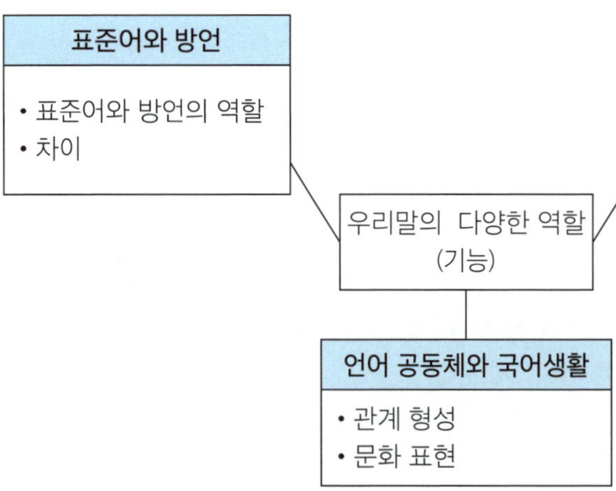

주제는 '우리말의 다양한 역할'로 선정하였다. 이 주제는 '우리 말 속 여러 표현들이 서로 주고받는 영향', '다양한 말들이 우리말에 미치는 영향과 기능', '우리말에서 다양한 말들이 만드는 언어 세계'와 같은 다양한 표현으로도 설명할 수 있다. 단원을 모두 학습한 후 학생들이 도달해야 하는 개념적 이해는 표준어와 방언, 고유어와 관용표현의 의사소통에서 사회와 문화를 어떻게 반영하는지를 아는 것이다. 또한 언어가 사람들의 생각과 가치, 감정을 표현하는 기능을 한다는 점을 이해하고, 언어의 다양성이 사람들의 삶에 어떤 의미를 갖는지 깊이 있게 생각하도록 한다.

▶ **지식의 구조**

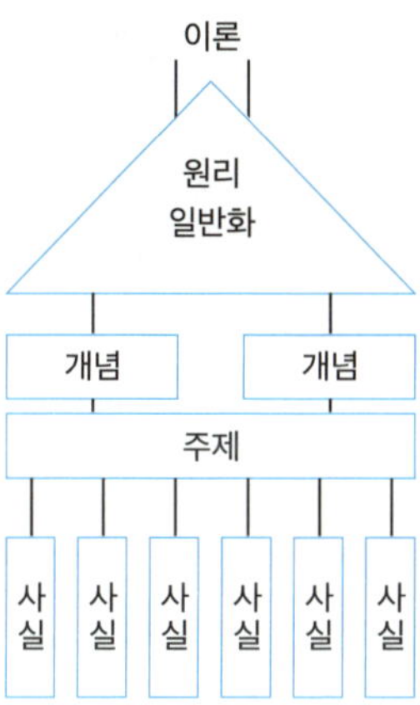

일반화	생각과 가치를 표현하는 언어의 기능은 사회와 문화에 변화를 준다.
매크로 개념	기능
마이크로 개념	표준어, 방언, 고유어, 관용표현, 언어 공동체, 국어 생활
주제	우리말의 다양한 역할
사실	• (표준어) 할아버지, 할머니 등 • (방언) 하르방, 할매, 하모 등 • (고유어) 나무, 돌, 하늘, 시나브로 등 • (관용표현) 발 벗고 나서다, 눈이 번쩍 뜨인다 등

▶ **평가 설계: C-GRASPS 수행과제**

수행과제명	우리말의 표현을 적절하게 사용하기
Concept	기능: 원활한 소통을 위한 우리말 표현 사용
목표(G)	우리말 표현을 활용하여 손님과 원활하게 소통하기
역할(R)	채소가게에서 채소를 파는 상인
청중(A)	채소를 사러 온 손님
상황(S)	채소가게의 상인으로서, 다양한 지역의 손님이 채소를 고를 때 채소의 특징 및 신선도 등을 설명해야 한다. 이때 손님의 지역적 특성에 따라 표준어, 방언, 고유어, 관용표현을 사용하면서 질문하고 소통하여 원활한 대화를 이어가고, 거래를 성공적으로 마무리해야 합니다.
수행(P)	채소 설명 카드, 의사소통 평가표

기준(S)	1. 표준어, 방언, 고유어, 관용표현의 의미와 특징 설명하기 2. 대화에서 표준어, 방언, 고유어, 관용표현을 각각 3가지 이상 사용하기 3. 상인 역할에 적극적으로 참여하고, 손님과 원활하게 소통하기

성취수준 범주	상	중	하
지식·이해	표준어, 방언, 고유어, 관용표현의 기능과 특징을 구체적으로 설명할 수 있다.	표준어, 방언, 고유어, 관용표현의 기본 기능과 차이를 설명할 수 있다.	표준어, 방언, 고유어, 관용 표현의 기본 개념에 대해 간단히 언급할 수 있다.
과정·기능	표준어, 방언, 고유어, 관용표현을 각각 3가지 이상 사용하여 자유롭게 대화할 수 있다	표준어, 방언, 고유어, 관용표현을 각각 2가지 이상 사용하여 대화할 수 있다.	표준어, 방언, 고유어, 관용 표현을 1가지 이상 사용하여 최소한의 대화를 시도할 수 있다.
가치·태도	상인 역할에 적극 참여하여 손님과 원활하게 소통한다.	상인 역할에 참여하여 원활한 소통 능력을 보인다.	상인 역할에 참여하여 활동한다.

▶ **개념기반 탐구학습 과정**

단계	활동 주요 흐름	성찰하기	탐구 기법
관계맺기	• (사) 우리는 일상에서 어떤 말을 자주 사용 하나요? • 학생들이 표준어, 방언, 고유어, 관용표현에 대해 이야기 나누기 • 일상에서 사용하는 다양한 말들을 생각해 보기 • (사) 일상생활에서 사용하는 다양한 말에는 어떤 것들이 있을까요? • 표준어와 방언의 예시를 보고 의견 나누기	내가 알고 있는 다양한 우리말 표현과 사용 상황 돌아보기	마인드맵
집중하기	• 표준어, 방언, 고유어, 관용표현의 정의와 차이점 이해하기 • 다양한 언어 표현의 예시를 소개하기 • 표현의 쓰임새를 파악하며 표준어와 방언, 고유어와 관용 표현의 차이와 공통점을 정리하기 • 각 채소의 특징과 요리법 등 채소 설명 카드 작성하기	표준어, 방언, 고유어, 관용표현의 차이와 공통점 성찰하기	자료 해석과 시각화

조사하기	• 가정, 학교, 지역사회에서 사용되는 다양한 언어 표현 조사하기 • 교과서, 도서관, 인터넷 자료, 동영상, 전문가인터뷰 등 자료 더 찾기 • 조사한 내용 요약하기	조사한 우리말 표현이 일상에서 어떻게 사용되는지 확인하기	현장 조사
조직 및 정리하기	• 조사한 내용에서 어떤 공통점과 차이점을 찾을 수 있는지 탐색하기 • 조사한 바탕으로 표준어, 방언, 고유어, 관용표현의 공통점과 차이점을 비교하여 정리하기 • 피드백을 주고받으며 우리말 표현들이 가지는 의미를 다른 사람들에게 쉽게 전달할 수 있는지 점검하기 • 의사소통 평가표를 사용하여 서로의 대화 내용을 점검하고 언어 표현의 적절성 검토하기	조사한 표현의 의미를 다른 사람에게 쉽게 전달할 수 있는지 점검하기	체크리스트
일반화	• (개) 우리말 표현들이 사회와 문화에 어떤 영향을 미치나요? • 조사한 내용을 바탕으로 우리말 표현이 사회와 문화에 미치는 영향 토론하기 • (개) 우리말 표현을 다양한 맥락이나 상황에서 어떻게 사용할 수 있을까요? • 생각하여 발표하기	우리말 표현이 사람들의 생각과 가치를 어떻게 전달하는지 고민하기	Connect-Extend-Challenge
전이하기 (평가)	• 배운 내용을 실제 생활에서 어떻게 사용할 수 있을지 고민하기 • 실제 생활에서 활용 방법 고안하기 글쓰기 활동을 통해 배운 내용 일반화 문장을 도출하기	배운 내용을 실제 생활에서 어떻게 활용할 수 있을지 생각하기	GRASPS

다 교과 통합형

학년	5학년	교과	과학, 국어, 미술	단원명	다양한 날씨

성취기준	
성취기준	[6과06-01] 기상 요소를 조사하고, 날씨가 우리 생활에 주는 영향을 인식할 수 있다. [6과06-02] 이슬, 안개, 구름을 관찰하고, 공통점과 차이점을 찾을 수 있다. [6과06-03] 고기압과 저기압의 분포에 따른 날씨의 특징을 기상 요소로 표현할 수 있다. [6국03-01] 알맞은 내용을 선정하여 대상의 특성이 나타나게 설명하는 글을 쓴다. [6미02-01] 자연 현상을 관찰하여 그 특징을 표현할 수 있다.

일반화 예시

다양한 기상 요소의 변화로 나타나는 날씨는 사람들의 생활 모습을 변화시킨다.

- 기상요소는 사람들의 생활과 밀접한 관련이 있다.
- 이슬, 안개, 구름의 형성 과정과 발생 위치는 날씨를 변화시키는 요소이다.
- 고기압과 저기압은 바람의 방향과 날씨 변화에 영향을 준다.
- 사람들은 날씨를 만드는 요소들을 표현하고 공유한다.

[6과06-01], [6과06-02], [6과06-03], [6국03-01], [6미02-01]의 성취기준은 과학과, 국어과, 미술과에서 날씨와 일상생활과 관련하여 추출하여 구성하였다. 학생들이 다양한 기상 요소들을 조사하여 그 특징을 이해하고, 이러한 요소들이 우리 생활에 어떻게 영향을 미치는지 인식하도록 한다. 기온, 바람, 습도, 구름의 양, 강수량 등의 기상 요소를 관찰과 실험을 중심으로 특징을 이해하고 우리 생활과 관련짓도록 한다. 나타나는 기상 현상을 그림이나 기호와 글로 표현하면서 기상 현상과 기후변화는 우리 생활과 지속가능성에 영향을 미친다는 것을 이해하게 한다.

▶ 매크로 개념: 변화

매크로 개념은 '변화'로 선정하였다. 날씨를 만드는 기상 요소들이 끊임없이 변하면서 다양한 날씨를 만들어 내기 때문이다. 날씨와 관련된 기상 요소를 조사하고, 이슬·안개·구름 등을 관찰하며, 고기압과 저기압의 분포에 따른 날씨의 특징을 이해하는 등 날씨를 변화시키는 다양한 구성 요소의 상태와 변화를 이해함으로써 기후 변화의 원인을 이해하고, 우리 생활과 환경에 끼치는 영향을 개념적으로 이해하게 한다.

▶ 마이크로 개념: 기온, 기압, 기상 요소, 날씨

성취기준에 나타난 마이크로 개념은 기온, 기압, 기상 요소, 날씨 등이다. 이러한 마이크로 개념들은 기상의 변화와 그로 인한 자연의 다양한 현상을 이해하는 데 중요한 역할을 하며, 학생들은 이를 통해 기상 현상이 어떻게 발생하고 변동하는지를 체계적으로 학습할 수 있다. 기상 요소와 현상을 깊이 있게 탐구하면 자연환경에 대한 이해를 높이고, 날씨와 기후 변화의 영향을 잘 알 수 있다.

▶ 개념망(스트랜드)

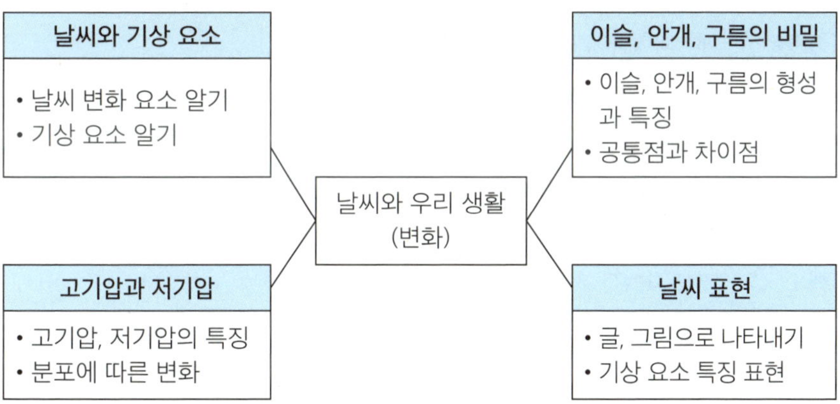

주제를 '날씨와 우리 생활'로 선정하였다. '날씨 변화에 따른 일상생활'이나 '기상 조건과 일상생활'로도 대체할 수 있다. 날씨는 학생들이 매일 접하는 자연 현상으로, 우리 생활과 깊은 관련이 있다. 날씨와 기상 요소에 관련된 관찰과 실험을 중심으로 한 탐구 활동을 통해 계절에 따른 기상 특징을 이해하고, 이슬, 안개, 구름 등 다양한 현상이 인간에게 미치는 영향을 알게 된다. 또한, 고기압과 저기압의 분포에 따른 환경 변화를 글이나 그림으로 표현함으로써, 날씨가 일상생활에 미치는 영향과 이를 대처할 수 있는 능력을 기를 수 있다.

▶ 지식의 구조

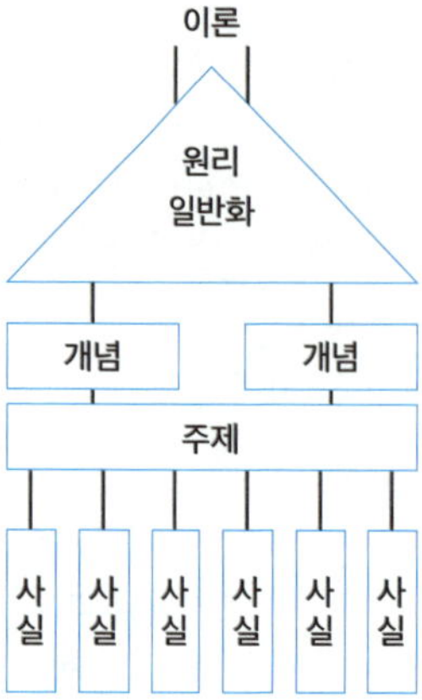

일반화	다양한 기상 요소의 변화로 나타나는 날씨는 사람들의 생활 모습을 변화시킨다.
매크로 개념	변화
마이크로 개념	기온, 기압, 기상 요소, 날씨
주제	날씨와 우리 생활
사실	• (기상 요소) 온도, 습도, 바람, 강수량 이슬, 안개, 구름, 고기압, 저기압 등 • (기상 현상) 비, 눈 등

▶ 평가 설계: C-GRASPS 수행과제

수행과제명	기상 뉴스 작성하여 발표하기
Concept	변화: 기상 요소에 따른 날씨 변화와 일상생활의 변화
목표(G)	기상 요소 및 날씨가 일상생활에 미치는 영향을 뉴스로 발표하기
역할(R)	대기과학과에 재학 중인 대학생
청중(A)	대기과학과 학생들과 담당 교수님
상황(S)	대기과학과에 재학 중인 대학생이 같은과 학생들과 담당 교수님 앞에서 '기상캐스터'가 되어 다양한 기상 요소와 자연 현상을 기반으로 날씨 변화 및 날씨와 관련한 일상생활을 기상 뉴스로 작성하여 발표해야 합니다.
수행(P)	기상 사례집, 기상 뉴스
기준(S)	1. 날씨 변화에 관련된 기상 요소가 일상생활에 미치는 영향을 설명하기 2. 가상 뉴스의 정보 내용을 사람들이 이해하기 쉽게 작성하기 3. 기상 뉴스 제작 과정과 협력 과정에 적극적으로 참여하기

범주 \ 성취수준	상	중	하
지식·이해	기상 요소가 일상생활에 주는 영향을 예를 들어 자세하게 설명할 수 있다.	기상 요소가 일상생활에 주는 영향을 설명할 수 있다.	기상 요소가 일상생활에 주는 영향을 말할 수 있다.
과정·기능	기상 뉴스의 정보 내용을 사람들이 이해하기 쉽게 구체적으로 작성할 수 있다.	기상 뉴스의 정보 내용을 사람들이 이해하도록 작성할 수 있다.	기상 뉴스의 정보 내용을 간단하게 작성할 수 있다.
가치·태도	기상 뉴스 제작 과정과 협력 과정에 적극적인 자세로 참여하여 의견을 낸다.	기상 뉴스 제작 과정과 협력 과정에 참여하여 의견을 낸다.	기상 뉴스 제작 과정과 협력 과정에 참여한다.

▶ 개념기반 탐구학습 과정

단계	활동 주요 흐름	성찰하기	탐구 기법
관계맺기	• 학생들이 경험한 날씨 변화 사례 공유하기 • 날씨와 기상 요소(기온, 바람, 습도, 구름의 양, 강수량 등)에 대한 기본 개념 알아보기 • (사) 이슬과 안개는 어떻게 다를까? • 기상요소 기본 개념 확인하기 • 기상 리포터의 역할 및 목표를 설명하기	날씨와 기상이 우리의 생활에 미친 영향을 생각해 보기	브레인스토밍
집중하기	• 기상 요소를 팀별로 나누어 집중 조사하기 • 이슬·안개·구름의 형성과 변화에 대해 관찰하기 • 기상 변화가 일상생활에 어떤 영향을 미치는지 자료 조사 및 기록하기 • (개) 왜 기상 요소가 생활에 미치는 영향은 다양할까? • 조사 내용을 팀별로 공유하고 토론하기	기상 요소의 유사점과 차이점을 성찰하고 생활에 미치는 영향을 검토하기	Thinking Map
조사하기	• 기상 요소와 날씨 변화에 대한 자료를 더 깊이 조사하기 • 지역 전문가 또는 기상 예보자 인터뷰하기 • 날씨 변화에 대한 대응 방안 찾기 • 실제 사례와 연결하여 발표 자료로 정리	날씨 변화에 대응하는 방법과 개선할 점을 생각하기	인터뷰

조직 및 정리하기	• 팀별로 수집한 자료와 인터뷰 내용을 바탕으로 기상 리포트를 작성하기 • 각 팀의 기상 뉴스 발표 및 다른 팀의 피드백을 받기 • (논) 기상 예측의 정확성에 대해 얼마나 신뢰할 수 있나? • 기상 뉴스 준비 및 협력 과정에서의 나타난 여러 문제 해결 방법 논의하기	팀 내 협력 과정을 돌아보고 더 나은 협력을 위한 방안 성찰하기	Gallery Walk
일반화	• 기상 요소가 생활에 미치는 영향을 통합적으로 정리하고, 다양한 사례와 관련지어 토론하기 • 기상 뉴스를 작성하면서 배운 내용을 다른 상황에 적용할 수 있는지 정리하기 • 발표하기	기상 요소 변화에서 배운 점과 이를 다른 상황에 어떻게 적용할지를 고민하기	마인드맵
전이하기 (평가)	• (개) 기상 뉴스를 학교 공동체에 공유하는 것이 중요한 이유는 무엇인가요? • 기상 뉴스를 학교에 공유하는 방안 토의하기 • 기상 변화 대응 방안에 관련된 캠페인 구상하고 실천하기	기상 뉴스의 영향력 및 발표와 실천의 의미를 되새기기	GRASPS

2. 과정의 구조에 따른 개념기반 설계

가 교과 단일형 1

학년	5학년	교과	미술	단원명	아이디어 여행

성취기준	[6미01-01] 다양한 감각과 매체를 활용하여 자신과 대상을 탐색할 수 있다. [6미01-02] 자신이나 대상에서 찾은 감각적 특징, 느낌, 생각 등을 관련지어 나타낼 수 있다. [6미02-02] 디지털 매체 등 다양한 표현 재료와 용구를 탐색하여 작품 제작에 활용할 수 있다. [6미02-04] 주제 표현에 의지를 갖고 표현 과정을 돌아보며 작품을 발전시킬 수 있다.

일반화 예시

다양한 관점은 아이디어를 확장하고 주제를 깊이 있게 표현하는 토대가 된다.

- 다양한 감각과 매체의 활용은 자신과 대상을 탐구하는 데 기여한다.
- 감정과 느낌을 일으키는 미적 체험은 창의적인 생각을 표현하는 데 영향을 끼친다.
- 다양한 표현 재료와 용구의 쓰임을 이해하면 주제와 아이디어를 확장 시킨다.
- 표현 과정을 살피는 것은 표현 주제의 확장을 촉진 시킨다.

[6미01-01], [6미01-02], [6미02-02], [6미02-04]의 성취기준은 미술과 관련된 (1) 미적 체험과 (2) 표현 영역에 해당한다. 학생들은 자신이나 주변 환경을 탐색하며 느낀 감정과 생각에서 새로운 아이디어를 발견하고, 이를 다양한 표현으로 나타낼 수 있다. 미술의 특성 상 시각적 요소를 주로 다루지만, 보이지 않지만 느낄 수 있는 특징이나 상상이 반영된 색, 형태, 이미지, 문구, 소리, 움직임 등을 자유롭게 탐구함으로써 다양한 발상이 일어난다. 이러한 발상은 아이디어를 넓히고 주제를 깊이 있게 표현하는 중요한 기반이 된다.

▶ 매크로 개념: 관점

매크로 개념은 '관점'으로 선정하였다. 발상이 일어나기 위해서는 학생들이 많은 것을 보고 느낀 후, 자신의 감각적 특징, 느낌, 생각 등에 대해 스스로 질문을 하여 다양한 아이디어를 떠올리고 생각해 내야 한다. 자신이 느낀 것에만 주의를 기울이지 않고 '왜'라는 의문을 가진다면 더 뛰어난 발상을 할 수 있을 것이며, 이는 창조적인 생각을 위한 가장 중요한 단계로 개념적으로 이해하게 된다.

▶ 마이크로 개념: 감각과 매체, 대상과의 상호작용, 표현 방법 탐색, 주제 표현 의지

'관점'이라는 매크로 개념을 바탕으로 성취기준에 나타난 마이크로 개념은 감각과 매체, 대상과의 상호작용, 표현 방법 탐색, 주제 표현 의지 등이다. 이러한 마이크로 개념들은 학생들이 다양한 감각을 활용하고, 자신과 주변 환경을 탐색하며, 독창적인 아이디어를 발전시키는 데 중요한 역할을 한다. 이를 통해 학생들은 자발적으로 질문을 던지고 탐구하며, 더욱 깊이 있는 표현으로 자신만의 창조적인 결과물을 만들어 낼 수 있다.

▶ 개념망(스트랜드)

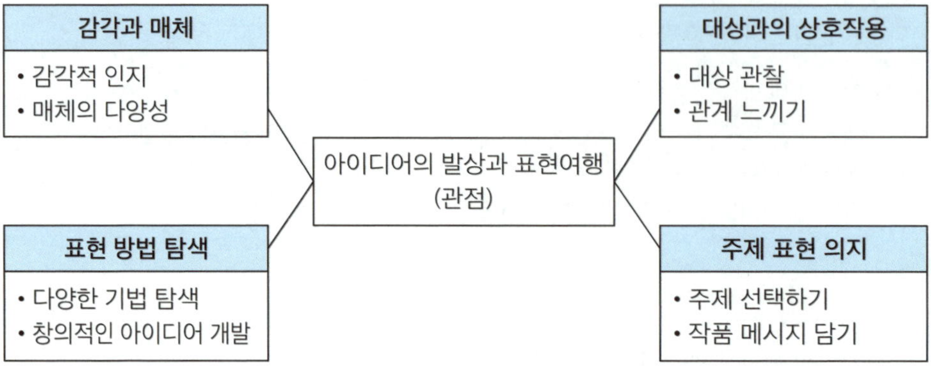

주제를 '아이디어의 발상과 표현여행'으로 선정하였다. 다양한 생각과 상상이 자유롭게 흐르는 과정에서 '관점'이라는 매크로 개념이 이어지도록 구성하였다. 아이디어의 시작과 연결이 단순한 생각에서 출발해 다양한 방식으로 발전하는 과정에서 새로운 아이디어가 확장되고, 새로운 관점 및 사고가 형성됨으로써 창의적인 표현 방법을 탐색할 수 있다. 다양하게 발상하는 탐색 과정을 제공함으로써 학생들은 자신만의 독특한 시각적 언어를 형성하게 된다. 또한 학생들에게 창의력을 자극하고 사고를 확장 시키는 기회를 제공함으로써 다양한 발상이 일어나고, 이러한 발상은 아이디어를 넓히고 주제를 깊이 있게 표현하는 중요한 바탕이 된다는 것을 학생들이 알게 되는 것이다.

▶ 과정의 구조 설계

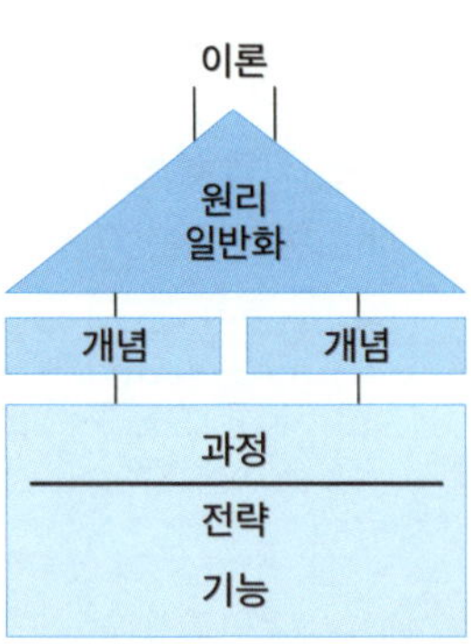

일반화	다양한 발상은 아이디어를 확장하고, 주제를 깊이 있게 표현하는 토대가 된다.
매크로 개념	관점
마이크로 개념	감각과 매체, 대상과의 상호작용, 표현 방법 탐색, 주제 표현 의지
과정	아이디어의 발전과 연결
전략, 기능	• 아이디어 조직과 연결로 연관성 찾기 • 다양한 표현 기법 분석하기 • 다양한 미디어, 기술 활용에 대한 요약 정리 • 재료 분류 및 특성 탐색하기

▶ **평가 설계: C-GRASPS 수행과제**

수행과제명	동네 놀이터 디자인하기
Concept	관점: 창의적인 아이디어 제안을 통한 문제 해결
목표(G)	창의적인 아이디어로 동네 놀이터를 디자인하기
역할(R)	디자인 회사의 디자이너
청중(A)	노후된 동네 놀이터에 거주하는 지역 주민과 구청 관계자
상황(S)	디자인 회사의 디자이너로서 동네에 있는 노후된 놀이터의 문제점을 분석하고, 이를 해결할 창의적인 아이디어를 시각적 작품으로 제시하여야 합니다.
수행(P)	아이디어 자료집, 놀이터 시각 작품
기준(S)	1. 놀이터 디자인에 필요한 아이디어를 시각적으로 제시하기 2. 재료와 도구를 활용하여 다양한 기법으로 아이디어를 표현하기 3. 디자인 활동에 적극 참여하고, 지역 주민의 의견을 존중하기

성취수준 / 범주	상	중	하
지식·이해	창의적인 아이디어를 시각적으로 명확하게 제시할 수 있다.	창의적인 아이디어를 시각적으로 제시할 수 있다.	아이디어를 제시할 수 있다.
과정·기능	다양한 재료와 기법을 능숙하게 활용하여 표현할 수 있다.	다양한 재료와 기법을 활용하여 표현할 수 있다.	기본적인 재료와 기법으로 표현할 수 있다.
가치·태도	디자인 활동에 적극적으로 참여하고, 의견을 잘 반영한다.	디자인 활동에 참여하면서 의견을 소중히 여기는 태도를 나타낸다.	디자인 활동에 참여하고, 의견에 귀 기울인다.

▶ **개념기반 탐구학습 과정**

단계	활동 주요 흐름	성찰하기	탐구 기법
관계맺기	• 일상생활에서 아이디어를 내어 문제를 해결했던 경험 나누기 • 내가 겪었던 우리 동네의 문제들에 대하여 생각하기 - (사) 최근에 여러분이 겪었던 우리 동네의 문제들은 어떤 것들이 있나요? • 우리 동네의 여러 가지 문제 중 해결할 수 있는 문제 선정하기	나의 경험과 주제가 어떻게 연결되는지 생각하기	See-Think-Wonder
집중하기	• 문제 해결을 위한 다양한 아이디어 구상하기 • 다양한 색상, 형태, 배경 등 주제에 맞는 표현 탐구하기 - (사) 색상, 형태, 배경의 역할은 무엇인가요? • 표현 재료, 표현 기법 등을 생각해 보기	아이디어가 주제를 잘 표현하는 지 확인하기	Thinking Map
조사하기	• 떠올린 아이디어를 시각적으로 표현하는 방법 조사하기 • 다양한 표현 재료를 사용하여 작품에 효과적인지 실험해 보기 • 명암, 색상, 질감 등 다양한 기법을 탐구하여 가장 잘 맞는 표현 기법 찾기	다른 재료나 기법이 더 적절할지 고민하기	프로토타이핑
조직 및 정리하기	• 떠올린 아이디어를 정리하고 작품을 어떻게 표현할지 계획하기 • 스케치하면서 작품의 구성이나 구도 결정하기 - (개) 스케치 과정이 작품 완성도에 미치는 영향은 무엇이라고 생각하나요? • 선택한 재료와 기법을 작품에 적용하기	구상한 아이디어가 작품에서 잘 드러나는지 점검하기	마인드맵
일반화	• 떠올린 아이디어를 새로운 주제나 상황에서 어떻게 표현할지 고민해 보기 - (개) 재발상한 아이디어가 원래 주제와 어떻게 연결될 수 있나요? • 다양한 아이디어를 떠올리게 하는 방법 살펴보기 • 아이디어를 다른 주제나 상황에서도 적용해 보기	발상을 다른 주제나 상황에 적용할 수 있을지 생각하기	3-2-1 Bridge

전이하기 (평가)	• 만든 시각적 작품을 다른 아이디어로 재구성하여 새로운 작품을 시도해 보기 • 적용한 표현 도구 및 표현 재료를 새로운 작품에 적용해 보기 • 다른 교과나 상황에서도 적용 가능한지 생각하기	발상한 아이디어가 다른 주제에 연결될 수 있는지 고민하기	GRASPS

나 교과 단일형 2

학년	6학년	교과	실과	단원명	우리가 사는 세상

성취기준	[6실01-02] 건강한 발달을 위한 자기관리 방법을 탐색하고, 일상생활 속에서 올바른 생활습관과 태도를 갖도록 계획하여 실천한다. [6실01-05] 옷의 기능을 이해하여 평소 자신의 옷차림을 살펴보고 건강하고 적절한 옷 입기를 실천한다. [6실02-03] 생태 지향적 삶을 위해 자신의 의식주 생활에서 할 수 있는 구체적인 행동을 계획하여 실천한다. [6실02-11] 생활 자원의 올바른 사용이 가정과 환경에 도움이 됨을 이해하고 재활용, 재사용 등 환경을 고려한 관리 방법을 실천한다.

일반화 예시

사람들의 좋은 생활습관과 환경의 인식은 지속가능한 세상으로 이끈다.

- 건강과 환경을 고려한 적절한 옷차림은 지속가능한 생활을 가능하게 한다.
- 개인의 지속가능한 행동은 환경과 공동체에 영향을 끼친다.
- 자기 관리는 지속가능한 생활을 위한 필수적인 요소이다.
- 생태 지향적 삶은 구체적인 계획과 실천을 통해 이루어진다.

[6실01-02], [6실01-05], [6실02-03], [6실02-11]의 성취기준은 건강한 생활 습관과 지속가능한 선택이 개인의 건강을 지키고 환경을 보호하며, 더 나은 미래를 만드는 데 중요한 역할을 한다는 점을 이해하고 실천하는 것이 필요하다는 것을 알게 해 준다. 개인이 실천하는 지속가능한 행동으로서의 실천은 지속가능한 생활을 유지하는 필수적인 요소이며 환경뿐만 아니라 공동체에도 긍정적인 영향을 미치고, 생태 지향적 삶은 구체적인 계획과 실천을 통해 이루어진다.

▶ 매크로 개념: 지속가능성

매크로 개념을 '지속가능성'으로 선정하였다. 선정한 이유는 건강, 옷차림, 생활 유지 등이 환경과 미래를 고려한 생활과 밀접하게 연결되어 있기 때문이다. 학생들은 건강한 생활 습관과 자기 관리, 환경 보호를 통해 더 나은 미래를 만드는 방법을 배우고 책임 있는 선택을 해야 하며, 생활 습관과 환경을 생각하는 행동을 함으로써 지속가능한 생활이 가능함을 개념적으로 이해하게 한다.

▶ 마이크로 개념: 자기 관리 방법, 적절한 옷차림, 생태 지향적 삶, 자원 관리

성취기준에 나타난 마이크로 개념으로는 생활 습관, 지속가능한 선택, 옷의 기능, 옷차림, 생태 지향적 삶, 생활 자원, 올바른 생활 습관, 지속가능한 의식주 실천 등이 있다. 이 중에서 중점적으로 다루고자 하는 마이크로 개념은 자기 관리 방법, 적절한 옷차림, 생태 지향적 삶, 그리고 자원 관리이다. 학생들은 이러한 개념을 과정 탐구를 통해 배워 건강한 삶을 유지하고, 환경을 보호하며, 지속가능한 생활을 실천할 수 있는 역량을 기르게 될 것이다.

▶ 개념망(스트랜드)

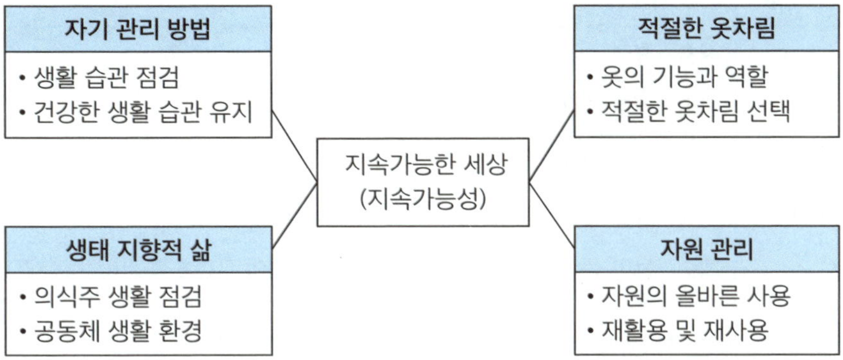

주제를 '지속가능한 세상'으로 정하였다. '지구를 위한 생활 전략'이나 '우리는 지구 수비대'처럼 친근하게 표현할 수도 있다. 학생들은 자신의 삶과 공동체의 삶에서 건강과 환경을 고려한 지속가능한 생태 지향적 삶의 중요성을 이해하고, 생활 속에서 자기 생활 습관을 관리하며 생활 자원을 효율적으로 계획하고 사용하는 방법을 지속적으로 탐구하게 된다. 이를 통해 학생들이 구체적인 행동과 태도로 임할 수 있도록 설계하였다.

▶ 과정의 구조

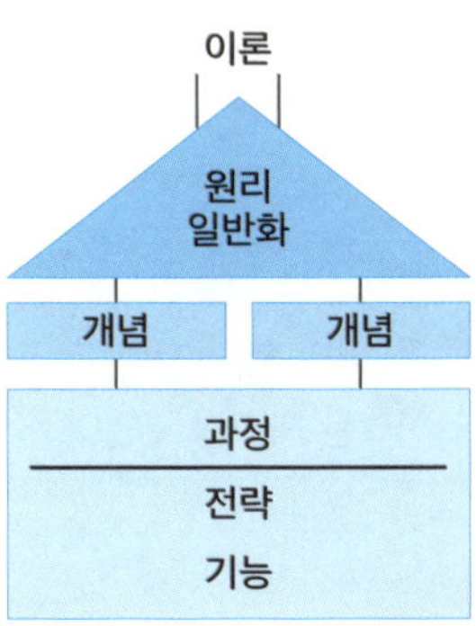

일반화	사람들의 좋은 생활습관과 환경의 인식은 지속가능한 세상으로 이끈다.
매크로 개념	지속가능성
마이크로 개념	자기 관리 방법, 적절한 옷차림, 생태 지향적 삶, 자원 관리
과정	지속가능한 생활 탐구
전략, 기능	• 자기 관리 방법 유목화하기 • 옷의 기능과 역할 조사하기 • 적절한 옷차림 탐구 선택하기 • 나의 의식주 생활 항목별 분류하기 • 나와 관련된 공동체 삶과 환경 분석하기 • 재활용, 재사용 실천하기

▶ 평가 설계: C-GRASPS 수행과제

수행과제명	'지속가능한 생활 인플루언서' 활동하기
Concept	지속가능성: 생활 습관 속에서 찾아내는 지속가능한 생활
목표(G)	지속가능한 습관을 실천하는 인플루언서 활동하기
역할(R)	지속가능한 생활 인플루언서
청중(A)	지속가능한 생활에 관심 있는 모든 세대의 사람들
상황(S)	지속가능한 생활 인플루언서로서, 챌린지 형식의 콘텐츠를 기획하고 제작하여 사람들이 온라인과 오프라인에서 지속가능한 생활을 일상 속에서 실천할 수 있도록 캠페인 활동을 전개해야 합니다.
수행(P)	콘텐츠, 캠페인 자료, 실천 내용 기록표
기준(S)	1. 지속가능한 생활의 중요성과 실천 방법을 구체적으로 제시하기 2. 지속가능한 생활 관련 콘텐츠를 독창적이고 설득력 있게 제작하기 3. 지속가능한 생활 관련 콘텐츠를 통해 희망 메시지 전달하기

성취수준 / 범주	상	중	하
지식·이해	지속가능한 생활의 중요성과 실천 방법을 명확하고 상세하게 설명할 수 있다.	지속가능한 생활의 중요성과 실천 방법을 설명할 수 있다.	지속가능한 생활에 관심을 가지고 실천 방법을 말할 수 있다.
과정·기능	콘텐츠를 독창적이고 설득력 있게 구성하여 제작할 수 있다.	콘텐츠를 독창적으로 구성하여 제작할 수 있다.	콘텐츠를 제작할 수 있다.
가치·태도	콘텐츠로 지속가능한 생활 희망 메시지를 적극적인 자세로 전달한다.	콘텐츠로 지속가능한 생활 희망 메시지를 전달한다.	콘텐츠로 지속가능한 생활 희망 메시지를 전달하려는 의지를 보인다.

▶ **개념기반 탐구학습 과정**

단계	활동 주요 흐름	성찰하기	탐구 기법
관계맺기	• 지속가능한 생활 관련 영상 시청하기 - (사) 영상에서 보여준 구체적인 예시는 무엇인가요? • 일상생활 속 지속가능한 생활 습관과 관련하여 서로의 의견 나누기 • 자신의 생활 습관 중 환경에 좋은 점과 나쁜 점을 찾아보고 정리하기	내가 하는 행동 중에서 환경에 좋은 것과 나쁜 것을 살펴보기	브레인스토밍
집중하기	• 일상 생활 속 '옷의 기능과 역할'과 '적절한 옷차림', '의식주 생활 점검', '공동체 삶과 환경'과 관련한 자료 살펴보기 - (개) 개인의 옷차림이 공동체와 환경에 미치는 영향은 무엇인가요? • 모둠별로 기준을 정해 분류해 보기 • '지속가능한 생활 인플루언서' 역할로서의 '나만의 메시지' 작성하기 • 전달하고 싶은 콘텐츠 내용과 형식 토의하기	전달하려는 메시지가 왜 중요한지와 생활과의 연결 고민하기	질문하기
조사하기	• 자원절약 관련 다양한 자료 조사하기 • 지역사회에서 실천하는 사례를 조사하거나 전문가와 인터뷰 진행하기 • 세계 여러 곳의 사례가 지속가능한 환경에 미치는 영향의 자료 수집하기 • 신뢰할 수 있는 자료를 바탕으로 핵심 메시지인지 확인하기	찾은 자료가 정확하고 신뢰할 수 있는지 검토하기	사례 연구 인터뷰
조직 및 정리하기	• 지속가능한 생활 습관의 장단점을 그래픽이나 주제별로 분류하여 정리하기 • 지속가능한 생활 습관을 체계적으로 정리하고 친구들과 공유하기 • 마인드맵을 활용하여 지속가능한 생활 습관의 핵심 개념과 이를 홍보할 방법 정리 • '지속가능한 생활 인플루언서'로서 전달 할 메시지와 이를 뒷받침할 정보를 정리하여 발표 준비하기	자료와 메시지를 논리적으로 정리하고 전달 방법 생각하기	마인드맵

일반화	• 모은 자료를 바탕으로 콘텐츠 제작하기 • 지속가능한 생활 습관을 홍보하는 콘텐츠 • 만들어 편집하여 공유하기 • 친구들과 협력하여 콘텐츠에 대한 피드백을 주고받고 개선점 찾아내기	제작한 콘텐츠에 대한 피드백을 받고 개선점 찾기	4C: 연관성-도전-개념-변화
전이하기 (평가)	• (개) 지속가능한 생활 습관을 홍보하는 콘텐츠가 사회에 미치는 영향은 무엇일까요? • 만든 콘텐츠를 일상생활에서 어떻게 더 활용할 수 있을지 계획하기 • 일주일 동안 스스로 실천해 보기 • 실천한 내용을 바탕으로 자신이 느낀 변화와 개선점 반성 및 계획하기	내가 실천한 일이 지속가능한 생활에 미친 영향 성찰하기	GRASPS

다 교과 통합형

학년	5학년	교과	국어, 사회	단원명	인권을 알려요

성취기준	[6국01-01] 대화에서 생략된 내용을 추론하며 듣는다. [6국01-07] 절차와 규칙을 지키고 타당한 이유와 근거를 제시하며 토론한다. [6국03-02] 적절한 근거를 사용하고 인용의 출처를 밝히며 주장하는 글을 쓴다. [6사03-01] 일상 사례에서 법의 의미와 역할을 이해하고, 헌법에 규정된 인권이 일상생활에서 구현되는 사례를 조사하여 인권 친화적 태도를 기른다.

일반화 예시

참여와 토론으로 작성하는 글쓰기는 인권에 대한 주장과 근거를 강화한다.

- 모든 사람이 보장받아야 할 인권은 지켜져야 한다.
- 인권보호 실천사례의 조사는 의견과 주장을 풍부하게 한다.
- 인권에 대한 토론 참여는 인권에 대한 사고를 풍부하게 한다.
- 근거를 들어 주장하는 글을 쓰는 것은 주장을 강화한다.

[6국01-01], [6국01-07], [6국03-02], [6사03-01] 의 성취기준은 추론, 토론, 참여, 의견, 근거, 조정, 비교, 주장하는 글, 인권 등 사람들이 서로의 의견을 존중하고 조정하며 자신의 생각을 주장하는 글로 나타내어 사회의 다양한 문제를 해결하는 능력을 기르는 것을 목표로 한다. 이러한 성취기준을 바탕으로 공감과 소통은 모든 과정에서 필수적인 요소로 작용하고, 인권보호와 관련된 의견과 주장을 풍부하게 하여 인권에 대한 주장과 근거를 강화시키는 데 필수적인 요소임을 이해하게 되는 일반화에 이르게 된다.

▶ 매크로 개념 : 관점

매크로 개념은 '관점'으로 선정하였다. '관점'이라는 매크로 개념을 통해 학생들은 인권 조사 활동 및 경청, 토론, 주장, 인권 보호 활동 등의 과정에서 서로 다른 의견을 조정하고 문제를 해결하는 실마리를 찾게 되고 근거를 들어 자신의 주장을 글로 쓰게 된다. 또한 학생들은 함께 해결책을 찾고 공동체 의식의 함양과 더불어 깊이 있는 학습을 할 수 있게 된다. 이러한 과정은 학생들이 공감과 소통의 중요성을 개념적으로 이해하게 한다.

▶ 마이크로 개념 : 참여, 토론, 근거, 주장, 인권

매크로 개념인 관점에 따른 마이크로 개념은 참여, 토론, 근거, 주장, 인권으로 정했다. 이 개념은 서로 연결되어 있으며, 사람들은 참여를 통한 의사소통을 통해 서로의 의견을 자유롭게 나누고, 그 의견을 비교하면서 각자의 생각과 관점을 깊이 이해하는 데 중요한 역할을 한다. 이 과정에서 학생들은 서로의 의견을 조정하고, 개인의 권리와 인권을 어떻게 보호하는지를 배우게 된다. 더 나아가, 학생들은 문제 해결 협력을 통해 다양한 관점을 고려하고 창의적인 해결책을 찾는 경험을 쌓게 된다. 이러한 과정들은 학생들이 인권보호와 관련된 글쓰기에 참여하면서 인권의 중요성을 인식하고 참여와 토론을 통하여 자기주장의 근거를 찾아 주장하는 글을 쓰는 데 도움이 된다.

▶ 개념망(스트랜드)

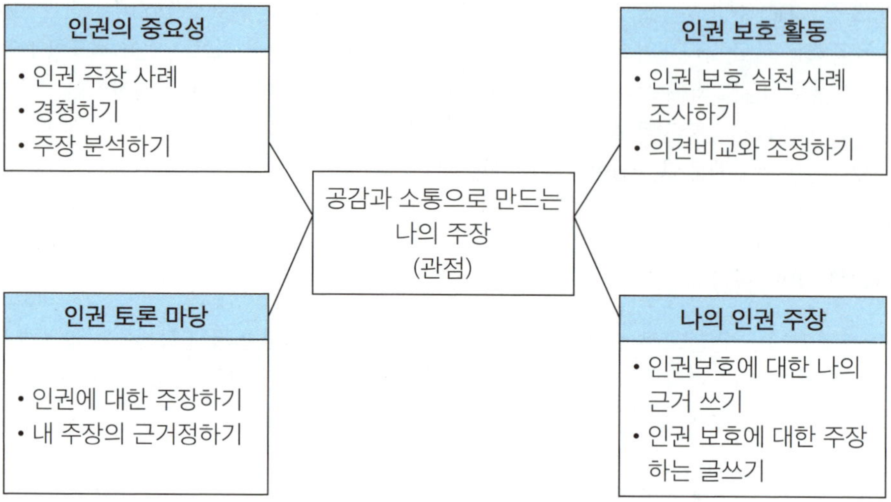

주제는 '공감과 소통으로 만드는 나의 주장'으로 하였다. '공감과 소통의 주장 글쓰기'나 '인권을 글로 표현해요' 등과 같이 학생들이 인권과 관련된 주장하는 글쓰기를 좀 더 친화적으로 생각할 수 있는 주제로도 표현할 수 있다. 학생들이 인권 주장 사례를 통하여 인권의 중요성을 이해하고, 인권 보호 실천 사례 조사 및 인권 토론 마당을 통해 구체적이고 실천적인 탐구 과정이 되도록 구성하였다. 마지막으로 인권보호에 대한 자신의 의견을 근거를 들어 구체적이고 실천할 수 있는 능력을 기르게 되도록 설계하였다.

▶ 과정의 구조

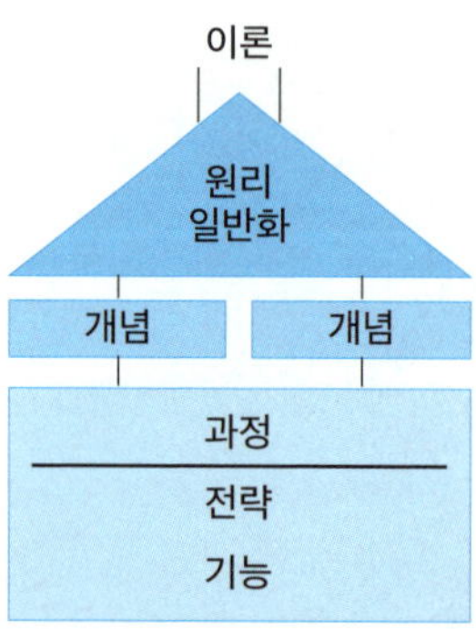

일반화	참여와 토론으로 작성하는 글쓰기는 인권에 대한 주장과 근거를 강화한다.
매크로 개념	관점
마이크로 개념	참여, 토론, 근거, 주장, 인권
과정	공감과 소통을 통한 인권 글쓰기
전략, 기능	• 인권 주장 사례 분석하기 • 토론 참여의 의견 비교 및 조정하기 • 타인의 주장을 경청하고 주장의 근거 정하기 • 근거를 뒷받침하여 주장하는 글쓰기

▶ **평가 설계 : C-GRASPS 수행과제**

수행과제명	인권 교육 강의 자료 만들기
Concept	공감과 소통: 인권에 대한 의견 공감과 의견 소통
목표(G)	법에 의해 보호되는 인권 관련 강의 자료 만들기
역할(R)	국가인권위원회의 인권교육센터 강사
청중(A)	사회복지 관련 시설 인권담당 직원
상황(S)	국가인권위원회에서 인권교육센터 강사로 사회복지 관련 시설 인권을 담당하고 있는 직원에게 인권교육에 관한 자료를 만들어 교육해야 합니다.
수행(P)	인권 보호 강의 자료 만들기
기준(S)	1. 인권보호가 필요한 상황 제시하기 2. 인권보호의 근거를 제시하기 3. 인권보호를 주장하는 강의 자료 만들기(글, 그림, 영상 등)

범주 \ 성취수준	상	중	하
지식·이해	인권보호와 관련된 근거를 구체적으로 제시하여 글을 쓸 수 있다.	인권보호와 관련된 근거를 제시하여 글을 쓸 수 있다.	인권보호와 관련된 근거를 도움을 받아 글로 쓸 수 있다.
과정·기능	인권을 쉽게 이해하고 실천할 수 있는 강의 자료를 능숙하게 제작할 수 있다.	인권을 이해하고 실천할 수 있는 강의 자료를 제작할 수 있다.	인권의 중요성을 알리는 간단한 강의 자료를 제작할 수 있다.
가치·태도	인권보호의 필요성을 깊이 인식하여 발표를 통해 다른 사람과 적극적으로 공유한다.	인권보호의 필요성을 인식하고, 발표를 통해 다른 사람과 공유한다.	인권보호의 필요성을 인식하고 발표한다.

▶ **개념기반 탐구학습 과정**

단계	활동 주요 흐름	성찰하기	탐구 기법
관계맺기	• 학생들이 일상생활에서 경험한 인권 사례 나눔 하기 • (논) 인권은 모든 사람에게 필요할까요? • 피라미드 토론하기 • 학생들이 토론을 통해 인권이 자신과 어떻게 연결되는지 생각해 보기	인권은 사람들과 어떤 관련이 있는지 고민하기	피라미드 토론
집중하기	• (사) 인권은 무엇인가요? • 인권의 의미에 대한 발표를 듣고 비교하고 분석하기 • 모둠별로 인권보호 실천 사례 조사 내용 담당 역할 분담하기 • 다양한 매체를 활용하여 알아보기 • (사) 인권보호 실천 사례는 어디에서 찾을 수 있나요?	조사할 주제를 명확히 설정하기 및 협력의 필요성 성찰하기	설명 게임 (The Explanation Game)
조사하기	• 인권보호 실천 사례 내용 나누기 • 인권보호 실천 사례 의견 비교와 조정하기 • 인권보호 실천 사례 공유하기 • (논) 사례에서 법은 인권을 제대로 보호했나요? • 토론을 통한 내용분석하기	조사한 자료를 분석하며 법과 인권의 상호작용 점검하기	KWL 차트
조직 및 정리하기 (평가)	• 인권보호와 관련하여 내가 정한 근거를 들어 글쓰기 <인권 교육 강의 자료 만들기> • 인권을 보호해야 하는 상황 제시하기 • 인권보호가 필요한 상황 제시하기 • 인권보호의 근거를 제시하기 • 인권보호를 주장하는 강의 자료 만들기(글, 그림, 영상 등) • (사) 주장하는 내용은 무엇인가요? • (개) 어떤 근거를 제시하고 있나요? • 발표 자료 정리 및 발표하기	발표 자료 제작 및 활동 과정에서 협력의 중요성 살펴보기	GRASPS
일반화	• 인권 보호와 관련된 다양한 사례 조사 및 분석, 글쓰기, 발표 등의 학습 경험을 다른 교과와 일상생활에서 적용하는 예시 찾아보기	주장하는 글쓰기의 필요 요소 확인하기	사례 비교 (Case comparison)

	• (사) 인권 보호와 관련하여 어떤 내용으로 글을 썼나요? • 주장하는 글쓰기에서 토론과 참여는 어떤 역할을 하나요? • (개) 공감과 소통을 통한 주장을 세우기는 다른 사회적 문제 해결에도 적용될 수 있을까요?		
전이하기	• 토론과 참여로 문제를 해결하는 상황 더 찾아보기 • 주장을 뒷받침하는 근거를 제시하여 일기쓰기	학습한 내용을 실생활에 적용할 방법 모색하고 실천계획 세우기	

3. 지식+과정의 구조에 따른 개념기반 설계

가 교과 단일형 1

학년	6학년	교과	음악	단원명	음악이 있는 삶

성취기준	[6음01-01] 바른 주법과 표현 기법을 익혀 노래나 악기로 느낌을 담아 연주한다. [6음01-02] 음악 요소를 살려 노래나 악기로 발표하고 과정을 돌아본다. [6음01-03] 소리의 어울림을 생각하며 다양한 방법으로 함께 표현한다. [6음01-04] 간단한 형태의 연주를 준비하여 생활 속 음악 활동에 참여한다. [6음03-03] 음악의 요소를 활용하여 간단한 음악을 만든다. [6음03-04] 생활 주변 상황이나 이야기를 활용하여 음악을 만들며 열린 태도를 갖는다.

일반화 예시

사람들은 다양한 음악적 표현으로 함께 소통하고 생활 속에서 음악을 협력적으로 만들어 활용한다.

- 음악 활동은 고유하고 다양한 가치를 함의한다.
- 인간은 음악 활동을 통해 함께 경험하고 소통한다.
- 인간은 생활 속에서 음악을 협력적으로 만들어 활용한다.
- 음악적 활동은 공동체의 유지와 발전에 기여한다.

학생들이 음악적 활동을 '함께' 수행하며 얻는 심미적 경험을 통해 음악의 본질적 가치를 이해하고([6음01-03] 등) 나아가 음악이 생활 속에서 공동체의 유지 발전에 기여하는 다양한 사례를 탐구하고 직접 경험해보게 한다([6음01-04], [6음03-04] 등). 공동 음악 활동의 단순한 수행에서 이제 그것을 왜 해야 하는지에 대한 깊이 있는 이해를 동반하게 된다. 이는 갈수록 정서가 메말라가고 관계 형성에 어려움을 겪는 학생들에게도 효용이 있을 것이다. 이외의 성취기준은 이 과정에서 음악 자체를 더욱 정교화하는 데 활용한다.

▶ 매크로 개념: 기능

매크로 개념은 '기능'으로 선정하고 음악 활동, 소통, 협력, 공동체라는 마이크로 개념으로 접근하도록 하였다. 음악을 '함께' 행해보는 심미적 경험을 토대로 음악이 언어를 넘어서는 소통의 창구가 될 수 있으며, 협력적으로 노래 부르고 연주하며 창작하는 일련의 과정이 더 나은 공동체로 도약하는 데 있어 디딤돌 역할을 할 수 있다는 점을 이해하게 한다. 이 같은 이해는 추후 다양한 협력적 음악적 활동을 수행하게 하는 주요 동인이 될 것이다. 다만 이는 음악을 기능 교과로 전락시키려는 의도는 아니며 음악의 사회적 기능에 초점을 둔 단원 구성이라고 할 수 있겠다.

▶ 마이크로 개념: 음악 활동, 소통, 협력, 공동체

성취기준에 나타난 마이크로 개념은 음악 활동, 소통, 협력, 공동체이다. 음악 활동을 다양하게 탐구하며 음악의 내외재적 가치를 이해하게 한다. 소통과 협력은 음악을 가치롭게 만드는 기능 중 하나로 볼 수 있다. 사회적 동물인 인간이 이루어 살아가는 공동체가 음악적 활동을 통해 소통과 협력을 이뤄가도록 함으로써 공동체의 유지·발전을 도모한다.

▶ 개념망(스트랜드)

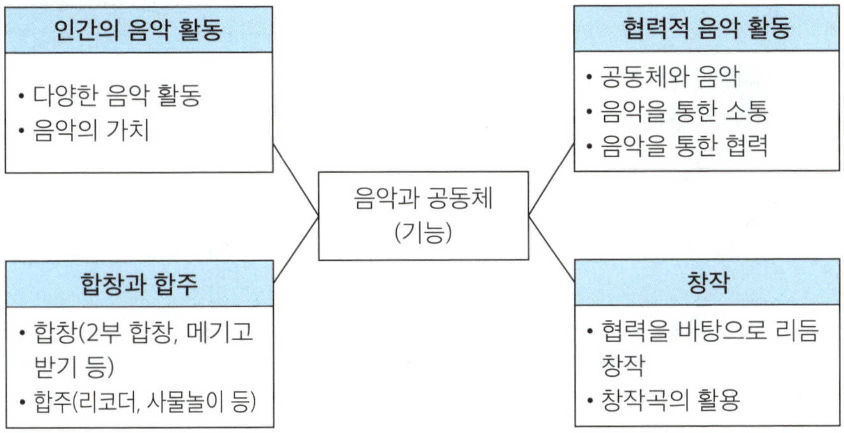

주제는 '음악과 공동체'로 선정하였다. 먼저 인간의 음악 활동을 전방위적으로 살펴보며 우리가 경험해 온 음악의 유형과 가치를 탐색한다. 이후 음악 활동이 공동체에게 어떤 유익을 주는지 여러 사례를 통해 탐구하여 이해하고 합창과 합주 경험을 통해 학생들이 이해한 바를 몸소 체험해볼 수 있는 기회를 마련한다. 마지막으로 간단한 협력적 창작 활동을 거친다. 이 같은 일련의 과정은 음악 자체의 개인적인 심미적 추구뿐만 아니라 단체 음악 활동의 이면에 숨겨져 있는 빅 아이디어를 발견하게 할 것이다.

▶ 지식의 구조

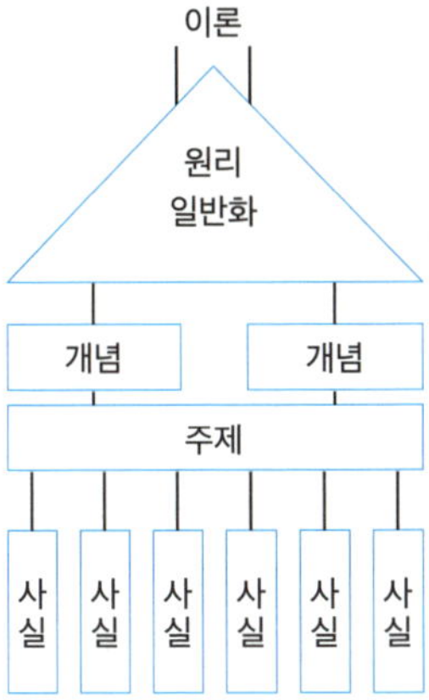

일반화	우리는 다양한 음악적 표현으로 함께 소통하고 생활 속에서 음악을 협력적으로 만들어 활용한다.
매크로 개념	기능
마이크로 개념	음악 활동, 소통, 협력, 공동체
주제	공동체 음악 활동
사실	• 음악 활동의 유형 • 우리 주변의 협력적 음악 활동 사례 • 합창곡, 합주곡 사례 • 4/4 리듬, 말붙임새

▶ 과정의 구조

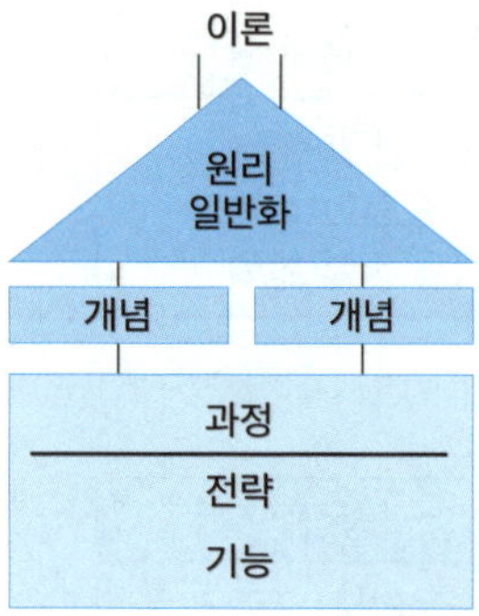

일반화	우리는 다양한 음악적 표현으로 함께 소통하고 생활 속에서 음악을 협력적으로 만들어 활용한다.
매크로 개념	기능
마이크로 개념	음악, 소통, 협력, 공동체
과정	합창과 합주, 창작
전략, 기능	• 부분 2부 합창, 제창, 가락악기(리코더)와 타악기(리듬 악기, 사물) 합주 • 간단한 악곡 창작 및 발표

▶ 평가 설계: C-GRASPS 수행과제

수행과제명	응원가 만들기
Concept	기능: 생활 속에서 음악을 협력적으로 만들어 활용하며 음악의 다양한 기능 이해하기
목표(G)	쉽게 따라할 수 있는 간단한 응원곡을 창작하기
역할(R)	응원가 작곡팀
청중(A)	의뢰인(OO초등학교 O학년 O반 학생들)
상황(S)	여러분은 응원가 전문 작곡팀입니다. OO초등학교에서 5월에 있을 운동회에서 사용할 응원곡을 만들어달라는 의뢰를 받았습니다. 모두가 쉽게 따라할 수 있는 4마디 응원곡을 만들어야 합니다.
수행(P)	응원곡 소개글, 창작한 응원곡 발표
기준(S)	1. 응원곡 소개글에서 음악을 활용한 소통과 협력에 무게를 두어 진술하기 2. 4/4박자의 4마디 안에 들어갈 리듬과 가사로 응원곡 완성하기 3. 팀원과 힘을 모아 서로 도와가며 적극적인 자세로 응원곡 발표하기

범주 \ 성취수준	상	중	하
지식·이해	음악의 사회적 기능과 가치에 대해 자세히 진술한다.	음악의 사회적 기능과 가치에 대해 진술한다.	음악의 사회적 기능과 가치에 대해 일부 진술한다.
과정·기능	매우 정확한 리듬으로 응원곡을 연주하고 가사를 자연스럽게 붙인다.	비교적 정확한 리듬으로 응원곡을 연주하고 가사를 붙인다.	일부 정확한 리듬으로 응원곡을 연주하고 가사를 간단하게 붙인다.
가치·태도	협력적 음악 활동을 즐기며 적극적으로 참여하려는 자세를 지닌다.	협력적 음악 활동에 관심을 갖고 참여하려는 자세를 지닌다.	협력적 음악 활동에 부분적으로 관심을 갖고 참여한다.

▶ **개념기반 탐구학습 과정**

단계	활동 주요 흐름	성찰하기	탐구 기법
관계맺기	• 그동안 음악 시간에 해왔던 활동 중 기억에 남는 것 발표하기 - (사) 음악 시간에 친구들과 함께 했던 활동에는 어떤 것이 있었나요? • 음악을 하면서 긍정적이었던 경험 공유하기 • 음악을 하는 이유 생각해보기 - (개) 음악을 하는 목적은 무엇일까요? • 올림픽 시상식에서 애국가가 울려 퍼진 것을 본 경험, 야구장에 가서 응원가를 불러봤던 경험 등을 떠올려보기	자신이 수행해왔던 다양한 사례들로부터 사전 개념을 활성화하였는지 성찰하기	Thinking Map
집중하기	• <스쿨 오브 락>과 같이 협력적 음악 활동을 주제로 한 영화 감상하기 • 음악을 활용하여 교사-학생, 학생-학생 간에 다양한 방법으로 소통하기(예: 4/4박의 리듬 주고받기 등) • 모둠별로 간단한 리듬 창작 활동, 가사 만들기 활동 수행하기 • 협력적 음악 활동의 속성 열거하기 - (개) 협력적 음악 활동이란 무엇이고 어떤 특징이 있을까요?	음악을 통한 소통과 협력의 개념화를 위해 실제 음악적 활동을 수행하는 과정에서 무엇을 알게 되었는지를 잘 진술하였는지 성찰하기	What makes you say that?

조사하기	• 협력적 음악 활동 사례 감상하기(예: 우리 민족이 일할 때 불렀던 노동요, 사물놀이 등) • 노동요와 사물놀이를 했을 때의 소감 발표하기 • 다양한 협력적 음악 활동 사례 더 찾아보기 - (사) 공동체는 어떻게 음악을 활용하여 공동체의 유지·발전에 기여하나요? • 2부 합창, 합주하기 • 메기고 받는 형식으로 불러보기 • 사물놀이를 통한 카타르시스 경험하기 - (개) 협력적 음악 활동은 왜 할까요?	나의 음악적 활동을 조사의 대상으로 삼고 객관화하여 협력적 음악 활동의 개념화를 도왔는지 성찰하기	Step Inside
조직 및 정리하기	• 조사한 협력적 음악 활동의 사례와 효과 등을 정리하여 발표하기 • 직접 음악 활동을 해본 소감을 발표하기 - (논) 공동체에게 어떤 협력적 음악 활동이 가장 효과적일까요?	여러 조사 사례를 개방적, 비판적으로 수용하여 개념을 공고히 했는지 성찰하기	Thinking Map
일반화	• 협력적 음악 활동과 공동체 간의 관계에 대해 발표하기 - (개) 협력적 음악 활동은 공동체의 유지·발전에 어떻게 긍정적으로 기여할까요? • 협력적 음악 활동 사례를 제시하고 그것의 의미를 진술하기 • 학습 주제에 대해 흥미를 느끼는 부분, 우려되는 부분, 자신의 입장이나 제안점, 더 알아야 할 점 등을 정리하기	음악의 사회적 의미와 가치에 대해 잘 파악했는지 성찰하기	Compass Points
전이하기 (평가)	• 교실에서 해볼 만한 협력적 음악 활동을 학급 회의를 통해 논의하고 지속하여 실천하기 - (논) 우리 반에 적합한 협력적 음악 활동은 무엇일까요? • 반가, 응원곡 만들기 • 협력적 음악 활동을 색, 기호, 이미지로 나타내고 공유 및 토론하기	일반화된 지식의 주요 아이디어가 전이하기에 잘 활용되었는지 성찰하기	GRASPS 색, 기호, 이미지

나 교과 단일형 2

학년	6학년	교과	수학	단원명	자료의 수집과 분석
성취기준	[6수04-01] 평균의 의미를 알고, 자료를 수집하여 평균을 구하고 해석할 수 있다. [6수04-02] 자료를 수집하여 띠그래프나 원그래프로 나타내고 해석할 수 있다. [6수04-03] 탐구 문제를 설정하고, 그에 맞는 자료를 수집, 정리하여 적절한 그래프로 나타내고 해석할 수 있다.				

일반화 예시

자료를 이용하여 그래프로 나타내고 해석하며 생활 속의 가능성을 탐구하는 것은 합리적인 의사 결정을 돕는다.

- 자료는 통계 처리를 거치며 의미가 생성된다.
- 자료를 수집, 정리, 해석하는 과정을 통해 생활 속의 가능성을 탐구한다.
- 통계와 같은 수학적 과정과 결과는 미래를 예측하고 합리적인 의사 결정을 돕는다.
- 수학 활동을 통해 불확실성을 이해하고 수학적으로 다룰 수 있게 된다.

학생들은 자료를 수집, 정리, 해석하는 수학적(통계 처리) 과정을 경험하는 데 그치는 것이 아니라 이를 바탕으로 실제 생활 속의 문제를 해결해 보는 실마리를 발견하게 된다. 성취기준 [6수04-01], [6수04-02]를 통해 수학적(통계 처리) 과정의 기본기를 다지고, 나아가 [6수04-03]를 통해 실제 문제에 접근하도록 한다. 미래에 당면하게 되는 문제는 불확실성과 복잡성이 높은 만큼 데이터를 기반으로 한 합리적 예측이 중요하다. 이 과정에서 수학적 과정과 결과는 중요한 역할을 담당하게 될 것이므로 이에 대한 학생들의 깊이 있는 이해가 필요하다.

▶ 매크로 개념: 인과관계

매크로 개념은 '원인'으로 선정하고, 통계, 해석, 불확실성, 가능성, 의사 결정이라는 마이크로 개념으로 접근하도록 한다. 학생들은 어떤 사건이 무작위로 일어나는 게 아니라 대개는 인과관계가 있으며 그 경과를 자세히 들여다보면 일정한 패턴을 형성한다는 점을 발견해야 한다. 이 패턴 파악에 수학적 프로세스를 활용하며 이로써 어떤 의사 결정을 하는 데 있어서 체계적인 사고를 바탕으로 합리적인 결정을 하는 토대를 형성할 것이다.

▶ 마이크로 개념 : 통계, 해석, 불확실성, 가능성, 의사 결정

성취기준에 나타난 마이크로 개념은 통계, 해석, 불확실성, 가능성, 의사 결정이다. 통계는 낱낱의 자료를 수집하여 수학적 언어로 재구성하는 과정이다. 해석은 통계 결과를 바탕으로 의미를 형성하는 기제가 된다. 불확실성은 오늘날과 미래 사회의 특징으로 사람들은 예기치 못한 다양한 문제를 맞닥뜨리게 된다. 이때 여러 가능성을 염두에 두고 최선의 의사 결정을 하고자 합리적인 방안을 모색해야 할 것이다.

▶ 개념망(스트랜드)

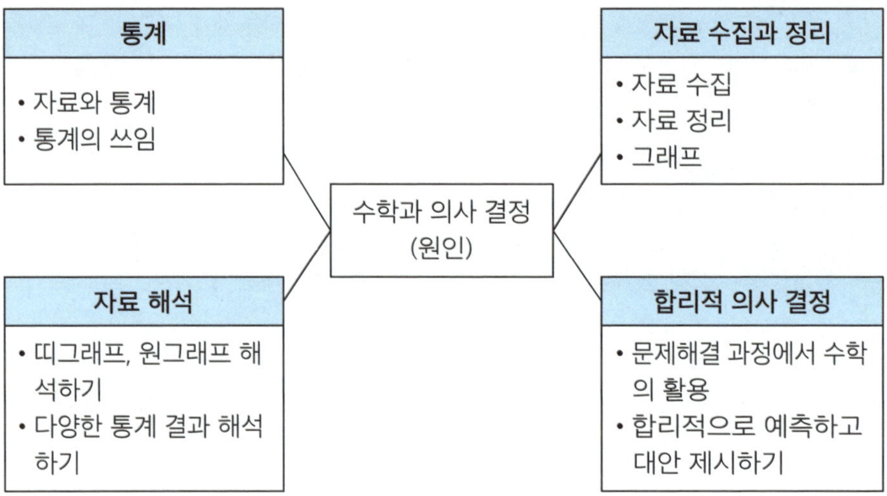

주제는 '수학과 의사 결정'으로 선정하였다. 먼저 학생들은 생활 속에서 낱낱의 자료들을 유의미하게 구축해 놓은 통계 정보가 활용된 다양한 사례들을 탐구한다. 이후 자기 주변에서 직접 자료를 수집하고 이를 그래프로 나타내며, 그 결과를 바탕으로 자료를 해석하게 한다. 즉, 자료의 수집부터 정리, 해석까지 일련의 수학적 절차를 직접 수행해 보는 것이다. 나아가 이를 바탕으로 미래를 예측하거나 타당한 대안을 제시하게 하여 합리적 의사 결정의 단초를 마련하게 한다. 학생들은 수학이 수학적 활동으로 그치는 것이 아니라 실제 장면에서 유의미하게 쓰일 수 있다는 사실에 대해 깊이 있게 이해하게 될 것이다.

▶ 지식의 구조

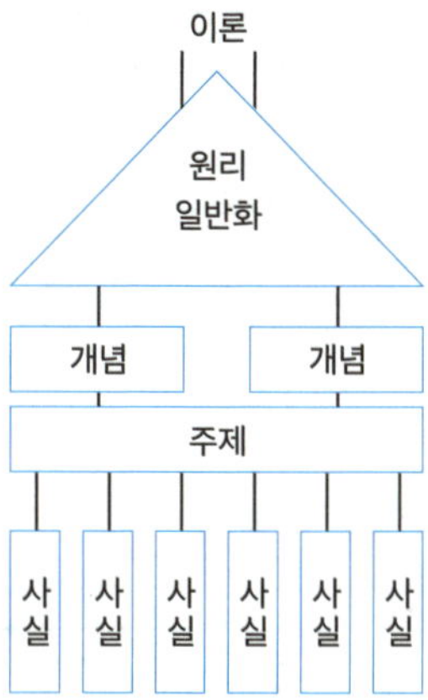

일반화	자료를 이용하여 그래프로 나타내고 해석하며 생활 속의 가능성을 탐구하는 것은 합리적인 의사 결정을 돕는다.
매크로 개념	원인
마이크로 개념	통계, 해석, 불확실성, 가능성, 의사 결정
주제	수학과 의사 결정
사실	• 문제 해결 과정에서 통계의 활용 • 비와 비율, 백분율, 띠그래프, 원그래프 • 생활 속(신문 기사 등)에 활용된 다양한 그래프 • 통계를 활용한 문제 해결 사례

▶ 과정의 구조

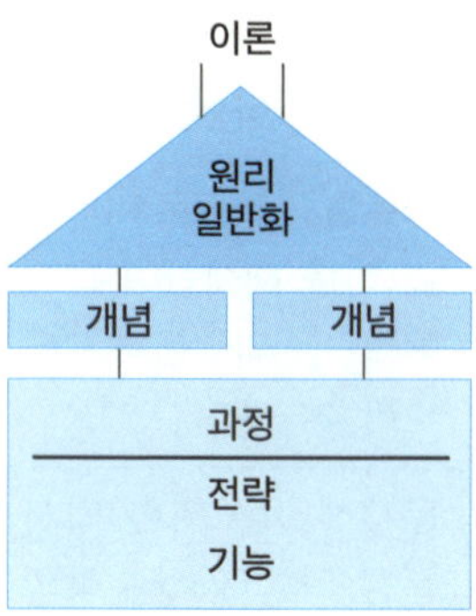

일반화	자료를 이용하여 그래프로 나타내고 해석하며 생활 속의 가능성을 탐구하는 것은 합리적인 의사 결정을 돕는다.
매크로 개념	원인
마이크로 개념	통계, 해석, 불확실성, 가능성, 의사 결정
과정	자료의 처리 과정
전략, 기능	• 자료 수집하기, 자료 정리하기 • 자료 해석하기 • 통계 자료를 보고 미래 예측하기, 의사 결정하기

▶ 평가 설계 : C-GRASPS 수행과제

수행과제명	수학을 활용해 합리적 판단을 해요.
Concept	원인: 통계를 활용해 의사 결정하기
목표(G)	자료를 수집하고 정리하여 해석하는 과정을 거쳐 타당한 제안하기
역할(R)	수학자
청중(A)	OO초등학교

상황(S)	OO초등학교에서는 어린이들이 가진 다양한 문제점들을 파악하고 이에 대한 해결 방안을 마련하고자 ☆☆수학 연구소에 의뢰하였습니다. 학교폭력, 행복 지수, 스트레스 정도, 운동 여부, 생활 습관 등 다양한 문제 중 한 가지를 선정한 뒤, 통계적 방법을 활용하여 자료를 조사하고 그래프로 나타내며 해석까지 마쳐 여기서 발견한 문제의식을 공유하고 도출한 해결 방안에 대해 설득력 있게 발표를 수행해야 합니다.
수행(P)	문제해결 제안서, PPT
기준(S)	1. 수집한 자료를 그래프로 정확히 나타내기 2. 통계 결과, 그래프 등을 해석하여 합리적 문제 해결 방안 찾기 3. 문제 해결 과정에서 수학의 유용성 알기

성취수준 범주	상	중	하
지식·이해	수집한 자료를 가지고 평균과 백분율을 정확히 구하고 띠그래프와 원그래프로 능숙하게 나타낸다.	수집한 자료를 가지고 평균과 백분율을 구하고 띠그래프와 원그래프로 나타낸다.	수집한 자료를 가지고 평균과 백분율을 일부 구하고 띠그래프와 원그래프로 나타낸다.
과정·기능	자료를 그래프로 나타낸 뒤 이를 타당하게 해석하여 문제해결의 실마리를 정확히 찾아낸다.	자료를 그래프로 나타낸 뒤 이를 해석하여 문제해결의 실마리를 찾아낸다.	자료를 그래프로 나타낸 뒤 이를 해석하여 문제해결의 실마리를 부분적으로 찾아낸다.
가치·태도	문제해결을 위한 의사결정 과정에서 수학의 유용성에 대해 잘 이해하고 생활 속에서 이를 적극 활용하려는 태도를 지닌다.	문제해결을 위한 의사결정 과정에서 수학의 유용성에 대해 이해하고 생활 속에서 이를 활용하려는 태도를 지닌다.	문제해결을 위한 의사결정 과정에서 수학의 유용성에 대해 제한적으로 이해하고 소극적으로 활용한다.

▶ **개념기반 탐구학습 과정**

단계	활동 주요 흐름	성찰하기	탐구 기법
관계맺기	• 수학은 왜 배우는지, 생활 속에서 실제로 활용된 사례가 있었는지 이야기 나누기 • 뉴스나 신문 기사에서 그래프나 도표가 사용된 경우 살펴보기 - (사) 언제, 어디에서 그래프를 본 적이 있나요? • 그래프를 사용하면 좋은 점 생각해보기, 궁금한 점 떠올리기 • 그래프를 나타내기 위해 필요한 사전 지식 상기하기 - (사) 그래프를 그리기 위해 무엇을 알아야 할까요?	단원 학습에 필요한 관련 사전 개념을 잘 활성화하였는지 성찰하기	See-Think-Wonder
집중하기	• 문제를 해결하는 여러 가지 방법 생각해보기 - (개) 문제를 해결하는 데 수학은 어떤 도움이 될까요? • 통계, 그래프 추이를 살펴 패턴을 파악하고 미래를 예측하는 방법 알기 - (사) 그래프는 어떻게 나타낼 수 있을까요? • 주변에서 자료화할 수 있는 것 떠올리기 • 비와 비율, 백분율 복습하기 • 띠 그래프, 원그래프 연습하기 • 주변에서 자료화할 수 있는 것을 그래프로 나타내고 해석해보기 - (개) 자료는 수학적 가공을 거쳐 어떻게 활용될 수 있나요? • 이해가 안 되면 빨간 불, 노란 불 팻말 들기	열린 태도를 갖고 창의적으로 문제에 접근하였는지 성찰하기	What makes you say that? Red Light, Yellow Light
조사하기	• 통계와 그래프가 의사 결정 과정에서 활용된 사례를 더 조사하기 • 특정 문제를 풀 때 수학자 또는 통계학자의 입장이 되어 문제를 들여다보고 해결해보는 역할극 수행하기 • 우리 반에서 문제 제기할만한 것을 논의하여 자료 수집 계획 세우기 • 자료 수집 및 정리하기(그래프로 나타내기) • 자료 해석해보기 • 문제에 대한 해결 방안 도출하기	주변의 문제상황으로부터 자료를 도출하여 수학(통계)적 과정을 거침으로써 이 단원의 개념적 이해를 지원했는지 성찰하기	Step Inside

조직 및 정리하기	• 수학적 절차가 문제해결에 미친 영향을 인과 관계에 따라 설명하기 - (개) 수학은 문제해결에 어떤 영향을 끼치나요? • 우리 반 문제에 대해 직접 조사 및 정리, 해석한 자료를 토대로 해결 방안을 발표하기 - (논) 수학은 문제해결 과정에서 꼭 필요한가요? • 반 친구들이 조사한 우리 반의 다양한 문제들을 연꽃 모양으로 표현하기	나와 친구들이 제시한 다양한 사례로부터 귀납적 탐구가 이루어졌는지 성찰하기	연꽃 기법
일반화	• 단원 주제에서 흥미로운 점, 우려되는 점, 자신의 입장, 더 알아보고 싶은 점 생각하기 • 통계, 그래프가 활용된 신문 기사를 좀 더 찾아보고 신문 기사 다시 써보기 • 문제해결의 관점에서 수학에 대해 바뀐 인식을 발표하기 • 문제해결 과정에서 수학의 활용 가능성을 논하기, 더 활용할 수 있는 방법 생각해보기	신문 기사 등을 수학적 관점에서 해석할 수 있는지 성찰하기	Compass Points
전이하기 (평가)	• 수학자가 되어 학교의 다양한 문제에 접근하기	수학의 일반화된 지식을 통해 생활 속 문제를 해결하였는지 성찰하기	GRASPS

다 교과 통합형

학년	6학년	교과	사회, 도덕 국어	단원명	공정한 사회
성취기준	[6사11-01] 시장경제에서 가계와 기업의 역할을 이해하고, 근로자의 권리와 기업의 자유 및 사회적 책임을 탐색한다. [6도02-04] 사회적 불평등을 인식하고 공정한 사회를 만들기 위한 방안을 모색한다. [6국01-05] 자료를 선별하여 핵심 정보를 중심으로 내용을 구성하고 매체를 활용하여 발표한다.				

일반화 예시

공정한 사회는 가계와 기업이 각자의 역할과 책임을 다하고, 사회적 불평등 문제를 인식하며 이를 해결하기 위해 협력하는 과정에서 만들어진다.

- 가계와 기업은 시장에서 각자의 역할과 책임을 다하며, 서로 협력할 때 시장경제가 발전할 수 있다.
- 사회적 불평등을 이해하고, 이를 해결하기 위한 방법을 찾는 것은 공정한 사회를 만드는 첫 걸음이다.
- 근로자의 권리를 보호하고, 기업이 사회적 책임을 다할 때 모두가 더 나은 사회를 만들 수 있다.
- 공평한 사회를 만들기 위해 불평등 문제를 해결할 방안을 제시하고, 협력의 중요성을 강조해야 한다.

성취기준 [6사11-01]은 5~6학년군 사회과 경제 영역과 관련되며, 학생들이 시장경제에서 가계와 기업의 역할, 근로자의 권리와 기업의 자유 및 사회적 책임을 탐구하도록 설계되었다. [6도02-04]를 통해 사회적 불평등 문제를 인식하고 공정한 사회를 만들기 위한 방안을 모색하며, [6국01-05]를 활용해 자료를 선별하고 핵심 정보를 구성하여 매체를 통해 발표하는 활동을 경험한다. 이를 통해 학생들은 시장경제와 공정한 사회의 관계를 이해하고, 협력과 책임이 공정하고 정의로운 사회 조성에 기여함을 이해하게 된다.

▶ 매크로 개념: 책임

매크로 개념은 '책임'으로 선정하였다. 역할, 권리, 책임, 공정, 협력, 소통이라는 마이크로 개념으로 접근하도록 하였다. 매크로 개념인 '책임'은 시장경제에서 가계와 기업이 각각의 역할과 권리를 다하며 사회적 책임을 이행하는 과정을 포함하며, 학생들이 사회적 불평등을 인식하고 이를 해결하기 위해 협력하는 방식을 탐구하도록 한다. 이를 통해 학생들은 경제와 사회에서 자신이 맡은 역할과 책임이 공동체에 미치는 영향을 이해하고, 협력과 소통을 통해 공정하고 정의로운 사회를 만들기 위한 책임 있는 행동의 의미를 개념적으로 이해하게 한다.

▶ **마이크로 개념: 역할, 권리, 공정, 협력, 소통**

성취기준에 나타난 마이크로 개념은 역할, 권리, 공정, 협력, 소통, 근로자의 권리, 기업의 자유, 사회적 책임, 불평등, 정보 전달 등 다양한 요소가 있다. 이 중에서 이 단원에서는 역할, 권리, 공정, 협력, 소통을 중점 개념으로 선정하였다. 학생들은 시장경제에서 가계와 기업이 맡은 역할과 권리가 경제와 사회에 미치는 영향을 이해하게 된다. 권리 개념을 통해 근로자와 기업이 권리와 의무를 균형 있게 이행하는 방식을 배우고, 공정 개념을 통해 사회적 불평등 문제를 해결하기 위한 방법을 탐구한다. 협력 개념을 통해 가계와 기업이 상호 의존하여 문제를 해결하는 과정을 배우며, 소통 개념을 통해 정보 전달과 협력의 중요성을 경험한다. 이를 통해 학생들이 시장경제 속에서 자신의 역할과 권리를 깨닫고, 공정과 협력을 실천하는 태도를 기를 수 있도록 설계하였다.

▶ **개념망(스트랜드)**

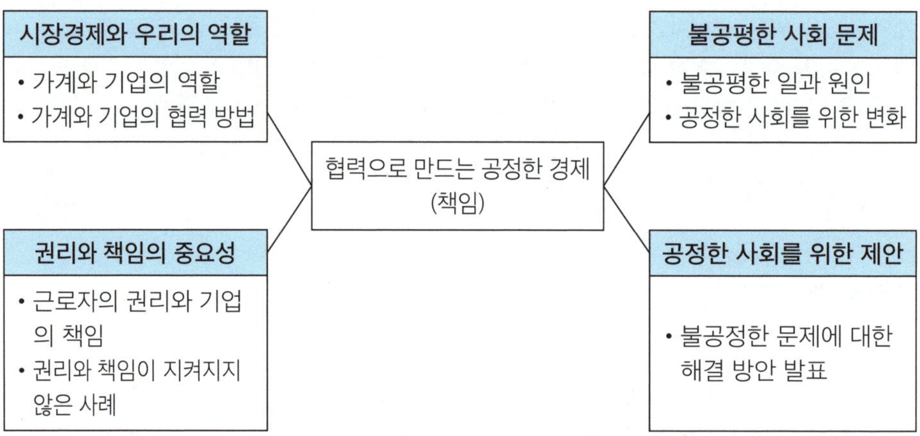

주제는 '협력으로 만드는 공정한 경제'로 선정하였다. '가계와 기업의 협력 이야기', '협력으로 만드는 더 나은 경제', '우리 경제는 서로 연결되어 있어요'와 같은 표현으로도 정할 수 있다. 단원을 모두 학습하고 난 후 학생들이 도달해야 하는 개념적 이해(일반화)는 '공정한 사회는 가계와 기업이 각자의 역할과 책임을 다하고, 사회적 불평등 문제를 인식하며 이를 해결하기 위해 협력하는 과정에서 만들어진다.'로 사회과 경제 영역의 핵심 아이디어 및 내용 체계를 분석하여 기술하였다.

수업은 '시장경제와 우리의 역할', '불공평한 사회 문제', '권리와 책임의 중요성', '공정한 사회를 위한 제안'의 네 가지 스트랜드로 구성된다. 학생들은 시장경제 속에서 가계와 기업이 맡은 역할과 책임을 탐구하며, 공정한 사회를 만드는 데 협력과 책임이 어떻게 기여하는지를 사례를 통해 학습한다. 또한, 자료를 활용하여 문제를 해결하고 발표하는 활동을 통해 정보 전달과 소통의 중요성을 이해한다. 이를 통해 학생들은 경제적 책임과 협력의 의미를 체감하며, 공정한 사회 형성을 위한 실천 태도를 기른다.

▶ 지식의 구조

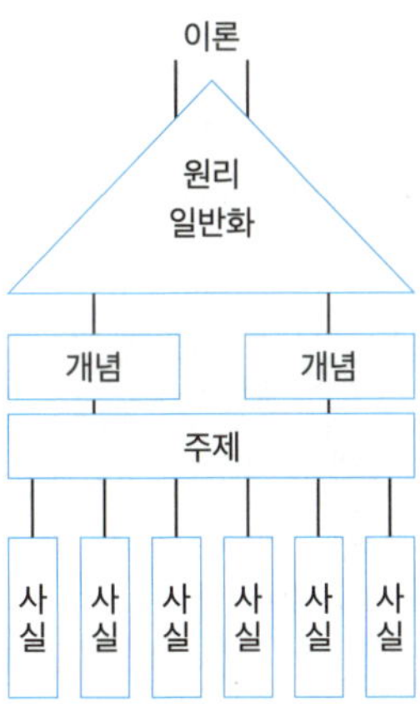

일반화	공정한 사회는 가계와 기업이 각자의 역할과 책임을 다하고, 사회적 불평등 문제를 인식하며 이를 해결하기 위해 협력하는 과정에서 만들어진다.
매크로 개념	책임
마이크로 개념	역할, 권리, 공정, 협력, 소통
주제	협력으로 만드는 공정한 경제
사실	• 쌀, 옷가게, 학교 앞 문구점, 농부, 공장 노동자 • 월급, 쓰레기 분리배출, 학교 급식을 위한 농산물 공급, 불우이웃 돕기 행사 • 학교 홍보 포스터, 학급 발표 자료, 친구와 주고받는 알림장

▶ **과정의 구조**

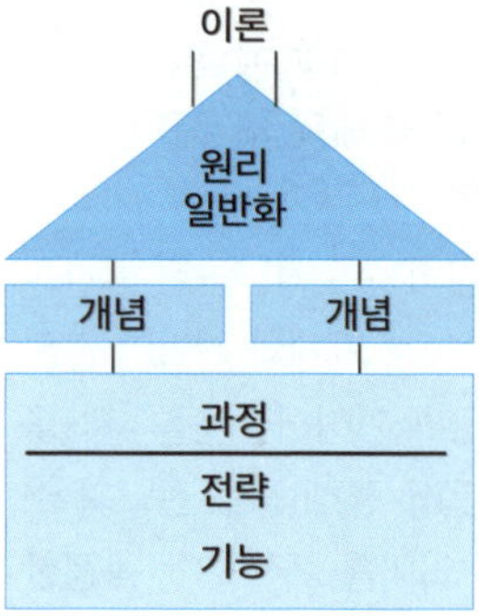

일반화	공정한 사회는 가계와 기업이 각자의 역할과 책임을 다하고, 사회적 불평등 문제를 인식하며 이를 해결하기 위해 협력하는 과정에서 만들어진다.
매크로 개념	책임
마이크로 개념	역할, 권리, 공정, 협력, 소통
과정	사회적 불평등 문제 탐색하기, 매체 활용 해결 방안 발표하기
전략, 기능	• 뉴스 기사 분석, 사례 조사, 문제 상황 토의 • 협력적 문제 해결, 브레인스토밍, 인터뷰 • 발표 자료 구성, 시각 매체 제작 • 핵심 정보 전달력과 협력적 의사소통 능력 기르기

▶ **평가 설계: C-GRASPS 수행과제**

수행과제명	협력으로 만드는 공정한 경제 보고서
Concept	책임: 공정한 경제를 위한 가계와 기업의 책임
목표(G)	공정한 경제를 위해 가계와 기업이 협력해 문제 해결하는 방법 찾기
역할(R)	지역 경제 문제를 연구하는 경제 컨설턴트
청중(A)	지역 상점 주인, 기업 관계자
상황(S)	여러분은 지역 경제의 중요한 연결고리를 담당하는 경제 컨설턴트로, 농부나 공장 노동자가 만든 물건이 마트나 빵집에서 판매되는 과정을 조사하고, 근로자의 권리와 기업의 책임을 지키며 협력할 방안을 제안해야 합니다.
수행(P)	근로자와 기업의 협력 방안을 제안하는 보고서
기준(S)	1. 근로자와 기업의 역할을 구체적으로 조사하기 2. 근로자와 기업이 협력하는 실제 사례 포함하기 3. 제안된 협력 방안은 실현 가능할 것

범주 \ 성취수준	상	중	하
지식·이해	근로자와 기업의 역할을 깊이 이해하고, 구체적인 사례를 풍부하고 논리적으로 제시한다.	근로자와 기업의 역할을 이해하며, 사례를 적절히 포함하여 설명한다.	근로자와 기업의 역할에 대한 기본적인 이해를 바탕으로 간단한 사례를 제시한다.
과정·기능	협력 방안을 실현 가능하고 창의적으로 제안하며, 근거와 협력 과정을 명확히 설명한다.	협력 방안을 실현 가능하고 타당하게 제안하며, 협력의 과정을 적절히 설명한다.	협력 방안을 기본적으로 제안하며, 주요 과정과 근거를 간단히 설명한다.
가치·태도	조사와 보고서 작성 과정에서 적극적으로 참여하며, 책임감 있게 협력과 소통을 실천한다.	조사와 보고서 작성 과정에 성실히 참여하며, 협력과 소통의 가치를 이해하고 실천한다.	조사와 보고서 작성 과정에 기본적으로 참여하며, 협력과 소통의 필요성을 인식한다.

▶ **개념 기반 탐구학습 과정**

단계	활동 주요 흐름	성찰하기	탐구 기법
관계맺기	• 우리 식탁에 오기까지 빵을 만드는 과정에 어떤 사람들이 참여했을까? • 학생들이 알고 있는 직업(농부, 빵집 주인 등)을 연결하고 이야기하기 • 직업별 역할 소개 및 시장경제에서 협력의 필요성 사례 제시	내가 알고 있는 직업들이 서로 어떻게 연결되어 있는지 생각해 보기	Think-Pair-Share 생각-짝토론-공유
집중하기	- (사) 빵집 주인이 빵을 만들기 위해 어떤 도움을 받았을까? - (개) 근로자와 기업이 서로 협력해야 하는 이유는? - (논) 기업이 책임을 다하지 않으면 어떤 문제가 생길까? • 직업과 역할에 대한 개념 정리 (근로자와 기업의 관계, 권리와 책임)	협력과 책임이 없는 경제는 어떤 모습일지 떠올려 보기	See-Think-Wonder

조사하기	- (개) 농부와 빵집 주인이 협력하지 않으면 어떤 문제가 생길까? • (모둠별로 직업(농부, 빵집 주인 등)과 기업(마트, 운송업체)의 역할 조사 • (협력의 예: 농부와 빵집 주인의 협력 과정 탐구	내가 조사한 직업의 역할과 협력 과정에서 중요한 점은 무엇인지 정리하기	Question Starts
조직 및 정리하기	- (사) 조사한 내용을 친구들에게 어떻게 알기 쉽게 전달할까? • (자료 정리 후 발표 자료 제작 • (모둠별로 협력 방안 작성: "농부와 빵집 주인이 협력하며 더 나은 결과를 내기 위한 방법은?"	조사 내용을 바탕으로 우리가 협력 방안을 잘 정리했는지 돌아보기	Circle of Viewpoints
일반화	- (논) 왜 협력이 없으면 공정한 경제를 만들기 어려울까? • 발표를 통해 도출된 결과를 공유하며 "가계와 기업이 협력하여 공정한 경제를 만든다"는 원리 도출하기	발표 내용을 통해 내가 이해한 협력의 중요성을다시정리하기	Connect-Extend-Challenge
전이하기 (평가)	- (개) 학급에서 협력과 책임을 실천하기 위해 무엇을 할 수 있을까? • 학교 내 협력이 필요한 사례 (예: 학급에서 물건 관리하기)를 찾아 적용 • 발표 자료를 학급 친구들과 공유하고 피드백 받기	내가 협력과 책임을 실천할 수 있는 방법을 스스로 정리하기	Compass Points GRASPS

CHAPTER 6

탐구 기법

1. 관계맺기(Engage)

주제에 대해 학생의 관심을 이끌어 내고 학생의 경험 및 사전 지식을 주제와 연결시키는 것으로 학생이 탐구를 통해 더 알아보고 싶다는 마음을 가질 수 있도록 한다.

가 See-Think-Wonder

1) 기법 안내

이 기법은 관찰, 생각, 호기심의 세 단계를 통해 수업 목표, 주제와 관련한 학습 내용에 대한 흥미와 호기심을 자극하며 탐구를 준비시킨다. 시각적 자료나 텍스트를 꼼꼼하게 관찰하고, 관찰한 내용을 깊이 분석하고 이해하는 데 유용하다.

2) See-Think-Wonder 기법의 단계

■ See (관찰하기)

관찰하기: 주어진 자료, 이미지, 데이터, 사건 등을 자세히 관찰

예 가장 눈에 띄는 부분은 무엇인가? 어떤 모양처럼 생겼는가?

■ Think (생각하기)

- 해석하기: 관찰한 내용이 무엇을 의미하는지, 어떤 관계가 있는지 생각하기
- 추론하기: 관찰한 사실을 기반으로 가능한 해석이나 예측, 예상하기

예 이것을 보고 든 생각은 무엇인가? 왜 그 부분에 대해 관심을 가졌는가? 이 부분은 무엇을 의미하는가?

■ Wonder (호기심 가지기)

질문하기: 관찰한 내용과 생각을 바탕으로 더 깊이 탐구할 수 있는 질문하기

예 왜 다른 재료를 사용하여 악기를 만들었을까? 악기에 여러 가지 짐승의 모습을 본떠 모양을 새긴 이유는 무엇일까?

3) See-Think-Wonder 기법 적용의 실제

■ **3학년 음악 수업 적용의 실제(예시)**

- 성취기준: [4음03-03] 기초적인 음악 요소를 활용하여 소리나 음악으로 표현한다.
- 주제: 다양한 종류의 우리나라 타악기 알아보기

①

②

◎ 위의 사진을 자세히 살펴본 후 본 것, 생각한 것, 궁금한 것을 써 봅시다.

본것	생각한 것	궁금한 것
사진이나 그림 속에서 본 것을 자세하게 쓰기	사진이나 그림을 보고 생각한 것을 쓰기	사진이나 그림을 보고 생각한 점에 대해 궁금한 것을 쓰기

4) 피드백 및 유의점

※ 학생들이 자세히 관찰하며 세부 사항을 볼 수 있도록 충분한 시간을 제공한다.

※ 관찰하기, 생각하기, 호기심 가지기 각 단계가 서로 연결되어 다음 단계로 진행될 수 있도록 안내한다.(본 것을 질문하기, 본 것에 대해 생각한 것을 질문하기, 생각한 것을 바탕으로 호기심을 가지고 질문하기)

※ 교사가 적극적으로 학생의 생각을 물어보고 공유할 수 있도록 한다.

나 브레인스토밍(Brainstorming)

1) 기법 안내

여러 사람이 자유롭게 자신의 생각을 말하며 해결책을 모색하는 과정으로 창의적 아이디어를 최대한 많이 끌어내는 기법으로 문제를 해결하거나 새로운 아이디어를 찾기 위해 비판이나 평가 없이 자유롭게 아이디어를 제시하며 이를 통해 다각적인 관점과 해결 방법을 이끌어 낸다.

2) 브레인스토밍 기법

■ 전통적 브레인스토밍

모든 참여자가 자유롭게 아이디어를 제시하며, 각 아이디어에 대해 비판 없이 받아들이고 아이디어 제시가 끝난 후 모든 아이디어를 정리하고 선별

■ 브레인라이팅

종이나 메모지에 각자 아이디어를 적어내면 서로 읽고 발전시켜 나가는 방법으로 참여자들이 발표 대신 글로 표현하기 때문에 수줍음이 많은 학생도 부담 없이 참여가 가능

■ SCAMPER 기법

아이디어를 다양한 측면에서 볼 수 있도록 특정 문제를 대체, 결합, 적용, 수정, 새로운 용도로 전환, 제거, 재편성하는 7가지 질문을 통해 창의적인 아이디어를 도출하는 방법

- Substitute(대체): 한 요소를 다른 요소로 대체하면 어떻게 될까?
- Combine(결합): 한 요소를 다른 요소와 결합하면 어떻게 될까?
- Adapt(적용): 아이디어나 해결 방법을 새로운 상황에 어떻게 적용할 수 있을까?
- Modify(수정): 영향력을 높일 수 있도록 아이디어를 수정하는 방법은 무엇일까?
- Put to another use(다른 용도로 사용): 아이디어를 활용할 수 있는 또 다른

방법은 무엇인가?

- Eliminate(제거): 아이디어나 해결책의 간소화를 위해 무엇을 제거할 수 있을까?
- Reverse effective(반대 효과): 아이디어의 효과를 높일 수 있도록 아이디어를 재편성하는 방법은 무엇일까?

3) 브레인스토밍 기법 적용의 실제

■ 4학년 사회 수업 적용의 실제(예시)

- 성취기준: [4사09-01] 생활 주변에서 찾을 수 있는 여러 가지 문제를 파악하고, 그 문제를 합리적으로 해결하는 능력을 기른다.
- 주제: 우리 지역에서 발생하는 문제점을 찾고 해결 방법 제시하기

◎ 우리 지역에서 발생하는 여러 가지 문제점에 대해 알아봅시다.

쓰레기 분리수거, 도로의 안전망 설치, 문화 시설 부족, 치안 불안, 불법 시설물 등

◎ 우리 지역에서 발생하는 여러 가지 문제점 중 가장 먼저 해결해야 하는 문제와 그 이유를 알아봅시다.

불법 시설물: 불법 시설물이 설치되어 있어 학생들의 교육상 좋지 않고, 사람들이 지나다니는 데 불편을 주어 사고가 날 수 있기 때문이다

◎ 위에서 말한 우리 지역의 문제점을 해결할 수 있는 방법을 알아봅시다.

지역의 구청에 불편함을 알리기, 불법 시설물 제거를 위한 캠페인 하기 등

4) 피드백 및 유의점

※ 발표 내용에 대한 비판이나 부정적 반응, 평가를 하지 않도록 하며 자유로운 분위기를 조성하는 것이 필요하다.

※ 수줍어하거나 소극적인 학생도 참여할 수 있도록 브레인스토밍의 다양한 방법을 사용할 수 있다.

다 관점의 원(Circle of Viewpoints)

1) 기법 안내

학생들에게 학습할 주제를 제시하고 주제나 사건을 다양한 시각을 통해 바라보게 하여 보다 폭넓고 깊이 있는 이해를 돕는 데 초점을 둔다. 특히, 토론이나 비판적 사고를 필요로 하는 주제에 효과적이다.

2) 관점의 원(Circle of Viewpoints) 기법

■ **주제 선정**

다각도로 탐구할 수 있는 주제를 선택하기

예 역사적 사건, 환경 문제, 문학 작품의 인물 갈등 등

■ **관점 설정**

학생들이 여러 관점을 생각해 보도록 하며 이 때 관점은 등장인물의 입장, 다양한 사회적 집단, 환경 요소 등 다양한 관점을 포함할 수 있음

■ **관점 탐구**

각 관점에서 '나는 누구인가?', '내가 느끼는 감정은 무엇인가?', '내가 중요하게 생각하는 것은 무엇인가?'와 같은 질문을 스스로 해보도록 유도하기

■ **관점 공유 및 토론**

각자가 탐구한 관점에 대해 토론하거나 발표하여 다른 학생들의 관점과 비교하면서 자신의 관점을 확장하고 보완하기

■ **정리 및 성찰**

다양한 관점을 통해 얻은 통찰을 종합하여 자신이 처음 가졌던 관점에 비해 새로운 시각으로 어떻게 변화되었는지 성찰하기

3) 관점의 원(Circle of Viewpoints) 기법 적용의 실제

■ 6학년 과학 수업 적용의 실제(예시)

- 성취기준: [6과16-01] 미래 사회에 일어날 수 있는 문제를 조사하고, 문제를 해결하는 데 과학이 기여할 수 있는 방법을 토의할 수 있다.
- 주제: 인공지능(AI)의 발전과 진로 탐색하기

◎ 인공지능으로 바뀔 수 있는 미래 사회를 나의 진로와 연계하여 생각해 봅시다.

단계	내용
관점 설정	인공지능은 미래사회의 모습을 새롭게 바꿀 것이다.
관점 탐구	나는 생활 속에서 인공지능을 사용하게 될 것이다.
관점 공유 및 토론	인공지능을 잘 사용하기 위한 방법은 무엇인가, 인공지능의 개발은 인간에게 도움만 주는 것인가, 인공지능을 사용할 때 지켜야 할 점은 무엇인가
정리 및 성찰	정리 및 성찰

4) 피드백 및 유의점

※ 학생들이 다양한 시각을 탐구할 수 있도록 주제 선정과 관점 설정에서 편향되지 않은 다양한 선택을 할 수 있도록 지원한다.

※ 여러 관점에서 탐구하고 토론하는 과정이 길어질 수 있다.

※ 자신의 관점이 어떻게 확장되었는지를 성찰하는 시간을 가진다.

라 마이크로 랩 프로토콜(Micro Lab Protocol)

1) 기법 안내

소규모 그룹에서 특정 주제에 대해 짧은 시간 동안 생각을 공유하고 다른 사람의 의견을 경청하는 학습 기법으로 주제에 대한 집중적 사고와 의사소통을 통해 학습을 심화시키는 데 중점을 둔다. 이 방법을 통해 의견 표현과 경청 능력을 강화하며 협력적인 학습 분위기를 조성한다.

- 마이크로(Micro): 소규모 그룹, 짧은 시간, 집중된 학습
- 랩(Lab): 실험실처럼 안전한 공간에서 학생들이 자유롭게 생각을 탐구하며 상호작용하는 학습 환경을 제공
- 프로토콜(Protocol): 대화와 토론이 잘 조직되고 체계적으로 이루어질 수 있도록 단계별 규칙과 절차를 설정한 것을 의미

2) 마이크로 랩 프로토콜(Micro Lab Protocol) 기법

■ **1단계: 개인 사고(Individual Thinking)**

먼저 주어진 주제나 질문에 대해 각자 자신의 생각을 정리하고 발표할 내용을 준비. 이 단계는 짧고 집중적으로 이루어짐

■ **2단계: 개별 발표(Individual Sharing)**

그룹에서 자신의 생각을 1~2분 동안 발표하고 다른 구성원들은 발표자의 의견을 경청하고 끼어들거나 반박하지 않음. 이 과정에서 경청의 중요성을 강조하며, 학생들이 자신의 생각을 명확하게 표현할 수 있도록 도움

■ **3단계: 반응 및 경청(Response and Listening)**

모든 학생들이 발표를 마친 후 다른 사람의 발표에 대해 질문 또는 자신의 생각을 확장, 다른 의견을 반박할 수 있도록 논의가 이루어짐

■ **4단계: 전체 논의(Group Discussion)**

그룹의 발표자가 전체 학생들에게 토론 결과를 요약하여 공유함

3) 마이크로 랩 프로토콜(Micro Lab Protocol) 기법 적용의 실제

■ **3학년 도덕 수업 적용의 실제(예시)**

- 성취기준: [4도02-02] 친구 사이의 배려에 대한 올바른 이해를 바탕으로 일상생활에서 배려에 기반한 도덕적 관계를 맺을 수 있는 방안을 탐색한다.
- 주제: 배려의 의미를 알고 배려하는 행동 알아보기

◎ 타인을 배려하는 행동은 어떤 것을 말하는가?

단계	내용
개인 사고	배려하는 행동에는 ~것들이 있다.
개별 발표	몸이 불편한 친구를 위해 가방을 대신 들어주는 것이다. / 뒷 사람을 위해 문을 잡아 주는 것이다. 등
반응 및 경청	각 개인의 발표 시 경청하기, 어떤 내용이 있는지 기록하며 듣기, 내 의견과 비교하기 등
전체 논의	배려의 의미와 배려하는 행동 알아보고 실천하기

4) 피드백 및 유의점

※ 짧고 집중된 대화를 강조하므로 각 발표자에게 시간 제한을 두어 전체 발표자 간 적절한 균형을 이룬다.

※ 발표할 때 끼어들거나 반박하지 않고 집중하여 들을 수 있도록 경청의 규칙을 명확히 설명하는 것이 필요하다.

※ 내향적인 학생도 자신의 생각을 자유롭게 표현할 수 있도록 격려한다.

2. 집중하기(Focus)

관계맺기 후 개념 형성 전략을 사용하여 단원의 개념적 렌즈나 주요 개념에 대한 공통적 이해를 확실하게 하고 이후 과정을 준비할 수 있다.

가 질문하기

1) 기법 안내

수업 도입 시 학생들에게 관련 질문을 던져 스스로 생각하고 관심을 가지도록 하여 흥미를 유발하고 학습할 개념에 대해 호기심과 사고를 자극한다. 이를 통해 학생들은 이미 알고 있는 내용과 새롭게 학습할 내용을 연결하게 된다.

2) 질문하기 기법

■ 사실적 질문

명확한 정보나 구체적인 사실을 묻는 질문으로 주로 교과서나 도서, 특정 사건 등에서 직접적으로 답을 찾을 수 있는 질문으로 학생들이 학습한 내용을 잘 기억하고 이해하는지 확인하고 평가하는데 사용

(예) 인공 지능이란 무엇인가?

■ 개념적 질문

특정 개념이나 아이디어를 이해하고 설명하는데 중점을 둔 질문으로 학생들이 개념의 본질을 이해하고 그 개념이 다른 상황이나 주제와 어떻게 연결되는지를 파악하여 학습한 개념을 다른 상황에 적용할 수 있는지를 탐구

(예) 인공 지능의 기술을 적용시킬 수 있는 사업에는 어떤 것이 있는가?

■ 논쟁적 질문

다양한 관점에서 문제를 탐구할 수 있도록 하는 질문으로 주어진 정보를 바탕으로 추론이나 가설을 세우고 결과를 예상하거나 결론을 도출하는 비판적 사고 능력을 향상시킴

(예) 인공 지능이 인간의 일자리를 대신하는 것은 바람직한 것인가?

3) 질문하기 기법 적용의 실제

■ 5학년 음악 수업 적용의 실제(예시)

- 성취기준: [6음02-02] 다양한 문화권의 음악을 듣고 음악적 특징과 음악의 간단한 구성을 인식한다.
- 주제: 민요의 특징과 노랫말의 의미를 알고 노래 부르기

◎ 제주도 민요인 '멜 후리는 소리'를 듣고 궁금한 점에 대해 질문을 해 봅시다.

엉 허야 디야/엉 허야 디야(이하 후렴 동일)
동캐코랑은 은검은 여로/서캐코랑은 소여고틀로
당선에서 멜발을 보고/망선에서 후림을 논다
닻배들이 진을 재왕/앞 괴기는 후진을 노라
앞배랑 노 쳐오고/뒷배랑 들러주소
한불로 멜 나간다/풍년왔네 돈 풍년왔네

출처: 한국학중앙연구원 - 향토문화전자대전

- 사실적 질문: 민요에 나오는 노랫말 중 '멜'은 무엇 뜻인가요?
  이외에 제주도 민요에는 어떤 것이 있나요?
- 개념적 질문: 민요 외에 지역적 특색을 가지고 있는 것에는 무엇이 있는가?
- 논쟁적 질문: 문물의 발달로 지역적 특색을 잃어버리는 것과 다양성을 갖추는 것은 어떤 관련이 있나요?

4) 피드백 및 유의점

※ 사실적 질문, 개념적 질문, 논쟁적 질문의 의미를 정확하게 전달하고 저학년의 경우 질문의 의미를 다른 용어로 쉽게 설명하는 것이 필요하다.

나 생각-퍼즐-탐구(Think-Puzzle-Explore)

1) 기법 안내

주제에 대해 탐구할 때 활용할 수 있는 학습 기법으로 주제에 대한 사전 지식(Think), 궁금한 점(Puzzle), 탐구하고 싶은 점(Explore)을 스스로 정리하여 깊이 있는 학습이 되도록 한다.

2) 생각-퍼즐-탐구(Think-Puzzle-Explore) 기법

■ Think 단계

- 학생은 자신이 가진 경험과 사전 지식을 떠올려 무엇을 알고 있는지 정리하고 지식이나 생각을 공유
- 각 개인의 지식이나 생각의 공유, 질문을 통해 이해의 폭이 확장됨

■ Puzzle 단계

- 학생들은 주제와 관련하여 궁금한 점에 대해 질문하기
- 교사는 학생이 다양하고 열린 질문을 할 수 있도록 분위기 조성하기

■ Explore 단계

퍼즐 단계에서 나온 궁금증을 바탕으로 학생들이 직접 탐구하고 싶은 내용을 정한 후 다양한 자료와 방법을 활용하여 주제를 탐구하고 답을 찾는 과정

3) 생각-퍼즐-탐구(Think-Puzzle-Explore)기법 적용의 실제

■ 6학년 과학 수업 적용의 실제

- 성취기준: [6과08-02] 재생에너지의 종류를 조사하고, 에너지를 지속가능하게 이용하는 방법에 관심을 갖는다.
- 주제: 에너지의 형태와 지속가능한 에너지 알아보기

◎ 에너지의 형태와 지속가능한 에너지에 대해 알아봅시다.

단계	단계별 내용
Think	• 에너지란 무엇인가 • 가정과 학교에서 사용하는 에너지에는 어떤 것이 있는가 • 에너지의 다양한 형태 • 에너지에 대해 생각하는 점
	⬇
Puzzle	• 에너지의 전환이란 무엇인가 • 에너지의 전환이 이루어지는 것에는 어떤 것이 있는가 • 에너지의 전환이 되지 않을 때 어떤 문제가 생기는가 • 지금 사용하고 있는 에너지는 언제까지 사용할 수 있는가
	⬇
Explore	<화석에너지와 재생에너지에 대해 조사하기> • 각 에너지가 사용되는 곳, 에너지 생산을 위해 필요한 점 • 에너지를 지속가능하게 이용할 수 있는 방법 등

4) 피드백 및 유의점

※ 학생의 흥미를 끌 수 있고 쉽게 접근할 수 있는 주제를 설정하는 것이 좋다.

※ 학생들이 자료를 찾고 이해할 수 있도록 시간을 충분히 제공하고 자료 검색을 위한 도구를 갖추는 것이 필요하다.

다 무엇 때문에 그렇게 말하나요?(What makes you say that?)

1) 기법 안내

학생이 의견, 관찰한 점을 설명할 때 그에 대한 근거를 묻는 사고 기법으로 관찰한 사실, 느낀 감정, 아이디어를 뒷받침하는 근거를 탐색하여 근거를 중심으로 하는 학습 태도를 기르며 비판적 사고와 논리적 사고를 키울 수 있다.

2) 무엇 때문에 그렇게 말하나요?(What makes you say that?) 기법

■ **관찰, 의견 제시**

그림, 사건 등을 보고 생각이나 의견 표현하기

예 기후 변화를 느낄 수 있는 것에는 어떤 것들이 있나요?

■ **근거 탐색**

학생에게 자신의 생각이나 의견에 대한 근거를 제시하도록 함

예 무엇 때문에 그렇게 생각하나요? 에 대한 이유 찾기

■ **추가 질문과 심화 토론**

학생이 제시한 근거에 대해 다른 질문을 제시하여 사고를 확장시키기

예 추가 예시를 찾을 수 있나요?, 다른 이유에는 어떤 것이 있을까요?

■ **정리 및 성찰**

학생들이 서로의 의견과 근거를 공유하고 비교하며 다양한 관점을 고려하여 자신의 생각을 재검토하기

3) 무엇 때문에 그렇게 말하나요?(What makes you say that?) 기법 적용의 실제

■ 6학년 과학 수업 적용의 실제(예시)

- 성취기준: [6과08-02] 재생에너지의 종류를 조사하고, 에너지를 지속가능하게 이용하는 방법에 관심을 갖는다.
- 주제: 재생 에너지의 효과성 알아보기

◎ '재생 가능 에너지가 미래의 에너지원이 될 것이다.'라는 주장에 대해 학생들이 다양한 자료와 정보를 근거로 제시하고 자신의 의견을 정리하여 토론하기

관찰, 의견 제시	근거 탐색	추가 질문과 심화 토론	정리 및 성찰
• 미래사회에는 재생 에너지를 많이 사용해야 한다.	• 화석 에너지는 사용량이 한정적이며 재생 에너지는 무한대로 사용이 가능하다. (재생 에너지 사용량 증가 통계)	• 재생 에너지의 사용을 위해 갖추어야 할 것은 무엇인가? • 재생 에너지는 무한대로 사용이 가능한가?	• 다양한 에너지원이 있고 또 개발이 필요한 에너지가 있다. • 에너지를 아껴서 사용하는 것이 필요하다.

4) 피드백 및 유의점

※ 막연한 질문보다는 생각을 구체화할 수 있는 명확한 질문을 제시하는 것이 좋다.

※ 수업 후 학생들의 의견과 근거를 다시 생각해보며 자신의 생각이 어떻게 수정되고 발전되었는지 성찰한다.

라 빨간 불, 노란불(Red Light, Yellow Light)

1) 기법 안내

'빨간 불, 노란 불'은 학습 중에 주어진 정보에 대해 비판적 사고를 할 수 있도록 돕는 유용한 기법이다. 이 기법을 통해 학생들은 자신의 이해 과정에서 불

확실한 부분을 인식하고 그에 대해 질문을 할 수 있다. 이를 통해 능동적이고 비판적인 학습 태도를 기르며 교사는 학생들이 필요로 하는 추가 학습 지원을 제공함으로써 학습의 질을 향상시킨다.

- 빨간 불(Red Light): 제시된 정보나 개념이 전혀 이해되지 않거나 그 내용에 대해 강한 의심을 가질 때 사용
- 노란 불(Yellow Light): 정보가 어느 정도 이해되었지만 여전히 불확실한 부분이나 명확하게 알지 못하는 부분이 있을 때 사용

2) 빨간 불, 노란불(Red Light, Yellow Light) 기법

■ 1단계: 정보 제시

교사는 다양한 형태로 정보를 제공하고 학생에게 해당 정보에 대해 주의 깊게 듣거나 읽고 비판적으로 분석할 것을 권장

■ 2단계: 빨간 불과 노란 불 식별

주어진 정보를 듣거나 읽는 동안 학생들은 자신의 반응을 '빨간 불' 또는 '노란 불'로 표현함

■ 3단계: 논의와 토론

학생들이 자신의 '빨간 불'과 '노란 불' 에 대해 논의하는 과정과 질문을 통해 불확실한 부분을 명확히 하거나 추가적인 자료를 제공하여 이해를 도움

■ 4단계: 추가 학습

수업 후에도 '노란 불' 부분에 대해 더 많은 학습이 필요할 경우 교사와 학생이 함께 그 주제를 더 탐구할 수 있고 교사는 학생들이 필요한 정보를 찾을 수 있도록 안내

3) 빨간 불, 노란불(Red Light, Yellow Light) 기법 적용의 실제

■ 6학년 국어 수업 적용의 실제(예시)

- 성취기준: [6국06-02] 뉴스 및 각종 정보 매체 자료의 신뢰성을 평가한다.
- 주제: 정보의 신뢰성 판단하기

◎ 인터넷에서 얻은 정보에 대해 판단하기

정보제시	빨간 불과 노란 불 식별	논의와 토론	추가 학습
인터넷에 있는 기사 제공	인터넷 기사 중 알고 있는 내용과 알지 못하는 내용 구분	기사가 정확하고 믿을 수 있는 것인지 확인	왜 이런 기사가 나오게 되었는지 확인

4) 피드백 및 유의점

※ 단순히 정보를 수용하지 않고 주어진 정보를 비판적으로 분석하는 능력을 기르는 것으로 학생들에게 자신이 의문을 가지는 것이 자연스러운 학습 과정임을 강조한다.

※ '빨간 불'이나 노란 불'을 제기한 부분을 설명하거나 해결하는 데 너무 많은 시간이 소요되지 않도록 관리하며 특히 '노란 불'의 경우, 수업 후 추가 학습 자료를 제공하는 방식으로 진행할 수 있다.

마 주장-근거-질문(Claim-Support-Question)

1) 기법 안내

학생이 주장(Claim)을 하고 이를 뒷받침하는 증거(Support)를 제시하며 그에 따른 추가 질문(Question)을 만드는 기법으로 학생들이 논리적으로 사고하고 주장에 대한 근거를 제시하며 더 깊은 학습을 위해 질문을 만들어 보며 비판적 사고 능력을 향상하도록 돕는다.

2) 주장-근거-질문(Claim-Support-Question) 기법

■ 도입 주제

교사가 제시하거나 학생이 흥미를 가질 수 있는 주제 선택하기

■ 주장(Claim) 작성

학생은 주제와 관련하여 생각이나 의견을 간결하게 주장

예 기후 변화는 인류에게 큰 위협이 된다

■ 증거(Support)

- 주장을 뒷받침하는 근거와 증거를 수집
- 데이터 수집, 자료를 탐색하고 분석하여 근거로 제시

  예 20○○ 이후 기후 변화에 대한 통계 자료 제시

■ 질문(Question)

주장과 근거를 바탕으로 학습 주제에 대한 질문 만들기

  예 기후 변화를 줄이기 위한 효과적인 방법은 무엇인가?

3) 주장-근거-질문(Claim-Support-Question) 기법 적용의 실제

■ 4학년 과학 수업 적용의 실제(예시)

- 성취기준: [4과14-03] 인간 활동이 생태계에 미치는 영향을 조사하고, 생태계 보전을 위해 우리가 할 수 있는 일을 토의하여 실천할 수 있다.
- 주제: 생태계 보전을 해야 하는 이유

◎ 생태계 보전을 해야 하는 이유에 대해 생각해 봅시다.

주장(Claim)	근거(Support)	질문(Question)
플라스틱 폐기물은 해양 생태계에 심각한 영향을 미친다	폐기물의 환경적 영향을 나타내는 데이터를 조사하여 증거로 제시	어떻게 플라스틱 사용을 줄일 수 있을까

4) 피드백 및 유의점

※ 학생들이 주장을 세울 때 단순히 의견을 제시하는 것이 아니라 근거를 바탕으로 논리적 사고를 할 수 있도록 유도한다.

※ 단순히 사실을 확인하는 질문의 수준을 넘어 생각의 깊이를 더할 수 있는 질문을 만들 수 있도록 지도한다.

3. 조사하기(Investigate)

단원 개념들과 연결된 다양한 예시와 기능들을 알아보기 위해 조사하기는 개인별, 모둠별, 전체 학급으로 진행될 수 있다.

가 줌 인/줌 아웃(Zoom in/Zoom out)

1) 기법 안내

학생들이 문제를 바라보는 다양한 관점을 돕는 기법으로 정보와 아이디어의 세부 요소를 구체적으로 탐구(Zoom In)하거나, 더 넓은 관점에서 이를 해석(Zoom Out)하는 과정으로 나뉜다. 주제를 세부적으로 이해하는 동시에 세부 요소가 전체적인 맥락에서 어떤 의미를 가지는지 통합적으로 파악하도록 돕는다.

2) 줌 인/줌 아웃(Zoom in/Zoom out) 기법

■ 줌 인(Zoom in)

특정 개념이나 세부 사항을 선택하고 깊이 있게 조사하여 주요 세부 사항, 요소의 특성, 사례, 구체적인 예시 등을 찾아 해당 부분에 대해 이해를 심화하는 방법

■ 줌 아웃(Zoom out)

특정 주제를 더 큰 관점에서 바라보고 전체적인 구조나 관계를 이해하는 과정으로 이를 통해 개별 요소들이 어떻게 전체와 연결되는지 알 수 있게 됨

3) 줌 인/줌 아웃(Zoom in/Zoom out) 기법 적용의 실제(예시)

■ 5학년 사회 수업 적용의 실제

- 성취기준: [6사05-02] 조선 후기 사회·문화적 변화와 개항기 근대 문물 수용 과정에서 달라진 사람들의 생활을 이해한다.
- 주제: 조선 후기 새로운 문화 수용으로 달라진 생활 모습 알아보기
  - 줌 인(Zoom in) 기법 적용: 특정 사건이나 인물에 대한 자세한 정보를 조사

하여 해당 사건의 원인과 결과를 분석

- 줌 아웃(Zoom out): 해당 사건이 더 큰 역사적 흐름 속에서 어떤 영향을 미쳤는지, 시대적 맥락에서 어떤 의미를 가지는지 파악

◎ Zoom in과 Zoom out 기법으로 갑오개혁에 대해 알아봅시다.

줌 인(Zoom in)	줌 아웃(Zoom out)
• 갑오개혁이 일어난 해 • 갑오개혁을 주도한 인물 • 갑오개혁의 원인과 결과	• 갑오개혁 발생의 배경 • 갑오개혁 이후의 생활의 모습 • 갑오개혁 이후 인식의 변화

4) 피드백 및 유의점

※ 줌 인(Zoom in) 시에는 세부적인 자료를, 줌 아웃(Zoom out) 시에는 전체적인 흐름이나 영향, 결과 등을 볼 수 있는 자료를 활용하도록 조절하는 것이 필요하다.

※ 줌 인(Zoom in)과 줌 아웃(Zoom out) 의 단계 간 전환을 해야 할 때 방향성을 유지하는 것이 필요하다.

나 안으로 들어가기(Step Inside)

1) 기법 안내

학생이 특정 사건의 인물, 사물 또는 그 입장이 되어 무엇을 느끼고, 생각하고, 보고 있는지 등을 생각해 보는 학습 기법으로 주제에 대해 더 깊이 이해하고 공감과 창의적인 사고를 발전시키도록 돕는다.

2) 안으로 들어가기(Step Inside)기법

■ 주제 소개

학습하거나 경험해 볼 주제를 제시

■ 대상 선정

학습할 주제와 관련된 다양한 대상이나 인물을 선택

예 문학 작품의 등장인물, 역사적 인물, 사회적 상황에 놓인 특정 인물 등

■ 질문 하기

학생이 스스로 질문을 던지도록 유도

예 '나는 누구인가?', '나는 무엇을 보고 있는가?', '내가 느끼는 감정은 무엇인가?', '내가 처한 상황에서 가장 중요하게 생각하는 것은 무엇인가?' 등

■ 공감 및 역할 상상

학생이 자신이 그 인물이라 상상하며 해당 인물의 입장에서 상황을 바라보고 사건에 대해 상상해 보기

■ 공유 및 토론

학생 경험한 인물의 관점에 대해 서로 이야기하고 모둠으로 토론하면서 공유된 관점을 비교하며 그 관점이 갖는 의미와 시사점을 분석

■ 반성 및 성찰

학생이 인물의 입장을 경험한 후 자신이 처음 가졌던 생각이나 관점과 비교하여, 경험을 통해 무엇을 배웠는지 성찰

3) 안으로 들어가기(Step Inside) 기법 적용의 실제

■ 5학년 미술 수업 적용의 실제(예시)

- 성취기준: [6미03-04] 다양한 방법을 활용하여 작품을 감상하며 작품에 관한 서로 다른 관점을 존중할 수 있다.
- 주제: 작가의 입장에서 사물 바라보기

◎ 특정 예술 작품을 감상할 때 작품 속 인물이나 그린 예술가의 입장이 되어 작품을 감상하고 작품의 메시지와 의미 탐구를 통해 작품의 깊이와 예술가의 의도를 이해하기

단계	내용
대상 선정	피카소 '게르니카'
질문하기	작품에서 보이는 것은 무엇인가? 배경은 어떤 색인가? 작품 속 인물들의 표정은 어떠한가요? 왜 이런 그림을 그렸을까요?
공감 및 역할 상상	그림 속 인물은 무엇을 생각하고 있을까요?
공유 및 토론	• 그림 속 인물은 침침한 배경과 바탕 속에서 밝은 곳으로 떠나고 싶어 하는 것을 나타내는 것 같다. • 사물의 안 보이는 옆쪽을 잘라서 앞으로 보이게 하는 기법은 이집트 파라오에서 나온 그림 기법과 비슷하다
반성 및 성찰	• 전에 없었던 형식으로 그림을 그렸다고 알고 있는데 그림만 잘 그리는 것이 아니라 아이디어를 개발하고 실현하는 것도 중요하다는 생각이 들었다 • 미술에도 역사가 있고 시대가 바뀜에 따라 그림의 화풍도 달라지는 것을 알 수 있게 되었다 • 피카소 외에 다른 미술가들의 작품도 비교해보면서 감상하고 싶다

4) 피드백 및 유의점

※ 학생의 수준을 판단한 후 수업 주제와 관점을 선택하여 제시한다.

※ 학생이 대상 인물의 입장에서 감정과 경험을 탐구할 때 단순히 사실을 이해하는 것보다는 감정에 몰입할 수 있도록 하는 것이 중요하다.

※ 동일한 주제에 대해 대비되는 입장을 경험하도록 하여 특정 인물이나 상황에 치우치지 않도록 하며 다양한 시각에서 문제를 볼 수 있도록 지원한다.

다 줄다리기(Tug-of-War)

1) 기법 안내

특정 주제에 대해 서로 다른 두 입장을 비교하고 각각의 입장에 대한 근거를 탐구하는 활동으로, 학생은 다양한 관점을 이해하고 각 관점에 대한 논리적 사고와 비판적 사고 능력을 기를 수 있다. 토론과 논쟁을 통해 자신의 입장을 정리, 강화하거나 새로운 시각을 받아들이며 자신의 사고를 확장한다.

2) 줄다리기(Tug-of-War) 기법

■ **주제 제시**

학생들이 관심을 가질 만한 논쟁적 주제를 제시

예 학교에서 학생의 핸드폰 사용은 금지되어야 할까요?

■ **입장 설명**

주제에 대해 찬성과 반대 입장을 간략하게 설명

예 학교에서 핸드폰 사용에 대해 찬성/반대 입장

■ **의견 정리**

찬성과 반대 입장에 대한 자신의 입장을 선택하고 의견 작성

예 나는 ~쪽이 더 타당하다고 생각한다.

■ **의견에 대한 근거 제시**

개인 또는 모둠별로 각각의 입장에 대한 근거를 제시하고 필요한 경우 데이터나 통계 제공

■ **토론 및 의견 교환**

- 학생들은 서로의 입장을 지지하는 이유를 발표하고 상대편의 논리에 대해 질문과 반론을 제기
- 의견을 조정할 수 있는 기회 제공

■ **최종 결론 도출 및 성찰**

토론을 마친 후 학생이 자신의 입장을 재정리하기

3) 줄다리기(Tug-of-War) 기법 적용의 실제

■ 4학년 도덕 수업 적용의 실제(예시)

- 성취기준: [4도02-01] 효, 우애의 의미와 필요성을 명료하게 이해하고 가족의 행복을 위해 할 수 있는 일을 탐색하여 실천 계획을 세운다.
- 주제: 전통문화의 유지와 변화

◎ 명절에 제사를 지내는 풍습 유지에 대해 알아보기

단계	내용
의견 정리	• 제사를 지내야 한다. • 제사를 지내지 않아도 된다.
⬇	
의견에 대한 근거 제시	• 제사를 통해 자신의 뿌리를 알고 조상을 기린다. 친척들이 제사 때 모여 인사하며 친족 관계를 확인한다. • 현대 사회의 바쁜 일상으로 가족과 친척들이 모이기 힘들고 제사를 통해 화합이나 존경심이 생기지 않는다.
⬇	
토론 및 의견 교환	• 제사를 지내는 것을 지속/지속하지 않아도 된다.
⬇	
최종 결론 도출 및 성찰	• 제사를 통해 나의 뿌리를 알게 되고 친척과 만남을 통해 가족과 친족의 의미를 되새길 수 있다. • 제사를 통해서 나를 찾고 조상을 기리는 것이 아니므로 제사라는 형태 외에 다른 방법을 찾는 것이 필요하다.

4) 피드백 및 유의점

※ 학생들이 자신의 입장을 단순히 주장하는 데 그치지 않고, 구체적이고 논리적으로 관련 자료나 근거 자료를 제시하도록 안내하는 것이 필요한다.

※ 한쪽의 정보에 치우쳐 토론이 편향되지 않도록 주의한다.

※ 학생들이 자신이 처음에 선택하지 않은 입장에 대해 이해하고 자신의 입장을 바꿀 수 있음을 알린다.

라 설명 게임(The Explanation Game)

1) 기법 안내

특정 대상 등을 관찰하고 설명과 질문을 통해 사고를 심화하는 학습 기법으로 세부적으로 관찰하고 추론하며 다른 사람의 의견을 듣고 대상에 대한 새로운 관점을 가지는 과정도 포함한다.

2) 설명 게임(The Explanation Game) 기법

■ **대상 제시**

학생들에게 탐구할 대상, 특정 대상을 제시하기

예 과학 수업: 특정 생물체/ 미술 수업: 예술 작품/ 음악 수업: 특정 곡

■ **관찰하기**

대상에 대해 자세히 관찰하고 특징을 기록하기

예 색상, 모양, 구조 등

■ **설명하기**

관찰 내용을 바탕으로 대상의 목적, 의미, 용도에 대해 추론하기

예 이 그림은 마음의 어두움을 표현한 것 같다

■ **질문하기**

특정 대상을 분석하며 질문하기

예 왜 이런 형태와 모양을 가지고 있을까?

■ **탐색 및 공유**

추가 자료, 정보를 활용하여 답을 찾고 생각을 공유하며 학습을 심화하기

3) 설명 게임(The Explanation Game) 기법 적용의 실제

■ **5학년 음악 수업 적용의 실제(예시)**

- 성취기준: [6음02-03] 다양한 종류의 음악을 듣고 음악의 배경과 활용을 설명한다.

- 주제: 작곡가의 의도 유추하기
  • 학생이 선택한 곡과 작곡가의 의도를 설명하기

단계	내용
대상 제시	베토벤 '운명' 교향곡
⬇	
관찰하기	음악의 첫 부분 음이 웅장하다 피아노 건반을 힘차게 누르는 것 같다
⬇	
설명하기	음악 첫 부분을 크게 표현했다
⬇	
질문하기	왜 이렇게 표현을 했을까, 제목은 왜 운명일까
⬇	
탐색 및 공유	운명의 신이 다가오는 것처럼 생각해서 무서웠을 것이다.

4) 피드백 및 유의점

※ 탐구와 참여를 유도하는 학습이므로 교사의 적극적인 지도가 필요하다.

※ 학생의 호기심과 분석 능력을 키울 수 있도록 긍적적이고 발전적인 피드백을 제공한다.

마 KWL

1) 기법 안내

KWL은 학습 전, 중, 후의 사고 과정을 정리하는 기법으로 학습 내용을 구조적으로 정리하고 사고 과정을 점검할 수 있도록 도와주며 특히 사전 지식 활성화와 자기 주도적 학습에 효과적이다.

- K(Know) → 이미 알고 있는 것
- W(Want to Know) → 알고 싶은 것
- L(Learned) → 학습 후 새롭게 배운 것

2) 피라미드 토론 기법

■ K(이미 알고 있는 것) 작성

- 학습 주제에 대해 학생들이 알고 있는 것을 적도록 유도
- 개인 또는 소그룹으로 작성 후 공유 가능

■ W(알고 싶은 것) 작성

- 학습 목표를 스스로 설정하도록 돕는 단계
- 학생들이 질문을 만들도록 유도하여 학습 동기 유발

■ 수업 진행 및 탐구 활동

교사의 설명, 실험, 탐구 활동 등을 수행하며 배움을 실행

■ L(학습한 것) 정리

- 학습 후 학생들이 새롭게 배운 내용을 적고, K(알고 있던 것)과 비교
- W에서 설정한 학습 목표를 성취했는지 확인

■ 성찰 및 확장 학습

- 추가로 궁금한 점이나 더 알고 싶은 내용을 작성하는 것이 가능
- 자기 평가 및 피드백 제공

3) KWL 기법 적용의 실제

■ 6학년 과학 수업 적용의 실제(예시)

- 성취기준: [6과12-02] 지구의 자전을 알고, 낮과 밤이 생기는 이유를 설명할 수 있다.
- 주제: 낮과 밤이 생기는 이유 알아보기

◎ 낮과 밤이 생기는 이유를 알아봅시다.

단계	활동 내용
주제 소개	낮과 밤이 생기는 이유
K(내가 알고 있는 것) 작성	- 낮은 밝고, 밤은 어둡다 - 하루에 번갈아가며 일어나는 현상이다 - 북반구와 남반구의 낮과 밤이 다르다
W(내가 알고 싶은 것) 작성	- 낮과 밤이 없다면 어떻게 될까 - 북반구와 남반구는 왜 낮과 밤이 다를까
학습 활동 진행	- 낮과 밤이 생기는 이유에 대한 영상, 사진, 학습활동, 대체 실험 등 수업 진행
L(내가 배운 것) 작성	- 낮과 밤이 없다면 ~ - 북반구와 남반구는 ~ - 낮과 밤이 생기는 이유는~

4) 피드백 및 유의점

※ 질문 생성이 어려운 학생은 예시 질문을 제공하거나 짝 토론을 통해 질문을 만들도록 돕는다.

※ K(이미 알고 있던 것)과 비교하여 어떻게 이해가 확장되었는지 반성적 사고를 촉진할 수 있다.

바 Question Starts

1) 기법 안내

학생들이 주어진 주제에 대해 스스로 질문을 만들어보는 학습 기법으로 '어떤 경우에', '왜', '어떻게'와 같은 질문을 시작으로 사고를 확장하는 기법이다. 학생들이 주도적으로 질문을 만들면서 학습 내용을 깊이 생각할 수 있도록 도와주며 단순한 질문이 아니라 다양한 방식으로 질문을 만들 수 있도록 힌트(Question Stems, 질문 시작 문장)를 제공하는 것이 특징이다.

- 장점: 정해진 답을 찾는 것이 아니라 새로운 질문을 만드는 과정에서 배운 내용을 깊이 이해하게 되고 창의력이 길러진다. 스스로 질문을 만들며 학습에 대한 흥미가 커지고 적극적으로 참여하게 된다.
- 단점: 어떤 질문을 해야 할지 어려울 수 있으며 너무 많은 질문을 만들려고 하면 시간이 부족할 수 있다.

2) Question Starts 기법

■ 주제 제시

- 학생들에게 학습할 주제를 소개

예 봄이 오면 어떤 변화가 생길까요?

■ 질문 틀(Question Stems) 제공

- 학생들이 쉽게 질문을 만들 수 있도록 질문 시작 문장을 제공

예 '왜 ____일까요?', '만약 ____라면?', '어떻게 ____할까요?'

■ 질문 만들기

- 학생들이 직접 질문을 만들기(개인, 짝, 모둠 등)

■ 질문 공유하기

- 만든 질문을 공유하기

■ 질문에 대한 답 찾기

- 질문 중에서 몇 개를 선택해 다 함께 답을 찾기(책, 실험, 토론 등)

■ 정리 및 성찰

- 활동을 통해 새롭게 알게 된 것을 질문하여 배운 내용 정리하기

3) Question Starts 기법 적용의 실제

■ 6학년 과학 수업 적용의 실제(예시)

- 성취기준: [6과08-02] 재생에너지의 종류를 조사하고, 에너지를 지속가능하게 이용하는 방법에 관심을 갖는다.
- 주제: 다양한 재생에너지와 재생에너지의 사용

◎ 우리 생활에서 볼 수 있는 재생에너지를 찾고 재생에너지의 사용에 대해 알아 봅시다.

단계	활동 내용
주제 소개	재생에너지의 종류와 사용
질문 틀(Question Stems)제공	- 재생에너지란 무엇인가요? - 재생에너지는 언제부터 사용되었을까요?
질문만들기	- 우리 주변에서 볼 수 있는 재생에너지는 어떤 것이 있을까요? - 재생에너지는 언제까지 사용할 수 있을까요? - 재생에너지도 개발이 가능한가요?
질문공유하기	학생들이 만든 질문 공유하기(스마트 기기활용, 발표 등)
질문에 대한 답 찾기	재생에너지의 종류 재생에너지가 사용되는 곳 재생에너지를 발전시킬 수 있는 방법 재생에너지의 유용한 점
정리 및 성찰	- 재생에너지에 대해 알게 된 점은 무엇인가요?

4) 피드백 및 유의점

※ 처음에는 질문을 쉽게 만들 수 있도록 예시 질문을 보여주고 안내하면 좋다.

※ 너무 많은 질문을 만들려고 하면 시간이 부족할 수 있으므로 질문의 수를 조절하는 것이 필요하다.

※ 모둠 활동을 통해 서로 도우며 다양한 생각을 유도할 수 있다.

4. 조직 및 정리하기(Organize)

조사하기 단계에서 수집한 데이터를 활용하여 자신들이 배운 것들 속에 존재하는 패턴들을 살펴보면서 사실적·개념적 수준에서 자신의 사고를 정리한다.

가 마인드맵(Mind map)

1) 기법 안내

느낌이나 생각, 아이디어를 가지가 뻗어나가듯이 나가며 아이디어를 확장하고 연계할 수 있게 시각적으로 표현하는 방법이다. 생각이나 정보를 정리하고 직관적이고 조직적으로 구조화하는 모든 분야에서 활용할 수 있다.

2) 마인드맵 기법

■ 중심 주제 또는 이미지 선택

중앙에 주제 또는 핵심 아이디어를 배치

■ 주요 가지 그리기

중심 주제와 핵심 아이디어에서 뻗어 나온 주요 개념들을 큰 가지처럼 그려서 연결하고 각 가지에는 주요 개념을 상징하는 단어나 이미지를 삽입

■ 세부 가지 확장

주요 가지에서 더 작은 가지들을 뻗어 관련된 세부 정보를 추가하는데 이를

통해 주제의 하위 개념들을 체계적으로 연결

■ 연결 및 강조

중요하거나 연관성이 높은 가지들끼리 선으로 연결하거나, 색상과 기호를 사용하여 강조하며 이미지와 색상 등 시각적 요소를 최대한 활용하여 기억력을 향상시키고 창의적 사고를 촉진

3) 마인드맵 기법 적용의 실제

■ 4학년 체육 수업 적용의 실제(예시)

- 성취기준: [4체01-04] 건강을 위한 바른 생활 습관을 이해하고 생활 속에서 규칙적으로 실천한다.
- 주제: 바른 생활 습관을 알고 실천하기

◎ 건강한 몸과 마음을 위한 바른 생활 습관에는 어떤 것이 있는지 써 봅시다.

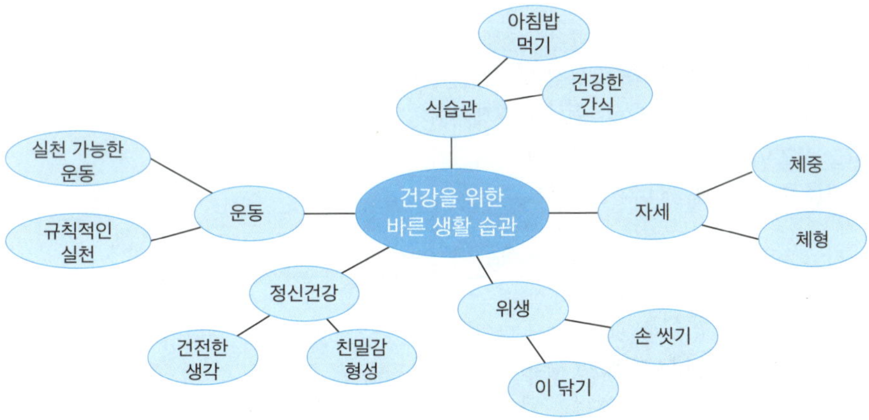

4) 피드백 및 유의점

※ 핵심 주제를 유지하며 주제와 관련된 내용을 확장해 나갈 수 있도록 주의한다.

※ 이미지와 색상 활용에 치중하지 않도록 사전에 지도한다.

나 Thinking Map

1) 기법 안내

학습 내용을 시각적으로 표현하여 학생들의 이해를 돕고, 개념 간의 관계를 명확히 하며, 사고 과정을 촉진하는 데 유용하다. 학습자의 다양한 학습양식을 존중하고 학습자에게 맵 선택권을 제공하는 특징이 있다.

2) Thinking Map 기법

■ **원형 맵(Circle Map):** 주제를 둘러싸고 관련된 단어들을 자유롭게 나열하며 아이디어를 떠올리는 과정이나 어떤 개념이나 용어에 대한 정의를 내리거나 사실 관계를 나타낼 때 사용

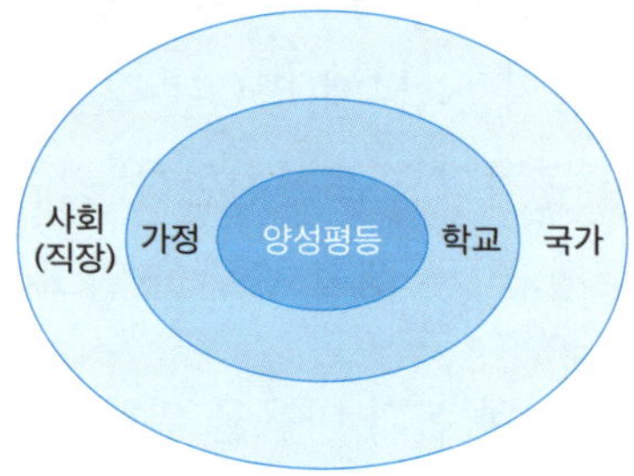

■ **거품 맵(Bubble Map):** 어떤 사물이나 개념에 대해 묘사하는 기법으로, 중심에 주제가 되는 사물이나 개념을 적고 관련된 다양한 정보를 주변에 연결해 나가는 방식

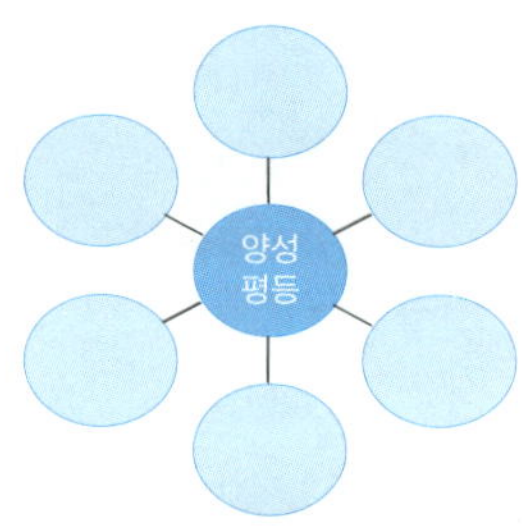

■ **이중 거품 맵(Double Bubble Map):** 서로 다른 개념을 비교하여 공통점과 차이점을 알아보거나, 대조해 보는 기법

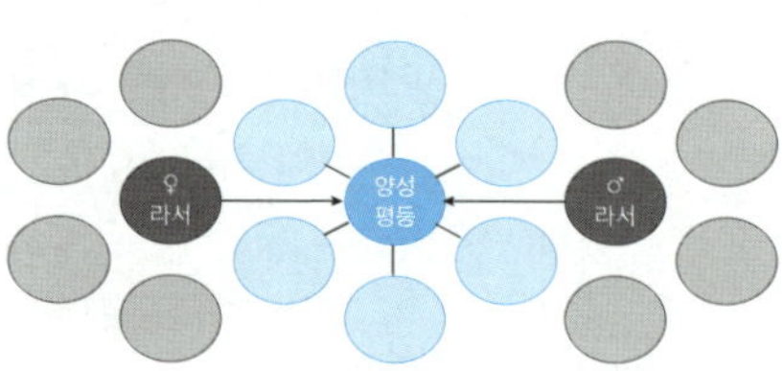

■ **트리 맵(Tree Map):** 개념과 아이디어들이 연역적·귀납적 계열성을 갖도록 기준에 따라 분류하거나 그룹을 만드는 기법으로, 전체 구조를 파악하거나 분류 등에 활용

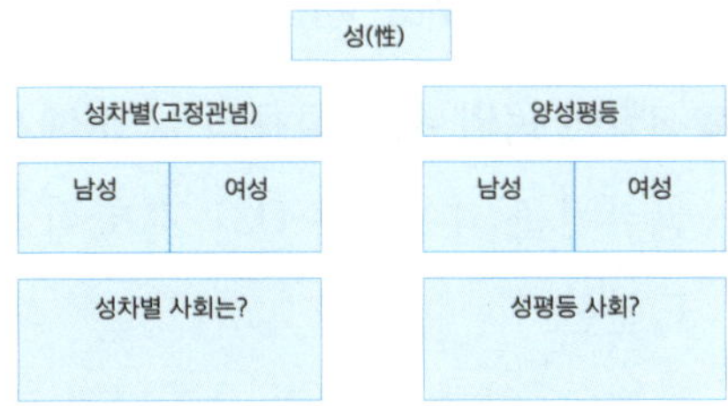

■ **흐름 맵(Flow Map):** 순서를 정해서 일정한 규칙과 기준에 따라 정렬하는 기법으로 학습의 계열, 순서, 단계, 방향성을 나타내는 것으로, 시간에 따른 변화를 알아보는 활동에 유용

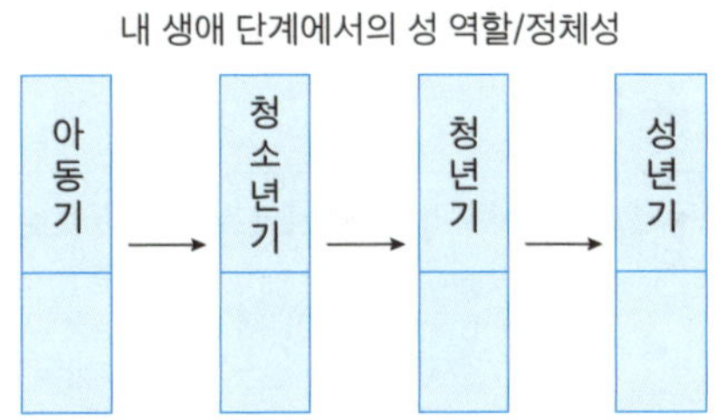

■ **다리 맵(Bridge Map):** 한 가지 사실을 통해 또 다른 사실을 유추하는 기법으로 과학적 개념을 추론하거나 비유와 같은 활동에서 사용할 수 있는 맵

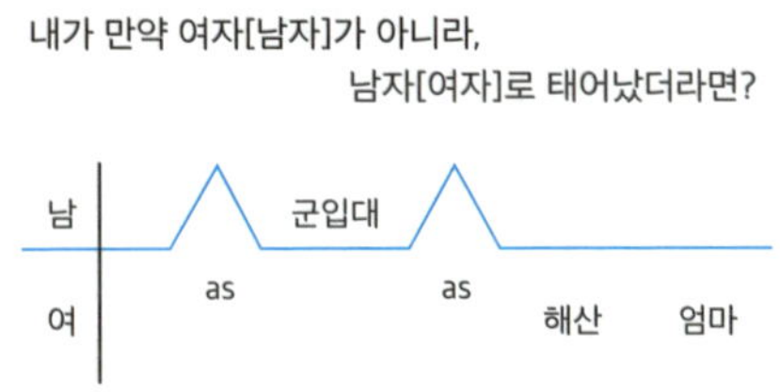

■ **다이아몬드 맵(Multi-Flow Map):** 어떤 사건이나 현상의 인과관계를 찾아내는 기법으로, 왼쪽 상자에는 원인을 쓰고 오른쪽 상자에는 결과를 쓰는 형태로 작성이 가능

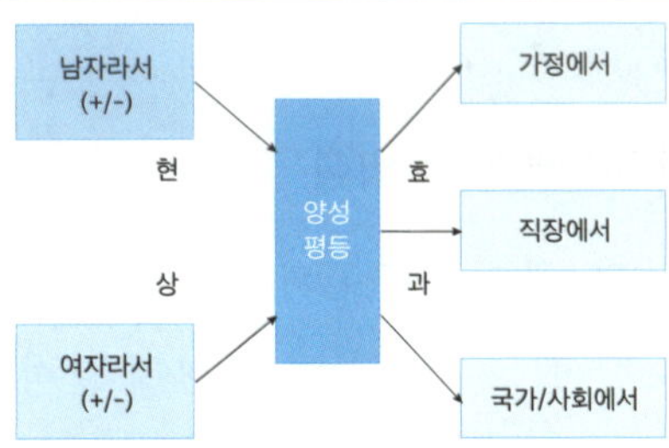

■ **구름 맵(Brace Map):** 부분과 전체의 관계를 파악하기 위한 기법으로 전체와 부분, 부분과 하위 부분을 분석하기 위한 기법

출처: Thinking Maps를 활용한 수업(교육부 블로그)

3) Thinking Map 기법 적용의 실제

■ **3학년 음악 수업 적용의 실제(예시)**

- 성취기준: [4음03-03] 기초적인 음악 요소를 활용하여 소리나 음악으로 표현한다.
- 주제: 다양한 종류의 우리나라 타악기 알아보기

이중 거품 맵

3학년 반 이름( )

▷ 우리나라의 타악기 중 2개를 선택하여 공통점과 차이점을 써 봅시다.

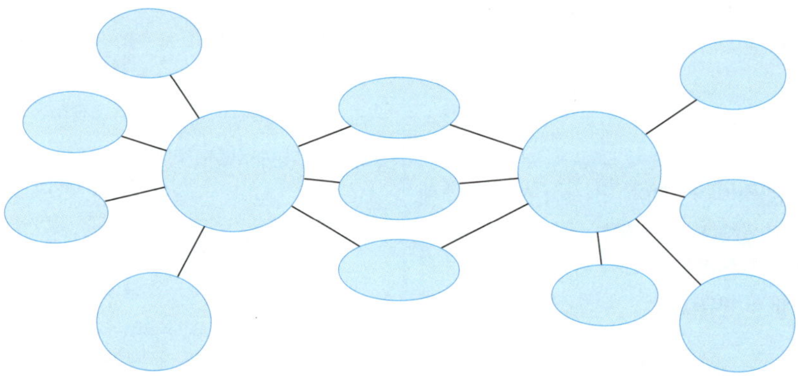

4) 피드백 및 유의점

※ Thinking Map에서 사용하는 기법은 학습 목표에 따라 다르기 때문에 어떤 맵을 사용할지 사전에 결정한다.

다 연꽃(Lotus Blossom) 기법

1) 기법 안내

중심 주제나 문제를 연꽃의 꽃잎처럼 확장하여 세부적인 아이디어를 체계적으로 도출하는 학습 기법이다. 복잡한 문제를 시각적으로 단순화하고 다양한 아이디어를 체계적으로 연결할 수 있도록 돕는 창의적 문제 해결 방법이다.

- 장점: 복잡한 문제를 시각적으로 체계화하여 아이디어를 정리할 수 있으며

아이디어를 도출하는 과정에서 모둠원과 아이디어를 공유하며 창의적인 사고를 만들어 낼 수 있다.

- 단점: 깊이 있는 아이디어 확장을 위해 많은 시간이 소요될 수 있으며 세부 아이디어가 너무 확장되면 주제를 벗어나거나 본질을 잃을 위험이 있다.

2) 연꽃(Lotus Blossom) 기법

■ 중심 아이디어 설정

연꽃의 중심에 해당하는 문제나 주제를 결정

■ 첫 번째 아이디어 확장

중심 주제를 기준으로 8개의 꽃잎에 첫 번째 수준의 아이디어를 기록

■ 세부 아이디어 확장

각 꽃잎에 기록된 아이디어를 중심으로 새로운 연꽃을 형성해 더 세부적인 아이디어를 작성

■ 아이디어 정리 및 평가

확장된 아이디어를 분석하고 실현 가능성과 적합성을 평가하여 최종 결론을 도출

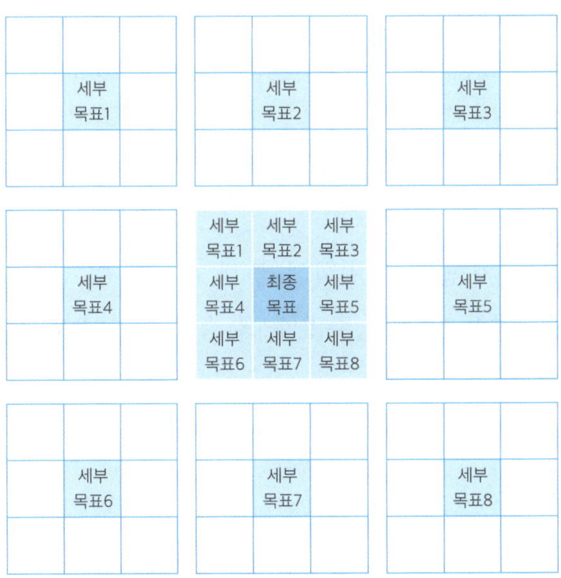

3) 연꽃(Lotus Blossom) 기법 적용의 실제

■ 6학년 도덕 수업 적용의 실제(예시)

- 성취기준: [6도01-03] 자기가 하고 싶은 일을 선택할 때 도덕적 고려의 필요성을 알고 자신의 특기와 적성을 탐색하여 진로 계획을 수립한다.
- 주제: 나의 진로 계획하기

◎ 진로를 탐색하기 위해 고려할 사항에 대한 내 생각을 써 봅시다.

	건강			직업			사회 관계	
			건강	직업	사회 관계			
	특기		특기	나의 진로	경력		경력	
			봉사	학습	취미			
	봉사			학습			취미	

4) 피드백 및 유의점

※ 쉬운 주제를 선택하여 연습해 본 후 적절한 난이도의 내용을 선택하도록 한다.

※ 학생들이 혼동하지 않도록 명확한 주제 제시가 필요하며 관련이 있는 내용을 선정하고 옆쪽 칸에 쓸 수 있도록 수시 확인이 필요하다.

라 생성-분류-연결-정교화 개념도(Generate-Sort-Connect-Elaborate Concept Maps)

1) 기법 안내

정보의 생성, 분류, 연결, 정교화의 4단계를 통해 주제를 체계적으로 분석하고 새로운 관점을 탐구하도록 돕는 사고 전략이다. 학생이 능동적으로 학습 내용을 구성하는 과정을 통해 창의적 사고와 논리적 사고를 발달시킨다.

2) 생성-분류-연결-정교화 개념도(Generate-Sort-Connect-Elaborate Concept Maps) 기법

■ **생성 단계(Generate)**

- 브레인스토밍을 통해 주어진 주제나 문제에 대해 가능한 많은 아이디어, 자유로운 사고를 하도록 유도
- 학생의 사전 지식과 경험이 활성화 됨

■ **분류 단계(Sort)**

- 생성된 아이디어를 공통점, 차이점 또는 특정 기준에 따라 분류
- 생각을 구조화하여 체계적으로 생각할 수 있음

■ **연결 단계(Connect)**

- 분류된 개념들 간의 관계와 관련성 탐구. 개념 간의 상호작용과 연관성을 찾는 데 중점
- 학생의 통합적 사고를 발달시킴

■ **정교화 단계(Elaborate)**

앞서 작성한 아이디어에 새로운 아이디어를 추가하여 사고를 확장하는 단계

3) 생성 – 분류 – 연결 – 정교화 개념도(Generate – Sort – Connect – Elaborate Concept Maps) 기법 적용의 실제

■ 5학년 국어 수업 적용의 실제(예시)

- 성취기준: [6국05-03] 소설이나 극을 읽고 인물, 사건, 배경을 파악한다.
- 주제: 소설 속 등장인물의 성격과 관계 파악하기

◎ 등장인물의 성격을 분석하고, 각 사건이 주제와 어떻게 연결되는지를 파악하여 정교화 된 분석 지도를 작성해 봅시다.

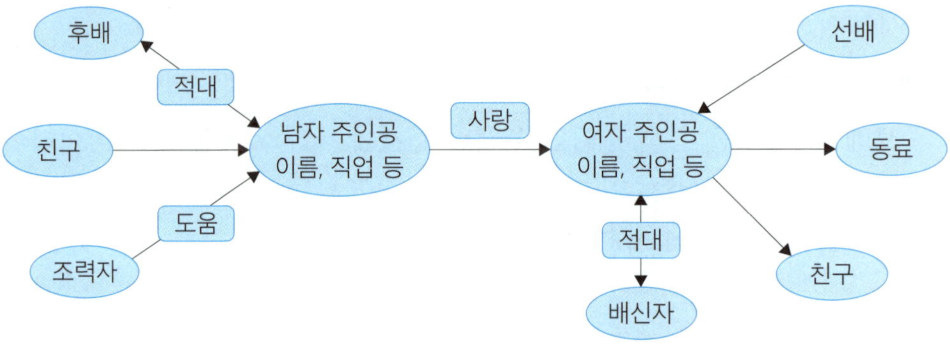

4) 피드백 및 유의점

※ 분류 단계에서 학생이 명확한 분류 기준을 설정할 수 있도록 개념의 유사성과 차이점을 파악하도록 한다.

※ 학생들이 정리한 내용을 시각적 도구(마인드맵, 개념도 등)로 표현할 수 있는 시간을 제공한다.

마 피라미드 토론

1) 기법 안내

소규모에서 시작하여 점진적으로 큰 그룹으로 확장되는 협력적 토론 기법이다. 처음에는 1인 또는 2인으로 토론을 시작한 후, 점점 더 많은 사람들과 의견을 조율하여 최종적으로 전체 집단이 하나의 결론에 도달하는 방식이다.

단계적으로 논의를 심화시키고, 다양한 의견을 통합하여 보다 깊이 있는 사고를 유도하는 것이 특징이다.

- 장점: 모든 학생이 참여가 가능하며 초반에는 소규모로 논의하므로 수줍음이 많은 학생도 쉽게 참여할 수 있다. 개별 사고에서 시작하여 협력적 논의로 발전하면서 다양한 의견을 비교하고 조율하면서 비판적, 논리적 사고를 키울 수 있게 된다.
- 단점: 여러 단계로 진행되므로 짧은 시간 내에 수행하기 어려울 수 있으며 학생들이 자신의 입장을 고수할 경우 최종 합의가 어려워져 토론이 산만해질 수도 있다.

2) 피라미드 토론 기법

■ 1단계: 개인사고

제시된 논제에 대해 개별적으로 생각하고, 자신의 입장을 정리

■ 2단계: 2인 토론(짝 토론)

2명씩 짝을 지어 자신의 생각을 공유하고, 상대방의 의견을 듣고 조정

■ 3단계: 4인 토론(소집단 토론)

2인 모둠을 합쳐 4명이 의견을 교환하고, 공통된 의견을 도출

■ 4단계: 8인 토론(중간 집단 토론)

4인 모둠을 합쳐 8명이 토론하며, 최종 의견을 조정

■ 5단계: 전체 토론(집단 공유)

모든 모둠을 결론을 발표하고, 최종적인 합의를 도출

3) 피라미드 토론 기법 적용의 실제

■ 6학년 사회 수업 적용의 실제(예시)

- 성취기준: [6사08-01] 민주주의에서 선거의 의미와 역할을 파악하고, 시민의 주권 행사를 위해 선거에 참여하는 태도를 기른다.

- 주제: '시민운동은 모든 시민의 의견을 대변하는가'

단계	활동 내용
1단계: 개인 사고	나는 모든 시민운동이 모든 시민의 의견을 대변한다/대변하지 못한다고 생각한다.
2단계: 2인 토론 (짝 토론)	대변한다/대변하지 못한다
3단계: 4인 토론 (소집단 토론)	대변1/대변하지 못한다3
4단계: 8인 토론 (중간 집단 토론)	모든 시민의 의견을 대변하지는 못한다. 왜냐하면 시민의 이익이 상충될 때 어느 한 쪽은 이익이 줄어들 수 있기 때문이다.
5단계: 전체 토론 (집단 공유)	중간 집단 토론의 의견을 발표하며 전체적인 의견을 듣고 결론을 정리함.

4) 피드백 및 유의점

※ 학생들이 관심을 가질 만한 주제 중 찬반 논의가 가능한 주제를 선정하는 것이 필요하다.

※ 단계별 토론 시간이 지나치게 길어지지 않도록 조정한다.

※ 감정적인 논쟁이 되지 않도록 경청과 존중의 태도를 강조한다.

바 네 모퉁이 토론 (Four Corners Discussion)

1) 기법 안내

특정 질문이나 주장에 대한 입장을 정하고 각 모퉁이에서 같은 입장의 학생들이 토론하는 기법으로, 찬반 논쟁이 있는 주제나 가치 판단이 필요한 내용에 적합하다. 자신의 의견을 말하고 다른 친구들의 생각을 들으며 비판적 사고력과 논리적 사고력을 키울 수 있는 학습 기법이다.

2) 네 모퉁이 토론 기법

■ 논제 제시

예 초등학생이 휴대폰을 제한없이 사용해도 될까요?

■ 입장 선택

- 교실 네 모퉁이에 '찬성', '반대', '중립', '잘 모르겠음'을 적어 놓고 학생들은 자신의 의견에 맞는 곳으로 이동

■ 소그룹 토론

- '왜 이렇게 생각했나요?'라는 질문을 하며 같은 입장을 가진 친구들끼리 모여서 의견을 구체적으로 정리

■ 전체 토론

- 모퉁이에서 한 명씩 대표가 나와 의견을 발표하고 다른 입장의 학생들은 질문을 하거나 반론 제시 가능

■ 입장 변경 기회 제공

- 토론을 듣고 생각이 바뀐 학생들은 다른 모퉁이로 이동할 수 있으며 이동한 이유를 말하게 하여 사고 내용을 공유

■ 정리 및 성찰

- 토론에서 배운 점을 질문하고 학습을 정리

3) 네 모퉁이 토론 기법 적용의 실제

■ 6학년 국어 수업 적용의 실제(예시)

- 성취기준: [6국01-06] 토의에 협력적으로 참여하며 서로의 의견을 비교하고 조정한다.
- 주제: 초등학생이 휴대폰을 제한없이 사용해도 될까요?

◎ 초등학생의 휴대폰 사용에 대한 내 입장을 발표해 봅시다.

<table>
<tr><td rowspan="2">입장 선택</td><td><찬성>
초등학생도 휴대폰을 사용할 권리가 있다.</td><td><반대>
휴대폰은 학습에 방해가 될 수 있다</td></tr>
<tr><td><중립>
필요하지만 사용 시간 제한이 필요하다.</td><td><잘 모르겠음>
장점과 단점이 모두 있어서 고민된다.</td></tr>
</table>

⬇

소그룹 토론	- 같은 입장을 가진 학생들끼리 모여 의견을 정리 - 왜 그렇게 생각하나요? - 이 입장의 장점은 무엇인가요?

⬇

전체 토론	- 각 모둠이의 대표가 나와서 의견을 발표하기 - 다른 입장의 학생들이 질문하거나 반론 제시 가능

⬇

입장 변경 기회 제공	토론을 듣고 입장이 바뀌었다면 다른 모둠이로 이동 어떤 이유로 입장을 바꾸었는지 사고 내용을 공유하기

⬇

정리 및 성찰	- 토론을 통해 새롭게 배운 점이 무엇인가? - 처음의 생각과 달라졌다면 무엇 때문에 바뀌었는가? - 다음 토론을 위해 준비하고 싶은 것은 무엇인가?

4) 피드백 및 유의점

※ 학생들이 자유롭게 말할 수 있는 분위기를 조성한다.

※ 다양한 관점을 제시하여 균형 잡힌 토론이 이루어지도록 교사가 중립적인 태도를 유지하는 것이 필요하다.

사 사례 비교

1) 기법 안내

서로 유사하거나 대조되는 사례를 비교하며 공통점과 차이점을 찾는 방법으로 비교하고 분석하는 과정에서 개념을 더 깊이 이해할 수 있게 된다. 단순히 암기하는 것이 아니라 비교하며 공통점과 차이점을 찾아 이해하기 때문에 개념이 더 오래 기억되는 장점이 있다. 교과 내용과 실제 사례를 비교하면 더 흥미있고 쉽게 이해가 가능하다.

2) 사례 비교 기법

■ 비교할 사례 선정

- 학생들이 비교할 두 가지 사례를 선정

예 우리나라와 다른 나라의 민주주의 제도 비교

■ 비교 기준 설정

- 학생들이 어떤 점을 비교해야 하는지 기준 정하기

예 원인, 과정, 결과 / 특징, 장점, 단점 등

■ 사례 분석

- 학생들이 각각의 사례를 조사하고 내용을 정리

■ 비교하기

- 공통점과 차이점을 정리하고, 다른 방법으로도 정리 가능

■ 결과 분석 및 발표

- 모둠별로 비교 결과를 발표하고 다른 모둠과 의견 나누기

■ 정리 및 성찰

- 비교 분석을 통해 배운 점을 정리하고 발표

3) 사례 비교 기법 적용의 실제

■ **6학년 사회 수업 적용의 실제(예시)**

- 성취기준: [6사08-01] 민주주의에서 선거의 의미와 역할을 파악하고, 시민의 주권 행사를 위해 선거에 참여하는 태도를 기른다.
- 주제: 우리나라와 미국의 민주주의 제도의 공통점과 차이점 알아보기

비교 기준 설정	• 대통령 선출 방법 • 국회의 역할 • 시민의 권리와 의무 • 국가의 역할
⬇	
사례분석	우리나라와 미국의 대통령 선출 방법
⬇	
비교하기	공통점 - 두 나라 모두 국민이 선거를 통해 대표를 선출 차이점 - 우리나라는 대통령이 5년 단임, 미국은 4년 임기에 1번 재선 가능
⬇	
발표 및 토론	모둠별로 비교 결과를 발표하고, 어떤 제도가 더 효율적인지 토론
⬇	
정리 및 성찰	비교 분석을 통해 민주주의에 대해 새롭게 알게 된 점 정리

4) 피드백 및 유의점

※ 초등학생 수준에서 이해하기 쉬운 사례를 선택한다.

※ 기준 없이 비교하면 단순 나열이 되기 쉬우므로 비교 기준을 명확하게 제시한다.

※ 공통점과 차이점을 균형있게 다룬다.

아 Gallery Walk

1) 기법 안내

학생들이 교실을 돌아다니며 서로의 작품을 보고 피드백을 주고받는 활동으로, 미술관(Gallery)을 거닐며 작품을 감상하듯이 여러 장소에 전시된 자료나 문제를 보면서 학습하는 방식이다. 학생들이 적극적으로 참여하며 서로의 생각을 공유할 수 있어 협력 학습과 비판적 사고를 촉진하는 효과적인 수업 기법이다.

학생들이 돌아다니며 감상하는 과정에서 시간이 많이 걸릴 수 있어 시간관리가 필요하며 일부 학생은 적극적으로 참여하지 않는다는 단점이 있다.

2) Gallery Walk 기법

■ 주제 및 자료 준비

- 교사가 학습 목표에 맞는 주제를 정하고, 자료(포스터, 보고서, 작품 등)를 준비

■ 그룹별 작품 제작

- 학생들은 모둠을 나누어 주제에 대한 자료를 만들기

예 환경 보호 방법에 대한 포스터 만들기

■ 교실에 전시

- 학생들이 만든 자료를 교실 곳곳에 붙이기

■ 갤러리 감상 및 피드백

- 다른 모둠의 자료를 살펴보고 피드백을 남기기

■ 의견 나누기

- 모둠별로 받은 피드백을 정리하고 발표하거나 토론

■ 정리 및 성찰

- 교사가 학생들과 함께 활동을 되돌아보며 배운 점을 정리

3) Gallery Walk 기법 적용의 실제

■ 6학년 미술 수업 적용의 실제(예시)

- 성취기준: [6미01-04] 이미지가 나타내는 의미를 비판적으로 이해하고 느낌과 생각을 전달하는 데 활용할 수 있다.
- 주제: 그림으로 의미 전달하기

◎ 우리나라의 독립운동가들의 역할을 그림으로 표현해 봅시다.

단계	내용
주제 및 목표 제시	교사가 학습 주제 소개
개별 또는 그룹 작업	학생들이 주제에 맞는 포스터, 수채화 등의 형태로 만들기
작품 전시	학생들의 작품을 교실 곳곳에 배치
이동하며 감상 (Gallery Walk)	친구들의 작품을 감상하고 의견 적기
토론 및 피드백 공유	감상한 내용을 바탕으로 토론하기
정리 및 반성	학습 내용을 정리하고 배운 점 발표하기

4) 피드백 및 유의점

※ 학생들이 적극적으로 참여하도록 활동 지침을 명확히 하는 것이 필요하다.

※ 활동 후 반드시 토론 시간을 가진다.

※ 각 단계마다 오랜 시간이 걸리면 집중력이 떨어지므로 적절하게 시간을 배분한다.

5. 일반화하기(Generalize)

전 단계에서 학습한 내용들을 활용하여 배운 것과 연결하면서 개념들 사이의 관계를 식별하고 일반화로 결론을 설명한다. 개념적 렌즈를 통해 학습한 내용을 전이 가능한 상태로 만드는 것이다.

가 나침반 침(Compass Points)

1) 기법 안내

학생들이 특정 주제나 문제에 대해 다양한 관점에서 생각해 볼 수 있도록 동서남북(East, West, South, North)의 방향을 통해 주제를 분석하는 방법이다. 각각의 방향에서 다각적으로 바라보게 하여 비판적 사고와 성찰을 강화한다.

2) 나침반 침(Compass Points) 기법

■ East(Excitements): 주제에 대해 흥미를 느끼는 부분, 긍정적인 요소 탐색을 통해 기대하는 부분이나 흥미로운 점을 발견하기

■ West(Worries): 주제에 대해 우려하거나 염려되는 점을 탐구하고 문제점을 예측하기

■ South(Stance or Suggestions): 주제에 대한 자신의 입장이나 제안점을 명확히 하여 주제에 대해 지지 또는 반대하기

■ North(Needs): 주제에 대한 이해를 돕기 위해 더 알아야 하거나 확인해야 할 정보 알아보기

3) 나침반 침(Compass Points) 기법 적용의 실제

■ 4학년 과학 수업 적용의 실제(예시)

- 성취기준: [4과16-03] 기후변화 대응 방법을 조사하고, 생활 속에서 기후변화 대응 방법을 실천할 수 있다.
- 주제: 기후변화가 우리 생활에 주는 영향에 따른 기후 정책 계획하기

◎ 우리 생활에 영향을 주는 기후변화에 대응하기 위한 기후변화 정책을 계획해 봅시다.

정책: 제조업에서 나오는 각종 폐기 연료를 2030년까지 모두 없앤다.

Excitements 해당 정책의 긍정적인 면	Worries 해당 정책의 우려되는 점
폐기 연료를 없애고 깨끗한 공기를 만들 수 있다	제조업에서 아직 준비가 덜 되어 있는 상태에서 무리하게 진행된다면 산업부문의 생산량이 줄어들 수 있다.
Suggestion 해당 정책에 대한 자신의 입장 정리	**Needs 해당 정책이 필요한 이유**
급격한 정책의 실현은 기업과 가계에 모두 타격을 줄 수 있어 과학적인 조사를 바탕으로 점진적인 실시가 되어야 할 것 같다.	모두가 함께 자연환경을 보호하며 후대에게 깨끗한 환경을 물려주기 위해 필요하다.

4) 피드백 및 유의점

※ 학생들이 특정 방향에 치우치지 않도록 하며 네 가지 방향을 골고루 탐구할 수 있도록 분위기를 조성한다.

※ 네 가지 관점에 대해 모두 생각하기 어려울 경우 모둠과 협력하여 하나의 문제에 대해 생각해볼 수 있도록 바꿀 수 있다.

※ 주제에 대해 긍정적, 부정적 측면 등 다각도로 생각해보고 자신의 입장을 더욱 명확히 하도록 한다.

※ 초등학교 저학년 학생들에게 각 방향의 의미를 이해하고 의미를 작성하는 것은 어려울 수 있다.

나 헤드라인(Headline)

1) 기법 안내

신문 기사나 뉴스의 제목처럼 수업에서 다룬 내용을 한 줄로 간단히 표현하거나 요약하는 활동으로, 핵심 개념을 이해하고 정리하는 데 도움이 된다. 수업의 주요 내용을 요약하고 중요한 개념이나 아이디어를 간단히 요약하는 활동을 통해 핵심을 파악하고 기억하는 능력을 기를 수 있다.

2) 헤드라인(Headline) 기법

■ **자료 제시**

수업에서 다룰 내용, 이미지, 동영상 등을 제시

■ **내용 탐구**

학습 자료에서 알게 된 내용의 중요 정보를 파악

■ **핵심 요약**

수업에서 배운 내용을 바탕으로 핵심 내용을 한 두 문장으로 요약하기

■ **헤드라인 작성**

핵심 요약 내용을 바탕으로 헤드라인 작성

■ **공유 및 토론**

작성된 헤드라인을 공유하며 의견을 비교, 효과적인 표현 논의하기

3) 헤드라인(Headline) 기법 적용의 실제

■ **3학년 미술 수업 적용의 실제(예시)**

- 성취기준: [4미01-03] 미적 탐색에 호기심을 갖고 참여하며 자신의 감각으로 대상의 특징을 이해할 수 있다.
- 주제: 모네의 작품 감상하기

◎ 작품을 감상하고 요약한 내용을 간단한 문장으로 표현하기

내용 탐구	핵심 요약	헤드라인 작성	공유 및 토론
작가 이름, 작품 이름, 그림 재료, 그림의 배경 등	인상주의 화가로 자연의 빛과 색채를 중요하게 생각하고 실시간으로 변화하는 대상의 색과 형태를 포착하여 그림을 그렸다.	모네의 붓 터치, 변화하는 자연의 아름다움을 담다.	각자 요약한 문장과 그렇게 요약한 이유를 발표하며 생각이 다를 수 있음을 안다.

4) 피드백 및 유의점

※ 헤드라인 학습 방법을 처음 시도하는 경우 어렵지 않은 자료를 제공하거나 예를 제시하여 학습을 돕는다.

※ 가장 중요한 점을 요약할 수 있도록 지도한다.

※ 주제를 요약하는 연습을 통해 창의적인 사고와 표현을 장려한다.

※ 동일한 내용을 다루더라도 학생마다 다르게 표현할 수 있도록 안내하여 각자의 개성과 시각을 반영한 헤드라인을 작성할 수 있도록 유도한다.

다 연결 – 확장 – 도전(Connect – Extend – Challenge)

1) 기법 안내

기존의 지식과 새로운 정보를 연결하고 학습 중 생기는 의문을 해결하는 과정을 통해 주제에 대한 깊이 있는 사고를 촉진한다. 주어진 주제를 더 깊이 이해하고 비판적 사고와 성찰을 통해 학습 경험을 정리하도록 한다.

2) 연결–확장–도전(Connect–Extend–Challenge) 기법

■ **연결(Connect) 단계**

새로운 정보와 기존의 개념과 지식을 어떻게 연결할 수 있는지 생각해보기

예 새로운 정보로 인해 기존 지식이 어떻게 변화되었는가?

■ **확장(Extend) 단계**

새로 배운 내용이 기존의 생각과 지식을 어떻게 확장시키는지 작성하기

예 무엇을 알게 되었고, 그것이 기존 지식에 어떤 변화를 가져왔는가?

■ **도전(Challenge) 단계**

- 새로운 정보가 자신에게 어려움을 준 부분, 의문점, 더 깊이 탐구하고 싶은 주제를 정리하기

예 기존 지식의 변화를 가져오는 주제에 대해 더 알고 싶은 점은 무엇인가?

3) 연결-확장-도전(Connect-Extend-Challenge) 기법 적용의 실제

■ 6학년 국어 수업 적용의 실제(예시)

- 성취기준: [6국05-06] 작품을 읽고 자신의 삶과 연관 지어 성찰하는 태도를 지닌다.
- 주제: 인물의 삶을 다양한 관점에서 살펴보기

◎ '이순신 장군의 업적과 리더십'에 대해 알아봅시다.

연결	확장	도전
역사 시간에 배운 내용과 교훈	이순신 장군의 리더십이 주는 교훈	다른 위인과 비교했을 때 독특한 점
• 임진왜란이 일어난 시기, 임진왜란 발생의 배경, 전쟁의 결과를 통해 국내외 정치, 한 개인의 역량에 대해 알게 됨	• 맡은 책임을 다하며 부하를 아끼는 마음 • 나라를 생각하는 마음으로 관직을 수행했던 점	• 유비무환의 정신 • 사적인 감정보다는 관직이 우선시 됨 • 가족에 대한 정이 깊음

4) 피드백 및 유의점

※ 연결(connect) 단계에서 학생들이 기존의 지식을 떠올릴 수 있도록 돕고 새로운 지식과 연결할 수 있는 단서를 제공하는 것이 중요하다.

※ 확장(extend) 단계에서는 학생들이 어떻게 생각과 지식을 확장하였는지 설명하게 하고 깊이 있는 이해가 가능하도록 도움을 준다.

라 4C: 연관성-도전-개념-변화

1) 기법 안내

학습 내용을 통해 기존의 생각을 점검하고 새로운 개념과 연관성을 찾으며 개념을 변화시키는 과정을 거쳐 학습을 심화하는 기법으로 주제에 대해 더 깊이 이해하고 비판적 사고를 확장하게 된다.

2) 4C: 연관성-도전-개념-변화 기법

■ 연관성(Connect) 단계

학생은 새로운 개념이나 정보를 기존의 지식과 어떻게 연결할 수 있는지 생각하고 주제에 대한 개인적 경험, 관련 사례를 찾아보면서 새로운 지식을 보다 가깝게 느끼게 됨

■ 도전(Challenge) 단계

학생이 주제에 대해 궁금한 점을 질문하도록 하고 새로운 정보가 주는 어려움이나 해결되지 않은 문제를 생각해 봄

■ 개념(Concept) 단계

학습 과정에서 주요 개념을 도출하고 이를 중심으로 사고를 조직

■ 변화(Change) 단계

학습을 통해 자신의 사고가 어떻게 변화, 발전하였는지를 인식하고 변화를 통해 얻은 통찰을 구체화하기

3) 4C: 연관성-도전-개념-변화 기법 적용의 실제

■ 4학년 과학 수업 적용의 실제

- 성취기준: [4과14-03] 인간 활동이 생태계에 미치는 영향을 조사하고, 생태계 보전을 위해 우리가 할 수 있는 일을 토의하여 실천할 수 있다.
- 주제: 일회용품 사용이 생태계에 미치는 영향 알아보기

◎ 일회용품이 생태계에 주는 영향을 알아보고 생태계 보존을 위해 실생활에서 할 수 있는 일을 찾아봅시다.

연관성(Connect)	도전(Challenge)	개념(Concept)	변화(Change)
일회용품을 사용하는 사람들의 모습	환경 보호를 위해 일회용품을 줄일 수 있는 방법 찾기	지구 온난화, 탄소 배출, 생물 다양성	일회용품 대신 다회용기, 재사용 가능한 물건을 사용하기로 다짐

4) 피드백 및 유의점

※ 연관성 단계에서 학생들이 기존의 지식을 떠올릴 수 있도록 하며 새로운 정보와 연결할 수 있도록 질문한다.

※ 변화 단계에서는 학생이 새로운 정보를 통해 기존의 생각이 어떻게 변화, 발전했는지 인식할 수 있도록 확인한다.

※ 학생의 수준을 고려하고 쉬운 용어와 간단한 사례를 활용한다.

6. 전이하기(Transfer)

일반화가 이루어진 후에 이를 적용하여 새로운 상황에 적용해 보며 학생은 자신의 개념적 이해가 유효하고 명확한지 스스로 점검한다.

가 문장, 구절, 단어(Sentence, Phrase, Word)

1) 기법 안내

학생이 내용을 읽고 가장 중요한 문장, 기억에 남는 구절, 그리고 핵심 단어를 추출하고 읽기 사고를 활성화 할 수 있는 학습 기법이다.

- 문장: 내용에서 가장 중요한 의미를 가진 문장을 선택하는데 이 문장은 주제나 핵심 아이디어를 가장 잘 표현한 부분이 될 수 있음
- 구절: 문장보다 더 짧고 간결한 형태로 문장에서 핵심을 요약하거나 특히 중요한 부분을 선택
- 단어: 내용 전체를 가장 잘 요약하거나 상징하는 단어를 선택

2) 문장, 구절, 단어(Sentence, Phrase, Word) 기법

■ 1단계: 문장(Sentence) 선택

내용을 읽고 가장 중요한 아이디어나 주제를 잘 드러내는 한 문장을 선택

■ 2단계: 구절(Phrase) 선택

내용 중 특별한 의미를 주거나 문장 중에서 중요한 짧은 구절을 선택

■ 3단계: 단어(Word) 선택

- 내용에서 핵심적인 단어나 상징적인 단어를 선택. 이 단어는 텍스트의 전체적인 의미나 주제를 요약하거나 상징하는 단어

■ 4단계: 공유와 토론

- 각 학생은 자신이 선택한 문장, 구절, 단어를 공유하고 왜 이 부분을 선택했는지 설명

3) 문장, 구절, 단어(Sentence, Phrase, Word) 기법 적용의 실제

■ 6학년 국어 수업 적용의 실제(예시)

- 성취기준: [6국05-04] 인상적인 부분을 중심으로 작품에 대한 의견을 나눈다.
- 주제: 글을 읽고 중요한 문장, 구절, 단어를 찾기

◎ 김구의 연설문 함께 읽고 중심 내용 알아보기

문장 선택	구절 선택	단어 선택
"네 소원이 무엇이냐?" 하고 하나님이 내게 물으시면, 나는 서슴지 않고, "내 소원은 대한독립이오"하고 대답할 것이다.	내 소원은 대한독립이오.	독립

4) 피드백 및 유의점

※ 학생의 수준에 맞는 적절한 난이도의 내용을 선택하는 것이 중요하다.

※ 세 단계로 나누어지므로 각 단계별로 적정한 시간을 부여한다.

※ 학생들이 선택한 문장, 구절, 단어를 통해 자신의 생각을 표현할 수 있도록 격려한다.

나 색, 기호, 이미지(CSI)

1) 기법 안내

학습한 내용을 색, 기호, 이미지의 시각적 표현으로 나타내는 방법으로 특정 주제나 내용을 자신만의 시각으로 정리하도록 돕는다.

- 색(Color): 학습 내용 중 가장 핵심적인 부분이나 느낌을 색으로 표현
- 기호(Symbol): 학습 주제를 요약하여 상징적 기호나 도형으로 표현
- 이미지(Image): 학습 주제를 그림이나 시각적 이미지로 표현

2) 색, 기호, 이미지(CSI) 기법

■ 자료 제시 및 탐구

수업 중 학습한 특정 주제나 내용을 탐구

■ 색, 기호, 이미지로 표현하기

- 색 선택(Color)
  - 주제를 표현하기에 적합하다고 느끼는 색과 그 색을 선택한 이유를 설명

  예 초록은 평화, 노란색은 경고 표현 등
- 기호 선택(Symbol)
  - 주제의 핵심을 상징하는 기호를 선택 또는 창의적으로 만들어서 표현하는데 상징은 복잡한 개념을 간단히 요약해주는 역할

  예 비둘기는 평화의 상징
- 이미지 선택(Image)
  - 학습 내용을 잘 표현할 수 있는 그림을 그리거나 주제의 특성이 잘 드러나도록 상징적 이미지 제작하기

■ 공유 및 토론

각자 표현한 색깔, 상징, 이미지를 공유하고 설명을 통해 서로의 표현을 비교하며 의견 공유하기

3) CSI(색, 기호, 이미지) 기법 적용의 실제

■ 6학년 도덕 수업 적용의 실제(예시)

- 성취기준: [6도02-02] 편견이 발생하는 이유를 탐색하여 해결 방안을 살펴보고, 다양성 존중을 바탕으로 다른 사람과 올바른 관계를 맺기 위한 실천 방안을 탐구한다.
- 주제: 편견을 극복하는 방법 알아보기

◎ 기사를 읽고 다양성이 존중되는 예와 편견을 극복할 수 있는 실천 방법 알아봅시다.

자료 제시	색, 상징, 기호 선정	공유 및 토론
인종이나 성별에 대한 편견	• 색: 초록 • 상징: 보름달(둥그렇게 떠서 밝게 비춰주는 것처럼 다른 사람들과 어울려 빛나게 살아가는 것) • 기호: 동그라미(모든 것을 다 둥그렇게 감싸 안을 수 있다)	동그라미처럼 모나지 않게 여러 사람과 어울려서 살고 싶다는 의미를 담은 것

4) 피드백 및 유의점

※ 학생들이 자신만의 색깔, 상징, 이미지를 자유롭게 선택하도록 격려하고 '정답'이 없기 때문에 창의적으로 표현할 수 있는 자유를 주는 것이 중요하다.

※ 색, 상징, 이미지를 선택한 이유를 설명하도록 하여 주제와의 연관성을 인식하게 한다.

※ 색, 기호, 상징의 색과 형태에 치중하여 주요한 내용을 요약하는 것을 소홀히 하지 않도록 주의시킨다.

※ 다소 생소한 기법이므로 처음 도입 시 시간이 많이 걸릴 수 있음에 유의한다.

7. 성찰하기(Reflect)

단원에서 습득한 지식, 기능, 이해가 자신의 생각, 관점, 태도 등을 어떻게 변화시켰는지 스스로 살피며 학생 자신이 학습의 주체라는 인식을 갖고 자신의 학습 과정을 계획하고 통제한다.

가 예전 생각, 지금 생각(I Used to Think, Now I Think...)

1) 기법 안내

학생이 자신의 기존 지식이나 생각과 새로운 학습 경험을 통해 얻은 변화된 관점을 비교하고 성찰하는 수업 기법이다. 특정 주제나 개념에 대해 예전의 생각과 현재의 생각을 명확히 표현하며 이를 통해 새로운 정보와 경험이 사고에 어떤 영향을 주었는지 인식하게 된다. 학생이 자신의 학습 과정과 사고 변화에 대해 성찰하게 되므로 메타인지를 강화하는 데 도움이 된다.

2) 예전 생각, 지금 생각(I Used to Think, Now I Think) 기법

■ 주제 제시 및 처음 생각 기록

교사는 학생들에게 주제를 제시하고 학생은 이에 대한 자신의 생각을 기록

■ 학습 활동

주제와 관련된 학습(읽기, 탐구 활동, 실험, 토론 등)

■ 생각의 변화 기록

학습 활동 후 새롭게 알게 된 내용이나 변화된 생각을 기록

■ 생각 공유

기록한 내용을 짝, 모둠, 반 전체와 공유하며 사고의 변화와 다양한 관점을 접하게 됨

3) 예전 생각, 지금 생각(I Used to Think, Now I Think) 기법 적용의 실제

■ 5학년 도덕 수업 적용의 실제(예시)

- 성취기준: [6도03-01] 인권과 관련된 다양한 사례를 살펴보고 인권에 관한 감수성을 길러 이를 실천하려는 의지를 함양한다.
- 주제: 인권의 의미와 인권 보호

◎ 인권은 누구에게나 중요한 것인가?

처음 생각 기록	학습 활동	생각의 변화 기록
인권은 누구나에게 주어지는 것은 아니라고 생각한다.	• 인권과 관련된 다양한 활동 탐구 • 인권은 모든 사람이 태어나면서부터 가지는 권리이다.	아직도 인권이 제대로 지켜지지 않는 곳이 있어 인권에 대해 존중하는 자세가 필요하다.

생각을 공유하기
• 인권이 제대로 지켜지지 않는 경우와 장소, 단체 등이 있어 이를 지키기 위한 노력이 필요하다.

4) 피드백 및 유의점

※ 각 학생의 사고 변화는 개인의 경험과 배경에 따라 다를 수 있으므로 이를 존중하는 태도가 필요하다.

※ 사고의 변화가 없을 경우도 인정하고 왜 변화가 없는지에 대한 후속 조치도 이루어져야 한다.

나 3-2-1 Bridge

1) 기법 안내

새로운 개념에 대해 수업 전과 후의 생각을 비교함으로써 주제에 대한 이해가 어떻게 변화했는지 인식할 수 있도록 돕는 활동으로 학생은 자신의 사고가 어떻게 변화되고 발전했는지 인식할 수 있게 된다.

2) 3-2-1 Bridge 기법

■ 주제 소개 및 처음 생각 기록(3-2-1)

- 3가지 생각(3 Things): 학생이 주제와 관련하여 알고 있는 3가지 생각을 기록
- 2가지 질문(2 Questions): 주제와 관련하여 궁금하거나 알고 싶은 2가지 질문을 작성
- 1가지 비유(1 Analogy): 주제를 설명할 수 있는 비유나 이미지 1가지 찾기

■ 학습 및 탐구

수업을 통해 주제에 대해 학습(탐구, 토론, 읽기 등)

■ 수업 후 생각 기록(3-2-1)

수업 후 같은 방법으로 3가지 새로운 생각, 2가지 새로운 질문, 1가지 새로운 비유를 기록

■ Bridge(연결)

- 주제에 대해 수업 전후 생각을 비교하면서 주제에 대한 새로운 생각과 이해의 변화를 설명하기
- 학생이 사고 과정을 돌아보고 자신의 이해가 어떻게 변화했는지 성찰하기

3) 3-2-1 Bridge 기법 적용의 실제

■ 5학년 국어 수업 적용의 실제

- 성취기준: [6국05-01] 작가의 의도를 생각하며 작품을 읽는다.
- 주제: 주인공이 살았던 시기의 생활 모습과 주인공의 행동 파악하기

◎ <레 미제라블>을 읽기 전후의 나의 생각과 질문, 비유를 써 봅시다.

기법	수업 전	수업 후
3가지 생각	1. 레 미제라블의 뜻이 무엇인지 알고 싶다. 2. 책의 표지를 보니 빗자루로 쓸고 있는 것 같다. 3. 주인공에게 어떤 사연이 있는지 궁금하다.	1. 레 미제라블은 '비참한 사람들' 이라는 뜻이다. 2. 책의 표지와 제목이 관련이 있다. 3. 책을 읽고 나서 우리 주변에 있는 어려운 사람들에 대해 돌아보게 되었다.
2가지 질문	1. 주인공은 누구인가? 2. 책의 표지 그림이 의미하는 것은 무엇인가?	1. 장발장이 19년 동안 감옥살이를 하지 않았다면 어떻게 살았을까? 2. 미리엘 주교처럼 다른 사람을 이해하고 도움을 줄 수 있을까?
1가지 비유	비참	극복, 회개

4) 피드백 및 유의점

※ 학생들이 수업 전에 자신의 생각을 솔직하게 작성할 수 있도록 하며 익명 또는 개별적으로 작성하게 하는 방법을 사용할 수 있다.

※ 학생들이 수업 전과 수업 후 생각의 변화를 통해 사고 발전을 스스로 알아볼 수 있도록 안내한다.

※ 비유를 통해 주제에 대해 자유롭게 표현할 수 있는 환경을 조성한다.

※ 초등학교 저학년 학생들에게 수업 전후의 생각의 변화를 기록하는 것이 어려울 수 있어 고학년에게 보다 적합할 수 있다.

다 TPS(Think-Pair-Share)

1) 기법 안내

학생 중심의 협력 학습 기법으로 학습자가 주어진 문제나 주제에 대해 생각하고 짝과 토의하며 공유하는 과정을 통해 학습에 참여하고 사고를 확장하도록 유도하는 방법이다.

2) TPS(Think-Pair-Share) 기법

■ Think(생각하기)

- 교사: 학생들에게 문제, 질문 또는 주제를 제시
- 학생: 제시된 주제나 문제에 대해 생각하며 자신의 아이디어를 형성하거나 기존 지식을 활용해 문제를 이해

■ Pair(짝과 토의하기)

- 교사: 학생들에게 짝을 이루어 서로 자신의 생각을 나누도록 안내
- 학생: 짝과 자신의 생각을 비교하고 다른 관점을 수용하거나 자신만의 아이디어를 확장하는데 이 때 질문과 토론이 이루어질 수 있음

■ Share(공유하기)

- 교사: 모둠, 학급 전체와 아이디어 공유를 위해 발표할 수 있도록 안내
- 학생: 논의 결과를 정리하여 발표하거나 다른 모둠의 발표를 듣기
- 시간: 상황에 따라 조정하며 각 모둠에게 공평한 발표 기회를 제공

3) TPS(Think-Pair-Share) 기법 적용의 실제

■ 6학년 실과 수업 적용의 실제

- 성취기준: [6실04-04] 로봇의 개념과 구조를 이해하고, 생활 속 로봇 기능을 체험하여 로봇의 중요성을 인식한다.
- 주제: 로봇의 사용과 미래 사회의 변화

◎ 로봇의 사용과 미래 사회의 변화에 대해 생각해 봅시다.

질문	나의 생각 (Think)	짝의 생각 (Pair)	학급의 생각 (Share)
우리 생활에서 로봇이 사용되는 곳			
로봇의 사용이 우리 생활에 주는 긍정적인 변화			

로봇의 사용이 우리 생활에 주는 부정적인 변화			
로봇의 사용으로 변화되는 미래 사회			
로봇에게 하고 싶은 말			

4) 피드백 및 유의점

※ 모둠 구성 시 다양한 학습 수준을 가진 학생들을 함께 모둠을 이루어 서로 보완하며 협력할 수 있도록 구성한다.

※ 바람직한 의사소통과 다양한 의견을 수용하는 분위기를 조성한다.

CHAPTER 7

2022 개정 교육과정 성취기준 개념 분석 로드맵

PART 1

IB PYP 초학문적 주제 중심 성취기준 분석 로드맵

집필 의도 및 활용 상 유의점

집필 의도

- IB PYP의 초학문적 주제는 개별 학문의 경계를 넘어 세계와 인간, 인간의 삶을 이해하고 국제적 소양과 자질을 발달시키고자 한다. 학습을 마친 후 학생들이 궁극적으로 알게 되고 기억에 남는 것을 뜻하는 개념적 이해를 IB에서는 중심아이디어라고 하며, 개념기반 탐구에서는 일반화라는 용어로 사용한다. 개념은 그 자체로 다른 상황, 교과, 학문과 연결되는 전이력이 있으며, 포괄적, 추상적, 초월적, 보편적이라는 특징이 있다. 이전 장에서와 같이 탐구 과정을 통해 학습하게 되는 개념은 개념의 종류, 전이의 정도와 포괄의 정도에 따라 범위가 큰 것을 매크로 개념, 작은 것을 마이크로 개념이라고 한다.
- 2022 개정 교육과정 성취기준에서 찾을 수 있는 개념은 해당 교과에서의 개념으로 마이크로 개념이라 할 수 있다. IB 초학문적 주제를 기반으로 성취기준 개념 분석 및 일반화의 예시를 제시함으로써 2022 교육과정의 현장 안착과 개념기반 탐구학습을 설계하는 교사들을 지원하고, 궁극적으로는 학습자주도성과 교사주도성을 함께 이끌어 미래교육체제 구축에 기여할 수 있기를 기대한다.

활용 방법 및 유의점

- 2022 개정 교육과정 성취기준을 IB PYP 초학문적 주제별로 분류하였다.
- 초학문적 주제에 따라 매크로 개념의 예시와 일반화를 제시하였다.
- 마이크로 개념은 초학문적 주제별 성취기준에서 추출할 수 있다.
- 초학문적 주제별 성취기준을 중심으로 전체를 한 단원으로 설계할 수도 있으며, 해당 성취기준 중 단원의 소재나 주제에 따라 필요한 성취기준을 추출하여 별도의 단원 설계가 가능하다.
- 초학문적 주제별 성취기준은 대표성을 띄는 성취기준을 중심으로 분류하였기에 타 주제의 성취기준이라 하더라도 교사의 단원 설계 의도 및 관점에 따라 다르게 도출하여 설계할 수 있다.
- 초학문적 주제별 성취기준 분류와 개념 분석 제시 후 관련 일반화를 제시하였고, 일반화 문장의 기술은 예시이며, 다른 표현으로 기술할 수 있다.
- 초학문적 주제별 분류가 어려운 성취기준 분석은 별도로 제시하였으나, 탐구 단원의 설계 시 교사의 의도에 따라 필요한 성취기준을 포함하여 설계할 수 있다.
- 이상의 성취기준 로드맵은 초학문적 주제별로 정리한 것으로 교과서의 소재 및 사실을 바탕으로, 자율적으로 개념기반 탐구학습으로 설계할 수 있다.

초학문적 주제와 세부 설명

초학문적 주제	세부 설명
우리는 누구인가 (Who We Are)	• 신체적, 정서적, 영적 건강 및 웰빙 • 관계와 소속감 • 학습과 성장
우리가 속한 공간과 시간 (Where We are in Place and Time)	• 시대, 사건 및 유물 • 공동체, 유산, 문화 및 환경 • 이주, 적응 및 변화의 자연적, 인간적 동인
우리 자신을 표현하는 방법 (How We Express Ourselves)	• 영감, 상상력, 창의력 • 개인적/사회적/문화적 기록, 소통의 관행 • 의도, 인식, 해석과 반응
세계가 돌아가는 방식 (How the World Works)	• 패턴, 주기, 시스템 • 다양한 관행, 방법, 도구 • 발견, 디자인, 혁신 가능성 및 영향
우리 자신을 조직하는 방식 (How We Organize Ourselves)	• 사회 및 생태 시스템과의 상호작용 및 시스템 간 상호작용 • 생계와 무역에 대한 접근 방식: 의도된 결과와 의도하지 않은 결과 • 대표성, 협업 및 의사 결정
우리 모두의 지구 (Sharing The Planet)	• 모든 사람의 권리, 책임, 존엄성 • 자연, 복잡성, 공존, 지혜 • 정의롭고 평화로우며 새롭게 상상된 미래로 가는 길

출처: https://resources.ibo.org/pyp/works/FigurePO01

IB PYP 명시된 개념 및 추가 개념

명시된 개념	추가 개념	정의	주요 질문
형태 (Form)	성질, 구조, 유사점, 차이점, 패턴	모든 것은 관찰, 식별, 설명이 가능하며 카테고리로 분류할 수 있는 인식 가능한 특징이 있는 형태를 가진다는 것을 이해합니다.	어떤 모습인가?
기능 (Function)	행동, 소통, 패턴, 역할, 체제	모든 것이 조사가 가능한 목적, 역할 또는 행동 방식을 가짐을 이해합니다.	어떻게 작용하는가?
인과관계 (Causation)	결과, 순서, 패턴, 영향	어떤 일도 이유 없이 발생하지 않으며, 모든 일에는 인과관계가 존재하고 행동에는 결과가 수반된다는 것을 이해합니다.	왜 그런가?
변화 (Change)	적응, 성장, 주기, 순서, 변형	변화란 한 상태에서 다른 상태로 이동하는 과정임을 이해합니다. 변화는 보편적이며 불가피합니다	어떻게 변화되고 있는가?
연결성 (Connection)	체제, 관계, 연결망, 향상성, 상호의존	우리가 모든 개별적인 요소의 행동이 다른 것에 영향을 미치는 상호작용 체계의 세상에 살고 있음을 이해합니다.	다른 것과 어떻게 연결되어 있는가?
관점 (Perspective)	주관성, 진실, 신념, 의견, 편견	자식이 서로 다른 해석, 이해와 관찰결과로 이어지는 서로 다른 관점에 의해 중재되며, 개인적, 집단적, 문화적 또는 과목별로 세분화된 관점이 존재할 수 있음을 이해합니다.	시점이란 무엇인가?
책임 (Responsibility)	권리, 시민 의식, 가치, 정의, 주도성	사람들이 자신의 이해, 신념과 가치에 기반해 선택을 하고, 그 선택에 기반한 실천을 통해 변화를 만들 수 있다는 것을 이해합니다.	우리의 의무는 무엇인가?

출처: IB PYP_경기도교육청 P.24.

1~2학년군 성취기준 개념 분석 로드맵 <초학문적 주제>: 우리는 누구인가

성취기준(마이크로 개념)	매크로 개념	일반화 예시
[2바01-02] 나를 이해하고 존중하며 생활한다. [2바01-03] 가족이나 주변 사람을 배려하며 관계를 맺는다. [2바02-03] 차이나 다양성을 서로 존중하면서 생활한다. [2바03-03] 여러 인물의 삶을 통해 공동체성을 기른다. [2바04-04] 지금까지의 생활 습관과 학습 습관을 되돌아본다. [2슬01-02] 나를 탐색하여 나에 대해 설명한다. [2슬01-03] 가족이나 주변 사람에게 관심을 갖고 함께 살아가는 모습을 탐구한다. [2슬04-04] 배운 것과 배울 것을 연결하며 앞으로의 배움을 상상한다. [2즐01-01] 즐겁게 놀이하며, 건강하고 안전하게 생활한다. [2즐01-02] 놀이하며 내 몸의 움직임이나 감각을 느낀다. [2즐01-03] 가족이나 주변 사람과 소통하며 어울린다. [2즐03-01] 하루를 건강하고 활기차게 지낸다. [2즐03-04] 안전과 안녕을 위한 아동의 권리가 있음을 알고 누린다. [2즐04-04] 기억에 남는 경험을 떠올리며 의미를 부여한다. [2국01-02] 바르고 고운 말로 서로의 감정을 나누며 듣고 말한다. [2국01-03] 상대의 말을 집중하여 듣고 말차례를 지키며 대화한다. [2국02-05] 읽기에 흥미를 갖고 즐겨 읽는 태도를 지닌다.	형태 생김새, 모습, 가족의 형태, 마을 모습, 가게, 감정 표현, 신체 표현 등 기능 구성원, 가족의 기능, 가게의 기능, 공공기관의 기능, 놀이터, 신체의 움직임, 몸의 여러 기관의 기능 등 인과관계 나의 문제, 사회 구성원 간 관계 형성 양상, 마을 구성원 간 어려움 발생, 갈등, 협력, 개선의 모습, 사고방식, 가족 변화의 원인 등 변화 나와 마을의 변화, 가족의 변화, 성장, 사고방식의 변화, 생각의 변화, 학습 성장의 변화 등 연결성 나와 가족의 연결, 친척, 마을 사람들과의 연결, 자연과의 연결, 기능, 관점, 연결성 등 관점 차이, 다양성에 대한 관점, 마을의 사건, 모습에 관한 생각, 이상적인 마을 등 책임 나의 관리에 대한 책임, 가족 구성원으로서의 책임, 마을 주민으로서의 책임, 공공질서를 위한 책임, 자연 유지를 위한 책임, 타인을 위한 책임 등	• 나에 대한 탐구는 주변 사람을 이해하는 데 도움이 된다. • 나에 대한 인식은 나의 생활에 영향을 미친다. • 사람의 인격과 특성은 말과 행동을 통해 나타난다. • 사람들의 모습은 다양하며, 개인의 정체성을 반영한다. • 가족 공동체는 다양하며 구성원의 노력을 통해 공존한다. • 주변 사람들에 관한 관심은 더 깊은 관계와 협력을 이끈다. • 내가 하는 말과 행동은 내가 어떤 사람인지를 보여준다. • 사람들은 다양하며, 모두 존중받기를 원한다. • 여러 사람들의 삶을 살펴보는 일은 함께 사는 지혜를 제공한다. • 우리가 믿는 것은 우리 정체성의 일부이다. • 우리의 삶은 주변 환경과 연결되어 있다. • 사람은 안전하고 건강하게 살 권리가 있다. • 주변 사람들과 건강하게 소통하며 사는 일은 나의 생활의 발전을 이끈다. • 다양함을 인정하는 일은 사람을 인식하는 관점의 폭을 넓힌다. • 사람들은 소통을 통해 관계를 형성하고 확장한다. • 건강한 습관은 나의 몸을 성장하게 한다. • 몸에 대해 아는 것은 성장에 도움을 준다.

1~2학년군 성취기준 개념 분석 로드맵 <초학문적 주제>: 우리는 누구인가		
성취기준(마이크로 개념)	매크로 개념	일반화 예시
		• 사람은 신체적 성장과 정신적 성장을 이룬다. • 사람은 성장하기 위해 배운다. • 사람은 관계를 맺으며 사는 즐거움을 누린다. • 사람은 가족 안에서 성장한다.

1~2학년군 성취기준 개념 분석 로드맵 <초학문적 주제>: 우리가 속한 공간과 시간		
성취기준(마이크로 개념)	**매크로 개념**	**일반화 예시**
[2바02-01] 공동체에서 내가 할 수 있는 일을 찾아보고 실천한다. [2바02-02] 우리나라의 소중함을 알고 사랑하는 마음을 기른다. [2바03-01] 하루의 가치를 느끼며 지금을 소중히 여긴다. [2슬02-02] 우리나라의 모습이나 문화를 조사한다. [2슬02-03] 알고 싶은 나라를 탐구하며 다른 나라에 관심을 갖는다. [2슬03-01] 하루의 변화와 사람들이 하루를 살아가는 모습을 탐색한다. [2슬03-03] 관심 있는 대상의 과거와 현재를 살펴보고 미래를 상상한다. [2즐02-02] 우리나라의 문화 예술을 즐긴다. [2즐02-03] 다른 나라의 문화 예술을 체험한다. [2즐03-03] 전통문화를 새롭게 표현한다. [2국01-01] 중요한 내용이나 일이 일어난 순서를 고려하며 듣고 말한다. [2국03-03] 주변 소재에 대해 소개하는 글을 쓴다. [2수03-07] 시계를 보고 시각을 '몇 시 몇 분'까지 읽을 수 있다. [2수03-08] 1시간과 1분의 관계를 이해하고, 시간을 '시간', '분'으로 표현할 수 있다. [2수03-09] 실생활 문제 상황과 연결하여 1분, 1시간, 1일, 1주일, 1개월, 1년 사이의 관계를 이해한다. [2수03-07] 시계를 보고 시각을 '몇 시 몇 분'까지 읽을 수 있다. [2수03-08] 1시간과 1분의 관계를 이해하고, 시간을 '시간', '분'으로 표현할 수 있다. [2수03-09] 실생활 문제 상황과 연결하	**형태** 도시, 시골 모습, 건물, 집, 우리나라 모습, 다른나라 모습(사람, 건물, 자연, 동물) 등 **기능** 시간 공간을 알수 있는 물건, 시계, 역사적 장소, 자료, 시계, 박물관, 오래된 물건, 현재 물건 등 **인과관계** 과거와 현재, 미래의 관계, 변화의 이유, 나라 문화 차이 등 **변화** 자연의 변화, 하루의 변화, 계절 변화, 문화의 변화, 과거.현재.미래 생활 도구, 사람들의 생활 변화 등 **연결성** 과거 · 현재 · 미래의 역사성, 현재 삶 속에서 과거의 모습, 세계 사람들의 연결, 나의 하루, 성장 시간적 연결, 현재 속 역사적 사건의 연결성 등 **관점** 시간과 공간의 변화에 대한 시각, 옛 것이 좋은 경우, 편리한 생활, 기술 발전에 대한 관점, 다른 나라에 대한 관심, 탐구 등 **책임** 자연 변화에 따른 사람들의 책임, 하루 및 나의 생활, 성장에 대한 책임, 나라의 문화 보존, 역사적 사건에 관한 현재의 책임 등	• 사람들은 환경에 적응하며 생활 모습을 발달시킨다. • 사람은 과거, 현재, 미래를 생각하며 생활한다. • 사람들은 과거와 현재의 모습을 통해 미래를 예상한다. • 탐색은 새로운 이해의 발견과 개발을 이끈다. • 일상의 사건과 활동의 순서와 변화를 살펴보는 일은 시간의 흐름에 대한 이해를 가능하게 한다. • 우리나라 문화는 특징이 있으며, 우리나라 사람들이 중요하게 여기는 생각을 담고 있다. • 호기심은 새로운 것을 탐색하고 발견하는 것으로 이끈다. • 시간은 멈추지 않고 흐르며 모든 사람에게 동일하게 주어진다. • 시간의 소중함을 발견하는 일은 나의 생활 모습과 태도 변화에 영향을 미친다. • 세상은 다양한 모습의 사람과 건물로 이루어져 있다. • 세계는 정보를 공유하고, 문화를 나누며 연결되어 있다. • 기술의 발달로 과거와 미래에 대한 생활 모습 예측이 가능하다. • 자료의 활용은 세상을 이해하는 데 도움을 준다. • 사람들은 더 나은 삶을 위해 터전을 옮기며 적응한다. • 나라는 고유한 역사와 문화를 가지며 유지하고 전승한다.

1~2학년군 성취기준 개념 분석 로드맵 <초학문적 주제>: 우리가 속한 공간과 시간		
성취기준(마이크로 개념)	매크로 개념	일반화 예시
여 1분, 1시간, 1일, 1주일, 1개월, 1년 사이의 관계를 이해한다.		• 주택의 형태는 다양하며 지역의 환경을 반영한다. • 삶의 모습은 나라마다 다양하며 다른 나라의 삶의 모습을 바라볼 때 필요한 태도가 있다.

1~2학년군 성취기준 개념 분석 로드맵 <초학문적 주제>: 우리 자신을 표현하는 방법		
성취기준(마이크로 개념)	매크로 개념	일반화 예시
[2바04-02] 다양한 생각이나 의견에 대해 개방적인 태도를 형성한다. [2슬04-02] 상상한 것을 다양한 매체와 재료로 구현한다. [2즐02-01] 내가 참여할 수 있는 문화예술을 향유한다. [2즐03-03] 전통문화를 새롭게 표현한다. [2즐04-03] 생각이나 느낌을 살려 전시나 공연 활동을 한다. [2국01-02] 바르고 고운 말로 서로의 감정을 나누며 듣고 말한다. [2국01-04] 자신의 경험이나 생각을 바른 자세로 발표한다. [2국01-05] 듣기와 말하기에 관심과 흥미를 가진다. [2국02-01] 글자, 단어, 문장, 짧은 글을 정확하게 소리 내어 읽는다. [2국02-02] 의미가 잘 드러나도록 문장과 짧은 글을 알맞게 띄어 읽는다. [2국02-04] 인물의 마음이나 생각을 짐작하고 이를 자신과 비교하며 글을 읽는다. [2국05-01] 말놀이, 낭송 등을 통해 말의 재미와 즐거움을 느낀다. [2국05-02] 작품을 듣거나 읽으면서 느끼거나 생각한 점을 말한다. [2국05-03] 작품 속 인물의 모습, 행동, 마음을 상상하여 시, 노래, 이야기, 그림 등으로 표현한다. [2국05-04] 시나 노래, 이야기에 흥미를 가진다. [2수02-01] 물체, 무늬, 수 등의 배열에서 규칙을 찾아 여러 가지 방법으로 표현할 수 있다. [2수02-02] 자신이 정한 규칙에 따라 물체, 무늬, 수 등을 배열할 수 있다.	형태 표현 작품의 형태, 결과물의 형태, 기록물의 형태, 영상, 미디어의 형태 등 기능 언어, 몸짓, 표정, 미디어, 매체의 기능, 예술적 표현의 기능(음악,미술,문학,신체적 표현) 등 인과관계 의도, 소통 오해의 원인, 다른 의견, 해석의 이유, 표현 결과의 원인이 되는 것, 배경, 주장의 원인 등 변화 시대에 따른 표현의 변화, 표현에 대한 사회적 인식의 변화, 표현에 따른 사회의 변화, 주장, 근거의 변화 등 연결성 소통으로 연결되는 사회 연대 인식, 표현 매체와 사람 관계형성의 연결성, 연대감, 표현의 공유를 통한 연결, 작품과 인간의 연결, 다양한 세상의 연결, 문학작품, 예술품을 통한 연결성 등 관점 인식, 해석의 관점, 표현 결과물을 바라보는 관점, 의견에 대한 인식, 소통의 관점 등	• 사람들은 다양한 방법과 매체를 통해 의사와 감정, 인식을 표현한다. • 문화 예술을 향유하는 일은 표현의 능력을 확장하는 데 기여한다. • 사람들은 상상력과 창의력을 통해 개인의 정체성과 가치를 드러낸다. • 사람들은 소통하며 개인과 집단의 경험과 문화를 공유하고 연결한다. • 사람들은 의도와 감정을 표현하고 전달하기 위해 적절한 방법을 선택한다. • 다양한 표현 방식은 세계와 우리 자신에 대한 인식을 형성하고 확장한다. • 창의적 활동은 사람들의 생각, 감정, 신념을 탐구하고 전달하는 과정이다. • 사람들의 겉으로 드러난 모습은 인식과 오해를 초래한다. • 사람들은 다양한 표현 형태를 이해하고 그 안에 담긴 메시지를 발견하기 위해 해석하고 반응한다. • 표현은 인간의 보편적인 본능이며, 이를 통해 개인과 공동체가 성장하고 발전한다. • 타인의 경험과 의도를 이해하는 일은 새로운 관계를 형성하며, 유대를 깊게 한다. • 표현 매체의 다양성은 인간의 표현을 풍부하게 한다.

1~2학년군 성취기준 개념 분석 로드맵 <초학문적 주제>: 우리 자신을 표현하는 방법		
성취기준(마이크로 개념)	매크로 개념	일반화 예시
[2수03-03] 교실 및 생활 주변에서 여러 가지 물건을 관찰하여 삼각형, 사각형, 원의 모양을 찾고, 이를 이용하여 여러 가지 모양을 만들 수 있다. [2수03-04] 삼각형, 사각형, 원을 직관적으로 이해하고, 그 모양을 그릴 수 있다. [2수03-05] 삼각형, 사각형에서 각각의 공통점을 찾아 말할 수 있다.	책임 건강한 소통과 표현을 위한 책임, 사회적 규칙, 약속, 매너, 윤리	• 타인의 표현 의도와 결과를 해석하는 일에는 개인의 인식과 태도를 반영된다. • 우리가 사는 세상은 다양한 모양으로 이루어진다. • 모양의 조합은 새로운 디자인이 된다.

1~2학년군 성취기준 개념 분석 로드맵 <초학문적 주제>: 세계가 돌아가는 방식		
성취기준(마이크로 개념)	**매크로 개념**	**일반화 예시**
[2국02-03] 글을 읽고 중심 내용을 확인한다. [2바02-04] 새로운 활동에 호기심을 갖고 도전한다. [2슬02-04] 궁금한 세계를 다양한 매체로 탐색한다. [2슬04-01] 생활도구의 모양이나 기능을 탐색하고 바꾸어본다. [2즐02-04] 다양한 세상을 상상하고 표현한다. [2슬03-02] 계절과 생활의 관계를 탐구한다. [2즐04-01] 주변의 물건을 활용하여 놀잇감을 만든다. [2즐04-02] 자유롭게 상상하며 놀이한다. [2국06-01] 일상의 다양한 매체와 매체 자료에 흥미와 관심을 가진다. [2수03-01] 교실 및 생활 주변에서 여러 가지 물건을 관찰하여 직육면체, 원기둥, 구의 모양을 찾고, 이를 이용하여 여러 가지 모양을 만들 수 있다. [2수03-02] 쌓기나무를 이용하여 여러 가지 입체도형의 모양을 만들고, 그 모양에 대해 위치나 방향을 이용하여 말할 수 있다. [2수04-02] 자료를 분류하여 표로 나타내고, 자료를 표로 나타내면 편리한 점을 말할 수 있다.	형태 다양한 발명품의 형태, 혁신적이며 창의적인 개발품, 도구의 형태, 계절에 따른 모습, 지구의 여러 법칙의 형태, 건물, 도시 모습 등 기능 놀잇감, 생활도구, 발명품, 다양하고 혁신적인 도구들의 기능, 시스템의 기능, 다양한 매체의 기능 등 인과관계 지속적인 여러 법칙의 원인과 결과, 새로운 것을 발명하는 이유, 호기심, 세상을 탐구하는 이유 등 변화 계절의 주기적 변화, 새로운 발견에 의한 변화, 디자인의 변화, 놀이의 변화 등 연결성 계절과 인간 생활, 발명과 발견에 따른 삶의 양식과의 연결, 매체와 인간생활, 발견을 위한 인간 탐구심과 개척, 혁신의 연결성 등 관점 세계의 변화, 주기적 변화를 보는 관점, 사람들의 다양한 도구 활용 방식에 따른 의견, 발견과 유지에 대한 관점 등 책임 새로운 도구 발명 및 활용에 따른 책임, 새로운 시스템 구축 시 고려할 것들 등	• 과학 기술의 발달은 인류의 생활 모습을 변화시킨다. • 인간의 호기심은 새로운 곳을 탐구하는 원동력이 된다. • 생활의 불편을 개선하는 의지는 새로운 도구의 발명을 이끈다. • 세계는 사람들의 발명과 개발로 변화한다. • 사람들은 다양한 세상을 탐구한다. • 사람들은 도구를 더 편리하고 새롭게 디자인하고 변화시킨다. • 계절은 규칙적인 자연의 변화이며 일정한 패턴을 지닌다. • 사람들은 계절의 변화에 적응하는 방식을 가지며 생활한다. • 사람들은 다양한 매체를 활용하며 새로운 활동을 만든다. • 매체의 활용은 발견과 개발을 위한 동기를 부여한다. • 사람들은 필요한 경우 과감하게 기존의 것을 바꾼다. • 사람들은 도시의 모습을 계획하기 전 조형물을 만들고 탐색한다. • 세계는 변화하지만 일정하게 유지되는 패턴이 있다. • 놀잇감에는 과학적 원리가 적용된다. • 세밀한 관찰과 탐구는 과학 기술의 발전을 이끈다.

1~2학년군 성취기준 개념 분석 로드맵 <초학문적 주제>: 우리 자신을 조직하는 방식		
성취기준(마이크로 개념)	**매크로 개념**	**일반화 예시**
[2바01-01] 학교 생활 습관과 학습 습관을 형성하여 안전하고 건강하게 생활한다. [2바04-03] 여럿이 하는 활동에 관심을 갖고 자발적으로 협력한다. [2슬01-01] 학교 안팎의 모습과 생활을 탐색하며 안전한 학교 생활을 한다. [2슬02-01] 우리가 살고 있는 마을과 사람들이 생활하는 모습을 살펴본다. [2국03-04] 겪은 일을 표현하는 글을 자유롭게 쓰고, 쓴 글을 함께 읽고 생각이나 느낌을 나눈다. [2국06-02] 일상의 경험과 생각을 친숙한 매체로 표현한다. [2수03-06] 구체물의 길이, 들이, 무게, 넓이를 비교하여 각각 '길다, 짧다', '많다, 적다', '무겁다, 가볍다', '넓다, 좁다' 등을 구별하여 말할 수 있다. [2수03-10] 길이 단위 1cm와 1m를 알고, 이를 이용하여 주변 사물의 길이를 측정할 수 있다. [2수03-11] 1m와 1cm의 관계를 이해하고, 길이를 '몇 m 몇 cm'와 '몇 cm'로 표현할 수 있다. [2수03-12] 여러 가지 물건의 길이를 어림하고, 길이에 대한 양감을 기른다. [2수03-13] 실생활 문제 상황과 연결하여 길이의 덧셈과 뺄셈을 할 수 있다. [2수04-01] 여러 가지 사물을 정해진 기준 또는 자신이 정한 기준으로 분류하여 개수를 세어 보고, 기준에 따른 결과를 말할 수 있다.	**형태** 학교 여러 장소 모습, 마을 모습, 가게 모습, 여러 기관의 모습, 길이 측정 도구의 형태 등 **기능** 마을 여러 기관의 기능, 마을과 학교의 기능, 학교 여러 장소, 물건의 기능, 길이 측정 도구, 들이 측정 도구들의 기능 등 **인과관계** 마을 사람들의 생활 모습의 양상, 학교에서 일어나는 일들의 원인, 조직 및 기구를 만드는 이유, 어떤 장소에서 약속을 정하는 이유, 함께 사는 사람들이 기구나 규칙이 필요한 이유 등 **변화** 마을의 모습, 학교의 변화, 구성원에 따른 사람들의 생활 방식의 변화 등 **연결성** 마을의 여러 기구들의 협력, 학교와 가정, 마을의 연결, 기관 내 구성원 간의 연결성, 마을의 사안과 문제 발생 및 처리 양상 등 **관점** 기관이나 기구 내 사람들과 밖의 사람들의 입장 차이, 마을 사람들의 생활 모습에 대한 의견, 문제 처리 방식에 대한 관점 등 **책임** 함께 조직하고 기관을 만들고 운영하는 책임, 규칙과 약속 준수에 대한 책임 등	• 사람들은 학교라는 공간에서 관계를 형성한다. • 사람들은 이웃과 더불어 살아가며 공동체를 형성한다. • 사람들은 공동의 문제해결을 위해 노력한다. • 마을의 여러 기관의 구성원의 의견과 합의에 따라 조성되고 운영된다. • 마을의 문제 발생에 관심을 기울이고 해결하는 사람들이 있다. • 함께 이용하고 방문하는 장소에는 규칙이 있다. • 마을의 다양한 가게나 기관들은 사람들의 필요에 의해 만들어진다. • 공동의 문제 해결을 위해 자발적으로 참여하는 시민성이 요구된다. • 사람들은 효율적인 문제 해결을 위해 논의한다. • 마을의 안전과 발전을 위해 스스로 참여하는 사람들이 있다. • 사람들은 개인의 이익을 추구하며, 공동의 이익을 위해서도 노력한다. • 사람들은 여럿이 사용하는 장소에서는 안전, 편리, 효율적 활용을 위한 규정을 정한다.

1~2학년군 성취기준 개념 분석 로드맵 <초학문적 주제>: 우리 모두의 지구		
성취기준(마이크로 개념)	**매크로 개념**	**일반화 예시**
[2바01-04] 생태 환경에서 더불어 살기 위해 노력한다. [2바03-04] 공동체 속에서 지속가능성을 위한 삶의 방식을 찾아 실천한다. [2바04-01] 모두를 위한 생활환경을 만드는 데 참여한다. [2슬01-04] 사람과 자연, 동식물이 어우러져 사는 생태를 탐구한다. [2슬03-04] 우리의 생활과 관련된 지속가능성의 다양한 사례를 찾고 탐색한다. [2즐01-04] 우리를 둘러싼 자연의 아름다움을 감상한다. [2즐03-02] 자연의 변화를 느끼며 놀이한다. [2국03-02] 쓰기에 흥미를 가지며 자신의 생각이나 느낌을 문장으로 표현한다. [2수04-02] 자료를 분류하여 표로 나타내고, 자료를 표로 나타내면 편리한 점을 말할 수 있다. [2수04-03] 자료를 분류하여 ○, ×, / 등을 이용한 그래프로 나타내고, 자료를 그래프로 나타내면 편리한 점을 말할 수 있다.	형태 강, 바다, 호수, 산, 들 등 다양한 장소의 형태, 동식물의 형태, 멸종위기 동식물, 세계 나라 지형, 지구, 우주의 형태 등 기능 자연의 기능, 환경의 기능, 동식물 자체의 여러 기능, 생태 계의 기능 등 인과관계 자연환경의 변화, 환경오염, 동식물의 멸종 이유, 생태계와 관련한 사람들의 건강, 삶의 양상의 이유 등 변화 자연의 변화, 생태계의 변화, 지구의 여러 변화, 자연을 활용하거나 관련된 사람들의 인식 변화, 자연을 이용하는 양상의 변화 등 연결성 전 지구적, 우주적 자연과 인간의 연결성, 생태환경 속 다양한 생명체 간의 연결성, 공동체 인간의 연결성 등 관점 자연의 관점에서 바라보기, 동식물의 관점, 사람의 관점, 서로 다른 자연환경에 사는 사람들의 관점, 자연을 둘러싼 이익 대립 등 책임 모두를 위한 생활환경, 지속가능한 삶을 위한 책임, 자연을 자연답게, 인간답게 살기위한 책임, 자연을 보존, 관리, 후세대에 물려 줄 책임 등	• 사람들의 삶과 자연은 연결되어 있다. • 사람은 자연 속에 살고 있으며, 자연의 유익을 누린다. • 사람들의 행동은 환경을 변화시킬 수 있다. • 생물은 계절의 변화에 적응하며 살아간다. • 동물도 생명의 주기를 가지며, 인간과 같은 생존 방식이 있다. • 지구의 변화는 지구 보존을 위한 사람들의 생각과 행동을 변화시킨다. • 지구의 문제 해결을 위해 사람들은 노력한다. • 계절은 사람들의 삶에 영향을 미친다. • 사람과 동식물은 계절의 변화에 적응하며 살아간다. • 바다는 사람과 동물이 공유하는 한정된 자원이다. • 인간은 바다 생물과 공존하며 살아간다. • 사람들은 자연을 통해 아름다움을 느낀다. • 자연을 지키고 보호하는 일은 여러 사람의 노력이 필요하다. • 자연은 후세대가 살아가야 할 삶의 터전이다. • 지속가능한 삶의 방식을 위한 노력이 필요하다. • 인간의 생존은 지구의 끊임없는 변화를 이해하는 것과 연결된다.

[기타 성취기준]

[2국03-01] 글자와 단어를 바르게 쓴다.
[2국04-03] 문장과 문장 부호를 알맞게 쓰고 국어와 한글에 호기심을 가진다.
[2국04-01] 한글 자모의 이름과 소릿값을 알고 정확하게 발음하고 쓴다.
[2국04-02] 소리와 표기가 다를 수 있음을 알고 단어를 바르게 읽고 쓴다.
[2수01-10] 곱셈이 이루어지는 실생활 상황과 연결하여 곱셈의 의미를 이해한다.
[2수01-11] 곱셈구구를 이해하고, 한 자리 수의 곱셈을 할 수 있다.
[2수01-01] 수의 필요성을 인식하면서 0과 100까지의 수 개념을 이해하고, 수를 세고 읽고 쓸 수 있다.
[2수01-02] 일, 십, 백, 천의 자릿값과 위치적 기수법을 이해하고, 네 자리 이하의 수를 읽고 쓸 수 있다.
[2수01-03] 네 자리 이하의 수의 범위에서 수의 계열을 이해하고, 수의 크기를 비교할 수 있다.
[2수01-04] 하나의 수를 두 수로 분해하고 두 수를 하나의 수로 합성하는 활동을 통하여 수 감각을 기른다.
[2수01-05] 덧셈과 뺄셈이 이루어지는 실생활 상황과 연결하여 덧셈과 뺄셈의 의미를 이해한다.
[2수01-06] 두 자리 수의 범위에서 덧셈과 뺄셈의 계산 원리를 이해하고 그 계산을 할 수 있다.
[2수01-07] 덧셈과 뺄셈의 관계를 이해한다.
[2수01-08] 두 자리 수의 범위에서 세 수의 덧셈과 뺄셈을 할 수 있다.
[2수01-09] □가 사용된 덧셈식과 뺄셈식을 만들고, □의 값을 구할 수 있다

3~4학년군 성취기준 개념 로드맵 <초학문적 주제>: 우리는 누구인가					
국어	도덕	과학	체육	음악	영어
[4국01-04] 상황과 상대의 입장을 이해하고 예의를 지키며 대화한다. [4국02-06] 바람직한 읽기 습관을 형성하고 읽기에 대한 자신감을 기른다. [4국03-04] 목적과 주제를 고려하여 독자에게 마음을 전하는 글을 쓴다.	[4도01-01] 자신의 감정을 소중히 여기며 존중하는 태도를 바탕으로 내가 누구인가를 탐구한다. [4도01-02] 정직의 의미를 알고 모범적인 사례를 탐색하여 바르게 행동하려는 태도를 기른다. [4도01-03] 성실한 생활의 모범 사례를 탐색하고 시간 관리를 위한 생활을 계획하여 지속적인 자기 성장을 모색한다. [4도01-04] 다른 사람의 관점을 수용할 수 있는지를 도덕적으로 검토하고 도덕규범을 내면화하여 도덕적 행동을 지향하는 자세를 기른다. [4도02-01] 효, 우애의 의미와 필요성을 명료하게 이해하고 가족의 행복을 위해 할 수 있는 일을 탐색하여 실천 계획을 세운다.	[4과08-01] 생활 속 감염병의 사례를 알고, 다양한 질병과 그 위험성에 대해 토의할 수 있다. [4과08-02] 감염병으로부터 안전한 사회에 관심을 가지고, 여러 감염 과정을 통해 생활 습관과 감염병 유행과의 연관성을 설명할 수 있다.	[4체01-01] 운동과 체력의 의미를 이해하고 관계를 파악한다. [4체01-02] 기본 체력 운동의 방법과 절차를 익히며 자신의 수준에 맞는 운동을 시도한다. [4체01-03] 운동과 건강의 의미를 이해하고 관계를 파악한다. [4체01-04] 건강을 위한 바른 생활 습관을 이해하고 생활 속에서 규칙적으로 실천한다. [4체01-05] 자신의 신체적 특징을 긍정적으로 인식하고 운동 계획을 세워 안전하게 활동한다. [4체01-06] 운동과 건강한 생활 습관 형성에 적극적인 관심과 실천 의지를 나타낸다. [4체02-01] 스포츠의 의미와 유형을 파악한다. [4체02-02] 기본 움직임 기술의 의미와 종류를 이해하고 스포츠와의 관계를 파악한다. [4체02-03] 움직임 요소에 따른 기본 움직임 기술의 수행 방법을 파악하고 시도한다. [4체02-04] 기본 움직임 기술을 연결한 복합적인 움직임 기술을 파악하고 시도한다.	[4음02-01] 음악을 듣고 기초적인 음악 요소를 탐색하며 반응한다. [4음02-02] 다양한 음악을 듣고 음악적 특징을 발견한다. [4음02-03] 다양한 종류의 음악을 듣고 음악의 분위기를 묘사하거나 쓰임을 이야기한다.	[4영02-07] 자신의 감정을 쉽고 간단한 문장으로 말하거나 보고 쓴다.

[4국03-05] 쓴 글을 함께 읽고 문장과 문단을 중심으로 고쳐 쓰며, 자신감 있게 글을 쓰는 태도를 기른다.	[4도02-02] 친구 사이의 배려에 대한 올바른 이해를 바탕으로 일상생활에서 배려에 기반을 둔 도덕적 관계를 맺을 수 있는 방안을 탐색한다. [4도02-03] 공감의 태도가 필요한 이유를 이해하고 도덕적 상상력을 바탕으로 대상과 상황에 따라 감정을 나누는 방법을 탐구하여 실천한다.	[4과08-03] 건강한 생활을 위해 필요한 감염병 예방 수칙에 대해 공유하고, 생활 속에서 실천할 수 있다.	[4체02-05] 기술형 스포츠에 적합한 기본 움직임 기술을 파악하고 시도한다. [4체02-06] 전략형 스포츠에 적합한 기본 움직임 기술을 파악하고 시도한다. [4체02-08] 움직임 기술을 자신감 있고 적극적으로 시도한다. [4체02-09] 게임 활동에 최선을 다하고 규칙을 지킨다. [4체02-10] 스포츠 활동을 할 수 있는 환경에 개방적이며, 적극적인 태도로 안전하게 스포츠 활동에 참여한다.	[4음02-04] 생활 속에서 음악을 들으며 느낌과 호기심을 갖고 즐긴다.	

형태 몸의 각 부분, 움직임의 형태, 여러 감정, 표정, 감염병, 세균, 신체 성장의 형태 등

기능 감정 표출, 표현의 기능, 공감, 배려의 기능, 개인위생 수칙의 기능, 움직임 기술의 기능, 감염병 파악의 기능, 가족, 이웃, 공동체 소속의 기능, 학습의 기능 등

인과관계 학습 향상, 성장에 미치는 요인, 관계 맺음과 갈등의 이유, 소속감 및 유대에 대한 원인과 결과, 다툼, 분열의 이유, 정신적, 정서적 건강에 미치는 요인, 질병의 원인, 불안, 정신리터러시 강조의 이유, 현대 사회 정서적 문제의 원인, 가족 및 구성원 간 관계 강화 및 약화에 미치는 요인 등

변화 개인주의, 이타주의 등 다양한 사람들의 양상 변화, 소속감 및 관계성 약화, 1인 가구, 여가 및 생활 모습의 변화, 학습에 대한 인식 변화, 인간에 대한 이해, 인식의 변화, 개인 신념 및 가치관의 변화 등

연결성 고유성을 지닌 개인에 대한 이해 및 타인과의 연결성, 공동체성을 통한 인간적 연결, 개인과 가정, 공동체 내에서의 연결, 정서적 유대감 및 안정감을 위한 연결, 물리적, 심리적 연결, 현재의 건강, 생활 습관 및 태도와 성장의 연결성, 학습 및 성장 관련 기관 및 사람들과의 연결성, 나의 성장에 영향을 끼치는 요인과의 연결 등

관점 나에 대한 이해, 나의 신체적, 정신적, 정서적 이해에 따르는 나의 관점, 타인의 관점, 소속의 필요 및 유대 강화, 약화에 따른 개인 인식, 나의 신체적 움직임의 이유, 공감 및 배려의 필요성에 대한 관점, 성실한 생활, 친구와의 우정에 대한 관점, 가족 형태 및 구성원 역할에 대한 관점, 자신의 삶을 건강하게 유지하는 방안에 대한 관점 등

책임 자신의 건강 유지 및 자기 관리에 따르는 책임, 타인의 신체 및 정서적 침해 방지에 대한 책임, 나의 신체적 움직임 안전에 대한 책임, 타인과 함께 하는 스포츠 활동에 대한 책임, 감염병 예방 및 방역에 대한 책임, 타인의 관점 수용에 대한 책임, 나의 학습에 대한 책임, 나의 성장에 대한 관심과 건강한 성장을 위한 나의 책임, 사회적 책임 등

일반화 예시

• 가족 구성원의 역할은 시대적 문화와 전통에 따라 다르다. • 공동체는 구성원의 협력과 상호작용으로 유지된다. • 사람들은 자신의 정체성을 공동체 안에서 형성하며 소속감을 가진다. • 인간 이해에 대한 개인의 신념과 태도는 개인과 공동체의 삶의 양식을 변화시킨다. • 다양한 가족의 형태가 있다. • 자신에 대한 인식은 개인의 행동과 선택에 영향을 준다. • 사람들은 동기부여와 가치관에 따라 개인적 목표를 정한다. • 학습에 대한 개인적 책임을 가지는 일은 학습 성장에 영향을 미친다. • 사람들은 신체적, 정서적 웰빙의 균형을 이루기 위해 노력한다. • 규칙적인 운동과 식습관은 건강한 생활과 성장에 영향을 미친다. • 개인의 감염병 관리에 대한 인식 정도는 사회적 안전과 관련이 있다. • 사람들은 웰빙을 위해 여가 시간을 활용한다. • 사회적으로 용인되는 감정 표출의 방식이 있다. • 타인을 위한 배려는 나의 정체성 형성에 긍정적 영향을 끼친다. • 사람들은 공감의 노력을 통해 관계를 강화하고 확장한다. • 성실한 시간 관리와 자기 관리는 지속적 성장을 이끈다. • 감정의 표현은 예술적 형태로 나타난다. • 나의 움직임의 정도와 역량을 파악하는 일은 타인과의 신체 활동에 대한 안전과 유대를 보장한다. • 나의 성장에 영향을 끼치는 요인을 파악하는 일은 나의 성장을 지원한다. • 자기 성찰과 개별, 상호 피드백은 자신을 깊이 이해하도록 돕는다. • 개인은 고유하며, 서로 어울리며 유대감을 형성한다. • 건강한 감정 표현은 평화적 소통과 관계 형성을 촉진한다. • 나를 아는 것은 타인을 이해하는 데 필수적이다. • 인간에 대한 이해는 나에 대한 존중과 타인에 대한 존중을 강화한다. • 개인은 독특하나 모든 인간은 동등하다. • 인간은 기본적 욕구가 충족되어야 생명 유지가 가능하다. • 인간은 인간답게 살 권리가 있다.

3~4학년군 성취기준 개념 로드맵 <초학문적 주제>: 우리가 속한 시간과 공간			
사회	수학	음악	영어
[4사01-01] 주변 여러 장소에서의 경험과 느낌을 다양한 방식으로 표현하고, 장소감을 나누며 서로 존중하는 태도를 지닌다. [4사02-01] 일상 속에서 시간의 흐름을 경험할 수 있는 사례를 살펴보고, 이를 바탕으로 역사의 시간 개념을 이해한다. [4사02-02] 오래된 물건이나 자료들을 주변에서 찾아보고, 이를 통해 과거의 모습을 살펴볼 수 있음을 이해한다. [4사02-03] 지역의 변화상을 보여주는 역사 자료를 분석하여 지역 사람들의 달라진 생활 모습을 파악한다. [4사03-02] 우리 사회에 다양한 문화가 확산되면서 나타나는 긍정적 효과와 문제를 분석하고, 나와 다른 사람이나 집단의 문화를 존중하는 태도를 기른다. [4사04-01] 옛날 풍습에 대해 알아보고, 오늘날과 비교하여 변화상을 파악한다. [4사04-02] 옛날부터 오늘날까지 교통의 변화에 따른 이동과 생활 모습의 변화를 이해한다. [4사04-03] 옛날부터 오늘날까지 통신수단의 변화에 따른 정보 교류와 의사소통 방식의 변화를 설명한다. [4사05-01] 우리 지역을 표현한 다양한 종류의 지도를 찾아보고, 지도의 요소를 이해한다. [4사05-02] 지도에서 우리 지역의 위치를 파악하고, 우리 지역의 지리 정보를 탐색한다. [4사06-01] 지역의 문화유산을 통해 문화유산의 의미와 유형을 알아보고, 문화유산의 가치를 탐색한다. [4사06-02] 지역의 박물관, 기념관, 유적지 등을 체험하고 지역의 역사를 조사한다. [4사09-02] 지역의 자연환경, 역사, 문화, 생산물 등을 알리려는 지역사회의 노력을 알고 관심을 갖는다.	[4수03-13] 1분과 1초의 관계를 이해하고, 초 단위까지 시각을 읽을 수 있다. [4수03-14] 실생활 문제 상황과 연결하여 초 단위까지의 시간의 덧셈과 뺄셈을 할 수 있다. [4수04-01] 자료를 수집하여 그림그래프나 막대그래프로 나타내고 해석할 수 있다. [4수04-02] 자료를 수집하여 꺾은선그래프로 나타내고 해석할 수 있다. [4수04-03] 탐구 문제를 해결하기 위해 자료를 수집, 정리하여 막대그래프나 꺾은선그래프로 나타내고 해석할 수 있다.	[4음02-05] 우리 지역의 음악 문화유산을 찾아 듣고 국악을 즐기는 태도를 갖는다.	[4영01-03] 쉽고 간단한 단어, 어구, 문장을 듣고 강세, 리듬, 억양을 식별한다. [4영01-10] 자기 주변 주제나 문화에 관한 담화나 문장을 존중의 태도로 듣거나 읽는다.

형태 교통수단의 형태, 과거, 현재, 미래, 시간을 측정하는 도구들의 형태, 오래된 물건, 통신수단, 교통수단의 형태, 지리적 형태, 우리나라의 지형, 문화유산, 유적지의 형태 등

기능 시간 측정 도구의 기능, 문화유산의 기능, 교통수단, 통신수단의 기능, 유적지의 기능, 자료수집에 다른 분석, 그래프의 기능, 역사 자료의 기능

인과관계 역사적 유물, 도구들의 변화의 이유와 결과, 지역의 변화의 이유, 교통, 통신수단의 변화 관련 원인과 결과, 다양한 문화 확산의 요인, 지역 문화유산 보존의 이유와 결과, 시간과 공간을 파악하려는 노력의 이유와 결과, 사람들의 이주의 이유 등

변화 시간적 흐름에 따른 도구, 삶의 양식의 변화, 교통, 통신수단의 변화, 지역 사회의 변화, 문화유산의 변화, 문화재 인식에 대한 변화, 문화유산을 다루는 태도의 변화, 시간에 따른 역사적 변화, 공간에 따른 삶의 양상 변화, 역사 자료 분석의 도구 및 방법의 변화 등

연결성 지역 간 교류에 따른 사람들의 연결, 시공간을 초월한 문화유산과 현재의 연결, 과거와 현재, 미래의 연결성, 역사적 정체성을 지닌 개인 및 사회의 연결성 등

관점 문화적 다양성에 대한 이해, 이주 및 문화유산을 보는 관점, 시대적 사건에 대한 관점, 과거와 현재의 연결성 해석에 대한 관점, 지역의 발견, 새로운 장소에 대한 탐험과 이주에 대한 관점, 이주와 적응에 대한 의견, 역사적 사건에 대한 관점, 이주 및 변화 원인 분석에 대한 관점 등

책임 공동체의 화합을 위한 책임. 문화유산 보존에 대한 책임, 과거 및 현재 사건에 대한 해석과 적용에 대한 책임, 새로운 지역에의 이주에 따른 책임, 이주민 수용에 대한 책임, 함께 사는 시공간에 대한 인식에 따른 책임, 유물 보존과 새로운 유물 창출에 대한 책임 등

일반화 예시

• 공동체 속에서 상호 이해와 존중, 협력은 사회의 성장에 영향을 끼친다. • 시대에 따라 생활 모습은 변한다. • 장소와 지역은 네트워크를 형성하고 상호작용한다. • 사람은 다양한 문화 속에서 살아간다. • 역사적 자료는 그 시대상을 반영한다. • 교통수단과 통신수단의 발전은 사회의 변화를 가속한다. • 사람들은 시대적 사건과 유물을 통해 과거 사람들의 삶을 유추한다. • 역사적 유물을 보존하는 일은 역사를 지키는 일이다. • 문화유산은 과거, 현재, 미래를 연결한다. • 나와 다른 집단의 문화를 존중하는 일은 상호연결을 강화한다. • 정보 교류와 의사소통 방식은 다양하고 편리한 방식으로 발전한다. • 사람들은 보다 나은 여건을 찾아 삶의 터전을 이동한다. • 시간에 대한 이해는 역사성 이해에 도움이 된다. • 문화유산을 향유하는 일은 문화유산에 대한 자긍심을 불러 일으킨다. • 인류의 이동으로 새로운 지역은 개발되고 발전한다. • 사람들의 삶의 양식은 시간의 흐름으로 역사가 된다. • 역사적 정체성을 가지는 일은 미래에 대한 조망을 가능케 한다. • 인간은 역사적 정체성을 가지며, 나를 통해 역사가 전달됨을 이해한다. • 시공간의 변화는 사람들의 욕구와 필요를 반영한다. • 문화는 보존과 변화의 양가성을 지닌다. • 현재의 풍습은 옛날의 풍습 보존에 대한 구성원의 의지를 반영한다. • 지리적 특성을 파악하는 일은 인간의 삶의 양식에 영향을 끼친다. • 다양한 문화의 수용과 확산은 문화 다양성을 증진시킨다. • 지역의 유물은 역사적 변화상을 반영한다.

[기타 성취기준]

[4국04-01] 단어와 단어 간의 의미 관계를 파악한다.
[4국04-03] 기본적인 문장의 짜임을 이해하고 적절하게 사용한다.
[4수01-01] 큰 수의 필요성을 인식하면서 10000 이상의 큰 수에 대한 자릿값과 위치적 기수법을 이해하고, 수를 읽고 쓸 수 있다.
[4수01-02] 다섯 자리 이상의 수의 범위에서 수의 계열을 이해하고, 수의 크기를 비교하며 그 방법을 설명할 수 있다.
[4수01-03] 세 자리 수의 덧셈과 뺄셈의 계산 원리를 이해하고 그 계산을 할 수 있다.
[4수01-04] 곱하는 수가 한 자리 수 또는 두 자리 수인 곱셈의 계산 원리를 이해하고 그 계산을 할 수 있다.
[4수01-05] 나눗셈이 이루어지는 실생활 상황과 연결하여 나눗셈의 의미를 알고, 곱셈과 나눗셈의 관계를 이해한다.
[4수01-06] 나누는 수가 한 자리 수인 나눗셈의 계산 원리를 이해하고 그 계산을 할 수 있으며, 나눗셈에서 몫과 나머지의 의미를 안다.
[4수01-07] 나누는 수가 두 자리 수인 나눗셈의 계산 원리를 이해하고 그 계산을 할 수 있다.
[4수01-08] 자연수의 덧셈, 뺄셈, 곱셈, 나눗셈과 관련한 여러 가지 상황에서 어림셈을 할 수 있다.
[4수01-09] 양의 등분할을 통하여 분수의 필요성을 인식하고, 분수를 이해하고 읽고 쓸 수 있다.
[4수01-10] 단위분수, 진분수, 가분수, 대분수를 알고, 그 관계를 이해한다.
[4수01-11] 분모가 같은 분수끼리, 단위분수끼리 크기를 비교하고 그 방법을 설명할 수 있다.
[4수01-12] 분모가 10인 진분수와 연결하여 소수 한 자리 수를 이해하고 읽고 쓸 수 있다.
[4수01-13] 자릿값의 원리를 바탕으로 소수 두 자리 수와 소수 세 자리 수를 이해하고 읽고 쓸 수 있다.
[4수01-14] 소수의 크기를 비교하고 그 방법을 설명할 수 있다.
[4수01-15] 분모가 같은 분수의 덧셈과 뺄셈의 계산 원리를 이해하고 그 계산을 할 수 있다.
[4수01-16] 소수 두 자리 수의 범위에서 소수의 덧셈과 뺄셈의 계산 원리를 이해하고 그 계산을 할 수 있다.
[4수02-01] 다양한 변화 규칙을 찾아 설명하고, 그 규칙을 수나 식으로 나타낼 수 있다.
[4수02-02] 계산식의 배열에서 규칙을 찾고, 계산 결과를 추측할 수 있다.
[4수02-03] 등호를 사용하여 크기가 같은 두 양의 관계를 식으로 나타낼 수 있다.
[4수03-01] 직선, 선분, 반직선을 이해하고 구별할 수 있다.

[4수03-02] 각과 직각을 이해하고, 직각과 비교하는 활동을 통하여 예각과 둔각을 구별할 수 있다.
[4수03-03] 직선의 수직 관계와 평행 관계를 이해한다.
[4수03-06] 원의 중심, 반지름, 지름을 이해하고, 그 성질을 안다.
[4수03-07] 컴퍼스를 이용하여 여러 가지 크기의 원을 그릴 수 있다.
[4수03-08] 여러 가지 모양의 삼각형에 대한 분류 활동을 통하여 이등변삼각형, 정삼각형을 이해하고, 그 성질을 탐구하고 설명할 수 있다.
[4수03-09] 여러 가지 모양의 삼각형에 대한 분류 활동을 통하여 직각삼각형, 예각삼각형, 둔각삼각형을 이해한다.
[4수03-10] 여러 가지 모양의 사각형에 대한 분류 활동을 통하여 직사각형, 정사각형, 사다리꼴, 평행사변형, 마름모를 이해하고, 그 성질을 탐구하고 설명할 수 있다.
[4수03-11] 다각형과 정다각형을 이해한다.
[4수03-24] 각의 크기의 단위인 1도(°)를 알고, 각도기를 이용하여 각의 크기를 측정하고 어림할 수 있다.
[4수03-25] 여러 가지 방법으로 삼각형과 사각형의 내각의 크기의 합을 추론하고, 자신의 추론 과정을 설명할 수 있다.
[4영01-01] 알파벳과 쉽고 간단한 단어의 소리를 듣고 식별한다.
[4영01-02] 알파벳 대소문자를 식별하여 읽는다.
[4영01-05] 쉽고 간단한 단어, 어구, 문장의 의미를 이해한다.
[4영01-06] 자기 주변 주제에 관한 담화의 주요 정보를 파악한다.
[4영01-07] 적절한 전략을 활용하여 담화나 문장을 듣거나 읽는다.
[4영02-01] 쉽고 간단한 단어, 어구, 문장을 강세, 리듬, 억양에 맞게 따라 말한다.
[4영02-02] 알파벳 대소문자를 구별하여 쓴다.
[4영02-04] 실물, 그림, 동작 등을 보고 쉽고 간단한 문장으로 말하거나 단어나 어구를 쓴다.

3~4학년군 성취기준 개념 로드맵 <초학문적 주제>: 우리 자신을 표현하는 방법					
국어	수학	체육	음악	미술	영어
[4국01-01] 중요한 내용과 주제를 파악하며 듣고 들은 내용을 요약한다. [4국01-03] 상황에 적절한 준언어·비언어적 표현을 활용하여 듣고 말한다. [4국01-05] 목적과 주제에 알맞게 자료를 정리하여 자신감 있게 발표한다. [4국01-06] 주제에 적절한 의견과 이유를 제시하고 서로의 생각을 교환하며 토의한다. [4국02-01] 글의 의미를 파악하며 유창하게 글을 읽는다. [4국02-02] 문단과 글에서 중심 생각을 파악하고 내용을 간추린다. [4국03-03] 대상에 대한 자신의 의견과 그렇게 생각한 이유가 드러나게 글을 쓴다. [4국02-04] 글에 나타난 사실과 의견을 구분하고 글쓴이와 자신의 의견을 비교한다.	[4수03-04] 구체물이나 평면도형의 밀기, 뒤집기, 돌리기 활동을 통하여 그 변화를 이해한다. [4수03-05] 평면에서 점의 이동에 대해 위치와 방향을 이용하여 설명할 수 있다. [4수03-12] 주어진 도형을 이용하여 여러 가지 모양을 만들거나 채우고 설명할 수 있다.	[4체03-01] 표현 활동의 의미와 기본 움직임 기술과의 관계를 파악한다. [4체03-02] 움직임 요소에 따른 기본 움직임 기술의 표현 방법을 파악하고 시도한다. [4체03-03] 기본 움직임 기술을 활용하여 사물이나 자연을 모방하여 표현한다. [4체03-04] 기본 움직임 기술을 활용하여 느낌이나 생각을 표현한다. [4체03-06] 기본 움직임 기술을 도구를 활용하여 표현한다.	[4음01-01] 바른 자세와 주법을 익혀 노래나 악기로 연주한다. [4음01-02] 기초적인 음악 요소를 살려 노래나 악기로 연주하고 느낌을 이야기한다. [4음01-03] 노래와 악기 연주에 어울리는 신체표현이나 놀이를 하며 음악을 즐긴다. [4음01-04] 생활 속에서 음악을 경험하며 연주에 관심을 가지고 참여한다.	[4미01-01] 자연물과 인공물을 탐색하는 데 다양한 감각을 활용할 수 있다. [4미01-02] 주변 대상을 체험하며 떠오른 느낌과 생각을 다양한 방법으로 나타낼 수 있다. [4미01-03] 생활 속에서 활용되는 미술에 관심을 가지고 미술의 특징과 역할을 발견할 수 있다. [4미01-04] 미적 탐색에 호기심을 갖고 참여하며 자신의 감각으로 대상의 특징을 이해할 수 있다. [4미02-01] 관찰과 상상으로 아이디어를 떠올려 표현 주제를 구체화할 수 있다. [4미02-02] 기본적인 표현 재료와 용구의 특성을 이해하고 사용 방법을 익힐 수 있다. [4미02-03] 조형 요소의 특징을 자유롭게 탐색하며 주제 표현에 알맞게 활용할 수 있다. [4미02-04] 표현 의도를 가지고 작품을 제작하며 자기 작품을 소중히 여길 수 있다.	[4영01-08] 다양한 매체로 표현된 담화나 문장을 흥미를 가지고 듣거나 읽는다. [4영01-09] 시, 노래, 이야기를 공감하며 듣는다. [4영02-01] 쉽고 간단한 단어, 어구, 문장을 강세, 리듬, 억양에 맞게 따라 말한다. [4영02-03] 소리와 철자의 관계를 바탕으로 쉽고 간단한 단어를 쓴다. [4영02-04] 실물, 그림, 동작 등을 보고 쉽고 간단한 문장으로 말하거나 단어나 어구를 쓴다.

[4국04-02] 단어를 분류하고 국어사전을 활용하여 능동적인 국어 활동을 한다. [4국04-05] 언어가 의사소통과 관계 형성의 수단임을 이해하고 국어와 한글을 소중히 여기는 태도를 지닌다. [4국05-01] 인물과 이야기의 흐름을 중심으로 작품을 감상한다. [4국05-02] 자신의 경험을 바탕으로 작품 속 세계와 현실 세계를 비교하여 작품을 감상한다. [4국05-03] 작품을 듣거나 읽고 마음에 드는 작품을 소개한다. [4국05-04] 감각적 표현에 유의하여 작품을 감상하고, 감각적 표현을 활용하여 자신의 생각이나 감정을 표현한다. [4국05-05] 재미나 감동을 느끼며 작품을 즐겨 감상하는 태도를 지닌다. [4국06-02] 매체를 활용하여 간단한 발표 자료를 제작한다.	[4체03-05] 기본 움직임 기술을 리듬에 맞춰 표현한다.	[4체03-07] 움직임의 심미적 표현에 대한 호기심과 감수성을 나타낸다.	[4음03-04] 생활 주변의 소리나 장면을 모방하며 음악의 새로움을 즐기는 태도를 갖는다. [4음03-01] 느낌과 상상을 즉흥적으로 표현하며 음악에 대한 흥미를 갖는다. [4음03-02] 악곡의 일부를 바꾸어 표현하고 간단한 악보로 나타낸다. [4음03-03] 기초적인 음악 요소를 활용하여 소리나 음악으로 표현한다.	[4미02-05] 미술과 타 교과를 관련지어 주제를 표현하는 데 흥미를 가질 수 있다. [4미03-01] 미술 작품을 자세히 보고 작품과 미술가에 관해 질문할 수 있다. [4미03-02] 미술 작품의 특징과 작품에 관한 자신의 느낌과 생각을 설명할 수 있다. [4미03-01] 미술 작품을 자세히 보고 작품과 미술가에 관해 질문할 수 있다. [4미03-02] 미술 작품의 특징과 작품에 관한 자신의 느낌과 생각을 설명할 수 있다. [4미03-03] 미술 문화에 관심을 가지고 전시 및 행사에 참여할 수 있다. [4미03-04] 작품 감상에 흥미를 가지고 참여하며 작품에 대한 자신의 감상 관점을 존중할 수 있다.	[4영02-05] 자신, 주변 사람이나 사물의 소개나 묘사를 쉽고 간단한 문장으로 말하거나 보고 쓴다. [4영02-06] 행동 지시를 쉽고 간단한 문장으로 말하거나 보고 쓴다. [4영02-07] 자신의 감정을 쉽고 간단한 문장으로 말하거나 보고 쓴다. [4영02-08] 자기 주변 주제에 관한 담화의 주요 정보를 묻거나 답한다. [4영02-09] 적절한 매체나 전략을 활용하여 창의적으로 의미를 표현한다. [4영02-10] 의사소통 활동에 흥미와 자신감을 가지고 대화 예절을 지키며 참여한다.

형태 점, 선, 면, 도형, 모양, 움직임의 형태, 미술 작품, 악기 및 연주 형태, 다른 언어의 문자 형태, 감정, 상상력, 창의력을 표현한 결과물의 형태, 기록물의 형태 등

기능 문자, 언어, 글의 기능, 다양한 표현 도구의 기능, 문예체, 문학, 미디어의 기능, 예술품이나 예술 작품의 기능, 표현을 통한 심미적 아름다움의 기능 등

인과관계 사람들이 표현하고자 하는 이유와 결과, 시대에 따른 표현이 다른 이유, 사람마다 표현 방식이 다른 이유, 소통하는 방식의 관행에 대한 이유, 사회적 인용 범위를 넘는 격한 표현물이 나오는 이유, 영감을 받는 이유, 창의력, 상상력의 원동력이 되는 것들 등

변화 표현 도구, 매체, 주제에 따른 결과물의 변화, 표현 방식, 사회적 허용 범위의 변화, 표현의 자유, 창의성 해석에 대한 시대 변화, 예술작품의 경향, 사조의 변화 등

연결성 표현의 욕구가 무엇으로 나타나는지에 대한 연결성, 사람들의 표현 결과물을 보며 작가와 보는 사람과 연결되는 요소, 의도와 인식을 통한 작품과 사람과의 연결, 시공간을 초월하는 예술작품 자체의 연결성, 개인적, 사회적, 문화적 기록물을 통한 과거, 현재, 미래의 연결, 느끼는 방식이 동일한 사람들 간의 연결성, 타언어로 표현하는 것을 통한 문화 간 연결성 등

관점 표현의 자유에 대한 의견, 미술 작품을 해석하는 방식과 반응 관련 관점, 소통을 위한 고유한 방식을 바라보는 관점, 작품에서 작가와 독자의 관점, 매체를 통한 표현에 대한 해석의 관점, 의도를 파악하는 과정에서의 관점 등

책임 표현에 따르는 사회적 기준, 규범 준수에 대한 책임, 다른 사람의 표현에 반응하는 것에 대한 책임, 상상력, 창의력 발휘에 따르는 책임, 타인의 작품을 다루는 책임 등

일반화 예시

• 사람들은 자신의 생각을 조직하기 위해 표현 양식과 구조를 사용한다. • 문학작품은 생각과 느낌을 표현하는 수단이며 세계를 포괄적으로 이해하도록 한다. • 예술 작품의 표현 양식을 이해하는 것은 작가의 의도를 파악하는 것에 도움이 된다. • 사람들은 개인의 의도와 이유를 담아 표현한다. • 인간은 보고 듣고 느끼고 생각하는 것을 표현한다. • 타인의 표현 결과물을 해석하는 방식은 개인에 따라 다르다. • 예술작품에는 시대적 상황과 작가의 의도가 반영된다. • 사람들은 신체 표현으로 개인의 감정과 느낌, 의도를 전달한다. • 미적 탐색과 향유는 개인의 표현의지를 강화한다. • 타 언어를 배우는 것은 사람들과의 소통을 가능하게 한다. • 표현의 자유는 보장되어야 하며, 일정한 사회적 규범 내에서 허용된다. • 작가는 작품에 말하고자 하는 내용을 담는다. • 작가는 작품 활동을 통해 사람들과 소통한다. • 자신의 감정과 생각을 표현하는 일은 타인과의 관계 형성에 도움을 준다. • 다양한 관점으로 작품을 해석하는 일은 인간에 대한 이해를 풍부하게 한다.

3~4학년군 성취기준 개념 로드맵 <초학문적 주제>: 세계가 돌아가는 방식			
국어	도덕	과학	영어
[국01-02] 원인과 결과의 관계를 고려하여 내용을 예측하며 듣고 말한다. [4국02-03] 질문을 활용하여 글을 예측하며 읽고 자신의 읽기 과정을 점검한다. [4국02-05] 글이나 자료의 출처가 믿을 만한지 판단한다.	[4도03-02] 디지털 사회에서 발생하는 다양한 문제를 살펴보고, 해결방안을 탐구하여 정보통신 윤리에 대한 민감성을 기른다.	[4과01-01] 일상생활 속에서 힘과 관련된 현상에 흥미를 갖고, 물체를 밀거나 당길 때 나타나는 현상을 관찰할 수 있다. [4과01-02] 수평잡기 활동을 통해 물체의 무게를 비교할 수 있다. [4과01-03] 무게를 정확히 비교하기 위해서는 저울이 필요함을 알고 저울을 사용해 무게를 비교할 수 있다. [4과01-04] 지레, 빗면과 같은 도구를 이용하면 물체를 들어 올릴 때 드는 힘의 크기가 달라짐을 알고, 도구가 일상생활에서 어떻게 쓰이는지 조사하여 공유할 수 있다. [4과05-01] 물체를 이루는 여러 가지 물질의 성질을 비교하고, 물질의 종류에 따라 물체를 분류할 수 있다. [4과05-02] 물질의 세 가지 상태인 고체, 액체, 기체의 성질을 관찰하여 비교할 수 있다. [4과05-03] 다양한 물질의 성질을 이용하여 쓰임새 있는 물체를 창의적으로 설계할 수 있다. [4과07-01] 여러 가지 물체를 이용하여 소리를 내보고 소리가 나는 물체는 떨림이 있음을 설명할 수 있다. [4과07-02] 큰 소리와 작은 소리, 높은 소리와 낮은 소리를 구분하고 세기와 높낮이가 다른 소리를 낼 수 있다. [4과07-03] 여러 가지 물질을 통하여 소리가 전달되는 것을 관찰하고, 소음을 줄이는 방법을 찾아 일상생활에서 실천할 수 있다. [4과09-01] 자석과 여러 가지 물체를 가까이했을 때 나타나는 현상을 관찰하고, 자석과 자석에 붙는 물체 사이에 작용하는 힘의 특징을 말할 수 있다. [4과09-02] 자석과 자석을 가까이했을 때 나타나는 현상을 관찰하여 그 특징을 자석의 극과 관련지어 설명할 수 있다. [4과09-03] 자석을 이용하여 일상생활을 편리하게 하는 장치를 설계할 수 있다. [4과10-01] 물이 세 가지 상태로 변할 수 있음을 알고, 우리 주변에서 예를 찾을 수 있다.	[4영02-08] 자기 주변 주제에 관한 담화의 주요 정보를 묻거나 답한다. [4영02-09] 적절한 매체나 전략을 활용하여 창의적으로 의미를 표현한다. [4영01-04] 소리와 철자의 관계를 이해하며 쉽고 간단한 단어, 어구, 문장을 소리 내어 읽는다.

[4국03-04] 목적과 주제를 고려하여 독자에게 마음을 전하는 글을 쓴다. [4국06-01] 인터넷에서 학습에 필요한 다양한 자료를 탐색하고 목적에 맞게 자료를 선택한다.		[4과10-02] 물이 얼 때, 얼음이 녹을 때, 물이 증발할 때와 끓을 때, 수증기가 응결할 때의 변화를 관찰할 수 있다. [4과10-03] 물의 상태 변화를 이용하여 물을 얻을 수 있는 장치를 설계하고 만들 수 있다. [4과12-03] 우리 생활에 생명과학이 이용되는 사례를 소개하는 자료를 만들어 공유할 수 있다. [4과15-01] 실험을 통해 기체가 무게가 있음을 설명할 수 있다. [4과15-02] 온도나 압력에 따라 기체의 부피가 달라지는 현상을 관찰하고, 우리 주변에서 예를 찾을 수 있다. [4과15-03] 일상생활에서 이용되는 기체의 종류와 성질을 조사하고, 여러 가지 기체에 대해 흥미를 느낄 수 있다. [4과15-04] 기체의 성질을 이용하여 작동시킬 수 있는 장치를 설계하고 만들 수 있다.	[4영02-03] 소리와 철자의 관계를 바탕으로 쉽고 간단한 단어를 쓴다.

형태 디지털 기기, 물의 상태에 따른 형태, 여러 물질의 형태, 무게 측정 도구의 형태 등

기능 무게 측정 도구의 기능, 물질 상태에 따른 기능, 과학 실험도구의 기능, 여러 물체의 기능, 기체, 온도, 압력, 실험 자체의 기능 등

인과관계 디지털 기술 발전 원인, 온도에 따른 기체의 변화, 물질의 상태 변화의 원인, 생명과학 활용의 결과, 자연계 법칙의 원인과 결과, 다양한 물체의 소리 변화의 원인, 디지털 사회의 문제 발생 원인, 물리적 현상의 원인과 결과 등

변화 생명과학 발전의 변화, 온도와 압력에 따른 물질의 변화, 디지털 기기의 발전, 기체의 상태 변화, 소리의 변화, 물체의 성질, 종류의 변화, 힘의 변화 등

연결성 자연계의 법칙과 인간 생활, 과학 원리 및 기술 진보에 따른 사람들의 생활 변화의 연결성, 물질의 상태 변화 등을 활용한 기술 발전의 연결성, 과학기술 발전과 인간의 창의성의 연결성 등

관점 자연세계의 법칙을 바라보는 관점, 디지털 기기 발전에 따른 사회문제를 바라보는 관점, 다양한 실험 및 과학 원리 발견에 대한 관점, 생명과학을 우리 삶에 적용하는 것에 대한 관점, 자연계의 법칙을 발견하고 인간 삶에 활용하는 것에 대한 관점 등

책임 다양한 현상의 발견과 그것을 활용하는 데 따르는 책임, 보다 나은 세상을 위한 과학 원리 발견과 기술 진보에 대한 책임, 다양한 관행 및 방법 적용에 대한 책임 등

일반화 예시

• 물질의 상태와 그 성질을 이해하는 것은 살아가는 데 도움을 준다. • 디지털 자료 탐색과 선택 능력은 현대 학습에 필요하다. • 힘은 물체의 운동과 정지에 영향을 끼친다. • 물체의 무게 측정은 관찰과 측정을 통해 이루어진다. • 물체의 성질은 물체의 쓰임새를 결정한다. • 소리는 물체의 떨림에서 발생하며 다양한 매체를 통해 전달된다. • 물의 상태 변화는 열 에너지의 작용과 관련이 있다. • 기체는 보이지 않지만 무게와 부피를 가지며 다양한 방식으로 활용된다. • 정보의 신뢰성 분석은 의사결정의 기반이 된다. • 생명과학의 발달은 삶의 질을 향상시키는 가능성을 제공한다. • 힘의 원리에 대한 발견과 도구 활용에 대한 창의적 사고는 삶의 질을 향상시킨다. • 창의적 문제 해결은 다양한 자료와 도구의 활용을 통해 이루어진다. • 자연계의 법칙과 원리에 대한 이해는 지속가능한 삶을 위한 자원이 된다. • 소리의 성질을 파악하는 일은 함께 살아가는 삶의 질을 향상시킨다.

3~4학년군 성취기준 개념 로드맵 <초학문적 주제>: 우리 자신을 조직하는 방식			
국어	사회	도덕	수학
[4국03-02] 사실에 근거한 정확한 표현으로 절차와 결과가 드러나게 보고하는 글을 쓴다. [4국03-05] 쓴 글을 함께 읽고 문장과 문단을 중심으로 고쳐 쓰며, 자신감 있게 글을 쓰는 태도를 기른다. [4국04-04] 글과 담화에 쓰인 높임 표현과 지시·접속 표현을 이해하고 상황에 맞게 표현한다. [4국06-03] 매체 소통 윤리를 고려하여 매체 자료를 활용하고 공유한다.	[4사01-02] 주변의 여러 장소를 살펴보고, 우리가 사는 곳을 더 살기 좋은 곳으로 만드는 방안을 탐색한다. [4사10-01] 여러 지역의 자연환경과 인문환경의 특징을 살펴보고, 환경의 이용과 개발에 따른 변화를 탐구한다. [4사10-02] 사례를 통해 도시의 인구, 교통, 산업 등의 특징을 탐구하고, 도시에서의 삶의 모습을 이해한다. [4사03-01] 최근 사회 변화의 양상과 특징을 파악하고, 그로 인해 나타난 생활모습의 변화를 탐색한다. [4사07-02] 생산과 소비 활동을 파악하고, 인적·물적 교류의 사례를 통해 각 지역 및 사람들이 상호의존 관계를 맺고 있음을 탐색한다. [4사08-01] 학교 자치 사례를 통하여 민주주의의 의미를 이해하고, 학교생활에서 민주주의를 실천하는 능력을 기른다. [4사08-02] 지역에서 이루어지는 민주주의 사례를 통해 주민 자치와 주민 참여의 중요성을 파악하고, 지역사회의 문제 해결에 참여하는 태도를 기른다. [4사09-01] 생활 주변에서 찾을 수 있는 여러 가지 문제를 파악하고, 그 문제를 합리적으로 해결하는 능력을 기른다.	[4도03-01] 불공정의 사례를 탐구하고, 일상생활에서 공정의 가치를 추구하는 활동을 통해 실천 의지를 함양한다. [4도03-03] 통일의 필요성을 이해하고, 통일 감수성을 길러 바람직한 통일의 방향을 모색한다.	[4수03-15] 길이 단위 1mm와 1km를 알고, 이를 이용하여 길이를 측정하고 어림하며 수학의 유용성을 인식할 수 있다. [4수03-16] 1cm와 1mm, 1km와 1m의 관계를 이해하고, 길이를 '몇 cm 몇 mm'와 '몇 mm', '몇 km 몇 m'와 '몇 m'로 다양하게 표현할 수 있다. [4수03-17] 들이 단위 1L와 1mL를 알고, 이를 이용하여 들이를 측정하고 어림하며 수학의 유용성을 인식할 수 있다. [4수03-18] 1L와 1mL의 관계를 이해하고, 들이를 '몇 L 몇 mL'와 '몇 mL'로 표현할 수 있다. [4수03-19] 실생활 문제 상황과 연결하여 들이의 덧셈과 뺄셈을 할 수 있다. [4수03-20] 실생활에서 무게를 나타낼 때 사용하는 단위 1g과 1kg을 알고, 이를 이용하여 무게를 측정하고 어림하며 수학의 유용성을 인식할 수 있다. [4수03-21] 1kg과 1g의 관계를 이해하고, 무게를 '몇 kg 몇 g'과 '몇 g'으로 표현할 수 있다. [4수03-22] 실생활에서 무게를 나타낼 때 사용하는 단위 1t을 알고, 1t과 1kg의 관계를 이해한다. [4수03-23] 실생활 문제 상황과 연결하여 무게의 덧셈과 뺄셈을 할 수 있다.

형태 사회적 의사 결정 기구, 생산과 소비 활동 양상 및 관련 기구나 산업의 형태, 분단의 형태, 인간 삶을 조직하고 영위하는 수학 단위의 형태, 인적, 물적 교류와 관련된 형태, 주민 참여의 다양한 형태, 여러 조직의 구조 등

기능 민주적 소통 및 협의체, 회의의 기능, 학교 자치회의 기능, 불공정 거래 관련 기구의 기능, 생산과 소비 관련 업체나 산업의 기능, 지역의 다양한 기구의 기능, 도시와 촌락의 기능, 사람들이 공유하는 여러 수학적 단위의 기능 등

인과관계 사는 곳에 발생하는 여러 문제의 원인, 사회 변화 양상의 원인, 불공정 거래 발생 원인, 주민 참여 활성 요인, 생산과 소비 활동 양상의 원인과 결과, 민주적 소통 및 의사결정 상 어려움, 문제의 원인 등

변화 인문환경, 자연환경의 변화, 생산과 소비 변화, 주민 자치 및 참여 양상의 변화, 민주주의 및 민주시민성 변화, 시대의 변화에 따른 민주주의에 대한 인식 변화, 도시에서의 삶의 변화, 여러 사회의 변화, 분단 및 통일에 대한 인식 변화 등

연결성 사람들이 만든 기구, 시스템과 인간 생활의 변화 간의 연결성, 경제활동과 인간 생활의 연결성, 국토 분단과 사람들의 삶의 연결성, 지역 자치 및 소통 협력의 양상과 삶의 변화의 연결성, 공정한 거래 및 사회 발전, 시민의식 변화의 연결성 등

관점 지역사회의 인문환경, 자연환경 및 개발에 대한 관점, 공정 거래에 대한 관점, 민주적 합의, 주민 자치 참여에 대한 관점, 분단 및 통일에 대한 관점, 생산과 소비 활동 양상 및 변화에 대한 관점 등

책임 자연, 인문환경의 이용과 개발에 따른 책임, 주민 자치 및 사회 문제 해결 참여 과정에서의 책임, 생산과 소비 활동 과정에서의 공정한 생산, 거래 및 소비에 대한 책임, 민주적 자치를 통한 학교생활에 대한 책임, 분단의 원인 및 통일의 필요성, 통일 감수성을 갖추고 실천에 대한 책임 등

일반화 예시

• 교통과 통신의 발달은 지역 사회를 변화시킨다. • 시민은 정치과정과 제도를 통해 사회 문제를 해결한다. • 사고 절차에 근거한 보고는 명확한 의사소통과 조직적 사고를 가능하게 한다. • 공정성에 대한 탐구와 실천 태도는 신뢰와 협력을 기반으로 한다. • 통일의 필요성에 대한 이해는 미래의 공존을 위한 토대가 된다. • 지역의 사람들은 인문적, 자연적 환경을 파악하며 자신과 공동의 삶을 영위한다. • 지역 문제 해결을 위한 주민 참여는 지속가능한 공동체 조직에 기여한다. • 사람들은 실생활에서 여러 수학적 단위를 변환하며 생활에 활용한다. • 사람들은 다양한 매체를 활용하며 공동체를 연결한다. • 사회의 변화와 인간 활동의 상호작용을 탐구하는 일은 우리가 사회를 조직하고 살아가는 방식을 이해하도록 돕는다. • 사람들은 합리적 문제해결을 위해 여러 조직을 구성하고 운영한다. • 학교 자치 참여는 민주주의에 대한 이해를 이끈다. • 사람들은 인적, 물적 거래를 통해 상호의존한다. • 사람들은 환경을 이용하고 개발하며 생활 모습을 변화시킨다. • 사람들은 사회적 의사결정을 위해 다양한 기구를 운영한다.

3~4학년군 성취기준 개념 로드맵 <초학문적 주제>: 우리 모두의 지구			
국어	사회	도덕	과학
[4국03-01] 중심 문장과 뒷받침 문장을 갖추어 문단을 쓴다. [4국03-03] 대상에 대한 자신의 의견과 그렇게 생각한 이유가 드러나게 글을 쓴다.	[4사07-01] 자원의 희소성으로 인해 경제 활동에서 선택의 문제가 발생함을 이해하고, 경제 활동에서 합리적 선택의 방법에 대해 탐색한다.	[4도04-01] 생명경시 사례를 조사하고 문제해결 방법을 탐구함으로써 생명의 소중함을 이해한다. [4도04-02] 인간과 자연이 함께 살아야 이유에 대해 이해하고 공생을 위한 구체적인 실천 계획을 세우며 생태 감수성을 기른다.	[4과02-01] 여러 가지 동물을 관찰하여 특징에 따라 동물을 분류할 수 있다. [4과02-02] 다양한 환경에 서식하는 동물을 조사하여 동물의 생김새와 생활 방식이 환경과 관련되어 있음을 설명할 수 있다. [4과02-03] 동물의 특징을 이용하여 일상생활에서 활용할 수 있는 생활용품을 설계하여 협력적으로 소통할 수 있다. [4과03-01] 여러 가지 식물을 관찰하여 특징에 따라 식물을 분류할 수 있다. [4과03-02] 다양한 환경에 서식하는 식물을 조사하여 식물의 생김새와 생활 방식이 환경과 관련되어 있음을 설명할 수 있다. [4과03-03] 식물의 특징을 이용하여 일상생활에서 활용할 수 있는 생활용품을 설계하여 협력적으로 소통할 수 있다. [4과04-01] 동물의 한살이를 직접 관찰하고, 관찰한 내용을 글과 그림으로 표현할 수 있다. [4과04-02] 식물이 자라는 데 필요한 조건을 찾는 실험을 설계하여 수행할 수 있다. [4과04-03] 생물의 한살이 과정을 조사하여 생물에 따라 한살이의 유형이 다양함을 소개하는 자료를 만들어 공유할 수 있다. [4과06-01] 지구가 대기로 둘러싸여 있음을 알고, 지구 표면을 구성하는 육지와 바다의 특징을 비교할 수 있다. [4과06-02] 육지의 물과 비교하여 바닷물의 특징을 이해하고, 바닷가에서 볼 수 있는 다양한 지형을 조사할 수 있다. [4과06-03] 밀물과 썰물의 차이를 알고, 갯벌의 가치와 보전의 필요성을 설득·홍보할 수 있다. [4과11-01] 흐르는 물의 작용과 강 주변 지형의 특징을 관련지을 수 있다. [4과11-02] 화산의 의미와 화산 활동으로 나오는 물질을 알고, 화산 활동을 모형으로 표현할 수 있다.

			[4과11-03] 화성암을 관찰하고 분류할 수 있다. [4과11-04] 화산 활동과 지진이 우리 생활에 미치는 영향을 조사하여, 대처 방법을 실천할 수 있다. [4과12-01] 균류·원생생물·세균을 관찰하여 특징과 사는 곳을 설명할 수 있다. [4과12-02] 균류·원생생물·세균이 우리 생활에 미치는 영향을 조사하여 발표할 수 있다. [4과13-01] 달의 모양과 표면, 달의 위상변화를 관찰하여 밤하늘 관찰의 즐거움을 누릴 수 있다. [4과13-02] 태양계 구성원을 알고, 태양과 행성을 조사할 수 있다. [4과13-03] 별의 정의를 알고, 북극성 주변의 별자리를 관찰할 수 있다. [4과14-01] 생태계의 구성 요소를 조사하여 생물 요소와 비생물 요소로 분류할 수 있다. [4과14-02] 생물 요소들의 먹고 먹히는 관계를 조사하여 먹이그물로 표현할 수 있다. [4과14-03] 인간 활동이 생태계에 미치는 영향을 조사하고, 생태계 보전을 위해 우리가 할 수 있는 일을 토의하여 실천할 수 있다. [4과16-01] 기후변화 현상의 예를 알고, 기후변화가 인간의 활동과 관련되어 있음을 토의할 수 있다. [4과16-02] 기후변화의 심각성에 관심을 가지고, 기후변화가 우리 생활과 환경에 미치는 영향을 설명할 수 있다. [4과16-03] 기후변화 대응 방법을 조사하고, 생활 속에서 기후변화 대응 방법을 실천할 수 있다.

형태 여러 가지 동식물의 생김새, 서식지 모습, 암석의 형태, 자원의 형태, 지구, 태양계, 대기의 형태, 대기를 이루는 구성 요소의 형태, 행성의 형태, 갯벌 생태계의 형태 등

기능 달의 기능, 행성의 기능, 밀물과 썰물의 기능, 세균, 태양계의 기능, 밀물, 썰물, 화산, 동식물 기관의 기능 등

인과관계 자원의 희소성의 원인, 동식물과 서식지 결정의 원인 요소, 여러 자연 현상의 원인, 기후 변화 요인, 생물 간 먹이사슬의 인과관계, 지형 변화의 원인, 인간과 자연환경 상호작용 및 복잡성의 원인, 공존해야 하는 이유, 생명경시 상황의 이유 등

변화 자연환경, 기후의 변화, 동식물 형태, 생태계, 서식지의 변화, 화산 활동의 변화, 지형의 변화, 균류의 변화, 육지와 바다의 물의 변화, 동식물 활용 변화, 동물의 한 살이 변화 등

연결성 동식물과 서식지, 인간과 자연, 대기와 인간생활, 생태계의 변화와 인간생활, 지형의 변화와 동식물, 기후 변화 및 인간생활 등의 요인 간의 연결성 등

관점 자연환경 보호 관점, 개발 관점, 동식물의 인간 생활 활용에 따른 관점, 기후 변화를 대하는 관점, 동식물을 기르는 관점, 동식물을 활용하고자 하는 관점 등

책임 바다 생태계 보호, 기후변화에 대처하는 인간의 책임, 자연 개발자와 수호자들의 책임, 지구환경을 건강하게 유지하고 후세대에 전승할 책임, 자연을 관리하고 돌볼 책임, 동식물의 생명을 중시할 책임, 동물의 서식지를 안전하게 유지할 책임 등

일반화 예시

• 생태계의 다양한 종을 알고 보존하는 것은 지구 환경에 도움을 준다. • 자원은 유한하며 인간은 자원을 효율적으로 활용하고 유지, 전승할 책임이 있다. • 기후변화는 인간 삶에 영향을 미친다. • 사람은 좋은 자연환경에서 살 권리가 있다. • 인간과 자연은 공존하며 지혜롭게 살 방법을 모색할 필요가 있다. • 자원 분배에 관한 갈등과 분쟁이 있으며, 사람들은 그것을 소통과 협력을 통해 평화롭게 해결하기 위해 노력한다. • 생태계의 변화는 인간 생활에 영향을 미친다. • 자연 현상 및 기후변화는 인간 행동의 결과이다. • 자연환경을 이익 추구의 목적만으로 활용하는 경우 생명 경시가 발생할 수 있다. • 인간은 생태계의 환경과 상호작용한다. • 동식물의 서식지 선택은 자연환경 변화 및 기후변화와 관련이 있다. • 인간은 지연환경을 이용하며 살아간다. • 태양과 행성은 질서 있게 유지되며, 상호 연결되어 있다. • 인간의 행동은 기후 변화에 영향을 끼친다. • 경제 활동에서 자원의 희소성에 대한 고려는 합리적 선택의 주요 기준이 된다. • 흐르는 물, 화산 활동, 지진 등의 자연 현상은 주변 지형과 사람들의 삶에 변화를 가져온다. • 생물 요소들은 순환 관계를 형성한다. • 균류·원생생물·세균은 인간 삶에 긍정적, 부정적 영향을 미친다. • 특정 별 주변에서 별자리가 관찰된다.

[기타 성취기준]

[4국04-01] 단어와 단어 간의 의미 관계를 파악한다.
[4국04-03] 기본적인 문장의 짜임을 이해하고 적절하게 사용한다.

[4수01-01] 큰 수의 필요성을 인식하면서 10000 이상의 큰 수에 대한 자릿값과 위치적 기수법을 이해하고, 수를 읽고 쓸 수 있다.
[4수01-02] 다섯 자리 이상의 수의 범위에서 수의 계열을 이해하고, 수의 크기를 비교하며 그 방법을 설명할 수 있다.
[4수01-03] 세 자리 수의 덧셈과 뺄셈의 계산 원리를 이해하고 그 계산을 할 수 있다.
[4수01-04] 곱하는 수가 한 자리 수 또는 두 자리 수인 곱셈의 계산 원리를 이해하고 그 계산을 할 수 있다.
[4수01-05] 나눗셈이 이루어지는 실생활 상황과 연결하여 나눗셈의 의미를 알고, 곱셈과 나눗셈의 관계를 이해한다.
[4수01-06] 나누는 수가 한 자리 수인 나눗셈의 계산 원리를 이해하고 그 계산을 할 수 있으며, 나눗셈에서 몫과 나머지의 의미를 안다.
[4수01-07] 나누는 수가 두 자리 수인 나눗셈의 계산 원리를 이해하고 그 계산을 할 수 있다.
[4수01-08] 자연수의 덧셈, 뺄셈, 곱셈, 나눗셈과 관련한 여러 가지 상황에서 어림셈을 할 수 있다.
[4수01-09] 양의 등분할을 통하여 분수의 필요성을 인식하고, 분수를 이해하고 읽고 쓸 수 있다.
[4수01-10] 단위분수, 진분수, 가분수, 대분수를 알고, 그 관계를 이해한다.
[4수01-11] 분모가 같은 분수끼리, 단위분수끼리 크기를 비교하고 그 방법을 설명할 수 있다.
[4수01-12] 분모가 10인 진분수와 연결하여 소수 한 자리 수를 이해하고 읽고 쓸 수 있다.
[4수01-13] 자릿값의 원리를 바탕으로 소수 두 자리 수와 소수 세 자리 수를 이해하고 읽고 쓸 수 있다.
[4수01-14] 소수의 크기를 비교하고 그 방법을 설명할 수 있다. [4수01-15] 분모가 같은 분수의 덧셈과 뺄셈의 계산 원리를 이해하고 그 계산을 할 수 있다.
[4수01-16] 소수 두 자리 수의 범위에서 소수의 덧셈과 뺄셈의 계산 원리를 이해하고 그 계산을 할 수 있다.
[4수02-01] 다양한 변화 규칙을 찾아 설명하고, 그 규칙을 수나 식으로 나타낼 수 있다. [4수02-02] 계산식의 배열에서 규칙을 찾고, 계산 결과를 추측할 수 있다.

[4수02-03] 등호를 사용하여 크기가 같은 두 양의 관계를 식으로 나타낼 수 있다.
[4수03-01] 직선, 선분, 반직선을 이해하고 구별할 수 있다.
[4수03-02] 각과 직각을 이해하고, 직각과 비교하는 활동을 통하여 예각과 둔각을 구별할 수 있다.
[4수03-03] 직선의 수직 관계와 평행 관계를 이해한다.
[4수03-06] 원의 중심, 반지름, 지름을 이해하고, 그 성질을 안다.
[4수03-07] 컴퍼스를 이용하여 여러 가지 크기의 원을 그릴 수 있다.
[4수03-08] 여러 가지 모양의 삼각형에 대한 분류 활동을 통하여 이등변삼각형, 정삼각형을 이해하고, 그 성질을 탐구하고 설명할 수 있다.
[4수03-09] 여러 가지 모양의 삼각형에 대한 분류 활동을 통하여 직각삼각형, 예각삼각형, 둔각삼각형을 이해한다.
[4수03-10] 여러 가지 모양의 사각형에 대한 분류 활동을 통하여 직사각형, 정사각형, 사다리꼴, 평행사변형, 마름모를 이해하고, 그 성질을 탐구하고 설명할 수 있다.
[4수03-11] 다각형과 정다각형을 이해한다.
[4수03-24] 각의 크기의 단위인 1도(°)를 알고, 각도기를 이용하여 각의 크기를 측정하고 어림할 수 있다.
[4수03-25] 여러 가지 방법으로 삼각형과 사각형의 내각의 크기의 합을 추론하고, 자신의 추론 과정을 설명할 수 있다.
[4영01-01] 알파벳과 쉽고 간단한 단어의 소리를 듣고 식별한다.
[4영01-02] 알파벳 대소문자를 식별하여 읽는다.
[4영01-05] 쉽고 간단한 단어, 어구, 문장의 의미를 이해한다.
[4영01-06] 자기 주변 주제에 관한 담화의 주요 정보를 파악한다.
[4영01-07] 적절한 전략을 활용하여 담화나 문장을 듣거나 읽는다.
[4영02-01] 쉽고 간단한 단어, 어구, 문장을 강세, 리듬, 억양에 맞게 따라 말한다.
[4영02-02] 알파벳 대소문자를 구별하여 쓴다.
[4영02-04] 실물, 그림, 동작 등을 보고 쉽고 간단한 문장으로 말하거나 단어나 어구를 쓴다.

5~6학년군 성취기준 개념 로드맵 <초학문적 주제>: 우리는 누구인가						
국어	사회	도덕	과학	실과	체육	미술
[6국01-02] 주장을 파악하고 이유나 근거가 타당한지 평가하며 듣는다. [6국06-02] 뉴스 및 각종 정보 매체 자료의 신뢰성을 평가한다. [6국06-04] 자신의 매체 이용 양상에 대해 성찰한다. [6국05-06] 작품을 읽고 자신의 삶과 연관 지어 성찰하는 태도를 지닌다.	[6사03-02] 일상생활에서 인권이 침해되는 사례를 찾아 그 해결 방안을 탐색하고, 인권을 보호하는 활동에 참여한다.	[6도01-01] 자주적인 삶에 대한 이해를 바탕으로 자신의 생활계획을 세우고 실천하여 주체적인 삶의 태도를 기른다. [6도01-02] 생활 습관에 대한 성찰을 통해 자기 생활을 점검하고 올바른 계획을 세워 이를 실천한다. [6도01-03] 자기가 하고 싶은 일을 선택할 때 도덕적 고려의 필요성을 알고 자신의 특기와 적성을 탐색하여 진로계획을 수립한다. [6도02-01] 봉사의 의미와 중요성을 이해하고, 타인이 처한 상황과 환경에 대한 주의 깊은 관심을 바탕으로 봉사를 실천한다.	[6과04-01] 뼈와 근육의 생김새를 관찰하고 모형을 만들어 몸이 움직이는 원리를 설명할 수 있다. [6과04-02] 소화, 순환, 호흡, 배설 기관의 구조와 기능을 알아보고, 우리 몸의 여러 기관이 서로 관련되어 있음을 설명할 수 있다.	[6실01-01] 아동기의 발달 특징을 이해하고 성장발달에 필요한 조건과 방법을 탐색한다. [6실01-02] 건강한 발달을 위한 자기 관리 방법을 탐색하고, 일상생활 속에서 올바른 생활습관과 태도를 갖도록 계획하여 실천한다. [6실01-03] 건강한 가정생활을 위해 가족원 모두에게 다양한 요구가 있음을 이해하여 서로에 대한 배려와 돌봄을 실천한다. [6실01-04] 균형 잡힌 식사의 중요성과 조건을 탐색하여 자신의 식습관을 검토해 보고 건강한 식습관 형성에 적용한다. [6실01-05] 옷의 기능을 이해하여 평소 자신의 옷차림을 살펴보고 건강하고 적절한 옷 입기를 실천한다. [6실01-06] 가정일을 수행하는 과정에서 일의 가치와 중요성을 이해하고, 가정생활을 유지하는 데 필요한 가정일의 종류를 탐색한다.	[6체01-01] 건강 체력과 운동 체력의 의미와 요소를 파악하고 다양한 운동 방법을 탐색한다. [6체01-02] 건강 체력과 운동 체력을 측정하고 자신의 체력 수준에 맞는 운동을 시도한다. [6체01-03] 성장 발달의 의미와 특성을 이해하고 운동과의 관계를 파악한다.	[6미01-01] 다양한 감각과 매체를 활용하여 자신과 대상을 탐색할 수 있다. [6미01-02] 자신이나 주변 환경에서 찾은 감각적 특징, 느낌, 생각 등을 관련지어 나타낼 수 있다.

		[6도02-02] 편견이 발생하는 이유를 탐색하여 해결 방안을 살펴보고, 다양성 존중을 바탕으로 다른 사람과 올바른 관계를 맺기 위한 실천 방안을 탐구한다. [6도02-03] 인간과 인공지능 로봇 간의 다양한 관계를 파악하고 도덕에 기반을 둔 관계 형성의 필요성을 탐구한다. [6도03-01] 인권과 관련된 다양한 사례를 살펴보고 인권에 관한 감수성을 길러 이를 실천하려는 의지를 함양한다.	[6과04-03] 우리 몸의 여러 기관과 관련된 질병을 조사하고, 건강을 유지하기 위한 생활 방식을 실천할 수 있다. [6과16-02] 다양한 진로가 과학과 관련됨을 알고, 자신의 진로를 과학과 관련지어 설명할 수 있다.	[6실01-07] 직업의 필요성을 이해하고 적성, 흥미, 성격에 따라 진로 발달 계획을 세우고 주도적으로 탐색한다. [6실02-05] 음식의 조리과정을 체험하여 자기 간식이나 식사를 스스로 마련하는 식생활을 실천한다. [6실02-06] 우리나라 밥상차림을 이해하고, 함께 식사하는 즐거움을 경험하면서 이 과정에서 식사 예절을 실천한다. [6실02-09] 간단한 옷의 수선 등 의생활과 관련된 문제를 스스로 해결하려는 태도를 가진다. [6실02-10] 자신의 생활공간을 쾌적하고 위생적으로 관리하는 것의 중요성을 알고, 정리정돈과 청소 및 쓰레기 처리의 방법을 익혀 실천한다.	[6체01-04] 운동 및 생활 속 위험 상황, 성장 발달을 저해하는 생활 방식의 문제점을 파악하고 예방 및 대처 방법을 익혀 안전하게 활동한다. [6체01-05] 체력 운동을 끈기 있게 규칙적으로 수행한다. [6체01-06] 성장과 발달 과정에서 나타나는 신체적, 정서적, 사회적 특성과 차이를 공감하고 위험 상황에 침착하게 대처한다.	

형태 신체적 형태, 발달 과정에 따른 몸의 형태, 다양한 직업, 직업 관련 기관, 장소의 형태, 공동체성을 표현하는 다양한 도구나 장소, 기호의 형태 등

기능 몸의 기능, 나와 타인의 관계성에 따른 물건이나 매체의 기능, 구성원의 역할, 학습에 영향을 끼치는 요소들의 기능, 성장에 따른 음식, 운동의 기능 등

인과관계 신체적 성장과 영적 건강 관련 상황, 문제, 현상에 따른 원인, 학습 결과, 성장 변인, 성장 결과, 갈등과 협력 양상의 원인과 결과 등

변화 인간의 성장과 발달 변화, 몸과 마음의 변화, 가족구성원, 공동체 구성원의 변화, 시대에 따른 역할 변화, 인식 변화, 여가 시간 활용의 변화 모습 등

연결성 개인과 타인, 공동체 구성원 간의 연결성, 관계, 소속감에 영향을 끼치는 요인과의 연결성, 학습의 결과 및 관련 사람들과의 연결성, 모든 변화에 영향을 끼치는 사람, 물리적 환경, 사회변화 양상과의 연결성 등

관점 나 자신을 바라보고 이해하는 나의 관점, 타인의 관점, 타인을 바라보는 나의 관점, 3자의 관점, 초월자의 관점, 신체적, 정서적, 영적 건강의 중요도에 관한 관점, 학습의 필요성, 변화, 성장에 따른 가족구성원, 학교 구성원, 사회 구성원의 관점 등

책임 나의 건강한 성장과 적응을 위한 나의 책임, 가족의 협력 등, 타인의 건강한 성장을 지원하는 면의 나의 책임, 공동체의 책임. 서로의 관점을 인정하는 면의 책임, 인간을 바라보고 이해하는 면과 공존을 위한 책임성 등

일반화 예시

• 사람의 신체와 마음을 돌아보는 일은 건강한 성장에 필요하다. • 사람의 성장 양상은 다르며, 몸과 마음, 중요하게 여기는 일에서의 성장이 있다. • 자기를 이해하는 노력은 균형잡힌 성장으로 이끈다. • 개인은 고유한 성격이 있으며, 타인과 상호작용하며 관계를 형성한다. • 성장 발달과 건강을 위한 생활 방식을 계획하고 실천하는 일은 건강한 성장으로 이끈다. • 사람들은 건강한 생활을 유지하기 위해 자신에게 맞는 활동과 여가 시간을 계획하고 실천한다. • 인권의 존중은 삶에 영향을 미친다. • 우리의 신념과 태도는 삶에 영향을 미친다. • 출처 제시, 출처 기관의 공신력 등과 같은 기준들은 정보 매체 자료의 신뢰도를 판단하는 주요 기준이 된다 • 문학 작품은 개인의 삶과 사회 현상이 반영되므로 성찰의 도구로 활용된다. • 생활 습관에 대한 성찰은 개인을 도덕적 삶으로 이끈다. • 뼈와 근육의 협응으로 몸이 움직인다. • 올바른 식습관 형성은 아동의 건강한 성장발달에 필수적이다. • 가정생활의 유지를 위해 다양한 할 일들이 있으며 가족 구성원 모두의 협력이 필요하다. • 인간의 다양한 감각은 주변 환경을 탐색하는 효과적인 수단이다. • 자신의 체력 수준에 맞는 적절한 운동은 건강하고 행복한 삶으로 안내한다. • 현재와 미래의 다양한 문제 해결을 위해 인공지능 로봇은 다양한 방면에서 활용된다.

5~6학년군 성취기준 개념 로드맵 <초학문적 주제>: 우리가 속한 공간과 시간				
국어	사회	체육	미술	영어
[6국05-03] 소설이나 극을 읽고 인물, 사건, 배경을 파악한다. [6국04-05] 글과 담화에 쓰인 시간 표현을 이해하고 상황에 맞게 표현한다.	[6사02-02] 우리나라의 지역별 인구 분포의 특징을 알아보고, 이에 따른 문제점과 해결 방안을 탐색한다. [6사04-01] 선사 시대와 고조선의 유적과 유물을 활용하여 당시 사람들의 생활을 추론한다. [6사04-02] 역사 기록이나 유적과 유물에 나타난 고대 사람들의 생각과 생활을 추론한다. [6사04-03] 다양한 역사 자료를 활용하여 고려 시대 사회 모습과 사람들의 생활을 추론한다. [6사05-01] 조선 시대 사람들의 생각과 생활에 유교 문화가 미친 영향을 파악한다. [6사05-02] 조선 후기 사회·문화적 변화와 개항기 근대 문물 수용 과정에서 달라진 사람들의 생활을 이해한다.6사06-01] 일제의 식민 통치와 이에 대한 저항이 사회와 생활에 미친 영향을 이해한다. [6사01-01] 우리나라 산지, 하천, 해안 지형의 위치를 확인하고 지형의 분포 특징을 탐구한다. [6사01-02] 독도의 지리적 특성과 독도에 대한 역사 기록을 바탕으로 영토로서 독도의 중요성을 이해한다. [6사09-01] 세계를 표현하는 다양한 공간 자료의 특징을 이해하고, 지구본과 세계지도에서 위치를 표현하는 방법을 익힌다. [6사09-02] 세계 주요 대륙과 대양을 파악하고, 우리나라 및 세계 여러 국가의 위치와 영토의 특징을 이해한다. [6사12-01] 세계의 인구 분포를 파악하고 여러 국가의 인구 특징을 탐구한다.	[6음02-01] 음악을 듣고 음악의 요소를 감지하며 구별한다. [6음02-02] 다양한 문화권의 음악을 듣고 음악적 특징과 음악의 간단한 구성을 인식한다. [6음02-03] 다양한 종류의 음악을 듣고 음악의 배경과 활용을 설명한다. [6음02-04] 생활 속에서 음악을 찾아 들으며 아름다움을 느끼고 공감한다. [6음02-05] 우리나라 음악 문화유산을 찾아 듣고 국악의 가치를 인식한다.	[6미01-03] 주변 환경에 대한 민감한 태도로 대상과 상호 작용하며 새로운 의미를 발견할 수 있다. [6미01-04] 이미지가 나타내는 의미를 비판적으로 이해하고 느낌과 생각을 전달하는 데 활용할 수 있다.	[6영02-04] 주변 사람이나 사물을 간단한 문장으로 소개하거나 묘사한다. [6영02-05] 주변 장소나 위치, 행동 순서나 방법을 간단한 문장으로 설명한다.

형태 선사시대 유물의 형태, 역사적 장소의 형태, 음악적 구성의 형태, 주변 환경 물건, 지리적 형태, 이미지의 형태 등

기능 유물과 문화의 기능, 이미지의 기능, 음악 문화유산의 기능 등

인과관계 유적과 유물의 형성 및 보존 관련 문제, 유적과 생활모습과의 관련성 원인, 유교문화와 생활 모습 관련 등

변화 시간과 공간에 따른 유물, 생활모습, 인식의 변화, 관점의 변화, 현재의 모습이 미래에 어떻게 변할 것인지에 관한 추측 등

연결성 역사적 사건, 유물, 시간 상의 연결성, 현재에 미치는 영향의 연결성, 현재 유지되고 영향을 끼치는 부분, 역사적 존재로서의 인간과의 연결성 등

관점 시간을 거슬러 과거 사람이라면? 미래라면? 등 시간에 따른 관점, 현재를 이해하는 사람들의 관점, 무엇을 중요하게 생각하는 지에 관한 의견 등

책임 문화 유산을 전승하는 데 필요한 책임, 현재를 살아가고 미래 사회에 영향을 끼치는 면에서의 책임, 세계가 연결된 면에서의 책임 등

일반화 예시

• 교통과 산업의 발달 탐색은 새로운 이해의 발견과 개발을 이끈다. • 사람들은 환경과 사회의 변화에 따라 삶의 터전을 고른다. • 역사는 우리 삶에 영향을 미친다. • 인간은 장소나 지역에 따라 다양한 문화를 형성한다. • 지리와 기후는 밀접한 관계가 있으며, 인간은 이러한 자연환경에 적응한다. • 소설이나 극과 같은 문학 작품에 등장하는 인물이나 사건은 배경에 영향을 받는다. • 지역별 인구 분포의 불균형은 사회 문제를 야기한다. • 유적과 유물, 역사 자료 등은 과거 사람들의 생활 모습, 생각 등을 엿볼 수 있는 도구가 된다. • 문화는 사람들의 생활 모습, 생각 등에 영향을 끼친다. • 다른 나라와의 교류는 현존하는 사람들의 생활 모습과 생각, 문화에 변화를 유발한다. • 지형은 사람들의 생활 모습에 영향을 준다. • 영토를 둘러싼 이권은 국가 간에 갈등을 촉발한다. • 다양한 형태로 시각화하여 나타낸 위치 자료는 지리를 파악하는 데 도움이 된다. • 국가의 위치에 따라 고유한 영토적 특징을 갖고 이는 사람들이 생활 모습과 문화를 형성하는 데 영향을 끼친다. • 국가별 인구 특징은 각 국가의 다양한 특징을 형성한다. • 음악은 다양한 음악 요소가 조화롭게 어우러져 만들어진다. • 음악은 지역, 문화 등을 반영하여 독특한 특징을 갖는다. • 음악은 활용 목적에 따라 다양한 형태로 제작된다. • 예술 활동을 통해 인간의 심미적 욕구를 충족한다. • 음악은 고유한 문화를 공유하는 공동체 구성원을 결속하는 기능을 한다. • 관찰은 창의적인 예술 활동을 위한 시발점이 된다. • 시각적 이미지는 창작자의 다양한 의도를 내포하여 사람들에게 전달된다. • 글이나 말을 통해 다양한 정보(장소나 위치 등)를 효율적으로 전달한다.

5~6학년군 성취기준 개념 로드맵 <초학문적 주제>: 우리 자신을 표현하는 방법					
국어	실과	체육	음악	미술	영어
[6국01-06] 토의에 협력적으로 참여하며 서로의 의견을 비교하고 조정한다. [6국01-07] 절차와 규칙을 지키고 타당한 이유와 근거를 제시하며 토론한다. [6국06-03] 적합한 양식과 수용자의 반응을 고려하여 복합양식 매체 자료를 제작하고 공유한다. [6국05-05] 자신의 경험을 시, 소설, 극, 수필 등 적절한 갈래로 표현한다. [6국05-04] 인상적인 부분을 중심으로 작품에 대한 의견을 나눈다. [6국04-01] 음성 언어 및 문자 언어의 특성을 이해하고 다양한 매체 자료에서 표현 효과를 평가한다. [6국04-03] 고유어와 관용 표현의 쓰임과 가치를 이해하고 상황에 맞게 표현한다. [6국03-01] 알맞은 내용을 선정하여 대상의 특성이 나타나게 설명하는 글을 쓴다.	[6실02-08] 다양한 도구와 재료를 활용하여 간단한 생활용품을 만들어 보면서 직접 만들어 쓰는 즐거움과 창의적 태도를 가진다. [6실03-02] 발명사고기법과 기술적 문제 해결 과정을 이해하고, 다양한 재료를 활용하여 생활 속 문제를 해결할 수 있는 창의적인 제품을 구상하고 만들어 봄으로써 실천적 태도를 갖는다. [6실03-05] 수송 수단의 구성 요소를 이해하고, 친환경 에너지를 적용한 다양한 수송 수단의 시제품을 만들어 수송기술의 가치를 인식한다. [6실04-02] 생활 속 디지털 기술의 중요성을 이해하고, 디지털 기기와 디지털 콘텐츠 저작 도구를 사용하여 발표 자료를 만들어 보면서 디지털 기기의 활용 능력을 기른다.	[6체03-01] 표현 활동의 의미와 유형을 파악한다. [6체03-02] 스포츠 표현에서 움직임 기술을 응용한 기본 동작을 파악하고 표현한다. [6체03-03] 스포츠 표현의 기본 동작을 다양하게 구성하여 발표하고 감상한다. [6체03-04] 전통 표현에서 움직임 기술을 응용한 기본 동작을 파악하고 표현한다. [6체03-05] 전통 표현의 기본 동작을 다양하게 구성하여 발표하고 감상한다.	[6음01-01] 바른 주법과 표현 기법을 익혀 노래나 악기로 느낌을 담아 연주한다. [6음01-02] 음악 요소를 살려 노래나 악기로 발표하고 과정을 돌아본다. [6음01-03] 소리의 어울림을 생각하며 다양한 방법으로 함께 표현한다. [6음01-04] 간단한 형태의 연주를 준비하여 생활 속 음악 활동에 참여한다. [6음03-01] 느낌과 아이디어를 떠올려 여러 매체나 방법으로 자신감 있게 표현한다.	[6미02-01] 다양한 방법으로 아이디어를 연결하여 확장된 표현 주제로 발전시킬 수 있다. [6미02-02] 디지털 매체 등 다양한 표현 재료와 용구를 탐색하여 작품 제작에 활용할 수 있다. [6미02-03] 조형 요소의 어울림을 통해 조형 원리를 이해하고 주제 표현에 연결할 수 있다. [6미02-04] 주제 표현에 의지를 갖고 표현 과정을 돌아보며 작품을 발전시킬 수 있다.	[6영02-06] 자신의 감정이나 의견, 경험이나 계획을 간단한 문장으로 표현한다. [6영02-07] 일상생활 주제에 관한 담화나 글의 세부 정보를 간단한 문장으로 묻거나 답한다. [6영02-08] 예시문을 참고하여 목적에 맞는 간단한 글을 쓴다. [6영02-09] 적절한 매체와 전략을 활용하여 창의적으로 의미를 생성하고 표현한다.

[6국03-02] 적절한 근거를 사용하고 인용의 출처를 밝히며 주장하는 글을 쓴다. [6국03-03] 체험한 일에 대한 감상을 나타내는 글을 쓴다. [6국03-04] 독자와 매체를 고려하여 내용을 생성하고 표현하며 글을 쓴다. [6국03-05] 쓰기 과정을 점검·조정하며 글을 쓰고, 글 전체를 대상으로 통일성 있게 고쳐 쓴다. [6국03-06] 쓰기에 적극적으로 참여하며 자신의 글을 독자와 공유하는 태도를 지닌다. [6국01-05] 자료를 선별하여 핵심 정보를 중심으로 내용을 구성하고 매체를 활용하여 발표한다.	[6실05-01] 컴퓨터를 활용한 생활 속 문제해결 사례를 탐색하고 일상생활 속 문제를 해결하기 위한 알고리즘을 다양한 방법으로 표현한다. [6실05-02] 컴퓨터에게 명령하는 방법을 체험하고, 주어진 문제를 해결하는 프로그램을 작성한다. [6실05-03] 실생활의 문제를 해결하는 프로그램을 협력하여 작성하고, 산출물을 타인과 공유한다. [6실04-03] 제작한 발표 자료를 사이버 공간에 공유하고, 건전한 정보기기의 활용을 실천한다.	[6체03-06] 현대 표현에서 움직임 기술을 응용한 기본 동작을 파악하고 표현한다. [6체03-07] 현대 표현의 기본 동작을 다양하게 구성하여 발표하고 감상한다. [6체03-08] 다양한 표현 활동 유형을 수용하고, 움직임 표현의 아름다움을 추구한다.	[6음03-02] 기초적인 기보를 활용하여 간단한 조건에 따라 악곡의 일부를 바꾼다. [6음03-03] 음악의 요소를 활용하여 간단한 음악을 만든다. [6음03-04] 생활 주변 상황이나 이야기를 활용하여 음악을 만들며 열린 태도를 갖는다.	[6미03-02] 미술 작품의 내용(소재, 주제 등)과 형식(재료와 용구, 표현 방법, 조형 요소와 원리 등)을 분석하여 작품의 특징을 설명할 수 있다.	[6영02-10] 의사소통 활동에 흥미와 자신감을 가지고 참여하여 협력적으로 수행한다.

형태 토의토론 형식, 좌석 배치의 형태 이유, 디지털 도구, 악기 형태, 움직임의 형태, 문장의 구조 등

기능 조형품, 미술 작품, 음악의 기능, 발명, 글, 다양한 매체의 기능, 언어표현 수단과 영역의 기능 등

인과관계 새로운 것을 발견하거나 발명하는 이유, 자신을 표현하는 이유, 표현 내용에 따른 인과관계, 표현 결과 해석에 따른 이유 등

변화 도구와 재료의 변화 양상, 언어 표현의 변화 양상, 이미지나 사람들의 표현이 다양해진 도구나 매체 양상, 디지털 기기의 발전, 생활 활용면에서의 변화 등

연결성 인간의 의식, 인식, 창의성이 어떻게 표현되는지에 따른 연결성, 경험과 관계성에 따른 영향, 몸의 기능과 의식에 따른 움직임의 연결, 문제해결에 기여하는 표현의 연결성 등

관점 작품, 발명품, 움직임, 예술 표현에 따른 사람들의 의도, 인식, 의식, 가치, 표현에 따른 해석이 달라질 수 있음을 살펴보기, 친환경에 대한 관점 등

책임 표현의 자유를 인정, 다른 사람의 표현을 존중, 관점의 다양성을 수용이나 반대 의견 제시 상에서의 소통과 책임, 건강한 표현을 위한 책임 등

일반화 예시

• 자신의 생각이나 사고를 표현하는 일은 건강한 삶을 유지하는 데 필요하다. • 사람들은 자신의 삶의 맥락과 상황에서 느끼는 것이 같거나 다를 수 있다. • 사람들은 자신이 인식하는 방식과 가치를 담아 표현한다. • 사람들의 겉으로 드러난 모습은 인식과 오해를 초래한다. • 토의와 토론에서 절차와 규칙을 지키는 일은 의견을 조정하고 협력적으로 소통하는 데 필요하다. • 개인은 고유한 방식으로 생각과 감정을 표현한다. • 사람들은 경험과 감상을 다양한 방식으로 표현한다. • 사람들은 개인적, 사회적, 문화적으로 표현하며 소통하며 살아간다. • 표현의 자유는 타인의 인식에 따라 허용되거나 제한된다. • 디지털 기기의 발전은 매체를 활용한 표현을 다양화한다. • 창의성은 불편을 해소하고 편리한 생활로 발전하는 데 기여한다. • 사람들은 표현의 욕구를 통해 자신이 느낀 아름다움을 표출한다. • 말과 문자의 특성을 이해하는 일은 자기의 표현과 타인의 표현 양상을 이해하는 데 도움이 된다. • 다양한 사람들의 다양한 표현은 삶을 풍성하게 한다. • 상대방을 존중하며 나의 의견을 말하는 대화 태도는 건강하고 성공적인 토론으로 이끈다. • 인간은 언어, 문화, 매체를 통해 표현하며 표현의 결과는 문화 유산을 이룬다. • 개인의 기록은 자신의 정체성을 반영한다. • 인간의 다양한 경험은 표현되며, 공유를 통해 유대감을 형성한다. • 의사소통 방식은 문화적 배경에 따라 다르다. • 예술은 복잡한 감정과 아이디어를 표현하는 창의성을 반영한다. • 디지털 기술의 발전을 사람들의 표현 영역을 확장시킨다. • 글쓰기는 개인의 경험과 상상을 공유하는 방식이다. • 표현 방식의 존중은 신뢰와 유대를 형성한다. • 표현 방식에 대한 다양한 관점을 가지는 것은 타인을 이해하는 데 도움이 된다. • 미술은 색, 형태, 질감의 요소를 통해 작가의 의도인 이야기를 전달한다. • 사람들은 의도와 감정, 이야기를 자신의 표현 방식을 통해 공유한다.

5~6학년군 성취기준 개념 로드맵 <초학문적 주제>: 세계가 돌아가는 방식		
과학	실과	미술
[6과01-01] 지층의 특징을 알고, 지층의 형성 과정을 모형으로 표현할 수 있다. [6과01-02] 지층이 퇴적암으로 이루어짐을 알고, 퇴적암을 알갱이의 크기에 따라 분류할 수 있다. [6과01-03] 화석의 생성 과정을 모형으로 설명하고, 지구의 과거 생물과 환경을 추리하는 활동을 통해 화석의 가치를 인식할 수 있다. [6과02-01] 물체를 보기 위해서 빛이 있어야 함을 알고, 빛의 성질에 대해 흥미를 느낄 수 있다. [6과02-02] 빛이 나아가는 현상을 관찰하여 빛이 직진, 반사, 굴절하는 성질이 있음을 말할 수 있다. [6과02-03] 거울과 렌즈의 쓰임새를 조사하고 거울이나 렌즈를 이용한 장치를 창의적으로 만들 수 있다. [6과03-01] 용해 현상의 의미를 알고, 용질의 종류와 물의 온도에 따라 물에 녹는 용질의 양이 달라짐을 비교할 수 있다. [6과03-02] 용질이나 용매의 양에 따라 용액의 진하기가 달라짐을 관찰하고, 용액의 상대적인 진하기를 비교할 수 있다. [6과03-03] 일상생활에서 용액이 쓰이는 사례를 조사하여 용액의 필요성을 알리는 자료를 만들고 공유할 수 있다. [6과05-01] 알갱이의 크기가 다른 고체 혼합물과 골고루 섞이지 않는 액체 혼합물을 분리할 수 있다. [6과05-02] 물에 용해되는 성질을 이용하여 고체 혼합물을 분리하고, 물을 증발시켜 물에 용해된 고체 물질을 분리할 수 있다. [6과06-01] 기상 요소를 조사하고, 날씨가 우리 생활에 주는 영향을 인식할 수 있다. [6과06-02] 이슬, 안개, 구름을 관찰하고, 공통점과 차이점을 찾을 수 있다. [6과06-03] 고기압과 저기압의 분포에 따른 날씨의 특징을 기상 요소로 표현할 수 있다. [6과07-01] 물체의 따뜻하고 차가운 정도를 온도로 표현함을 알고, 온도계를 이용하여 온도를 측정할 수 있다.	[6실03-01] 발명의 의미를 이해하고, 일상생활을 바꾼 발명품을 탐색하여 발명과 기술에 대한 중요성과 가치를 인식한다. [6실04-01] 친환경 건설 구조물을 이해하고, 생활 속 건설 구조물을 탐색하여 간단한 구조물을 체험하면서 건설기술에 대한 가치를 인식한다. [6실04-04] 로봇의 개념과 구조를 이해하고, 생활 속 로봇 기능을 체험하여 로봇의 중요성을 인식한다. [6실04-07] 생활 속 동식물 자원을 활용 목적에 따라 분류하고 이와 관련된 다양한 생명기술을 탐색한다. [6실04-10] 생활 속에서 농업 활동과 관련된 모습을 분석하고 이에 따른 농업활동을 체험하여 농업에 대한 관심을 두고 이를 생활 속에서 실천한다.	[6미03-01] 미술 작품을 작품이 만들어진 시대적, 지역적 배경 등과 연결하여 이해할 수 있다. [6미03-03] 공동체의 미술 문화 활동에 관심을 가지고 참여하며 경험을 공유할 수 있다. [6미03-04] 다양한 방법을 활용하여 작품을 감상하며 작품에 관한 서로 다른 관점을 존중할 수 있다.

[6과07-02] 온도가 다른 두 물체가 접촉했을 때 두 물체의 온도 변화를 관찰하고 그 원인을 추리할 수 있다. [6과07-03] 주위에서 열의 이동으로 나타나는 현상을 관찰하여 열의 이동 방식이 다양함을 설명할 수 있다. [6과07-04] 일상생활에서 단열을 이용하는 사례를 조사하고, 온도를 오랫동안 일정하게 유지할 수 있는 장치를 창의적으로 만들 수 있다. [6과09-01] 여러 가지 용액에 지시약을 넣었을 때의 변화를 관찰하여 용액을 산성 용액과 염기성 용액으로 분류할 수 있다. [6과09-02] 산성 용액과 염기성 용액의 성질을 관찰하고, 산성 용액과 염기성 용액을 섞을 때 용액의 성질 변화를 실험을 통해 추론할 수 있다. [6과09-03] 우리 주변에서 산성 용액과 염기성 용액을 이용하는 예를 찾아서 설명할 수 있다. [6과10-01] 운동하는 물체는 시간에 따라 위치가 변화함을 알고 그 변화를 표현할 수 있다. [6과10-02] 물체의 이동 거리와 걸린 시간을 측정하여 속력을 구하고 빠르기를 비교할 수 있다. [6과10-03] 속력과 관련된 안전 수칙과 안전장치를 조사한 결과를 공유하고 일상생활에서 교통안전을 실천할 수 있다. [6과12-01] 하루 동안 태양과 별을 관찰하여 위치 변화의 규칙성을 찾을 수 있다. [6과12-02] 지구의 자전을 알고, 낮과 밤이 생기는 이유를 설명할 수 있다. [6과12-03] 지구의 공전을 알고, 계절에 따라 달라지는 별자리를 관찰할 수 있다. [6과13-01] 태양 고도 측정기로 하루 동안 태양 고도, 그림자 길이, 기온을 측정하여 이들의 관계를 찾을 수 있다. [6과13-02] 계절에 따른 태양의 남중 고도와 낮의 길이 사이의 관계를 자료에 근거하여 추론할 수 있다. [6과13-03] 계절 변화의 원인을 지구의 자전축이 기울어진 채 공전하는 것으로 설명할 수 있다. [6과14-01] 물질의 성질이 달라지는 변화와 달라지지 않는 변화를 관찰하여 비교할 수 있다. [6과14-02] 물질이 연소할 때 나타나는 공통적인 현상을 관찰하고, 연소의 조건을 찾을 수 있다. [6과14-03] 연소 전과 후의 물질을 비교하여 연소 과정에서 물질의 성질이 달라짐을 설명할 수 있다.	[6실04-11] 농업과 농촌의 다원적인 역할과 가치를 이해하고 미래 농업과 관련된 다양한 직업 세계를 탐색한다. [6실03-03] 발명과 특허의 관계를 이해하고, 특허 침해 사례를 통하여 지식재산권의 중요성을 인식하여 올바른 방법으로 활용한다. [6실03-04] 수송의 의미와 수송 수단의 발달과정에 대한 이해를 바탕으로 생활 속 다양한 수송 수단을 탐색한다. [6실04-05] 로봇의 종류와 활용 사례를 통해 작동 원리를 이해하고, 로봇에 대한 관심과 흥미를 가진다. [6실04-06] 로봇의 융합 기술을 이해하고, 간단한 로봇을 만들어 코딩과 프로그램을 적용하여 동작시키는 체험을 통해 융합 기술의 가치를 인식하다.

<table>
<tr>
<td>[6과14-04] 연소 과정에서 생성되는 물질로 인한 생태계의 피해 사례를 수집하고 분석하여 해결책을 제안하고 공유할 수 있다.
[6과15-01] 전지와 전구, 전선을 연결하여 전구에 불을 켜보고, 불이 켜지는 전기 회로의 특징을 말할 수 있다.
[6과15-02] 전지 한 개를 연결한 전기 회로와 전지 두 개를 직렬연결한 전기 회로의 특징을 비교할 수 있다.
[6과15-03] 전자석을 만들어 전자석의 성질을 탐색하고 전자석이 사용되는 예를 조사할 수 있다.
[6과15-04] 전기를 효율적이고 안전하게 사용하는 방법을 조사하여 실천 계획을 세우고 일상생활에서 실천할 수 있다.
[6과07-04] 일상생활에서 단열을 이용하는 사례를 조사하고, 온도를 오랫동안 일정하게 유지할 수 있는 장치를 창의적으로 만들 수 있다.</td>
<td>[6실05-04] 디지털 데이터와 아날로그 데이터의 특징을 이해하고, 인공지능에 활용할 수 있는 데이터의 유형이나 형태를 탐색한다.
[6실05-05] 인공지능이 만들어지는 과정을 체험하고, 인공지능이 사회에 미치는 영향을 탐색한다.</td>
<td></td>
</tr>
</table>

형태 용질, 용매의 형태, 물질의 형태, 이슬, 안개, 구름의 형태, 기상 요소의 형태, 지층 및 암석의 형태, 친환경 구조물의 형태 등

기능 지층, 렌즈, 전지, 전구, 연소, 용액의 기능, 로봇의 기능, 프로그램의 기능, 디지털 데이터의 기능 등

인과관계 물질의 상태 변화의 원인, 자전, 공전의 원인, 로봇 융합 기술 발전 원인, 요소, 인공지능 활용 문제의 원인, 온도 변화의 원인 등

변화 태양 고도의 변화, 물질의 연소 전과 후의 변화, 계절의 변화, 지구 공전, 자전에 따른 변화,

연결성 로봇 기술의 발전과 인간 생활의 연결성, 지구의 변화, 자전, 공전, 태양 고도에 따른 인간 생활과의 연결성, 과학 기술 진보와 인간 삶의 연결성

관점 기술 발전, 로봇 개발, 인공지능 활용에 대한 관점, 과학 원리를 분석하고 해석하는 관점, 기술발전과 자연세계에 대한 관점 등

책임 과학기술 진보에 따른 인간의 책임, 물리적, 생물학적 요소와 인간 간 상호작용에 따른 책임, 자연계 법칙을 유지하기 위한 책임, 혁신과 기술 발전에 따른 책임 등

일반화 예시

• 인간의 생존은 지구의 끊임없는 변화를 이해하는 것과 연결된다. • 사람들은 실험과 관찰을 통해 자연 현상을 이해하고 과학적 원리를 검증한다. • 사람들은 과학적 원리를 사용하여 미래 사회의 문제를 대비한다. • 과학적 탐구는 자연 현상의 원리를 이해하는 데 기여한다. • 자연재해와 환경오염은 기후변화와 밀접한 관련이 있다. • 발명과 융합 기술은 일상생활을 변화시키고 사회를 발전시킨다. • 예술과 문화는 시대와 지역적 맥락을 반영한다. • 기술의 발전은 편리함의 제공과 함께 새로운 도전을 제시한다. • 물질의 성질을 파악하는 일은 물질을 활용한 기술 발전에 필요하다. • 로봇과 인공지능 융합 기술은 사람들의 생활 방식의 변화를 이끈다. • 기술은 문화와 사회적 요구에 따라 변화하고 발전한다. • 사람들은 공동체의 정체성과 가치를 형성하고 예술과 문화를 통해 전수한다. • 발명과 기술은 미래의 문제를 해결하기 위한 중요한 도구로 활용된다. • 로봇과 인공지능 기술은 다양한 분야에서 활용된다. • 법과 제도는 공동체의 평화와 정의를 실현하기 위한 도구이며, 사회 구성원의 참여로 유지되고 변화된다. • 물질과 에너지는 서로 변환될 수 있고, 다양한 형태로 나타난다. • 사람들은 실험을 통해 새로운 사실을 발견하고 이론을 정립한다. • 지구는 자전과 공전을 하며, 계절과 인간 생활에 영향을 미친다. • 자연 현상은 과학적 법칙을 발견하는 노력으로 설명하거나 예측 가능하다. • 자연의 법칙을 발견하는 일은 자연으로 인한 문제 발생을 예방하는 데 도움이 된다.

5~6학년군 성취기준 개념 로드맵 <초학문적 주제>: 우리 자신을 조직하는 방식			
국어	사회	실과	체육
[6국04-02] 표준어와 방언의 기능을 파악하고 언어 공동체와 국어 생활과의 관계를 이해한다.	[6사03-01] 일상 사례에서 법의 의미와 역할을 이해하고, 헌법에 규정된 인권이 일상생활에서 구현되는 사례를 조사하여 인권 친화적 태도를 기른다. [6사06-02] 8·15 광복과 6·25 전쟁이 사회와 생활에 미친 영향을 파악한다. [6사07-01] 분단으로 나타난 문제점과 분단과 관련된 장소를 평화의 장소로 만들려는 노력 등을 알아보고, 평화 통일을 위해 우리가 할 수 있는 일을 탐색한다. [6사07-02] 민주화와 산업화로 인해 달라진 생활 문화를 사례를 들어 이해한다. [6사08-01] 민주주의에서 선거의 의미와 역할을 파악하고, 시민의 주권 행사를 위해 선거에 참여하는 태도를 기른다. [6사08-02] 민주 국가에서 국회, 행정부, 법원이 하는 일에 대해 이해하고, 각 국가기관의 권력을 분립하는 이유를 탐색한다. [6사08-03] 민주주의에서 미디어의 의미와 역할을 이해하고, 여러 가지 미디어의 내용을 비판적으로 분석하여 올바르게 이용하는 태도를 기른다. [6사11-01] 시장경제에서 가계와 기업의 역할을 이해하고, 근로자의 권리와 기업의 자유 및 사회적 책임을 탐색한다. [6사11-02] 경제 성장이 우리 생활에 미치는 영향을 파악하고, 빠른 경제성장으로 발생한 문제의 해결 방안을 탐색한다. [6사11-03] 사례를 통해 무역의 의미를 이해하고, 국가 간 무역이 발생하는 이유를 탐구한다.	[6실02-04] 식재료 생산과 선택의 중요성을 인식하고 여러 식재료의 고유하고 다양한 맛을 경험하여 자신의 식사에 적용한다. [6실02-03] 생활자원의 올바른 사용이 가정과 환경에 도움이 됨을 이해하고 재활용, 재사용 등 환경을 고려한 관리 방법을 실천한다.	[6체02-10] 스포츠 활동에 참여하며 목표를 달성하기 위한 의지를 실천하고 상대의 기술을 인정한다. [6체02-11] 스포츠 활동에 참여하며 팀원과 협력하고 구성원을 배려한다.

형태 여러 법의 종류, 특징, 다양한 스포츠의 종류, 식생활 형태

기능 법의 기능, 나라의 주요 기관의 기능, 각 부처가 하는 일, 분단 및 통일 관련 기구의 역할, 미디어의 역할, 기업의 역할, 표준어, 방언의 기능

인과관계 방언과 사람들의 생활, 방언에 따른 일화, 국가 권력 분립의 이유, 정부 기관 간의 갈등, 미디어 사용의 문제점, 경제 문제 발생 이유, 식생활 문화 다양성

변화 식생활의 변화, 사회 변화에 따른 식생활 변화, 시대에 따른 정부 기관의 역할 변화, 스포츠 경기 룰의 변화

연결성 함께 하는 일의 중요성, 긴밀하게 연결되는 경제, 법, 스포츠, 식생활의 측면

관점 사람들이 살아가는 방식을 정하는 의도와 이유에 대한 관점

책임 법을 지켜야 하는 책임, 협력하고 배려할 책임, 생활 자원의 올바른 이용

일반화 예시

• 법은 사람들의 사회적 약속으로 성립된다. • 시장은 교환이 가능한 재화 생산력과 서비스 공급력에 달려있다. • 사람들은 지역의 맥락에 따라 다른 언어를 사용한다. • 스포츠와 같은 공동체 활동에서는 목표 달성을 위해 협력하고, 상대방의 역량과 가치를 존중하는 태도가 중요하다. • 언어 공동체는 정체성을 공유하고 사회적 유대를 형성한다. • 민주주의는 헌법과 법을 통해 시민의 권리를 보장한다. • 환경보전과 자원의 효율적 사용으로 지속가능한 사회를 만들 책임이 있다. • 사회적 의사결정은 인간의 삶의 질을 높인다. • 국가 간 경제교류는 상호의존성을 증가시킨다. • 민주주의의 발전은 시민의 권리와 책임을 강화한다. • 사람들은 공동의 목표를 이루기 위해 협력한다. • 자원과 생산, 소비는 경제 활동에 영향을 끼친다. • 헌법에 규정된 인권은 민주사회의 핵심 요소이다. • 헌법에 규정된 내용은 일상생활에서 지켜질 때 비로소 유의미하다. • 자유를 위한 투쟁은 자유민주주의 사회로의 진입을 앞당긴다. • 분단은 이산가족, 전쟁에 대한 공포 등 심각한 문제들을 야기한다. • 평화통일은 장기적인 노력과 준비로 이뤄진다. • 민주사회에서 시민은 선거를 통해 주권을 행사한다. • 오늘날 미디어는 사람들의 생각과 여론 형성에 영향을 미치는 강력한 도구이다. • 경제 성장 과정에서 발생하는 문제점들을 해결해 나감으로써 더 나은 시장경제 체제를 완성한다. • 시장경제는 가계와 기업 등 경제 주체들이 책임감 있게 각자의 역할을 해나가며 균형을 이룰 때 안정을 이룬다. • 환경을 고려한 생활자원의 올바른 사용은 지구에 도움이 된다. • 협력적 스포츠 활동은 공동체의 유지 발전에 기여한다.

5~6학년군 성취기준 개념 로드맵 <초학문적 주제>: 우리 모두의 지구					
사회	도덕	과학	실과	체육	영어
[6사12-02] 지구촌을 위협하는 다양한 문제들을 파악하고, 지속가능한 미래를 위한 해결 방안을 탐색한다. [6사02-01] 우리나라의 계절별 기후 특징을 자료에서 탐구하고, 기후변화로 인한 자연재해의 심각성을 이해한다. [6사10-01] 세계의 여러 지역의 지형 경관을 살펴보고, 이를 통해 다양한 삶의 모습을 이해한다.	[6도03-02] 정의에 관한 관심을 토대로 공동체 규칙의 중요성을 살펴보고 직접 공정한 규칙을 고안하며 기초적인 시민의식을 기른다. [6도03-03] 통일과정과 통일 이후 사회의 여러 가지 상황을 예상하고 바람직한 통일과정과 통일 국가의 사회상을 제시한다 [6도03-04] 다른 나라 사람들이 처한 여러 가지 상황을 종합적으로 이해하고 해결 방안을 탐구하며 인류애를 기른다. [6도04-01] 지구의 환경 위기 상황을 이해하고, 이를 극복하기 위한 다양한 방안을 찾아 자신의 일상에서 실천하고자 노력한다.	[6과08-01] 우리가 생활에서 이용하는 다양한 자원을 조사하고, 자원의 유한함을 설명할 수 있다. [6과08-02] 재생에너지의 종류를 조사하고, 에너지를 지속가능하게 이용하는 방법에 관심을 갖는다. [6과08-03] 자원과 에너지의 효율적인 이용 방법에 대해 탐색하고, 생활 속에서 실천할 수 있는 다양한 사례를 공유할 수 있다. [6과09-04] 산성화로 인한 환경의 피해 사례를 소개하는 자료를 만들고 공유할 수 있다. [6과05-03] 지속가능한 삶을 위한 과학기술 사례 중 혼합물의 분리를 이용한 장치를 조사하여 공유할 수 있다. [6과11-01] 생물을 이루고 있는 기본 단위인 세포를 현미경으로 관찰할 수 있다. [6과11-02] 식물의 각 기관의 구조를 관찰하고, 기능을 알아보는 실험을 수행하여 식물 각 기관의 구조와 기능을 설명할 수 있다.	[6실02-11] 생태 지향적 삶을 위해 자신의 의식주 생활에서 할 수 있는 구체적인 행동을 계획하여 실천한다. [6실02-02] 생활자원 관리의 필요성을 인식하고, 생활자원의 합리적인 보관과 활용방법을 익힌다. [6실02-01] 시간이나 용돈과 같은 생활자원이 제한되어 있음을 이해하고, 생활자원의 사용가치를 높이는 방법을 탐색한다. [6실04-08] 생활 속 동식물을 기르고 가꾸는 방법을 알고, 동식물을 기르고 가꾸는 체험을 통해 생태 존중감을 가진다.	[6체02-07] 생태형 스포츠의 의미와 유형을 파악한다. [6체02-08] 생태형 스포츠 유형별로 기본 움직임 기술을 응용한 기본 기능을 파악하고 수행한다. [6체02-09] 생태형 스포츠 유형별 활동 방법을 파악하고 기본 전략을 게임 활동에서 수행한다. [6체02-10] 스포츠 활동에 참여하며 목표를 달성하기 위한 의지를 실천하고 상대의 기술을 인정한다. [6체02-12] 스포츠 활동에 참여하며 환경을 아끼고 감사하는 태도를 실천한다.	[6영01-10] 일상생활 주제나 문화에 관한 담화나 글을 포용의 태도로 듣거나 읽는다.

[6사10-02] 세계의 다양한 기후를 알아보고 기후 환경과 인간생활 간의 관계를 탐구한다.	[6도04-02] 지속가능한 삶의 의미를 탐구하고 미래 세대에 대한 책임을 강화하여 자연의 다양성을 존중하고 생산성을 유지할 수 있는 미래를 위한 실천 방안을 찾는다.	[6과11-03] 여러 가지 식물의 특징을 설명하는 자료를 만들어 공유할 수 있다. [6과16-01] 미래 사회에 일어날 수 있는 문제를 조사하고, 문제를 해결하는 데 과학이 기여할 수 있는 방법을 토의할 수 있다.	[6실04-09] 동식물 자원의 친환경 농업 사례를 통해 지속가능한 농업이 순환되고 있음을 인식하고 농업의 미래가치를 인식한다.		

형태 여러 가지 자원의 형태, 인간과 생물의 형태, 식물의 구조, 생물 세포의 형태 등

기능 몸의 여러 기능, 자연환경의 기능, 다양한 지구촌 문제 해결 기구의 기능

인과관계 지구의 문제상황의 원인과 결과, 기후, 생태 문제의 원인 등

변화 환경과 사람들의 생활 변화, 자연의 변화, 인식의 변화 등

연결성 자연과 사람이 주고 받는 상호작용 및 결과, 한 나라의 문제가 다른 나라에 미치는 영향 등

관점 우리나라 맥락, 세계적 맥락, 생태적 관점, 인간 중심 관점 등

책임 자연과 인간의 공존을 위한 책임, 유한한 자원 활용면에서의 책임, 기후환경 개선에 관한 책임 등

일반화 예시

• 자연과 인간 생활은 서로 영향을 미치며 연결되어 있다. • 사람들의 행동은 환경을 변화시킬 수 있다. • 생물 다양성은 시스템 안에서 유기체의 상호의존적인 균형을 유지하는 것에 의존한다. • 지구 환경은 다양한 요인에 의해 변화하고 사람들은 환경에 능동적으로 대처하며 살아간다. • 지구촌은 연결되어 있으며, 생태계를 보존하고 지킬 책임이 있다. • 자원과 에너지의 효율적 관리는 인간 생활과 자연 보존에 영향을 끼친다. • 생명 공학은 인간의 삶에 기여한다. • 에너지는 자연과 일상 생활의 현상을 반영한다. • 환경에 대한 이해는 인간 삶에 영향을 미친다. • 인간은 의사결정을 통해 지구초의 평화를 지향한다. • 올바른 의사 결정을 통해 지구촌의 평화를 지향한다. • 생명체는 각 기관과 구조를 통해 환경에 적응하며, 인간 활동과 연결되어 있다. • 세계시민성의 발휘를 통한 주도적이고 협력적인 문제 해결 의지와 실천력은 지구촌의 다양한 문제를 해결한다. • 기후변화는 자연재해 등을 통해 인간의 삶에 부정적인 영향을 미친다. • 자연환경은 사람들의 생활 모습에 영향을 준다. • 자주성 발휘, 공정한 자세와 같은 건전한 시민의식은 공동체의 발전에 필수적이다. • 오늘날 발생하는 여러 문제는 전 지구적인 차원에서의 협력적 해결이 요구된다. • 과학기술의 발전은 오늘날 당면한 여러 자원문제를 해결하는 실마리가 된다. • 과학기술의 발전은 환경을 파괴하기도 하고 환경을 복구할 가능성도 제시한다. • 식물은 각 기관이 유기적으로 협응하여 생명을 유지한다. • 생활자원은 한정되어 있어서 효율적인 사용을 통해 관리가 필요하다. • 담화나 글을 읽는 것은 다른 문화를 이해하는 도구가 된다. • 산, 들, 바다 등 주변 환경은 자연 친화적인 스포츠 활동에 활용된다.

[기타 성취기준]

[6국01-01] 대화에서 생략된 내용을 추론하며 듣는다.
[6국05-01] 작가의 의도를 생각하며 작품을 읽는다.
[6국05-02] 비유적 표현의 효과에 유의하여 작품을 감상한다.
[6국06-01] 정보 검색 도구를 활용하여 자신의 목적에 맞는 매체 자료를 찾는다.
[6국04-04] 문장 성분을 이해하고 호응 관계가 올바른 문장을 구성한다.
[6국04-06] 글과 담화에 쓰인 단어 및 문장, 띄어쓰기를 민감하게 살펴 바르게 고치는 태도를 지닌다.
[6국01-03] 주제와 관련하여 궁금한 내용을 질문하며 적극적으로 듣고 말한다.
[6국01-04] 면담의 절차를 이해하고 상대와 매체를 고려하여 면담한다.
[6국02-01] 글의 구조를 고려하며 주제나 주장을 파악하고 글 내용을 요약한다.
[6국02-02] 글에서 생략된 내용이나 함축된 표현을 문맥을 고려하여 추론한다.
[6국02-05] 긍정적인 읽기 동기를 형성하고 적극적으로 읽기에 참여하는 태도를 기른다.
[6실02-07] 의생활 용품이 만들어지는 과정을 탐색하여 옷이나 생활용품이 어떻게 구성되는지를 설명한다.
[6체02-01] 기술형 스포츠의 의미와 유형을 파악한다.
[6체02-02] 기술형 스포츠 유형별로 기본 움직임 기술을 응용한 기본 기능을 파악하고 수행한다.
[6체02-03] 기술형 스포츠 유형별 활동 방법을 파악하고 기본 전략을 게임 활동에서 수행한다.
[6체02-04] 전략형 스포츠의 의미와 유형을 파악한다.
[6체02-05] 전략형 스포츠 유형별로 기본 움직임 기술을 응용한 기본 기능을 파악하고 수행한다.
[6체02-06] 전략형 스포츠 유형별 활동 방법을 파악하고 기본 전략을 게임 활동에서 수행한다.
[6미02-05] 미술과 타 교과의 내용과 방법을 융합하는 활동을 자유롭게 시도할 수 있다.
[6영02-01] 간단한 단어, 어구, 문장을 강세, 리듬, 억양에 맞게 말한다.
[6영02-02] 실물, 그림, 동작 등을 보고 간단한 단어, 어구, 문장으로 말하거나 쓴다.
[6영02-03] 알파벳 대소문자와 문장 부호를 문장에서 바르게 사용한다.
[6영01-01] 간단한 단어, 어구, 문장을 듣고 강세, 리듬, 억양을 식별한다.
[6영01-02] 간단한 단어, 어구, 문장을 강세, 리듬, 억양에 맞게 소리 내어 읽는다.
[6영01-03] 간단한 단어, 어구, 문장의 의미를 이해한다.
[6영01-04] 일상생활 주제에 관한 담화나 글의 세부 정보를 파악한다.
[6영01-05] 일상생활 주제에 관한 담화나 글의 중심 내용을 파악한다.
[6영01-06] 일상생활 주제에 관한 담화나 글에서 일이나 사건의 순서를 파악한다.
[6영01-07] 적절한 전략을 활용하여 일상생활 주제에 관한 담화나 글을 듣거나 읽는다.
[6영01-08] 다양한 매체로 표현된 담화나 글을 흥미와 자신감을 가지고 듣거나 읽는다.
[6영01-09] 시, 노래, 이야기를 공감하며 듣거나 읽는다.

PART 2

2022 개정 교육과정 총론 연계 성취기준 분석 로드맵

집필 의도 및 활용 상 유의점

집필 의도

- 2022 개정 교육과정 총론에는 IB 교육처럼 유형화된 프레임워크가 제시되어 있지는 않지만, 추구하는 인간상과 핵심역량이 제시되어 있다. 학교급별 교육 목표와 학교 교육과정 설계 및 운영에 관한 일반적인 원칙을 제시하고 학교와 교사에게 자율권을 부여하여 교육과정을 실현하도록 하고 있다. 즉 교육과정을 해석하고 풀어내는 전문성은 교사에게 주어진 권리이자 책임일 수 있다. IB PYP 교육을 경험해 봄으로써 2022 개정 교육과정을 현장에 구현하고 안착하는 노력이 시도되고 있으나 지속적으로 그렇게 해 나갈 수는 없다. 우리나라 교육과정도 살펴 보면 학생상과 핵심 가치, 핵심 개념을 도출하고 자체 프레임워크의 개발이 가능하다. 이런 점을 감안하여 IB PYP의 대안적 수업 설계 방안을 탐색하고 제시하고자 하였다. 수업 설계의 틀과 과정은 학생상, 핵심 가치, 핵심 개념, 핵심 기능 및 핵심 개념과 관련하여 교사가 직접 도출하는 단원 개념, 3차원 평가, 그리고 교수 설계의 순으로 제시하였다. 단원별 학생상과 핵심 가치는 1개, 핵심 개념 2~3개, 단원 개념은 핵심 개념 당 1~2개 정도로 정하여 단원을 설계할 수 있다. 이 책에서는 1~2학년군 성취기준을 분석하여 핵심 가치와 핵심 개념을 도출하는 예시를 제시하며, 마지막으로 실제 수업 설계 예시를 소개하였다.
- 향후 다양한 프레임워크가 개발되어 적용하고 개념기반 탐구 수업의 실제 사례가 많아질수록 2022 개정 교육과정이 지향하는 '깊이 있는 학습'에 대한 현장 구현은 더욱 앞당겨질 수 있을 것이다. 성취기준 분석 로드맵을 활용하여 다양한 개념기반 탐구수업 설계가 활발해 지고 교사의 수업 설계 전문성이 향상되는 데 기여할 수 있기를 바란다.

활용 방법 및 유의점

• 본 성취기준 분석 로드맵은 대표성을 띠는 핵심 가치와 핵심 개념을 위주로 교사가 어떤 방향으로 수업을 설계할 수 있는지를 제시하는 의견이기에 개별 교사가 개념적 렌즈를 어떤 것을 선정하는가에 따라 수업 내용이 달라질 수 있는 것과 같이 개별 교사의 가치와 방향에 따라 다르게 선정할 수 있다.
• 2022 개정 교육과정 총론에 기반한 프레임워크에는 핵심 가치와 핵심 개념에는 창의성, 다양성과 같이 동일한 용어가 있으나 핵심 가치로서 가지는 의미와 핵심 개념으로서의 의미에는 차이가 있다. 핵심 가치는 단원 또는 수업에서 학생이 함양하기를 원하는 지향점을 나타내는 역량 면에서의 가치를 말하며, 핵심 개념은 수업의 실제 학습 활동이나 과정에서 학생의 학습 기능적 면을 포함하는 의미로서의 개념이라 할 수 있다.

2022 개정 교육과정 총론기반 프레임워크

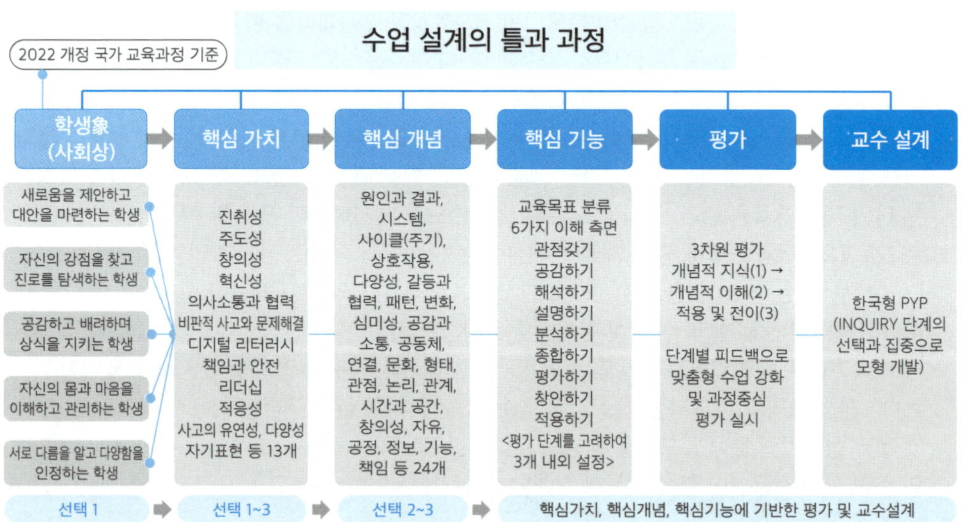

2022 개정 교육과정 총론의 프레임워크

<table>
<tr><th>구분
학년</th><th>A. 학생상</th><th>B. 핵심 가치</th><th>C. 핵심 개념</th><th>D. 단원 개념</th><th>E. 핵심 기능</th></tr>
<tr><td>1</td><td rowspan="6">1) 새로움을 제안하고 대안을 마련하는 학생 (창의성)
2) 자신의 강점을 찾고 진로를 탐색하는 학생 (진로)
3) 공감하고 배려하며 상식을 지키는 학생 (인성)
4) 자신의 몸과 마음을 이해하고 관리하는 학생 (몸과 마음건강)
5) 서로 다름을 알고 다양함을 인정하는 학생 (다원적 가치)

(5개)</td><td rowspan="6">1) 진취성
2) 주도성
3) 창의성
4) 혁신성
5) 의사소통과 협력
6) 비판적 사고와 문제 해결
7) 디지털 리터러시
8) 책임과 안전
9) 리더십
10) 사고의 유연성
11) 적응성
12) 다양성
13) 자기 표현

(13개)</td><td rowspan="6">1) 원인과 결과
2) 시스템
3) 사이클(주기)
4) 상호작용
5) 다양성
6) 갈등과 협력
7) 패턴
8) 변화
9) 심미성
10) 공감과 소통
11) 공동체
12) 연결
13) 문화
14) 형태
15) 관점
16) 논리
17) 관계
18) 시간과 공간
19) 창의성
20) 자유
21) 공정
22) 정보
23) 기능
24) 책임

(24개)</td><td rowspan="6">교수학습
개발자
선정</td><td rowspan="6">1) 관점갖기
2) 공감하기
3) 해석하기
4) 설명하기
5) 분석하기
6) 종합하기
7) 평가하기
8) 창안하기
9) 적용하기

(9개)</td></tr>
<tr><td>2</td></tr>
<tr><td>3</td></tr>
<tr><td>4</td></tr>
<tr><td>5</td></tr>
<tr><td>6</td></tr>
</table>

2022 개정 교육과정 총론의 프레임워크 기반 성취기분 분석 로드맵

1~2학년군 국어과

성취기준	핵심가치	핵심개념
[2국01-01] 중요한 내용이나 일이 일어난 순서를 고려하며 듣고 말한다.	의사소통과 협력	시간과 공간
[2국01-02] 바르고 고운 말로 서로의 감정을 나누며 듣고 말한다.	자기 표현	기능
[2국01-03] 상대의 말을 집중하여 듣고 말차례를 지키며 대화한다.	의사소통과 협력	공감과 소통
[2국01-04] 자신의 경험이나 생각을 바른 자세로 발표한다.	주도성	관점
[2국01-05] 듣기와 말하기에 관심과 흥미를 가진다.	창의성	정보
[2국02-01] 글자,. 단어, 문장, 짧은 글을 정확하게 소리 내어 읽는다.	의사소통과 협력	기능
[2국02-02] 의미가 잘 드러나도록 문장과 짧은 글을 알맞게 띄어 읽는다.	창의성	정보
[2국02-03] 글을 읽고 중심 내용을 확인한다.	비판적 사고와 문제해결	논리
[2국02-04] 인물의 마음이나 생각을 짐작하고 이를 자신과 비교하며 글을 읽는다.	사고의 유연성	관점
[2국02-05] 읽기에 흥미를 갖고 즐겨 읽는 태도를 지닌다.	주도성	심미성
[2국03-01] 글자와 단어를 바르게 쓴다.	주도성	형태
[2국03-02] 쓰기에 흥미를 가지며 자신의 생각이나 느낌을 문장으로 표현한다.	자기 표현	기능
[2국03-03] 주변 소재에 대해 소개하는 글을 쓴다.	사고의 유연성	관점
[2국03-04] 겪은 일을 표현하는 글을 자유롭게 쓰고, 쓴 글을 함께 읽고 생각이나 느낌을 나눈다.	의사소통과 협력	갈등과 협력
[2국04-01] 한글 자모의 이름과 소릿값을 알고 정확하게 발음하고 쓴다.	자기 표현	기능

[2국04-02] 소리와 표기가 다를 수 있음을 알고 단어를 바르게 읽고 쓴다.	다양성	정보
[2국04-03] 문장과 문장 부호를 알맞게 쓰고 국어와 한글에 호기심을 가진다.	의사소통과 협력	기능
[2국05-01] 말놀이, 낭송 등을 통해 말의 재미와 즐거움을 느낀다.	창의성	심미성
[2국05-02] 작품을 듣거나 읽으면서 느끼거나 생각한 점을 말한다.	자기 표현	원인과 결과
[2국05-03] 작품 속 인물의 모습, 행동, 마음을 상상하여 시, 노래, 이야기, 그림 등으로 표현한다.	창의성	관점
[2국05-04] 시나 노래, 이야기에 흥미를 가진다.	다양성	공감과 소통
[2국06-01] 일상의 다양한 매체와 매체 자료에 흥미와 관심을 가진다.	디지털 리터러시	정보
[2국06-02] 일상의 경험과 생각을 친숙한 매체로 표현한다.	자기 표현	책임

1~2학년군 수학과

성취기준	핵심가치	핵심개념
[2수01-01] 수의 필요성을 인식하면서 0과 100까지의 수 개념을 이해하고, 수를 세고 읽고 쓸 수 있다.	자기 표현	연결
[2수01-02] 일, 십, 백, 천의 자릿값과 위치적 기수법을 이해하고, 네 자리 이하의 수를 읽고 쓸 수 있다.	비판적 사고와 문제해결	기능
[2수01-03] 네 자리 이하의 수의 범위에서 수의 계열을 이해하고, 수의 크기를 비교할 수 있다.	비판적 사고와 문제해결	논리
[2수01-04] 하나의 수를 두 수로 분해하고 두 수를 하나의 수로 합성하는 활동을 통하여 수 감각을 기른다.	사고의 유연성	원인과 결과
[2수01-05] 덧셈과 뺄셈이 이루어지는 실생활 상황과 연결하여 덧셈과 뺄셈의 의미를 이해한다.	비판적 사고와 문제해결	공동체
[2수01-06] 두 자리 수의 범위에서 덧셈과 뺄셈의 계산 원리를 이해하고 그 계산을 할 수 있다.	비판적 사고와 문제해결	논리
[2수01-07] 덧셈과 뺄셈의 관계를 이해한다.	사고의 유연성	논리
[2수01-08] 두 자리 수의 범위에서 세 수의 덧셈과 뺄셈을 할 수 있다.	비판적 사고와 문제해결	정보
[2수01-09] □가 사용된 덧셈식과 뺄셈식을 만들고, □의 값을 구할 수 있다.	창의성	논리
[2수01-10] 곱셈이 이루어지는 실생활 상황과 연결하여 곱셈의 의미를 이해한다.	의사소통과 협력	연결
[2수01-11] 곱셈구구를 이해하고, 한 자리 수의 곱셈을 할 수 있다.	사고의 유연성	창의성
[2수02-01] 물체, 무늬, 수 등의 배열에서 규칙을 찾아 여러 가지 방법으로 표현할 수 있다.	창의성	패턴
[2수02-02] 자신이 정한 규칙에 따라 물체, 무늬, 수 등을 배열할 수 있다.	다양성	패턴
[2수03-01] 교실 및 생활 주변에서 여러 가지 물건을 관찰하여 직육면체, 원기둥, 구의 모양을 찾고, 이를 이용하여 여러 가지 모양을 만들 수 있다.	자기 표현	창의성
[2수03-02] 쌓기나무를 이용하여 여러 가지 입체도형의 모양을 만들고, 그 모양에 대해 위치나 방향을 이용하여 말할 수 있다.	의사소통과 협력	관점

성취기준	핵심가치	핵심개념
[2수03-03] 교실 및 생활 주변에서 여러 가지 물건을 관찰하여 삼각형, 사각형, 원의 모양을 찾고, 이를 이용하여 여러 가지 모양을 만들 수 있다.	창의성	패턴
[2수03-04] 삼각형, 사각형, 원을 직관적으로 이해하고, 그 모양을 그릴 수 있다.	비판적 사고와 문제해결	형태
[2수03-05] 삼각형, 사각형에서 각각의 공통점을 찾아 말할 수 있다.	자기 표현	형태
[2수03-06] 구체물의 길이, 들이, 무게, 넓이를 비교하여 각각 '길다, 짧다', '많다, 적다', '무겁다, 가볍다', '넓다, 좁다' 등을 구별하여 말할 수 있다.	주도성	논리
[2수03-07] 시계를 보고 시각을 '몇 시 몇 분'까지 읽을 수 있다.	디지털 리터러시	시간과 공간
[2수03-08] 1시간과 1분의 관계를 이해하고, 시간을 '시간', '분'으로 표현할 수 있다.	사고의 유연성	관계
[2수03-09] 실생활 문제 상황과 연결하여 1분, 1시간, 1일, 1주일, 1개월, 1년 사이의 관계를 이해한다.	창의성	관계
[2수03-10] 길이 단위 1cm와 1m를 알고, 이를 이용하여 주변 사물의 길이를 측정할 수 있다.	비판적 사고와 문제해결	변화
[2수03-11] 1m와 1cm의 관계를 이해하고, 길이를 '몇 m 몇 cm'와 '몇 cm'로 표현할 수 있다.	비판적 사고와 문제해결	관계
[2수03-12] 여러 가지 물건의 길이를 어림하고, 길이에 대한 양감을 기른다.	다양성	
[2수03-13] 실생활 문제 상황과 연결하여 길이의 덧셈과 뺄셈을 할 수 있다.	의사소통과 협력	변화
[2수04-01] 여러 가지 사물을 정해진 기준 또는 자신이 정한 기준으로 분류하여 개수를 세어 보고, 기준에 따른 결과를 말할 수 있다.	주도성	관점
[2수04-02] 자료를 분류하여 표로 나타내고, 자료를 표로 나타내면 편리한 점을 말할 수 있다.	혁신성	정보
[2수04-03] 자료를 분류하여 ○, ×, / 등을 이용한 그래프로 나타내고, 자료를 그래프로 나타내면 편리한 점을 말할 수 있다.	창의성	논리

1~2학년군 바른생활

성취기준	핵심가치	핵심개념
[2바01-01] 학교 생활 습관과 학습 습관을 형성하여 안전하고 건강하게 생활한다.	책임과 안전	책임
[2바01-02] 나를 이해하고 존중하며 생활한다.	적응성	패턴
[2바01-03] 가족이나 주변 사람을 배려하며 관계를 맺는다.	적응성	관점
[2바01-04] 생태 환경에서 더불어 살기 위해 노력한다.	비판적 사고와 문제해결	상호작용
[2바02-01] 공동체에서 내가 할 수 있는 일을 찾아보고 실천한다.	리더십	공동체
[2바02-02] 우리나라의 소중함을 알고 사랑하는 마음을 기른다.	자기 표현	공동체
[2바02-03] 차이나 다양성을 서로 존중하면서 생활한다.	다양성	관점
[2바02-04] 새로운 활동에 호기심을 갖고 도전한다.	진취성	변화
[2바03-01] 하루의 가치를 느끼며 지금을 소중히 여긴다.	주도성	심미성
[2바03-02] 계절의 변화에 대응하며 생활한다.	적응성	원인과 결과
[2바03-03] 여러 인물의 삶을 통해 공동체성을 기른다.	의사소통과 협력	공동체
[2바03-04] 공동체 속에서 지속가능성을 위한 삶의 방식을 찾아 실천한다.	비판적 사고와 문제해결	상호작용
[2바04-01] 모두를 위한 생활환경을 만드는 데 참여한다.	리더십	책임
[2바04-02] 다양한 생각이나 의견에 대해 개방적인 태도를 형성한다.	사고의 유연성	관점
[2바04-03] 여럿이 하는 활동에 관심을 갖고 으로 협력한다.	자기 표현	갈등과 협력
[2바04-04] 지금까지의 생활 습관과 학습 습관을 되돌아본다.	혁신성	사이클(주기)

1~2학년군 슬기로운 생활

성취기준	핵심가치	핵심개념
[2슬01-01] 학교 안팎의 모습과 생활을 탐색하며 안전한 학교 생활을 한다.	적응성	기능
[2슬01-02] 나를 탐색하여 나에 대해 설명한다.	자기 표현	변화
[2슬01-03] 가족이나 주변 사람에게 관심을 갖고 함께 살아가는 모습을 탐구한다.	다양성	상호작용
[2슬01-04] 사람과 자연, 동식물이 어우러져 사는 생태를 탐구한다.	사고의 유연성	연결
[2슬02-01] 우리가 살고 있는 마을과 사람들이 생활하는 모습을 살펴본다.	진취성	공동체
[2슬02-02] 우리나라의 모습이나 문화를 조사한다.	주도성	문화
[2슬02-03] 알고 싶은 나라를 탐구하며 다른 나라에 관심을 갖는다.	진취성	문화
[2슬02-04] 궁금한 세계를 다양한 매체로 탐색한다.	디지털 리터러시	연결
[2슬03-01] 하루의 변화와 사람들이 하루를 살아가는 모습을 탐색한다.	다양성	상호작용
[2슬03-02] 계절과 생활의 관계를 탐구한다.	사고의 유연성	연결
[2슬03-03] 관심 있는 대상의 과거와 현재를 살펴보고 미래를 상상한다.	다양성	시간과 공간
[2슬03-04] 우리의 생활과 관련된 지속가능성의 다양한 사례를 찾고 탐색한다.	혁신성	갈등과 협력
[2슬04-01] 생활 도구의 모양이나 기능을 탐색하고 바꾸어 본다.	혁신성	기능
[2슬04-02] 상상한 것을 다양한 매체와 재료로 구현한다.	자기 표현	창의성
[2슬04-03] 경험한 것 중에서 관심 있는 주제를 정하고 조사한다.	주도성	정보
[2슬04-04] 배운 것과 배울 것을 연결하며 앞으로의 배움을 상상한다.	진취성	다양성

1~2학년군 즐거운 생활

성취기준	핵심가치	핵심개념
[2즐01-01] 즐겁게 놀이하며, 건강하고 안전하게 생활한다.	책임과 안전	책임
[2즐01-02] 놀이하며 내 몸의 움직임이나 감각을 느낀다.	자기 표현	기능
[2즐01-03] 가족이나 주변 사람과 소통하며 어울린다.	의사소통과 협력	공동체
[2즐01-04] 우리를 둘러싼 자연의 아름다움을 감상한다.	다양성	심미성
[2즐02-01] 내가 참여할 수 있는 문화예술을 향유한다.	진취성	심미성
[2즐02-02] 우리나라의 문화예술을 즐긴다.	다양성	시간과 공간
[2즐02-03] 다른 나라의 문화예술을 체험한다.	다양성	연결
[2즐02-04] 다양한 세상을 상상하고 표현한다.	창의성	문화
[2즐03-01] 하루를 건강하고 활기차게 지낸다.	적응성	변화
[2즐03-02] 자연의 변화를 느끼며 놀이한다.	다양성	사이클(주기)
[2즐03-03] 전통문화를 새롭게 표현한다.	혁신성	의성
[2즐03-04] 안전과 안녕을 위한 아동의 권리가 있음을 알고 누린다.	적응성	책임
[2즐04-01] 주변의 물건을 활용하여 놀잇감을 만든다.	창의성	다양성
[2즐04-02] 자유롭게 상상하며 놀이한다.	주도성	상호작용
[2즐04-03] 생각이나 느낌을 살려 전시나 공연 활동을 한다.	창의성	공감과 소통
[2즐04-04] 기억에 남는 경험을 떠올리며 의미를 부여한다.	자기 표현	관점

2022 개정 교육과정 총론 프레임워크 기반 단원 설계 사례

*** 단원명: 새로운 장소가 편안해져요**

단원 설계 방향

이 단원은 1학년 1학기 통합교과 '학교' 단원을 개념 중심 학습으로 설계하였다. 기존 단원은 학교 생활에 중요한 화장실 사용, 급식 먹는 방법, 정리 정돈과 주위 정돈 등 방법을 배우고, 학교 돌아보기를 통해 어떤 곳이 있는지 살펴보는 순서로 편성되어 있다. 이를 개념 중심 학습 단원으로 설계하여 학교라는 새로운 곳에 어떤 곳이 있고, 왜 그런 이름을 붙이는지, 그리고 여러 공간에서 일어날 수 있는 실제 사실들을 통하여 어떻게 안전하고 편안하게 생활할 수 있는지를 탐구의 과정으로 배울 수 있도록 하고자 하였다.

성취기준 분석

[2바01-01] 학교 생활 습관과 학습 습관을 형성하여 안전하고 건강하게 생활한다는 성취기준과 [2슬01-01] 학교 안팎의 모습과 생활을 탐색하며 안전한 학교 생활을 한다는 성취기준에서는 다양한 장소에서의 안전 관련 개념을 탐색하고, 위험, 사고에 대한 인지를 할 수 있도록 탐구 과정으로 구성한다. [2바04-01] 모두를 위한 생활환경을 만드는 데 참여한다는 성취기준과 [2즐01-03] 가족이나 주변 사람과 소통하며 어울린다. [2즐03-04] 안전과 안녕을 위한 아동의 권리가 있음을 알고 누리는 성취기준에서는 모두의 안전을 위해 협력하고 배려, 소통하는 과정으로 구성하여 여러 장소에 익숙해져서 편안하게 생활할 수 있도록 하였다.

학생상, 핵심 가치, 핵심 개념, 핵심 기능 선정

이 단원을 통해 길러지는 학생상은 '공감하고 배려하며 상식을 지키는 학생'이다. 핵심 가치는 학교라는 새로운 곳에 편안하고 익숙하고 안전하게 적응하는 데 목적이 있으므로 '적응성'으로 선정하였다. 핵심 개념은 학교라는 새로운 곳의 여러 장소의 기능을 배우고 아는 것으로 '기능'과 그러한 장소에서 안전하게 생활하고 편안해지기 위한 '책임'을 핵심 개념으로 한다. '기능'에 따른 단원 개념은 장소와 장소명, 각각의 장소의 목적에 따른 이용 약속이며, '책임'의 단원 개념으로는 안전한 생활과 이용을 위한 규칙과 함께 사용하는 장소에 대한 인식으로 다른 사람을 배려하고 존중하는 것을 배우기 위해 존중, 배려를 단원 개념으로 선정하였다.

단원 개요

<table>
<tr><td>학생상</td><td colspan="5">공감하고 배려하며 상식을 지키는 학생</td></tr>
<tr><td rowspan="3">단원</td><td rowspan="3">새로운 장소가 편안해져요</td><td rowspan="3">학습 접근 방법</td><td colspan="2">1~5차시</td><td>명제적(귀납)</td></tr>
<tr><td colspan="2">6~9차시</td><td>명제적(연역)</td></tr>
<tr><td colspan="2">10~12차시</td><td>명제적(귀납)</td></tr>
<tr><td>성취기준</td><td colspan="5">[2바01-01] 학교 생활 습관과 학습 습관을 형성하여 안전하고 건강하게 생활한다.
[2바04-01] 모두를 위한 생활환경을 만드는 데 참여한다.
[2슬01-01] 학교 안팎의 모습과 생활을 탐색하며 안전한 학교 생활을 한다.
[2즐01-03] 가족이나 주변 사람과 소통하며 어울린다.
[2즐03-04] 안전과 안녕을 위한 아동의 권리가 있음을 알고 누린다.</td></tr>
<tr><td>핵심 가치</td><td colspan="5">적응성</td></tr>
<tr><td>핵심 개념</td><td>기능, 책임</td><td colspan="2">단원 개념</td><td colspan="2">장소, 장소명, 약속, 규칙, 안전, 위험, 사고, 존중, 배려, 편안함, 권리</td></tr>
<tr><td>핵심 기능</td><td colspan="5">분석하기, 적용하기</td></tr>
<tr><td>일반화</td><td colspan="5">장소에는 목적이 있으며, 사람들은 편안하고 안전한 생활을 위해 공동의 약속을 만들고 지킨다.</td></tr>
</table>

소주제	차시	소주제 일반화
다양하고 특별한 장소	1~2	우리 주변에는 여러 장소가 있으며, 장소의 목적이 있다.
위험하게 변하는 장소	3~5	어떻게 생활하느냐에 따라 장소는 위험한 곳이 된다.
항상 안전한 장소	6~9	안전한 장소가 되기 위해 사람들은 약속을 만들고 지킨다.
친근하고 편안한 장소	10~12	우리는 마음과 몸이 편안한 장소에서 생활할 권리가 있다.

평가 계획

구분	평가 차시	평가 방법 및 내용
1차원 (평가1)	2	- 장소인 것과 아닌 것을 구분하기 - 학생 활동 모습을 관찰평가하며 개념 습득 파악하기
2차원 (평가2)	9	- '나는 안전지킴이' 활동하기 - 가정, 학교, 마을에서 한 장소를 골라 어떤 위험한 일이 생길 수 있을지 생각하고 규칙 만들어 소개하기
3차원 (평가3)	11	- 다양한 방법으로 학생이 삶에서 실천하고 적용할 수 있는 부분을 함께 논의하고 찾기 - 학교 안팎, 가정에서 어떤 행동이 위험할 수 있는지 예상하고 안전을 위한 캠페인 하기 - 홍보문구 작성, 캐치프레이즈 만들기, 캠페인 하기 등 실제 생활 속에서 배운 것을 서로 격려하고 권유하는 홍보물을 만들어 실천하기 - 가정에서, 학교에서 스스로 잘 지키는지 점검표 만들어 생활하기 (특정 기간을 스스로 정하고 누구에게 점검을 맡길 것인지도 결정하여 실천하기)

지도상 유의점

- 수업 전 교사는 학교 안팎의 다양한 장소의 사진 자료를 준비하는 것이 좋다. 특히 실제 학생들이 살고 있는 장소의 사진 자료를 준비할 경우 학생들의 수업 흥미와 참여를 더욱 높일 수 있다.
- 단순한 장소가 있는 것을 확인하거나 이름을 아는 것이 목적이 아니라 왜 사람들이 특정한 곳에 이름을 붙이는지 궁금증을 가지고 장소마다 특정한 목적이 있고 그 목적과 관련된 이름으로 불리는 것을 알아가는 탐구 과정이 되도록 접근하도록 한다.
- 수업 후에는 실제 장소에 대한 학생들의 호기심이 높아지고 살펴보려는 의욕이 강해질 수 있으니 꼭 주변을 살피고 안전에 유의하도록 안내해야 한다.
- 개념 중심 학습으로 탐구의 과정이 되기 위해 학생의 질문을 허용하되 1학년의 특성을 파악하여 질문이 학습 주제 내에서 일어나는 질문이 되도록 유지할 필요가 있다.

참고문헌

김현섭(2015). 질문이 살아있는 수업. 군포시: 수업디자인연구소.

서울특별시교육청 교육연구정보원(2023). 서울교육연구자료 소식지 「연구하는 서울교육」 제28호.

손준호, 이은총, 윤아인, 노윤아, 오선경, 유용철, 양종현, 최양혁(2024). 깊이 있는 학습을 위한 평가 어떻게 할까? 광주광역시교육청.

신광미, 강현석(2021). (생각하는 교육과정과 수업을 위한) 개념기반 탐구학습의 실천. 서울: 학지사.

신은정(2022). 개념기반 수학. 서울: 경문사.

온정덕(2023). 역량과 주도성을 기르기 위해서 교과에서는 무엇을, 왜, 어떻게 가르치고 평가할 것인가?. 2022 개정 교육과정 총론 핵심교원 연수 원고.

온정덕, 윤지영(2019). 생각하는 교실을 위한 개념기반 교육과정 및 수업(원서: Erickson, H. L., Lanning, L. A. & French, R. (2017). Concept-based curriculum and instruction for the thinking classroom (2nd ed.)). 서울: 학지사.

임유나, 한진호, 안서헌, 이광우(2022). 개념기반 교육과정과 수업: 개념적 이해와 전이를 위한 전략과 도구(원서: Stern, J., Lauriault, N. & Ferraro, K.(2018). Tools for teaching conceptual understanding, elementary. California: Corwin.). 서울: 박영story.

임유나 (2022). 2022 개정 교육과정의 '핵심 아이디어'에 대한 비판적 검토. 학습자중심교과교육연구 제 23권 18호, 747-768.

조호제, 김남준, 김정숙, 김정윤, 박은하(2022). 개념기반 교육과정과 수업 사례. 서울: 박영story.

조호제, 김남준, 김정숙, 김정윤, 김혜숙, 박은하, 박일수, 백종민, 채은경, 최은아(2023). 개념기반 교육과정 수업 설계의 이론과 실제. 서울: 박영story.

조호제, 김정윤, 김혜숙, 박은하, 박일수, 백혜조, 이지은, 임유나, 임재일, 최한올, 한진호(2024). 개념기반 수업, 이렇게 한다!. 서울: 박영story.

지미정, 오한나, 노명호, 권의선, 김영수(2024). 2022 개정 교육과정 평가, AI로 날개를 달다. 서울: 앤써북.

최재경(2023). 생각이 보이는 교실: 스스로 질문하고 생각하도록 가르치는 사고 루틴 21가지(원서: Making thinking visible : how to promote engagement, understanding, and independence for all learners). 서울: 사회평론아카데미.

Carla Marschall, Rachel French(2021). 개념 기반 탐구학습의 실천. 신광미, 강현석 공역. 서울:학지사.

Erickson, H. L., Lanning, L. A.(2014). Transitioning to concept-based curriculum and instruction : How to bring content process together.Thousand Oaks, CA: Corwin

Erickson, H. L., Lanning, L. A., & French, R. (2019). 생각하는 교실을 위한 개념 기반 교육과정 및 수업 (온정덕, 윤지영 역). 서울: 학지사(원출판년도 2017). Concept-Based Curriculum and Instruction for the Thinking Classroom (2nd ed.). Thousand Oaks, CA: Corwin

Giddens, J.F.,Caputi, L., & Lodgers, B.(2019). Mastering concept-based teaching : A guide for nurse educators (2nd ed). Elsevier Health Sciences.

Marchall, C., & French, R. (2021). 개념 기반 탐구학습의 실천: 전이 가능한 이해의 촉진 전략 (신광미, 강현석 역). 서울: 학지사(원출판년도 2018). Concept-based Inquiry in Action: Strategies to Promote Transferable Understanding. Thousand Oaks, CA: Corwin.

Ron Ritchhart, Mark Church, Karin Morrison(2023). 생각이 보이는 교실. 최재경(역). 사회평론아카데미.

Silver, H. F., & Perini, M. J. (2010). Classroom curriculum design: How strategic units improve instruction and engage students in meaningful learning.

Sousa, D. (2011b), How the brain learns. Thousand Oaks, CA:Corwin

Stern, J., Lauriault, N. & Ferraro, K.(2018). Tools for teaching conceptual understanding, elementary. California: Corwin.

Wiggins, G. P. & McTighe, J.(2005). Understanding by design. Alexandria, Virginia: ASCD.

Whitehead, A. N. (1929). Process and reality: An essay in cosmology. Macmillan.

탐구 촉진 사고기법. 대구 IB 미래교육 ON. (유튜브). 4. 생성-분류-연결-정교화(수업 사례편) https://www.youtube.com/watch?v=WTVM7bKo6CU

색인

번호

영어

ㄱ

ㅈ

ㅊ

ㅌ

ㅍ

ㅎ

저자약력

조호제

(현) 고려대학교 및 숭실대학교 겸임교수

2015 개정 국가 교육과정 안전한 생활 심의위원장

2022 개정 국가 교육과정 초등학교 심의위원장

국가교육위원회 교육과정 전문위원

학력

고려대학교 대학원 교육과정학(박사)

한국교원대학교 대학원 초등체육교육(박사)

한국교원대학교 대학원 교육과정학(석사)

한국교원대학교 대학원 초등체육교육(석사)

서울교육대학교 초등교육과(학사)

저서 및 연구실적

제33회 대교문화재단 눈높이교육상 수상(2024)

「교과 및 교과통합 서술형 평가의 실제」 공저(2023)

「개념기반 교육과정 및 평가의 이론과 실제」 공저(2021)

「최신교육과정 재구성의 이론과 실제」 공저(2021)

「ON 교육과정 재구성」 공저(2020)

2022 개정 교육과정 운영 위원 및 초등학교 교육과정 심의위원장(교육부)

진학계 고교의 진로별 교육과정에 관한 학생요구 조사 분석(2017)

초·중학교 수학, 영어, 학습부진 학생을 위한 교육과정 개선 방안 탐색(2019)외 50여 편

한국연구재단 등재 학술지 37편 게재

교육과정 성취기준 및 수업과 평가, 학교 교육과정 개발과 운영, 고교 진로탐색과정 운영, 교육과정 총론 기준, IB PYP, 교수·학습과 평가 등에 관심을 가짐.

김대연

(현) 서울양동초등학교 수석교사

2022 개정 교육과정 핵심 선도교원, 교과별 선도교원

2024 교육과정-수업-평가 초등 현장지원단

2023 KB(한국형바칼로레아) 연구지원단

학력

한국교원대학교대학원 초등영어교육학(석사)

서울교육대학교 초등교육과(학사)

저서 및 연구실적

제17회 수업개선실천사례연구대회 1등급(2015)

2022 개정 교육과정 검인정 영어교과서 공저

IB 관련 초등 교육 정책 직무연수 강의(2023)

2022 개정 교육과정 및 개념기반 탐구학습, 개념기반 수업설계 등에 관심을 가짐.

김정숙

(현) 서울면남초등학교 교사

학력

한국교원대학교 대학원 인구다문화교육(석사)

청주교육대학교 초등교육과(학사)

저서 및 연구 실적

「AI와 연계한 맞춤형 수업 설계의 이론과 실제」 공저(2024)

「개념기반 교육과정 수업 설계의 이론과 실제」 공저(2023)

초등학생용 정신건강 리터러시(교육부, 2023)

「개념기반 교육과정과 수업 사례」 공저(2022)

교육환경보호원(교육부) 생명존중예방 프로그램 개발(2021)

다문화 수용성 함양을 위한 놀이중심 프로그램의 개발과 적용(2020)

과정중심평가 문항 개발 및 적용(2020)

IB PYP, 개념기반 교육과정 등에 관심을 가짐.

김택신

(현) 서울교대 어린이철학 교육센터 연구이사

한국철학적탐구공동체연구회 회장

(전) 한국인문학연구소 이사

(전) 서울초등토론교육연구회 회장

그림책 철학적탐구공동체 강사

초등교육 강사

찾아가는 맞춤식 강의 및 컨설턴트

원격 연수: 중앙교육연수원 강사

줌으로 하는 철탐공, 인문도서 튜터

학력

경상국립대학교 응용윤리학(석사)

서울교육대학교 윤리교육과(학사)

저서 및 연구실적

「생각놀이 레시피」 공저(2023)

「생각하는 교실 철학하는 아이들」 공저(2019)

「토론으로 다지는 한 학기 한 권 읽기」 공저(2019)

「토론수업 레시피」 공저(2011)

서울특별시교육청 독토논 장학자료 다수 개발

생각톡니카드(공동개발)

김혜숙

(현) 서울탑동초등학교 교사

2022 개정 특수교육 5~6학년군 국정 교과용도서 국어 심의위원(2024~2025)

학력

경인교육대학교 대학원 다문화교육(석사)

부산교육대학교 초등교육과(학사)

국제바칼로레아(IB) 교사 양성 과정(IBEC) 수료 및 자격(2024)

저서 및 연구 실적

디지털·AI와 연계한 맞춤형 수업 설계 및 실행 방안에 관한 연구(2024)

「개념기반 수업, 이렇게 한다」 공저(2024)

「AI와 연계한 맞춤형 수업 설계의 이론과 실제」 공저(2024)

「개념기반 교육과정 및 평가의 이론과 실제」 공저(2024)

「AI시대 역량 있는 학부모 되기, 이제는 학부모다」 공저(2024)

초등 원로 교사의 다문화교육 경험에 대한 내러티브 탐구(2023)

초등학생용 정신건강 리터러시(교육부, 2023)

교육환경보호원(교육부) 생명존중예방 프로그램 개발(2021)

영어과 교육과정 및 교수·학습 방법, IB PYP, 교사교육 등에 관심을 가짐.

노선임

(현) 서울양명초등학교 수석교사

2022 개정 교육과정 핵심 선도교원

2024 교육과정-수업-평가 초등 현장지원단

학력

중부대학교 원격대학원 진로직업컨설팅학(석사)

부산교육대학교 초등교육과(학사)

저서 및 연구 실적

「교과 및 교과 통합 서술형 평가의 실제」 공저(2023)

「개념기반 교육과정 및 평가의 이론과 실제」 공저(2021)

서울 초등학생 미래역량 함양을 위한 프로젝트 프로그램 개발 연구 (서울특별시교육청, 2011)

서울특별시교육청 진로교육 장학자료 다수 개발

박은하

(현) 서울구룡초등학교 교감

학력

건국대학교 대학원 교육과정학(박사)

서울교육대학교 교육전문대학원 유아교육(석사)

서울교육대학교 초등교육과(학사)

저서 및 연구 실적

「개념기반 수업, 이렇게 한다」 공저(2024)

「AI와 연계한 맞춤형 수업 설계의 이론과 실제」 공저(2024)

「2022 개정 교육과정 맞춤형 교과 및 교과 통합 서술형 평가의 실제」 공저(2023)

「개념기반 교육과정 수업 설계의 이론과 실제」 공저(2023)

2023 생각하는 힘을 기르는 서 · 논술형 평가 장학자료(서울특별시교육청)

초등학생용 정신건강 리터러시(교육부, 2023)

「개념기반 교육과정과 수업 사례」 공저(2022)

「개념기반 교육과정 및 평가의 이론과 실제」 공저(2021)

교육환경보호원(교육부) 생명존중예방 프로그램 개발(2021)

초등학교 안전한 생활 교과용 도서 심의위원(교육부)

2009 개정 체육과 검정 교과용 도서 집필

교수 · 학습 설계 및 평가, 교사 교육 등에 관심을 가짐.

배난희

(현) 서울난곡초등학교 수석교사

학력

서울교육대학교 초등교육과(학사)

성결대학교 교육대학원 상담심리 전공

저서 및 연구 실적

「교실로 ON 최신 교육과정 재구성의 이론과 실제」 공저(2021)

「함께읽기 깊이읽기」 공저(2019)

서울초등컨설팅지원단(교육과정 재구성)

채은경

(현) 아름초등학교 교사

학력

한국교원대학교 대학원 인구다문화교육(석사)

서울교육대학교 초등교육과(학사)

저서 및 연구 실적

초등학교 사회 교과서 3-6(2022)

IB PYP 프레임워크 적용을 통한 서울형 PYP 모델 구축 방안 연구(2021)

초등 사회과와 도덕과에서 반영된 연령 통합 내용 분석(2020)

어린이 초록마을, 나라, 세계(2012)

초등학교 환경 3-6학년(2012)

2007 개정 초등학교 사회과 교과서(2011)

학교 교육과정 수립과 교사 공동체, 개념기반 교육과정의 현장 적용에 관심을 가짐.

한진호

(현) 강원대학교 교수

고려대학교 겸임교수

학력

고려대학교 대학원 교육학과 교육과정학(박사)

고려대학교 대학원 교육학과 교육과정학(석사)

경인교육대학교 초등교육과(학사)

저서 및 연구실적

「개념기반 수업, 이렇게 한다」 공저(2023)

「개념기반 교육과정과 수업」 공역(2022)

국가 교육과정, NCIC, 교육과정 자율화, 창의적 체험활동, IB PYP, 개념기반 교육과정, 학생 주도성, 기초소양 등의 주제로 KCI 등재 학술지 게재, 교육과정의 개발과 이해, 교육과정 정책 등에 관심을 가짐.

개념기반 수업 설계의 이해와 실천

초판발행 2025년 5월 30일
중판발행 2026년 2월 25일

지은이 조호제 · 김대연 · 김정숙 · 김택신 · 김혜숙
노선임 · 박은하 · 배난희 · 채은경 · 한진호
펴낸이 노 현

편 집 조영은
기획/마케팅 김한유
표지디자인 BEN STORY
제 작 고철민 · 김원표

펴낸곳 ㈜ 피와이메이트
서울특별시 금천구 가산디지털2로 53, 210호(가산동, 한라시그마밸리)
등록 2014. 2. 12. 제2018-000080호
전 화 02)733-6771
f a x 02)736-4818
e-mail pys@pybook.co.kr
homepage www.pybook.co.kr
ISBN 979-11-7279-090-5 93370

정 가 23,000원